国家出版基金项目
NATIONAL PUBLICATION FOUNDATION

"海上丝绸之路断代史研究"丛书

王元林　王美怡　主编
广州市社会科学院　组编

精装版

秦汉魏晋南北朝海上丝绸之路史

HISTORY OF THE MARITIME SILK ROAD

周永卫　钟　炜◎著

世界图书出版公司
广州·上海·西安·北京

图书在版编目（CIP）数据

秦汉魏晋南北朝海上丝绸之路史 / 周永卫，钟炜著. —广州：世界图书出版广东有限公司，2020.7（2022.9重印）

ISBN 978-7-5192-7645-4

Ⅰ. ①秦… Ⅱ. ①周… ②钟… Ⅲ. ①海上运输—丝绸之路—历史—研究—中国—秦汉时代 ②海上运输—丝绸之路—历史—研究—中国—魏晋南北朝时代 Ⅳ. ①K230.7

中国版本图书馆CIP数据核字（2020）第115105号

书　　名	**秦汉魏晋南北朝海上丝绸之路史 精装版** (QINHAN WEIJIN NANBEI CHAO HAISHANG SICHOUZHILUSHI JINGZHUANGBAN)
著　　者	周永卫　钟　炜
责任编辑	韩海霞
装帧设计	王　勇
责任技编	刘上锦
出版发行	世界图书出版有限公司　世界图书出版广东有限公司
地　　址	广州市海珠区新港西路大江冲25号
邮　　编	510300
电　　话	(020) 84451013
网　　址	http://www.gdst.com.cn
邮　　箱	wpc_gdst@163.com
经　　销	新华书店
印　　刷	广东虎彩云印刷有限公司
开　　本	787mm × 1092mm　1/16
印　　张	20.25
字　　数	343千字
版　　次	2020年7月第1版　2022年9月第2次印刷
国际书号	ISBN 978-7-5192-7645-4
定　　价	98.00元

总　序

“丝绸之路”是人类文明的共同财产。“丝绸之路”是古代东西方之间人员往来、物流运输、文化交流、宗教传播的通道，是中华文明与世界文明之间交流互鉴的重要桥梁和纽带。通过“丝绸之路”，世界文明古国相互联系、交流，文明不断汇聚、碰撞、吸收、作用，形成“人类命运共同体”的历史不断发展、演进。“丝绸之路”对人类文明与社会发展功莫大焉。中国不仅是这一条桥梁联系的重要一端，是“丝绸之路”的开拓者与参与者，而且是这一纽带的重要维护者、奉献者。“丝绸之路”历史延续不断，中国为人类文明的不断发展贡献着聪明才智与力量源泉。2013年秋，习近平总书记提出共建“丝绸之路经济带”和“21世纪海上丝绸之路”的“一带一路”倡议，越来越多的国家积极响应，共建“一带一路”正在成为我国参与全球开放合作、改善全球经济治理体系、促进全球共同发展繁荣、推动构建“人类命运共同体”的中国方案。回顾历史，温故而知新，“一带一路”是联通世界的政治互信、经济互融、人文互通的桥梁，大有可为，大有前途。

一、历史上“丝绸之路”“海上丝绸之路”并驾齐驱，联通中外

我国是世界上最早养蚕织绸的国家。传说远古先祖螺祖就“养蚕取丝”。距今近7000年浙江余姚河姆渡遗址，曾在出土的牙雕盅上发现刻划蚕纹四条；河北省正定县南杨庄新石器时代遗址出土过两件距今5400年前的陶塑蚕蛹；山西夏县西阴村距今约5000年新石器时代遗址中就出土半个刀切过的蚕茧；浙江湖州钱山漾遗址也出土了距今4700多年前的家蚕丝带、丝线和绢片。可见至少在距今5000年前，我国原始先民已经掌握了养蚕缫丝技术，这是纺织史上的一个重大成就，说明黄帝“淳化鸟兽虫蛾”的传说并非毫无根据。在殷代的甲骨文

中，已有“蚕”“桑”“丝”“帛”等字，其中一片甲骨文上还刻有“用三头牛祭蚕神”的内容。这些考古与文献资料足以证明养蚕织绸起源于中国。

公元前4世纪，希腊人克泰夏斯（Ctesias）在其著作中记录有“赛里斯国”与“丝路”。由希腊语和拉丁语演化出来的“赛里斯”即丝绸的意思，来源于中国“丝”字的谐音。印度孔雀王朝考底利耶（Kautilya）的《政事论》（Arthashastra）也提到“产生在Cina（支那）的成捆的丝”到达印度。1世纪，罗马博物学家老普林尼在其《博物志》中提到“赛里斯国”产丝，但提到“林中产丝，闻名世界。丝生于树上”，认识并不准确。但不可否认，先秦时期，连接东西方交流的通道已经存在。

丝绸正式西传始于西汉张骞通西域，故官方一般认为汉武帝时期，联通东西方的贸易道路已经十分清楚，即从长安经河西走廊到达阳关、玉门关以西的西域地区。传统的丝绸之路，起自中国古代都城长安，经河西走廊、中国新疆、中亚国家、阿富汗、伊朗、伊拉克、叙利亚等而达地中海，以罗马为终点，全长1万多里。这条路被认为是联结亚欧大陆的古代东西方文明的交汇之路，而丝绸则是最具代表性的货物。数千年来，游牧部落或民族、商人、教徒、外交家、士兵和冒险家等沿着丝绸之路相互交流，相互影响。

19世纪末，德国地质地理学家李希霍芬（Fendinand Von Richthofen，1833—1925年）在《中国》一书中，把“从前114年至127年，中国与中亚、中国与印度间以丝绸贸易为媒介的这条西域交通道路”命名为“丝绸之路”，这一名词很快被学术界和大众所接受，并正式运用。其后，德国历史学家赫尔曼在20世纪初出版的《中国与叙利亚之间的古代丝绸之路》一书中，根据新发现的文物考古资料，进一步把丝绸之路延伸到地中海西岸和小亚细亚，确定了丝绸之路的基本内涵，即它是中国古代经过中亚通往南亚、西亚以及欧洲、北非的陆上贸易交往的通道。因此，按照所经地区与方向的不同，有西汉张骞开通西域的官方通道“西北丝绸之路”；有北向蒙古高原，再西行天山北麓进入中亚的“草原丝绸之路”；有长安到成都再到印度的山道崎岖的“西南丝绸之路”；有从广州、泉州、杭州、扬州等沿海城市出发，从南洋到阿拉伯海，甚至远达非洲东海岸的海上贸易的“海上丝绸之路”等。海上丝路萌芽于商周，发展于春秋战国，形成于秦汉，兴于唐宋，转变于明清，是已知最为古老的海上航线。中国海上丝路分为东海航线和南海航线两条线路，其中主要以南海为重心。

同样，“海上丝绸之路”雏形可能早在先秦时期已经存在，距今5000至3000年，岭南东江北岸近百千米的惠阳平原，已经形成以陶瓷为纽带的贸易交往圈，并通过水路将其影响扩大到沿海和海外岛屿。通过对海船和出土陶器，以及有肩有段石器、铜鼓和铜钺的分布区域的研究得知，先秦时期的岭南先民已经穿梭于南中国海乃至南太平洋沿岸及其岛屿，其文化间接影响到印度洋沿岸及其岛屿。与此同时，东海丝绸之路也在这一时期萌芽并得以发展。春秋战国时期，齐国在胶东半岛开辟了“循海岸水行”直通辽东半岛、朝鲜半岛、日本列岛的海上通道。越国、吴国也有类似的航线形成。这条由中国向东到达朝鲜半岛和日本列岛的东海航线，在海上丝绸之路中占次要的地位。秦始皇二十八年（前219年），秦始皇为求长生不老药，曾遣方士徐福率童男童女和百工等数千，于琅琊郡古朐港东渡日本，这是有文字记载的中国人首次航海。

官方海上丝绸之路形成于汉武帝之时。从中国出发，向南、向西航行的南海航线，是海上丝绸之路的主线。关于汉代丝绸之路的南海航线，《汉书·地理志》记载汉武帝派遣的使者和应募的商人出海贸易的航程曰：自日南（今越南中部）或徐闻（今属广东）、合浦（今属广西）乘船出海，顺中南半岛东岸南行，经五个月抵达湄公河三角洲的都元（今越南南部的迪石）。复沿中南半岛的西岸北行，经四个月航抵湄南河口的邑卢（今泰国之佛统）。自此南下沿马来半岛东岸，经二十余日驶抵湛离（今泰国之巴蜀），在此弃船登岸，横越地峡，步行十余日，抵达夫首都卢（今缅甸之丹那沙林）。再登船向西航行于印度洋，经两个多月到达黄支国（今印度东南海岸之康契普腊姆）。回国时，由黄支南下至已不程国（今斯里兰卡），然后向东直航，经八个月驶抵马六甲海峡，泊于皮宗（今新加坡西面之皮散岛），最后再航行两个多月，由皮宗驶达日南郡的象林县境（治所在今越南维川县南的茶荞）。

法国著名汉学家沙畹（Edouard Chavannes，1865—1918年）在其《西突厥史料》中言“丝路有陆、海二道，北道出康居，南道为通印度诸港之海道”提出陆、海“丝绸之路”。1936年，瑞典人斯文·赫定编著《丝绸之路》一书出版，除陆上丝绸之路外，他指出：“在楼兰废弃之前，大部分丝绸贸易已开始从海路运往印度、阿拉伯、埃及和地中海沿岸城镇。”1963年，法国学者布尔努瓦夫人（Llice Roulnois）出版专著《丝绸之路》，指出海上丝绸之路“从中国广州湾的南海岸出发，绕过印度支那半岛，穿过马六甲海峡，再逆流而上，直至恒河河口……商品一直运输到西海岸的海港、波斯和阿拉伯地区，后来也运销于欧洲”。1967年日本学者三杉隆敏出版专论“海上丝绸之路”的专著《探索海上的丝绸之路》。随着时代发展，陆海丝绸之路成为古代中国与西方所有政治经济文化往来通道的统称。而海上丝绸之路在唐代后期开始，成为中外贸易交流的主要通道。中国的丝绸制品、瓷器、铁器、蚕丝、茶叶、冶铁术、金银器制作术及其他工艺品，通过波斯、大食等国源源不断地传到西亚及欧洲国家；而西方国家的商品、技术和文化，通过陆海丝绸之路又传入东方的中国，把欧亚大陆联系在一起，极大地促进了文明的交流与发展。

二、我国历代领导人十分重视“丝绸之路”

中国是丝绸之路、海上丝绸之路的发祥地，我国历代领导人十分重视丝绸之路、海上丝绸之路。

1956年毛泽东在修改的《党的八大报告》就明确指出，建设一个独立的、完整的工业体系，“对外也可以满足社会主义阵营各国之间充分有效的国际合作，并且只要有可能，就发展同世界上任何愿意和我们往来的国家的通商贸易关系”。（《建国以来毛泽东文稿》第6册，中央文献出版社，1992，第151页）虽然，当时没有使用“丝绸之路”这一概念，但与“发展同世界上任何愿意和我们往来的国家的通商贸易关系”无疑就是利用丝绸之路发展与各国关系。

改革开放，党的第二代领导集体确定以广东为实验地发展对外贸易。早在1978年10月日本NHK记者铃木肇拿着他起草的拍摄《丝绸之路》的计划书，请时任国务院副总理的邓小平审阅，邓小平在拍摄《丝绸之路》计划书上签下自己的名字，随后，中日双方联合拍摄《丝绸之路》并在1980年播出，1983年《丝绸之路》第二部播出，1988年《海上丝绸之路》播出，其间邓小平的高瞻远瞩与所起的作用不言而喻。1984年10月20日，邓小平在中央顾问委员会第三次全体会议上的讲话中说：“现在任何国家要发达起来，闭关自守都不可能。我们吃过这个苦头。我们的老祖宗吃过这个苦头，恐怕明朝明成祖时候，郑和下西洋还算是开放的。”（《邓小平文集》第3卷，人民出版社，1993，第90页）以邓小平同志为核心的第二代领导人改革开放，为中国经济带来了飞跃发展。

1991年5月21日，江泽民在访问苏联前夕接受苏联记者的采访提到“中国对外交往可以追溯到公元前2世纪的‘丝绸之路’和公元15世纪的郑和下西洋，这些给我留下了深刻印象。这说明，中华民族在历史上就致力于同各国人民的友好往来，进行文化和经济交流，共同创造美好的未来。”(《人民日报》1991年5月21日)，随后他在1994年11月13日在会晤马来西亚元首时说：“早在明朝时候，中国伟大的航海家郑和七下西洋，其中5次驻跸马六甲，与当地人民结下深厚友谊，构筑了中国向东南亚的‘海上丝绸之路’，中马之间这种友好关系一直延续至今。”(《人民日报》1994年11月13日)1999年11月2日，在访问沙特阿拉伯时，对社会各界人士演讲中说：“中国人民与阿拉伯人民长久以来相互学习，双方的友好关系源远流长。古老的丝绸之路作为友谊的纽带把我们连结在一起。早在一千多年前，中国的商船就曾抵达吉达港，还到了美加。”(《人民日报》1999年11月2日)2000年4月19日，时任国家主席江泽民会见土耳其总统德米雷尔时说：“中土友谊源远流长，举世闻名的‘丝绸之路’架起了我们两个民族友好交往的桥梁。”(《人民日报》2000年4月19日)2001年5月25日，江泽民在第三届亚欧外长会议开幕式致辞说：“古代的‘丝绸之路’，曾经是亚欧文明交流的重要通道，为东西文明的交流发挥了独特作用。”(《人民日报》2001年5月26日)2002年4月18日，江泽民会见伊朗宗教领袖哈梅内伊说：“中伊两国人民的友谊源远流长，古老的丝绸之路是中伊两个古老而伟大的民族友好交往的历史见证。”(《人民日报》2002年4月18日)

2001年1月6日，时任国家副主席胡锦涛对伊朗进行友好访问。在与伊朗第一副总统哈比比会见时说：“中伊经贸交往历史悠久，2000多年前，两国人民就沿着闻名于世的丝绸之路开展了贸易往来。”(《人民日报》2001年1月6日)2006年4月20日，时任国家主席胡锦涛访问美国，出席美国总统小布什举行的欢迎仪式致辞：“中国人民对美国人民一向怀有深厚感情。1784年，美国商船‘中国皇后号’跨过海洋，首航中国(广州)打开了两国人民友好交往的序幕。”(《人民日报》2006年4月21日)陆海丝绸之路成为中外联系的历史见证。

2013年秋，中国国家主席习近平分别在哈萨克斯坦、印度尼西亚，先后提出建设“丝绸之路经济带”和“21世纪海上丝绸之路”重大倡议。2013年11月，中国共产党的十八届三中全会审议通过了《中共中央关于全面深化改革若干重大问题的决定》，提出加快沿边开放步伐，加快同周边国家和区域基础设施互联互通建设，推进丝绸之路经济带、海上丝绸之路建设，形成全方位开放新格局。2014年11月8日，习近平主席在亚太经合组织领导人北京会议召开前夕，宣布中国出资400亿美元成立丝路基金，为“一带一路”项目建设提供投融资支持；2015年3月28日，中国对外发布《推动共建丝绸之路经济带和21世纪海上丝绸之路的愿景与行动》；2017年5月14日至15日，首届“一带一路”国际合作高峰论坛在北京举行，包括29个国家的元首和政府首脑在内，140多个国家、80多个国际组织的1600多名代表从世界各地来到北京与会，高峰论坛发布圆桌峰会联合公报，达成270多项成果，形成了各国共建“一带一路”的国际共识；2017年10月24日，中共十九大通过关于《中国共产党章程（修正案）》的决议，推进“一带一路”建设等正式写入党章；2018年8月27日中共中央总书记、国家主席习近平在北京人民大会堂出席推进“一带一路”建设工作5周年座谈会并发表重要讲话强调，共建“一带一路”顺应了全球治理体系变革的内在要求，彰显了同舟共济、权责共担的命运共同体意识，为完善全球治理体系变革提供了新思路新方案。我们要坚持对话协商、共建共享、合作共赢、交流互鉴，同沿线国家谋求合作的最大公约数，推动各国加强政治互信、经济互融、人文互通，一步一个脚印推进实施，一点一滴抓出成果，推动共建“一带一路”走深走实，造福沿线国家人民，推动构建人类命运共同体。

三、中国学者重视“丝绸之路”研究

不仅国家高层重视“丝绸之路”的研究，学者也参与了这一重要领域的研究。早在20世纪，向达先生出版《唐代长安与西域文明》，对丝绸之路有深入研究。1955年，季羡林先生在《中国蚕丝输入印度问题的初步研究》一文中，指出中国蚕丝输入印度有“南海道、西域道、西藏道、缅甸道、安南道”等5条道路，并论证自西汉时中国蚕丝即从南海道的雷州半岛发船输入印度，历魏晋南北朝、隋、唐、宋、元、明等朝代而不衰。1974年，著名学者饶宗颐发表长篇论文《蜀布与Cinapatta——论早期中、印、缅之交通》，其中《海道之丝路与昆仑舶》一节指出：“海道的丝路是以广州为转口中心。近可至交州，远则及印度。南路的合浦，亦是一重要据点……广州自来为众舶所凑。”“北季南饶”相关论述，极大地促进了中国陆、海丝绸之路的研究。

改革开放之后，中国大陆有关陆、海丝绸之路的研究与考察出现热潮，成果不断涌现。1981年7月，由北京大学等16所高校和科研机构组成的24人“丝

绸之路考察队”，以宁可、胡守为分别为正副队长，宿白、王永兴教授为顾问，对陆上丝绸之路进行了长达55天的考察，历经陕西、内蒙古、甘肃、青海、新疆，行程为8000公里，后由考察专家汇编成《丝路访古》。1985年北京大学陈炎教授出版《陆上和海上丝绸之路》《海上丝绸之路与中外文化交流》两本专著。1987年，季羡林先生又发表《中印智慧的汇流》论文。1991年陈高华、吴泰等编写的《海上丝绸之路》，1994年姜伯勤《敦煌吐鲁番文书与丝绸之路》等，陆、海丝绸之路研究日趋活跃。

作为海上丝绸之路发祥地，并一直保持中外贸易繁荣的广东，广东的地方专家也当仁不让，积极开展海上丝绸之路的研究。1990年联合国教科文组织发起“海上丝绸之路”综合考察，1991年2月在广州举行“广州与海上丝绸之路”学术座谈会，出版《广州与海上丝绸之路》论文集和《南海丝绸之路文物图集》。1998年，汕头大学出版了《海上丝绸之路与潮汕文化》；2000年出版《海上丝绸之路与中国南方港论文集》；2003年，黄启臣主编的《广东海上丝绸之路史》由广东经济出版社出版。此后，黄启臣著《海上丝路与广东古港》、李庆新著《中国丝绸之路》、冼庆彬主编《广州海上丝绸之路》、顾涧清等著《广东海上丝绸之路研究》等，以及文物出版社出版《海上丝绸之路——广州文化遗产》等。2007年，以“南海一号”南宋沉船为主体的“广东海上丝绸之路博物馆”建立；2010年开始，在汕头南澳岛发掘“南澳一号”明代古沉船，拟建“南海二号”古沉船博物馆。近年来，有关海上丝绸之路的学术研究更加蓬勃发展。2012年拙著《内联外接的商贸经济：岭南港口与腹地、海外交通关系研究》由中国社会科学出版社出版，2017年由本人主编的《广东海上丝绸之路史料汇编（1—4册）》，由广东经济出版社出版，这些都大大促进了海上丝绸之路研究的开展与深入研究。当然，福建、浙江、江苏、山东等也有一定的海上丝绸之路研究著作出现，诸如张殿臣、白化文、顾涧清主编《连云港与海上丝绸之路》（1990年），廖大珂著《福建海外交通史》（2002年），宁波“海上丝绸之路”申报世界文化遗产办公室等编《宁波与海上丝绸之路》（2006年），耿升、刘凤鸣、张守禄主编《登州与海上丝绸之路》（2009年），徐晓望《中国福建海上丝绸之路发展史》（2017年）等。在目前全国沿海各地都在展开海上丝绸之路研究的大背景下，广东学者再次发声，这部中国“海上丝绸之路断代史研究”丛书（5卷）也正是广东史界学相关学者多年研究的结晶。

四、“海上丝绸之路”通达天下，前景广阔

早在秦汉时期，广州已成为海上丝绸之路重要的节点，在中外交通、贸易中发挥着重要作用。《史记·货殖列传》云：“番禺，亦其一都会也。珠玑、犀、玳瑁、果、布之凑。”上述《汉书·地理志》详细地记载了从自日南障塞、徐闻、合浦港口出发到东南亚、南亚的海上航线。东汉时南海航线不断发展，出现了与罗马帝国第一次的往来，中国商人运送丝绸、瓷器经海路由马六甲经苏门答腊来到印度，并且采购香料、染料运回中国，印度商人再把丝绸、瓷器经过红海运往埃及的开罗港或经波斯湾进入两河流域到达安条克，再由希腊、罗马商人从埃及的亚历山大、加沙等港口经地中海海运运往希腊、罗马两大帝国的大小城邦。西晋太康二年（281年），大秦国使臣经广东前来朝贡，“众宝既丽，火布尤奇”。伴随海上丝绸之路的畅通，除商贸繁荣外，中外僧人往来期间，促进了佛教等中外文化交流。西晋时，天竺僧耆域、迦摩罗先后至广州，建有三归寺、王仁寺。东晋时，罽宾僧人昙摩耶舍至广州建造王园寺（即今光孝寺）。梁普通七年（526年），高僧菩提达摩在广州登陆。中国高僧法显游历天竺，循海经广州回国。而东海丝绸之路也不断发展，六朝政权建立了与朝鲜半岛、日本列岛国家的友好往来，形成了以建康（今南京）为起点的东海航线，这为拓展和加强中国与东亚国家之间的文化交流。六朝政权与东亚、东南亚、西亚等外国交往主要通过海路进行，建康都城成为各国文化交流方面的主要城市。佛教经义乃至佛寺建筑就是在此时从建康传入百济（韩国）和倭国（日本）。

隋唐五代时期，中国海上丝绸之路呈现繁盛的局面。隋唐王朝保持开放心态，奉行积极发展海外贸易的政策，其主旨在于：一是通过海外贸易活动加强中外政治经济联系，维护隋唐王朝的国际威望；二是通过海外贸易进口各种海外奇珍异物以满足上层社会的奢侈性需求；三是通过发展海外贸易增加政府的财政收入。据《新唐书·地理志》引贾耽《古今郡国县道四夷述》所载“广州通海夷道”“登州海行入高丽、渤海道”两条对外最重要交通海路。后者为山东半岛登州（今山东蓬莱）与朝鲜半岛高丽、百济、新罗三国以及日本和渤海国的主要交往通道。大批遣唐使在此登岸。另外，扬州、明州（今宁波）也是东海丝绸之路前往日本、朝鲜的重要港口。唐宋时，在登州设立“新罗馆”“高丽馆”专门接待水路来朝的使节。日本遣唐使先后四次在明州登陆入唐，越窑青瓷远销世界各地。而“广州通海夷道”（南海丝路）自广州出发沿着传统南海海路，穿越南海、马六甲海峡，进入印度洋、波斯湾，至乌剌国，沿波斯湾西海岸航行，出霍尔木

兹海峡后，进入阿曼湾、亚丁湾和东非海岸。这是当时世界最长的远洋航线，也是唐朝重要的海上交通线，途经100多个国家和地区，成为中国与外国贸易往来和文化交流的海上大通道，并推动了沿线各国的共同发展。唐代“海外诸国，日以通商。齿革羽毛之殷，鱼盐蜃蛤之利，上足以备府库之用，下足以赡江淮之求”。黄巢起义后，人称“南海市舶利不赀，贼得益富，而国用屈”。南海贸易利润十分可观。唐代在广州首设专门管理南海邦交贸易的专职使职“市舶使”，成立“市舶使院”，这是中国现代海关的雏形，在唐代对外关系史中占有重要的地位。唐代广州港成为“海上丝绸之路”东方首港，其重要的地位一直延续。南汉高度重视海上贸易，采取一系列促进海上贸易政策，如废除“市舶制”，实行自由贸易；大力“招徕海中蛮夷商贾”，“经营海上通商事业，增辟良港”。

宋元时期，中国海上丝绸之路持续繁荣。造船技术和航海技术均有显著进步。广船一般用铁栗木制造，闽船则用松木或杉木。海船一般分割成10多个船舱，各船舱之间互相密隔，即便个别船舱漏水也不至于全船沉没。船员水手熟练掌握海洋季风，借以出海或返航。熟练的舟师能通过观测天象辨别方向，而指南针等被普遍用于航海。造船技术和航海技术的发展，直接推动海上丝绸之路航线的扩大。中国沿海贸易港口广州、泉州、明州、杭州、福州、潮州、雷州等都是重要的贸易港口。元朝通过发展海外贸易“以损中国无用之赀，易远方难致之物”，从而达到“天子不自有，凡诸蕃辅之”的目的。元人陈大震在《大德南海志》云：“山海为天地之宝藏，珍货从出，有中国之所无。风化既通，梯航交集；以此之有，易彼之无。古人贸易之良法也。”广州海外贸易发展的繁盛图景，在元人笔下多有记载：“岭南诸郡近南海，海外真腊、占城、流求诸国蕃舶岁至，象犀、珠玑、金贝、名香、宝布，诸凡瑰奇珍异之物宝于中州者，咸萃于是。”泉州，西方称之为“刺桐”(zaitun)，在海上丝绸之路的高峰期（12—14世纪），也是古代中国在中外贸易中居主导地位的时期，作为东西洋间国际贸易网的东方支撑点，占有重要独特的历史地位。《马可波罗游记》把泉州港誉为东方第一大港，今天留存大量的有关各种伊斯兰、基督教、摩尼教、佛教、道教等宗教石刻印记与陵墓石刻。

明清时期，从广州以及其他港口起航的“海上丝绸之路”，发展到商品贸易全球化阶段，标志着“海上丝绸之路”到了极盛时代。从明初洪武时期到郑和七次下西洋，海上丝绸之路的新旧航线，使得广东与东南亚、非洲、欧洲和拉丁美洲的许多国家和地区进行广泛的贸易活动。到隆庆时期（1567—1572年），广州“几垄断西南海之航线，西洋海舶常泊广州”。清代鸦片战争之前，清代海外贸易政策大体经历了禁海（1656—1682年）—开放（1683—1756年）—关闭（1757—1842年）的过程。在康熙二十四年（1685年）确定以广州、漳州、宁波、云台山为对外贸易港口，设置海关，各海关直属户部，不受地方行政管辖、监督，直接向皇帝和户部负责。四个海关中，粤海关最为重要，是清政府管理对外贸易的重要机构。自乾隆二十二年（1757年），停止厦门、宁波、定海等港口的贸易，限制外国来华商船在广州一口贸易，并规定外商不准和官府直接交往，由公行（十三行）办理一切有关外商的交涉事宜。直到1842年签订《南京条约》，被迫开放五口通商。清王朝海外贸易的政策，不论是开海时期，还是一口通商时期，广州在对外贸易中的地位都是举足轻重的。

现今，中国的“一带一路”倡议得到了世界各国人民的积极支持与参与。2018年8月27日在推进“一带一路”建设工作5周年座谈会上，习近平提出，共建“一带一路”正在成为我国参与全球开放合作、改善全球经济治理体系、促进全球共同发展繁荣、推动构建人类命运共同体的中国方案。5年来，共建“一带一路”大幅提升了我国贸易投资自由化便利化水平，推动我国开放空间从沿海、沿江向内陆、沿边延伸，形成陆海内外联动、东西双向互济的开放新格局；我们同“一带一路”相关国家的货物贸易额累计超过5万亿美元，对外直接投资超过600亿美元，为当地创造了20多万个就业岗位，我国对外投资成为拉动全球对外直接投资增长的重要引擎。接下来我们要继续推动教育、科技、文化、体育、旅游、卫生、考古等领域交流蓬勃开展，努力推进“一带一路”建设工作。

希望这部中国“海上丝绸之路史断代研究”丛书为“一带一路”建设工作做好历史阐释、注脚，以达到“以史为鉴”“经世致用”的目的。

需要说明的是，由于每册作者研究水平和学术观点不一，文责自负。其中可能存在的谬误、错漏之处，请大家不吝指正。

王元林

二〇二〇年三月

（作者：王元林，广州大学人文学院历史系暨广州十三行研究中心教授，中国海外交通史研究会副会长，广东省人民政府参事室特约研究员，博士生导师）

序

中国历史地理学家、广州大学广州十三行研究中心主任王元林教授和广州市社会科学院历史研究所所长王美怡副研究员共同主编了一套中国“海上丝绸之路断代史研究”（5卷）的洋洋160万字左右巨著。现在书稿杀青即将付梓之际，二王教授要我为本书撰写总序言。恭敬不如从命。我不揣谫陋，欣然应允。

本人有幸于1992年2月9日出席外交部与广东省人民政府联合举办的迎接联合国教科文组织实施“1987—1997年丝绸之路：对话之路综合考察”（*Integral Study of the Silk Roads：Roads of Dialogue*）的“广州与海上丝绸之路”学术座谈会，开始涉足“海上丝绸之路史”研究。28年来发表了《阿拉伯沉船的唐代商货文物实证海上丝路繁盛发展》《明代海上丝绸之路的高度发展》和《清代海上丝绸之路的中美贸易》等论文20多篇；主编和撰写出版了《广东海上丝绸之路史》（广东经济出版社2003年），2014年修订再版。因此，对海上丝绸之路的历史有所了解。现将自己的认识整理撰写成文，滥充二王教授主编的中国“海上丝绸之路断代史研究”丛书总序。

恕我孤陋寡闻，就我看到的中外古代典籍，未见有“海上丝绸之路”的名词记录。应该说此名是“舶来语”。它是德国地质地理学家费尔特南·宛·李希霍芬（Fauldnand. Von. Richthofen）于1876年提出命名、创立的一个近代学术名词。

李希霍芬于1856年在柏林大学毕业，后获得1868至1872年加利福亚银行和上海外商会的资助，来中国的华东、华北、华中、东北、西南和西北的陕西省等地进行了7次考察，于1872年回国，1875年出任波恩大学地质学教授，把对中国7次考察的资料，撰写成5卷本的著作，名曰《中国——根据自己的亲身旅行和在此基础上进行研究的结果》（*China：Ergebnisse eigener Reisen and darauf gerundeter studien*，5Vol，1887—1912），简称《中国》。1877年在柏林出版第1卷，全卷共758页。内容分为2编，第1编《中国和中亚》，叙述中亚地区与中国在自然地理学的关系；第2编《有关中国的知识之发展》。在第1编的第10章，专论中国与南方民族以及来自中国的西方民族之间的交通往来之发展。此章是第1卷的重点，共380页，占全卷书篇幅超过一半，叙述古代至1877年的中西交通史，主要是参考玉尔（Yule）著《中国和通往中国之路》，同时论述了2世纪腓尼基地理学家托密勒（Claudius ptolemaeus）和马利努斯（Marinus）提出的“赛里斯路”。在目录和469页处，两次提出了“丝绸之路”，而且把德文的“丝绸”（seiden）和“道路”（strasse）合并成一个新名词“丝绸之路”（seidenstrasse）。同时，在该书的第500—501页夹印李氏于1876年绘制的一幅中亚地图，并在地图说明中提出“海上丝绸之路”名称，只是未加详细论说。《中国》第2、第4卷分别于1882、1883年出版；第5、第3卷分别于1911、1912年出版。1883年，李希霍芬编写的与《中国》一书相配套的两卷本的《中国地图集：山岳形态学和地质学地图》亦于1885年在柏林出版。因为两部巨著的出版，李希霍芬获英国皇家地理学会授予最高金质奖章创建者奖章的奖励，从而成为19世纪西方最伟大的中国地理学专家而倍受称赞，饮誉全球。

此后，欧洲国家有更多的地理学家和历史学家关注和研究“海上丝绸之路”。19世纪末，法国著名汉学家沙畹（Edouard Chavarmos）出版了《西突厥史料》（*Documents Chinois sur les Tures Occiden taur*），书中提出世界有陆、海两条“丝绸之路”，云：

> 丝路有陆、海两道，北道出康居，南道为通印度诸港之海道，以婆庐羯沈（Broach）为要港。又称罗马Julstin Ⅱ，谋与印度诸港通市，而不经由波斯，由于五三一年遣使至阿拉伯西南yemen与Himyarites人约，命其往印度购丝，而转售于罗马人，缘其地常有舟航至印度。①

1933年10月21日，李希霍芬于1888—1892年在柏林大学任教时指导的博士研究生、瑞典人斯文·赫定（Sven Anders Hedin）以国民党南京政府铁道部

①沙畹：《西突厥史料》，冯承钧译，中华书局，2004，第167页。

顾问兼西北公路查勘队队长的名义，率领一个考察队从北平出发，向西南下西安，经河西走廊，然后沿着罗布泊北岸和孔雀河直至库尔勒，再北上乌鲁木齐回北平，进行了三年（1933—1935年）的查勘，最后编著了3本探险性著作：《大马的逃亡》《丝绸之路》和《游移的湖》，称为有关“战争”“道路”和“湖泊”三部曲，共70多万字。其中《丝绸之路》一书于1936年在瑞典斯德哥尔摩出瑞典文版；在德国莱比锡出德文版；1938年在美国纽约出英文版；1939年在日本出日文版，向全世界介绍了“海上丝绸之路”：

在楼兰被废弃之前，大部分丝绸贸易已开始从海路运往印度、阿拉伯、埃及和地中海沿岸城镇。[①]

1945年，法国近代最大的印度学和梵文学家让·菲利奥札（Jean Filliozat，1906—1982）开始致力于“海上丝绸之路”研究，并于1956年出版《印度的对外关系》和1986年出版辑录《从罗马看有关印度的古代拉丁文文献》（*Inde Uue de Rome，Les documents Latins Sur Linde*）两本著作，把自己研究陆上和海上丝绸之路的见解和文献介绍和阐述出来。

1963年，法国著名汉学家布尔努瓦夫人（Llice Roulnois）出版了科学专著《丝绸之路》（*La Route de La Soie*，1963）。该书法文版在巴黎重版3次，并被译成德文、英文、西班牙文、波兰文、匈牙利文、日文、中文出版发行。该书将“丝绸之路”的时空扩展了，从古代写到现代，从中国写到全世界。她特别肯定1世纪中国丝绸运入印度至罗马有三条道路：第一条途经中亚，即通过大夏国的道路，“这条道路要翻越喜马拉雅山山脉”；第二条是“缅甸之路”；第三条是海路。

它从中国广州湾（今湛江市）的南海岸出发，绕过印度支那半岛，穿过马六甲海峡，再逆流而上，直至恒河河口，这条路似乎仅仅由印度商船通航。商人们再从孟加拉湾海岸出发，沿恒河顶风破浪，一直到达“恒河大门”，然后便停止了海航，商品经陆路一直运输到西海岸

①［瑞典］斯文·赫定：《丝绸之路》，江红、李佩娟译，新疆人民出版社，1996，第212页。

的海港、波斯和阿拉伯地区，后来也运销于欧洲……在1世纪末以前，地中海地区所进口的大部分丝绸似乎都是通过海路而运输的，并不经由穿过波斯的陆路。①

1981年，法国学者雅克·布罗斯（Jacques Brosse）在巴黎出版了《发现中国》(*La decouverte La Chine*，1981)，在第一章第一节《丝绸之路》中，介绍了陆、海“丝绸之路”，云：

> 1世纪时，中国的丝绸传到了罗马，在贵妇人中风靡一时……
>
> 当时存在着两条通商大道。其一为陆路，由骆驼队跋涉，这就是丝绸之路。它从安都（Antioche）起，穿过了整个安息合帝国（L'Empire Parthe），然后在到达中国之前要越过帕米尔和塔里木盆地的绿洲，最后到达了可能为长安城的首都赛拉（Sera Métropolis，丝都）……
>
> 另一条路就是海路。它就是未来的“香料之路”，经红海和印度洋而抵达马拉巴尔的印度海岸之谬济里斯（Muziris），或者是科罗曼德尔（Coromandel）河岸的本地治里（Pondichéry，Pondonke），然后再经马六甲海峡和印度支那而沿中国海岸北上，一直到达《厄里特利亚海航行记》(Périple de lamer Erythrée）中所说的“特大城”秦那（Thina）。②

有鉴于国际研究“丝绸之路”热潮，1987年联合国教科文组织决定对“丝绸之路”进行国际性的全面研究，并实施“1987—1997年‘丝绸之路’：对话之路综合考察”十年规划大型项目。在制定这项研究考察规划的时候，对以“丝绸之路”命名曾进行过讨论和争论，有些国家的学者提出，“丝绸之路”贸易的商品不仅有丝绸，而且有大量的香料和瓷器等货物，因此，这条东西方国家之间的商路应称为“瓷器之路”或“香料之路”。但更多国家的学者认为，“丝绸之路”更能代表和表达东方，特别是中国出产的丝绸向西方国家输出和包含东西方文化交流的内涵。1990年10月23日，由联合国教科文组织发起“海上丝绸之路”综

①[法] 布尔努瓦：《丝绸之路》，耿昇译，山东画报出版社，2001，第45页。

②[法]雅克·布罗斯：《发现中国》，耿昇译，山东画报出版社，2001，第3—5页。

合考察，由30多个国家的50多位科学家和新闻记者组织而成的海上远征队，乘坐由阿曼苏丹提供的“和平方舟号”（Ship of Peace）考察船，从意大利的威尼斯港起航出发，先后经过亚德里亚海、爱琴海、地中海、苏伊士运河、红海、阿拉伯海、印度洋、马六甲海峡、爪哇海、泰国湾、中国南海、东海和朝鲜海峡，途经意大利、希腊、土耳其、埃及、阿曼、巴基斯坦、印度、斯里兰卡、马来西亚、泰国、文莱、菲律宾、印度尼西亚、中国、韩国和日本16个国家的威尼斯（Venice）、雅典（Athens）、库萨达吉（Kusadas）、亚历山大（Alexandria）、塞拉莱（Salalac）、马斯喀特（Muscat）、卡拉奇（Karachiy）、果阿（Goa）、科伦坡（Colombo）、马德拉斯（Madras）、普吉（Phuked）、马六甲（Malacca）、苏腊巴亚（Surabava）、曼谷（Bangkok）、文莱（Brunei）、马尼拉（Manila）、广州（Guangzhou）、泉州（Quanzhou）、釜山（Pusank）、博多（Kyon-gin）、冈山（Hakaka）、大阪（Osaka）22个港口城市进行考察，历时近4个月，行程2.1万公里。考察船于1991年2月9日到达广州，停留3天，与广东学者在东方宾馆举行了“广州与海上丝绸之路”的学术座谈会，出版了论文集《广州与海上丝绸之路》和《南海丝绸之路文物图集》。然后转赴福建泉州，于2月17—20日举行“中国与海上丝绸之路”学术讨论会，后出版了《中国与海上丝绸之路论文集》。

综上所述，可以看出“海上丝绸之路”是由李希霍芬提出命名、创立的，经欧洲国家学者不断研究而成为一门显学，其名实实在在是“舶来语”。

20世纪50年代，中国学者对“海上丝绸之路”进行了研究。如1955年，当代国学大师、北京大学教授季羡林发表了《中国蚕丝输入印度问题的初步研究》的5万字长篇论文。1974年，国学大师、香港学者饶宗颐教授发表了《蜀布与Cinapatta——论早期中、印、缅之交通，附论：海道之丝路与昆仑舶》，专论海道作为丝路运输的航线，指出：

> 海道的丝路是以广州为转口中心。近则及印度，南路的合浦，亦是一重要据点……而广州向来为众舶所凑，至德宗贞元间，海舶珍异，始就安南市场。[①]

①季文见《历史研究》1955年第4期，饶文见《选堂集文·史林》上册，香港中华书局，1982，第390页。

1978年改革开放以来，中国更多学者研究了“海上丝绸之路”，1978年重版的词典《辞海》、1979出版的郭沫若主编的《中国通史》、1993年出版的《中国大百科全书》、1995年出版的白寿彝主编的《中国通史》等，都添设了“海上丝绸之路”专条、专节或专目进行阐释和论述。其他学者也发表了一些论文和出版了若干专著。

纵观自1876年李希霍芬正式创立“海上丝绸之路”名称至今144年的中外学者研究进程，可以看出这些研究专家都达成共识：自1世纪开始近2000年（实算是1951年）来，全球形成了东西方国家和地区之间的“海上丝绸之路”航线，乘载着全球各国的商品贸易和文化交流。而“海上丝绸之路”的东方始发地是汉武帝平定南越后设置九郡（南海、苍梧、郁林、合浦、交趾、九真、日南、零陵、象）中的北部湾徐闻（今广东徐闻县五里乡二桥村和仕尾村一带）、合浦（今广西合浦县乾江圩三叉港）和日南（汉属中国，今越南中部平治省北部横山一带）；时间是元鼎六年（前111年）。这就是正史《汉书》卷28下《地理志》所记载的海上丝绸之路航线：

> 自日南障塞、徐闻、合浦船行可五月，有都元国；又船行可四月有邑卢没国；又船行可二十余日，有谌离国；步行可十余日，有夫甘都卢国。自夫甘都卢国船行可二月余，有黄支国，民俗略与珠崖相类。其州广大，户口多，多异物，自武帝以来多献见。有译长，属黄门，与应募者俱入海市明珠、璧琉璃，奇石异物，赍黄金杂缯而往。所至国皆禀食为耦，蛮夷贾船，转送致之。亦利交易，剽杀人。又苦逢风波溺死，不者数年来还。大珠至围二寸以下。平帝元始中，王莽辅政，欲耀威德，厚遗黄支王，令遣使献生犀牛。自黄支船行可八月，到皮宗；船行可二月，到日南、象林界云。黄支之南，有已程不国，汉之译使自此还矣。

这条“海上丝绸之路”是一站接一站的陆、河联运航行出海的，即从长安出发南下到汉中的汉水向南流到长江，进入洞庭湖到湘江，经灵渠入漓江到西江，然后逆西江而上到藤县入北流江到达合浦出南海；顺西江下流至德庆入罗定江下鉴江至徐闻出南海，到达东南亚的已程不国（今斯里兰卡），全程3540—5310海里。至唐、宋时期后，广州成为中国对外贸易的第一大港口。贾耽所记的《广州通海夷道》已航达到波斯湾、东非和欧洲的丝绸之路长达14000公里，是16世纪以前世界最长的远洋航线。到了西晋太康二年（281年），大秦（东罗马帝国）使臣经番禺（黄武五年，226年改称广州）北上洛阳朝贡后，一直成为海上丝绸之路的东方第一始发港（1271—1319年次于泉州，屈居第二）。而自明朝永乐三年（1405年）至宣德八年（1433年）郑和七下西洋后，嘉靖元年（1522年）"遂革福建、浙江二市舶司，惟存广东市舶司"[①]贸易；嘉靖三十二年（1553年）允准葡萄牙进入和以后租居澳门贸易；以及清康熙二十三年（1684年）实行开海贸易；乾隆二十二年（1757年）撤销闽、浙、江三海关，规定番商"只许在广东收泊交易"的319年（1522—1840年）期间，广州成为中国唯一对外贸易大港，从而开通了广州—澳门—长崎（1554年）、广州—澳门—望加锡—帝汶（旧航线）、广州—澳门—果阿—里斯本—欧洲（1554年）、广州—澳门—马尼拉—墨而哥—秘鲁（1578年）、广州—澳门—费城—纽约—波士顿（1784年）、广州—澳门—温哥华岛（1788年）、广州—澳门—俄罗斯（1803年）、广州—澳门—澳大利亚（1819年）等8条环球海上丝绸之路的网络航线。于是世界五大洲的各个国家和地区的商人都云集广州通过明清政府规定的商人集团"三十六行"和"十三行"同中国各省商人做生意，购买中国价廉物美的商品。顿时广州成为世界贸易的中心市场。城市人口加上佛山共150万人，相当于欧洲城市人口的总和。

但是近年来，国内有被誉为世界新文明史观开拓者的专家推出一种新观点，断定：

> 古代海上丝绸之路源于湖南黔阳，后来其起点转移到广州、泉州等。
>
> 炎黄时期大湘西地区的方雷氏和西陵氏及其后裔……在向西方迁徙中开始将蚕丝制品带到西方，从而开辟了海上丝绸之路。
>
> 今人不应该忘记，黔人和黔阳地区在古希腊和罗马时期开辟海上丝绸之路的历史贡献及其关键作用。[②]

对于此种将"海上丝绸之路"开始时间提前到距今4000年前的"炎黄时

---

①《明史》卷七十五《职官四》。

② 杜纲建：《文明源头与大同世界》，光明出版社，2017，第455、003、018页。

期”；始发港在“湖南黔阳”的“天在言说”：“其不在于证据，而在于言说本身。即使其言说内容不符合事实，证据无效，并不损害其微言大义的阐发。因为它是一种信仰的表达，一种文化慧命的精神呈现，作为一种希望与理想指向未来，属于信仰史学”[①]的推测，本人不敢苟同。

“海上丝绸之路”的第一要义，是东西方国家之间的商品贸易之路。而我国在汉、唐、宋、元、明至清代前期（前206—1840年）期间，是世界经济最发达的国家，手工业和农业生产长足发展，从而为当时海上丝绸之路向西方国家输出商品提供充足丰富的货源。据统计，宋代已有生产铁年产量60000吨。明嘉靖年间（1552—1566年），中国生铁年产量亦达45000吨，居世界首位；而英国到1740年生铁年生产量只有20000吨。[②]乾隆十五年（1750年）中国工业总产量占世界工业总产量的32%，而欧洲的工业总产量仅占23%。[③]直到1820年，中国的国内生产总值（GDP）仍占世界GDP的32.9%，[④]居世界各国第一位，“占据全球最大商品生产国宝座。”[⑤]乾隆四十一年（1776年），被马克思称为“经济学之父”的英国著名经济学家亚当·斯密（Adam Smith）在出版其影响世界历史进程的名著《国富论》（*the Wealth of Nations*）时，亦论述：

> 中国是比欧洲任何国家都富裕得多的国家。
>
> 在马可·波罗时代（他在1275年去过中国）以前，中国就已经到了充分富裕的程度。
>
> 中国的国内市场从规模上也许不逊于欧洲各国市场的总和。[⑥]

荷兰驻中国台湾第三任长官纳茨（Nuyts）在给其国王的报告也说：

①杜纲建：《文明源头与大同世界》，光明出版社，2017，第464页。

②世界银行：《中国：社会主义经济的发展——主要报告》第7页，1981。

③戴逸：《论康雍乾盛世》，2003年2月23日，在北京图书馆举办的“省部级领导干部历史文化讲座”的讲稿。

④Angus Maddison，*Chinese Economic Performance in the long Rum*，960-2030AD.（见［英］安格斯·麦迪森：《中国经济的长期表现：公元960—2030年（修订版）》，伍晓鹰、马德斌译，上海人民出版社，2016，第39页），亦可参考［德］贡德·弗兰克（Andre Gnuder Frank）：《白银资本：重视经济全球化中的东方》（*ReOrient Global Eeonomy in the Asian Age*），刘北成译，四川人民出版社，2018，第1、第4章。

⑤《隔百多年重登宝座：中国超美成最大制造国》，载《明报》2011年3月15日，A16版。

⑥［英］亚当·斯密：《国富论》，唐日松等译，华夏出版社，2005，第145、56、484页。

中国是一个物产丰富的国家，能够把某些商品大量供应全世界。①

英国经济史专家研究指出：

中国在（1890年）之前近两千年的时间里，一直是世界上最大的经济体，但是到了19世纪90年代，它的这个位置被美国所取代。②

确实如此，据《明会典》和《清朝文献通考》等史书记载，16至19世纪初期，中国向世界各国出口的商品达236种之多，其中，生丝、丝织品、瓷器、漆器、茶叶、砂糖、棉布、中药材等商品的总量是英国的8倍，在国际市场上享有很高的声誉，具有独占鳌头的竞争力。其时，中国在世界经济居主导支配地位。

而在18世纪至19世纪前期，欧洲各国由于“价格革命”的冲击，加上战乱、灾荒和黑死病流行，人口大减，经济日益萧条、衰退；美国刚建国不久，经济尚待发展，1830年仅有1500万人口，多数劳动人口均从事农业生产，各类商品极为匮乏。因此，欧美国家根本拿不出什么民生产品（手工业或农业生产品）打入中国市场，只好携带大量银子来中国购买各种货物回国内倾销，所谓夷船“所载货物无几，大半均属番银”。③马克思也在其著作中亦记载：

在1830年以前，当中国人在对外贸易上经常是出超的时候，白银不断地从印度、不列颠和美国向中国输出的。④

据统计，仅1700至1835年，西方国家到广州与中国贸易而输入中国的白银达到12亿两以上，⑤占美洲所产白银的80%和全球所产白银的50%，中国成为最

---

①厦门大学郑成功历史调查研究组编《郑成功收复台湾史料选编》，福建人民出版社，1989，第119页。

②Angus Maddiso, *Chinses Economic Performance in the long Run*, 960-2030AD.（[英] 安格斯·麦迪森：《中国经济的长期表现：公元960—2030年（修订版）》，伍晓鹰、马德斌译，上海人民出版社，2016，第38页）。

③《福建巡抚常赍奏折》,《文献丛辑》第176辑。

④《马克思恩格斯选集》，人民出版社，1975，第2卷第2页。

⑤濑弘：《清代西班牙的流通》，转引自韩毓海：《五百年来谁著史——1500年以来的中国与世界》，中信出版集团，2018，第180页。

大的“秘窖”。因此，当时在海上丝绸之路的贸易商品，中国是遥遥领先于世界各国的。

正是因为上述中国经济发达的优势，所以，在元世祖忽必烈派遣宿卫（皇帝贴身侍卫）亦黑迷失六下西洋（1272—1293年）和明成祖朱棣派遣郑和七下西洋（1405—1433年）拉开了大航海时代序幕之后，西班牙和葡萄牙国王亦派遣船队以寻找经济最发达和商品最多、最好的中国为动力和目标，于1492年8月30日派哥伦布（Cristopher Columbus）从帕罗斯港出发，向西航行去寻找东印度的广州、泉州和杭州。当他于10月12日到达伊斯帕尼奥拉岛（Isponioula，今天的多米尼加）时，就以为此地是亚洲的中国了。于是在此建立一个城堡，留下39名船员驻守。他自己带着其他船员回西班牙向国王报喜。次年（1493年）9月15日，哥伦布又奉国王之命，第二次带领1500名船员乘坐17艘帆船出航，11月3日抵达伊斯帕尼奥拉岛时，发现城堡已荡然无存，留下驻守的39名船员全部死亡了。于是他只好离开此岛，到另外一个名叫伊莎贝拉岛（Isapala，今多米尼加首都圣多明各）另建一个城堡，留他弟弟驻守，自己沿着今古巴方向继续航行，直到今天的牙买加国（Jamaica）国境上岸。本人于2015年3月，携太太庞秀声，儿子海波，儿媳易荣川，孙儿女尧骏、馨仪从美国奥兰度（Orlando）坐邮轮往加勒比海旅游经牙买加上岸游览时，曾在当年哥伦布上岸的口岸参观，并在该口岸拍照留念。（见下图）

（作者摄，下同）

1506年，哥伦布返回圣多明各的城堡与其弟相住，5月20日病逝，享年55岁。其弟将他的遗体安葬在大教堂内。本人于2009年11月携太太及儿子全家从多伦多到多米尼加共和国（Dominican Republic）度假，曾到圣多明各的哥伦布大教堂参观，当地称塞维利亚大教堂（Catedral de Sevilla）。教堂外观巍峨宏伟，规模仅次于梵蒂冈的圣彼得堡和巴西的巴西利大教堂，誉称为“世界第三大教堂”。教堂建筑属哥特式（见下图）。

教堂内前中央处有一副国王为哥伦布铜棺抬棺的雕像（见下图），以表示尊敬哥伦布发现新大陆带来的西班牙海权黄金时代的功勋。

之后我们步出教堂游览哥伦布公园，举目看去是公园中央矗立一座高大的手指新大陆的哥伦布雕像（见下图）。

有鉴于此，1990年，联合国教科文组织将哥伦布葬地大教堂和哥伦布宫等附近的卡拉斯达马斯（Calle Las Damas）街区列为世界文化遗产，供游人参观凭吊，以纪念哥伦布发现新大陆美洲的功绩。所以马克思说："欧洲确实创造了历史，但是，是在他们毫不知情的情况下创造的。"正如西班牙人所说"我们本来打算去中国，结果却到了加利福尼亚"。①

葡萄牙人华士古·达·伽马（Vasco da Gama）于1497年7月8日指挥四艘船队，从退加斯港Tucase起航向东方航行，到达今天印度的卡里库特（Calicut，旧称古里）。但他认为此地并非是到达东印度的中国，于是他向马六甲方向继续航行，后夺取了马六甲再往北航。他发现的东方航线为此后葡萄牙航海家到达中国澳门打下了极好的基础。为纪念伽马发现东方航线500周年，1998年澳葡政府除修饰原来矗立在水坑尾街附近的伽马雕像之外，还发行一枚邮票作为纪念（见下图）。

①韩毓海：《五百年来谁著史——1500年以来的中国与世界》，中信出版集团，2018，第537页。

伽马发现东方航线后，欧洲人就把哥伦布发现的伊斯帕尼奥拉岛的美洲称为西印度，又称“新大陆”；而把伽马发现东方地域称为“东印度”。东、西印度航线的发现和开通，使“海上丝绸之路”扩展全球，成为人类历史最伟大、最重要的事件，影响了近代以来世界经济的迅速发展。

“海上丝绸之路”的第二要义，是东西方国家之间的文化交流之路。伴随着近2000年海上丝绸之路的发展，东方发祥地的中国和西方国家的文化互相碰撞、互相交流、互相渗透、互相容纳、互相促进。由于在近代以前（1840年以前）时期的“所有文明中，没有一个国家的文明比中国的更先进和更优越”。①因此，中国的文化（包括科技文化、思想文化、制度文化等）对西方国家近代文化的涵化更广泛、更强烈、更深入。现仅就科技、思想和制度文化各择一二历史事例阐述如下，以见一斑。

第一，中国科技文化促进欧洲国家科技和经济的空前发展。

孙中山说过：

> 外国现在最重要的东西，都是中国从前发明的。

①［英］保罗·肯尼迪：《大国的兴衰》，蒋葆英译，中国经济出版社，1989，第4页。

经济史专家斯蒂芬·戴维思（Stefen Daivais）也说：

中国在1260年所达到的技术与经济的水平，欧洲在18—19世纪之交才超过它。[①]

根据1943年6月英国驻华大使馆战时科学参赞李约瑟（Joseph Needham）来到搬迁至四川南溪县李庄镇的中央研究院动植物研究所担任通信研究员，后来撰著的《中国科学技术史》(*Science and Civilisation in China*）统计，在2至16世纪，有100多项科技发明包括铁犁、太阳黑子、铸铁、炼钢、罗盘、指南针、造纸、印刷术、火药、历法、火枪、火炮、焰火、造船、数学十进制和种人痘防天花病等，“中国占据着一个强大的支配地位”。[②]这些先进的科技经由海上丝绸之路向欧洲传播后，开拓了欧洲中世纪的科技前景，点燃了欧洲国家文艺复兴和启蒙运动之火，奠定了欧洲国家的农业革命、工业革命、商业革命、科学革命和军事革命等。特别是造纸、印刷、火药和指南针四大发明传入欧洲，发挥的历史性效用，成为欧洲变革之引擎动力。15世纪，正如马克思在《经济学手稿》一书中所说：“火药、罗盘针、印刷术，这是资产阶级社会到来的三大伟大发明。……变成科学复兴的手段、变成精神发展创造必要前提的强大杠杆。”西班牙和葡萄牙吸收了指南针、火药技术，使如前述哥伦布向西航行发现新大陆和伽马由里斯本出发向东行发现东印度中国澳门后，17世纪，英、法、瑞典、丹麦等国家随西、葡两国前往新大陆和东印度。英国先是于1623至1839年前后13次东来中国与葡萄牙争夺澳门被中国政府驱逐后，于1840年发动鸦片战争，1842年割得香港。加上此前于1664年将荷兰人赶出新荷兰（New Netherland）改名为纽约；1756年击败法国人占领13处北美殖民地；1763年又打败法国人占领加拿大；1788年占领澳大利亚；1840年占据新西兰；1858年统治印度；19世纪末打败荷兰人占领南非。从而使英国成为名副其实的日不落帝国。俄国在扩展领

①China’s Forgotten Industrial Revolution，JUNE 01，2003 by STEPHN DAVIES，WWW，feel，org\the freeman\dctail\Chines-forgotten-industial-rrevolution#axzz2jXDT3ess.

②Andre Gunder Frank，*ReOrient Global Economy in the Asian Age*，《白银资本：重视经济全球化中的东方》，刘北成译，四川人民出版社，2018，第197页。

土的掠夺中也不甘示弱，自1689年与清朝签订《中俄尼布楚条约》，确定边界已深入西伯利亚外，又通过1858年签订《中俄瑷珲条约》、1860年签订《中俄北京条约》和1881年签订《中俄伊犁条约》，割占了中国黑龙江以北和外兴安岭以南的60多万平方公里领土、乌苏里江以东的40万平方公里和新疆伊犁以南的7万平方公里，合计达到107万平方公里（相当于当时中国十分之一的领土）。这么一来，自17至19世纪末，西、葡、荷、英、法、俄和中欧的城市国霸占世界五大洲的大多数原著居民国家的领土，榨取美洲的白银；以其只占世界二十分之一人口的欧洲国家，却拥占有世界三分之二的财富，为欧洲国家的工业革命和经济发展提供动力支撑，从而大大促进欧洲国家资本主义生产力的空前高速发展，正如马克思和恩格斯在《共产党宣言》指出：

资产阶级在它的不到一百年的阶段统治中所创造的生产力，比过去一切时代创造的全部生产力还要多，还要大。

于是打破了1820年中国GDP居世界第一位的经济格局。进而是英国在北美的13处殖民地于1776年7月4日宣布脱离母国（英国）独立建立美国后，立即仿效走英国老路，大力发展对外贸易，于1784年2月22日，派遣由美国大陆会议最高财政监督官罗伯特·摩里斯（Robert Morris）为首的一群纽约商人合资购买一艘定名为“中国皇后号”（the Empress of China）商船，从纽约启航，沿着早于1578年开通了的广州—澳门—马尼拉—黑西哥—秘鲁的海上丝绸之路前来广州贸易，购买中国的丝绸、瓷器、茶叶等商品回国倾销，获利30721美元。后又于1787年、1789年和1790年，有哥伦比亚·华盛顿女士号等3艘商船从波士顿启航经夏威夷前来广州贸易。之后，费城·沙伦和普淮登斯港口相继派商船到广州贸易，进一步促进美国经济的发展。加上1846年发动对墨西哥战争，占领墨西哥的加利福尼亚、德克萨斯州，和1867年与俄国沙皇签订《转让阿拉斯加条约》以720万美元购得俄国的阿拉斯加150万平方公里领土，终于在1860年夺得世界经济GDP第一位的桂冠，称雄至今。可以说，今天欧美国家的发达经济实是中国古代先进科技文化经由海上丝绸之路向欧美国家传播和促进的结果。

第二，中国儒道哲理促进德国古典哲学和英国古典政治经济学的创立。

1553年，葡萄牙人进入和租居澳门后，以利玛窦为代表的天主教耶稣会士纷纷随商船前来澳门并进入内地传教，回国时带回无数中国古代典籍，如1772年法国会士傅圣泽（Joannes Francicus Foaqct）等回国时就带去3900种书籍。同时，以利玛窦为代表的天主教耶稣会士等在内地传教时也把《老子》《孟子》《大学》《中庸》《论语》《易经》《礼记》等中国典籍翻译为拉丁文寄回欧洲国家出版。比利时会士卫方济（Francicus Noel）还撰写了《中国哲学》、法国会士马若瑟（Joe Maris Premare）著《中国经济学研究导言略论》等在欧洲出版，深受欧洲学者欢迎。正是这些典籍，“对于18世纪欧洲哲学的发展起到了决定性作用”（法国汉学家谢和耐语）。[①]

德国近代著名哲学家莱布尼兹（Gofuried Wilhelm Leibniz）对儒家文化十分感兴趣。他发愤研读耶稣会士翻译的儒家经籍，于1697年编辑出版了著作《中国近事》（*Novissima Sinica Historiam Temporis Iljus-tratura*），全面向欧洲国家介绍儒家文化，特别赞扬儒家和道家哲学思想，“在实践哲学方面，欧洲人就大不如中国人了”。因此，“我甚至认为，必须请中国派出人员，前来教导我们关于自然神学的目的与实践”。[②]他特别吸收老子关于“道”的思想精华，创立他的哲学思想中的单子学说（*Monadenlehre*），从而创立德国古典思辨哲学，于1714年发表了《单子论》（*Monadologie*），肯定中国理学的“理”与“单子”是相通的。他把思辨哲学传授给他的学生沃尔夫（Christian Wolff）。沃尔夫经过努力研究后，于1721年在哈勒大学发表标题为《论中国的实践哲学》（*De Sinarum Philosophica Practic*）的演说，把思辨哲学进一步系统化、理论化，首次将哲学分为本体论、宇宙论、心理学、自然神学、伦理学、经济学、政治学等七部分，认为哲学的一切原理均可以用数学或演绎的方法建立起来。沃尔夫又在玛尔堡（Warburg）大学发表标题为《论哲学与治国哲学》的演讲，把中国的实践哲学与德国的思辨哲学联系在一起。他的哲学思想又为其学生康德（I'm manuel Kant）、谢林（Sehelling）、黑格尔（Hegel）等人所批判接受，进而创立近代德国古典哲学。特别是黑格尔利用老子的“道生一，一生二，二生三，三生万物”的“有”和

①张之联主编《中英通史二百年周年学术讨论会论文集》，中国社会科学出版社，1996，第122页。

②[德]利奇温：《十八世纪中国与欧洲文化的接触》，朱杰勤译，商务印书馆，1991，第71页。

"无"概念约100次，撰写其名著《小逻辑》，作为其创立辩证法的支柱。而马克思又在黑格尔辩证法内核的基础之上，颠覆了传统的"形而上学"，建立了一个现实中得以实践的唯物辩证法思想体系。

与此同时，孔子的"天然自由"和司马迁的"自由经济"思想；"天下熙熙，为利而来；天下攘攘，为利而生"的"自利心"动机；"与时俯仰，获其赢利，以末致财，用本守之"的追求利润；"贫富之道，莫之夺争，而巧者有余，拙者不足"的自由竞争和"物盛则衰，物极而转，一质一文，始终之变"的价格波动（价值规律）等思想精华，直接影响了被马克思称为"经济学之父"的英国著名经济学家亚当·斯密（Aclam Smith）所吸收，从而于1776年写成和出版其政治经济学名著《国民财富的性质和原因的研究》(*An Inquiry into the Nature and Causes of the Wealth of Nations*)，简称《国富论》(the Wealth of Nations)，多次提到"天然自由"和"自由经济"等中国资料24次，创立了英国近代古典政治经济学，为欧美近代资本主义经济迅速发展提供理论支撑。同时，他还接受和吸收了孟子的博爱思想，出版了又一名著《道德情操论》(The Theory of Moral Sentiments)，侧重论述和强调人的"利他性"，指出只有把经济学的"利己性"和道德伦理学的"利他性"有机地结合，才是完整的真实人性。因此，亚当·斯密不仅是超分析力深刻的经济学家，而且是一个悲天悯人的伦理道德哲学家，为世人所敬仰。

第三，中国的人文思想和制度文化奠定欧美国家近代民主思想和文官制度的雏形。

中国典籍《大方广佛华严经》提出的"王以人为本，亿兆同一身"和《列子·天瑞》的"天生万物，唯人为贵"；《周礼》的民主政治、公平，以及明代黄宗羲著《明夷待访录》一书提出"君民非主从尊卑，府为民所设，诸侯自主"等接近民主制度主张等思想，经由海上丝绸之路传至西方国家之后，为欧洲国家的近代思想家如卢梭（Jean Jacques Rousseau）、孟德斯鸠（C.L.S.Montoquieu）和伏尔泰（F.de.Voltaire）等所接受，从而衍生出人权观念，奠定自由、平等、博爱、民主、宪政和三权分立的民主雏形。就是说，是中国儒家民主思想促进欧洲国家的民主化，影响法国大革命的《人权宣言》、1776年7月4日美国的《独立宣言》和1787年9月15日制宪会议通过的《联邦宪法》。因为该宪法第1条第9款第八则规定："合众国不得授予贵族爵位。"为了纪念儒家民主思想对美国建国立法的贡献，美国最高法院的楼檐雕塑孔子的浮象。因此美国建国之初，许多哲贤人士高度赞誉：

> 建国奠定宪政，其信仰与作风，直接挹取于欧洲，间接导源于中国……中国文化实为启发西洋民主政治之源泉，亦为创造西洋民主政治之一动力。①

与儒道家思想西传欧美国家的同时，儒经《礼记·礼运第九》的"大道之行也，天下为公，选贤与能，讲信修睦""学而优则仕"和"朝为田舍郎，暮登天子堂，将相本无种，男儿当自强"的科举制度文化，也经海上丝绸之路向西方国家传播和发生强烈影响，使欧美国家纷纷仿效而建立文官考试制度。先是嘉靖三十五年（1556年），葡萄牙耶稣会士达·克鲁斯（da Clues）经澳门入广州和内地传教，1569年回葡萄牙，次年写了一本共29章的《中国游记》，向欧洲国家介绍中国的科举制度，说：

> 中国的官员，必须有那项功名或头衔。他们奉行学而优则仕。②

该书原以意大利文出版，后由韦尼斯（R. Weinisi）译为英文，改名为《来自中国行省的报告》出版，使英国人于16世纪末得看此书。1596年，英国女皇伊丽莎白写了一封信给万历皇帝朱翊钧，表示对中国的科举考试制有兴趣。1665年，曾在中国传教38年，最后在广州逝世的曾德昭（Alvare de Semedo）所写专著《中国通史》译成英文在伦敦出版，其中第三章专门系统地介绍中国科举制度考试的内容和方法，从而在英、法两国引起强烈和广泛的反响。法国思想家伏尔泰（Voltaire）首先发文赞扬：

---

①转引陈立夫：《中国文化概论》，台湾正中书局，1987，第112页。

②转引黄启臣：《黄启臣文集》(一)，香港天马图书有限公司，2003，第596页。

> 在中国的社会制度中，这种在品学兼优的文人中通过科举而选拔官吏的做法，使一种文明——欧洲文明惊得犹如五雷轰顶。①

于是法国先于1791年进行文官考试，可惜好景不长，1801年却中断了。后来派人到德国实行文官考试经验后才恢复。

英国在19世纪末完成了工业革命，成为世界最富的强国后，于1829年先在殖民地印度实行文官考试选拔官员，首次突破原来的“赐官制”。1835年7月又在东印度公司实行考试选拔文职官员。1853年12月23日，政府讨论了由查尔斯·特里维廉和斯坦福·诺斯科特两人提出的《关于建立常任文官制度》调查报告，为英国实行文官考试制度奠定基础。1868年格莱斯顿（Gladstone）出任内阁首相，于1870年6月4日，颁布关于文官制度第二号枢密院命令，规定：

> 一切文官职位的任命，都必须根据文官制度委员会委员们的规定，通过公开竞争考试，委员会在财政部的监督下，有权独立决定被录用文官必须具备的合格重要条件。②

这就标志了英国近代文官考试制度的最后正式确立。这种文官考试制度就是源于中国的“科举考试，选贤与能”。正如权威性极高的《大不列颠百科全书》解释说：

> 在历史上，最早的考试制度出现在中国，先用考试来选拔行政官员，并对已经进入仕途的官员实行定期考核的文官制度。

英国经过4年的争论和试验，然后实行的文官考试制度影响欧美各国和地区的文官制度。

美国后来实行的文官考试制度，基本上是照搬英国的。先是经过3年的争论准备，1868年5月波士顿市市长爱默生（Edmoshen）访问同治皇帝穆宗载淳，

---

①［法］安田朴：《中国文化西传欧洲史》，耿昇译，商务印书馆，2000，第715页。

② D· C· Douglas，*English Historical Documents*，Vol 12，P554，London，1956.

回去高度赞扬中国科举考试制度：

是的，在杜绝任意用人方面，中国，还有英国，法国，已走在我们前头。在中国的社会生活中，教育获得高度的重视，这是使中国享誉域外的必不可少的保证。[①]

同年10月，北京同文馆总教习博士丁韪良（William Alexander Parsons Martin）出版专著《中国科举制》，又高度赞扬和介绍中国科举制度。1870年，美国《每月杂志》又发表了A.R.麦克多瑙（A.R. Markdonu）呼吁美国学习中国科举制，建立考试选拔文官：

在中国，王位以下的一切政府职位，全部向每一位居民开放……官吏由竞争性考试选拔，其迁谪视忠诚与否而定。[②]

经过一番争论，1883年，美国国会讨论通过调整和改革美国文官制度的法律，即《彭德尔顿法》(*Pendleton Act*)。[③]采纳英国文官考试选拔官员办法，正式确立美国的文官制度。

综上所述，可以看到发源于世界东方中国南端徐闻、合浦和广州港的海上丝绸之路，主宰了东西方国家和地区之间近两千年（前111—1840年）的商品贸易和文化交流的历史事实，充分说明古代中国文明（包括物质文明和非物质文明，用今天的话说是硬实力和软实力）均是超越西方欧美国家和地区的；近代欧美国家和地区的物质文明和非物文明都是源于古代中国文明的。因此，古代中国文明对近代，甚至现代的西方国家文明的促进发展功不可没。而作为沟通中西方国家和地区两大文明载体的海上丝绸之路亦功不可没。

有鉴于古代中国文明的光荣历史传统和发源于中国南海北部湾的海上丝绸之路向西方国家传播两个文明的作用和贡献，1978年改革开放以来，党和国家领导人邓小平、江泽民、胡锦涛和习近平，在不同时期和不同场合均老话重提丝绸

①哈佛《亚洲研究期刊》第7卷。

②哈佛《亚洲研究月刊》第7卷。

③Fredenrick C· Mosher，*Democracy and the Pubile Service*，P68，New york，Oxford University Press，1982.

之路，[1]作为我国实行对外开放贸易和人文交流的历史借鉴。特别是中共十八大以来，习近平总书记自2013年以来49次论说“丝绸之路”，提出建设“一带一路”倡议，并写入十九大政治报告和党章，以动员全党和全国人民大力实施此倡议，为实现中华民族伟大复兴中国梦和构建人类命运共同体而努力奋斗。这一倡议7年来得到100多个国家和国际组织的积极支持和参与建设，总人口约44亿，占世界总人口的63%；经济总量约21万亿美元，占世界经济总量的29%。同时，2016年11月，第71届联合国大会通过决议，获得193个会员国一致赞同，将“一带一路”建设内容纳入发展纲要；2017年2月，在联合国社会发展委员会第55届会议上，习近平总书记提出的共商、共建、共享，“构建人类命运共同体”理念首次写入联合国决议；2017年5月14至15日，中国在北京举办首届“一带一路”国际合作高峰论坛，有100多个国家元首和国际组织领导人前来出席会议。2019年4月26日，又举行了第二届“一带一路”国际合作高峰论坛，有150多个国家和地区、90多个国际组织近5000名外宾出席论坛。习近平总书记发表主旨演讲，表示愿意同世界各方“共建风清气正丝绸之路、共建数字丝绸之路和创新丝绸之路”。

现在，将要出版的王元林、王美怡教授主编的“海上丝绸之路断代史研究”丛书，包括第一本《秦汉魏晋南北朝海上丝绸之路史》，由周永卫、钟炜教授撰著；第二本《隋唐五代十国海上丝绸之路史》，由孟昭锋、王元林教授撰著；第三本《宋元海上丝绸之路史》，由章深研究员撰著；第四本《明代海上丝绸之路史》，由衷海燕教授撰著；第五本《清代海上丝绸之路史》，由刘正刚教授撰著。他们都是长期在广州各高校和研究机关从事海上丝绸之路研究并出版了有关专著的壮年专家。就我所知，他们编著的5卷本“中国海上丝绸之路断代史研究”丛书是目前国内最系统、最全面、最有分量和高水平的巨著。因此本套书的出版将会助力于我党当下大力实施的“一带一路”倡议，因为“一带一路”与古代丝绸之路有着祖孙基因传承之缘，正如习近平总书记发表重要讲话指出：

> 今天，我们传承古丝绸之路精神，共商“一带一路”建设，是历史潮流的沿续，也是面向未来的正确抉择。

---

①黄启臣：《邓小平等四代领导人老话重提丝绸之路》，载《岭南文史》2015年第1期。

“一带一路”建设根植于历史，但面向未来。古丝绸之路凝聚了先辈们对美好生活的追求，促进了亚欧大陆各国互联互通，推动了东西方文明交流互鉴，为人类文明发展进步作出了重大贡献。我们完全可以从古丝绸之路中汲取智慧和力量，本着和平合作、开放包容、互学互鉴、互利共赢的丝路精神推进合作，共同开辟更加光明的前景。[①]

谨此是为总序。

黄启臣

二〇二〇年三月

（作者：黄启臣，中山大学历史系教授，广东省政府文史馆馆员，国务院政府特殊津贴专家，曾任中山大学法政学院副院长兼社会学系系主任，广东省文史学会副会长；曾应邀到美国、加拿大和日本讲学和访问；已出版《广东海上丝绸之路史》等共31部书）

①《习近平谈“一带一路”》，中央文献出版社，2018，第190、第193页。

目　录

CONTENTS

绪论
秦汉六朝海上丝绸之路的历史地位

“丝绸之路”原指中国古代经中亚通往南亚、西亚、北非、欧洲的陆上贸易通道。因为这条贸易通道上运输的商品以中国丝绸最为著名，故名“丝绸之路”。东西方之间的贸易往来和文化交往历史悠久，但将这条交往通道以“丝绸之路”命名，却比较晚。“丝绸之路”这个名称最早由德国地理学家李希霍芬于1877年提出，并得到学术界的广泛认同。20世纪60年代以后，中外学者又将“丝绸之路”这一概念的内涵进一步扩大，并逐渐形成了广义和狭义之分。所谓狭义的“丝绸之路”是指由汉唐长安出发，经河西走廊、西域地区，通往欧洲和非洲的路线，又被称之为“沙漠丝绸之路”或“绿洲丝绸之路”。广义的“丝绸之路”既包含这条“沙漠丝绸之路”，还包含由中国北方游牧民族地区西行经亚欧草原通往欧洲的“草原丝绸之路”；由成都出发经云南、缅甸、印度通往欧洲的“西南丝绸之路”或“南方丝绸之路”；由中国东南沿海经南海、东南亚地区和印度洋到达欧洲和非洲的“海上丝绸之路”。①

连接东西方的“海上丝绸之路”同样有着悠久的历史。早在先秦时期，生活在中国南方广大区域的越人“以船为车，以楫为马，往若飘风，去则难从”②，是一个善于水上活动的海洋民族。活跃于山东半岛的齐国方士文化中，也不乏海洋文化的基因。

①参阅《中国大百科全书·中国历史（缩印本）》“丝绸之路”词条，中国大百科全书出版社，1995，第611—612页。

②[汉] 袁康：《越绝书》卷八《记地传》，上海古籍出版社，1985，第58页。

秦汉六朝时期，是中外文化交流十分频繁的时期，也是海上丝绸之路正式形成的时期。西汉时期，无名的汉使从南中国海西渡黄支，开辟了海上丝绸之路的新纪元；东汉时期，罗马帝国的幻人和使者相继沿海上丝绸之路来到中国，开启了东西方文明的直接对话；三国时期，吴国使者朱应、康泰出使扶南，足迹到达今天的柬埔寨，密切了中国与东南亚地区的联系。这一时期，法显、智严、佛陀跋陀罗等无数中外高僧大德往来奔波于海上丝绸之路上，为佛教东渐和中印文化交流做出了巨大贡献；活跃于海南岛和粤西地区的巾帼英雄冼夫人及其冯冼家族，为维护海上丝绸之路的畅通留下千古佳话。这一时期，中国的造船业和航海技术都取得了长足的进步，海外贸易有了显著的增长，为唐宋海外贸易的繁荣奠定了坚实的基础。

一、汉使西渡黄支，开启海上丝绸之路新纪元

丝绸之路的名称总是和西汉著名外交家和探险家张骞的名字紧紧连在一起。公元前139年，年仅17岁、继承西汉皇位刚刚2年的汉武帝刘彻，已经开始展示出雄才大略。这一年，汉武帝为了彻底解除西汉政权所面临的来自北方强大的游牧民族匈奴的威胁，派出了一支由张骞率领的外交使团，计划西行穿越由匈奴人控制的广袤地区，到达今天阿富汗境内，寻找受匈奴人欺凌压迫而迁徙到那里的大月氏人，并与他们结盟共同对付匈奴。张骞历经千难万险，终于抵达大月氏，完成了载入史册的“凿空”壮举，大大拓展了汉代人对外部世界的认知。经过多年经营，两汉在西域地区的影响力日渐强大，而匈奴的威胁则逐渐烟消云散。虽然东西方之间的文化交往和贸易往来在张骞之前早已存在，但学界依然将张骞称之为丝绸之路的开拓者和先驱。

雄才大略的汉武帝在经略北方沙漠丝绸之路的同时，并没有忘记南方的海上丝绸之路。几乎在张骞出使西域的同时，一支属于少府的外交使团，在一位黄门译长的率领下，从南中国沿海的日南障塞、徐闻、合浦港口等地出发，乘坐蛮夷船只南下西行，经过一年多的艰苦旅程，最终到达印度南部的黄支国①。与名扬天下的张骞西行相比，被《汉书·地理志》所记载的无名汉使出使黄支的海上航

①关于黄支国的具体地望，学界大多倾向于在印度南部，只有部分学者认为在印度尼西亚。

行活动显得十分低调。二者形成鲜明的对比。汉使西渡黄支，是“赍黄金杂缯而往”[①]，“杂缯”就是丝绸。因此，汉使往返黄支的路线是名副其实的海上丝绸之路。中外学者公认，《汉书·地理志》中关于汉使出使黄支国的234个字的描述，是载入中国正史的最早、最系统、最完整的关于海上丝绸之路的记载，具有里程碑的意义。这说明中华文明之中并不缺少海洋文化基因，说明中国人在早期的海上丝绸之路上扮演了十分重要的角色。可以毫不夸张地说，汉使出使黄支国，开启了海上丝绸之路的新纪元。世人只知道张骞出使西域，而不知无名汉使西渡黄支，这种片面的认知，亟待彻底纠正。

二、幻人、使者来华，由海上丝绸之路发端的东西方文明直接对话

汉帝国和罗马帝国分别是当时东西方文明的中心。虽然中国的丝绸经过丝绸之路沿线商人的不懈努力和辗转贸易早已走进罗马人的视野，成为罗马贵族趋之若鹜的奢侈品，但两大帝国的直接交往，却直到公元2世纪才得以实现。

东汉永宁元年（120年），发生了一件重大历史事件。这一年，西南夷掸国王雍由调遣使者经永昌郡（郡治在今云南保山附近）来到东汉都城洛阳，朝见天子，贡献方物，并献上来自海西国的“幻人”魔术师。关于此次事件，《后汉书》分别在《安帝纪》《西南夷传》和《陈禅传》中都有记载，足见史家的重视。

学界更多倾向于认为，海西就是大秦，也就是罗马帝国。大秦幻人，就是来自罗马帝国的魔术师。“掸国西南通大秦”[②]，显示这些大秦魔术师是沿海上丝绸之路经掸国来华的。最有可能的路线是以印度南部为中转站，渡过孟加拉湾，抵达缅甸伊洛瓦底江河口，再沿伊洛瓦底江溯流而上到达云南。这是正史所记载的罗马帝国与中国的第一次直接交往，大秦幻人也成为“文献上所见最早来到中国的欧洲人”。[③]

继公元120年大秦幻人来华46年之后，东汉延熹九年（166年），“大秦王安敦遣使自日南徼外献象牙、犀角、玳瑁”。[④]尽管有学者认为这些大秦使者只是打

①［汉］班固：《汉书》卷二十八《地理志下》，中华书局，1959，第1671页。

②［南朝宋］范晔：《后汉书》卷八十六《西南夷传》，中华书局，1965，第2851页。

③石云涛：《早期中西交通与交流史稿》，学苑出版社，2003，第363页。

④［南朝宋］范晔：《后汉书》卷八十八《西域传》，中华书局，1965，第2920页。

着使者旗号的商人，但更多的人认为，这是汉帝国与罗马帝国建立正式官方交往关系的开端。

几乎与此同时，中国人也一直没有停止寻找与罗马帝国建立直接联系的渠道。在此之前，东汉永元九年（97年），西域都护班超曾派遣副使甘英出使大秦国，但由于安息人的阻挠，甘英的行程止步于波斯湾，未能实现东汉帝国与罗马帝国直接对话的壮举，留下被思想家梁启超称之为“使读史者有无穷之憾焉”的一声长叹。因此，彪炳史册的东西方最早的直接交往，注定属于东汉永宁元年（120年）和延熹九年（166年），属于海上丝绸之路。公元97年、公元120年、公元166年，这三个中西交通史上的重要年份所发生的重大历史事件，也分别发生于陆上（西北）丝绸之路、西南丝绸之路、海上丝绸之路三条东西方交往的主要通道上。

三、佛教东渐中海上丝绸之路所扮演的重要角色

佛教东渐无疑是中西交通史和中外关系史上的重要内容。佛教在中国早期的传播，一直是学术界关注和研究的一个热点问题。近一个世纪以来，中外学术界围绕汉明帝感梦遣使真伪问题、《四十二章经》真伪问题、《牟子理惑论》撰写年代问题、佛教输入中国路线问题等，进行了持久而深入的讨论。时至今日，这些问题虽然没有定论，但在一些问题的看法上，主流意见已经趋于一致，比如《牟子理惑论》撰写年代，绝大多数学者认为是汉末三国时期。

在佛教传入中国的路线问题上，长期以来，陆路输入之说占据上风。荣新江先生认为：“综合已有的历史文献及80年代以来的考古图像资料，特别是考虑到阿富汗最近新发现的公元1世纪早期的佛教文献，我认为佛教从西北印度大月氏（今阿富汗和巴基斯坦）经陆路传入中国的说法最为合理。”[①]季羡林先生指出：“佛教从这里（按：至川缅甸路）以及海路传入中国，也是历史事实。只不过在最早的时期只能通过中亚而已。”[②]

①荣新江：《陆路还是海路？——佛教传入汉代中国的途径与流行区域研究述评》，《北大史学》第九辑，北京大学出版社，2003，第320—342页。

②季羡林：《中印文化交流史》，中国社会科学出版社，2008，第24—25页。

主张佛教海路传入说也不乏其人。梁启超在20世纪20年代初完成的《佛教之初输入》一文中认为："举要言之，则佛教之来，非由陆而由海，其最初根据地，不在京洛而在江淮。"[①]冯承钧先生指出："中国之识天竺，天竺之识中国，源来已久，贡献虽始于汉和帝时，两地交通为时必更古也。当时通道有二：一为西域道，一为南海道，南海道之开辟或更在西域道之先……由是可以推想及于佛教传入问题，交通既不限于一道，传入之地则不应仅由西域一途……可见南海一道亦为佛教输入之要途；南海之交趾犹西域之于阗也……是欲寻究佛教输入之故实，应在南海一道中求之。"[②]曾长期致力于西域史地文物研究的马雍先生综合汉文文献以及佉卢文字资料，认为在东汉中期以后，特别是在灵帝时期，中亚地区的居民，包括月支人、康居人、安息人以及一部分北天竺人，陆续不断地移居中国境内，形成一股移民的热潮。他们来华的路线分为海、陆两道。取海道者经印度航海来到交趾，一些人留居交趾，一些人继续北上，到达洛阳；取陆道者越过葱岭来到敦煌，一些人留居敦煌，一些人继续东进，到达洛阳。[③]

伴随着这股中亚人移民中国的浪潮，佛教也同时沿海上丝绸之路和陆上丝绸之路传至中国境内，从而大大改变了中国历史的面貌。古今中外，宗教文化的传播与发展，并非按部就班、循序渐进，而往往呈现出跳跃式传播，跨越式发展的态势。佛教东渐之初，洛阳、彭城一带的佛教可能比于阗、交趾要早。

海、陆两条丝绸之路共同构成中外交往的重要通道。汉魏两晋南北朝时期，敦煌与岭南虽然相隔万水千山，但由于弘法护法僧人的不懈努力，使得两地之间的交通更加畅通，交流更加频繁。敦煌、西北丝绸之路与岭南之间以僧人群体为主体的这种频繁的往来和交流，十分引入注目，远远超出了后人的想象。在西行泛海求法的僧人当中，有许多僧人出生于敦煌和西北丝绸之路沿线，很值得关注，也彰显出海上丝绸之路和岭南地区在佛教东渐中的重要作用。

魏晋南北朝时期是中国僧众群体西行求法活动最为活跃、最为频繁的时期。而西凉州（今甘肃酒泉一带）人智严是这一群体中的杰出代表，其贡献完全可以与

①梁启超：《佛学研究十八篇》，上海古籍出版社，2001，第32页。

②冯承钧：《中国南洋交通史》，上海古籍出版社，2005，第5—6页。

③马雍：《东汉后期中亚人来华考》，《西域史地文物丛考》，文物出版社，1990，第57—58页。

法显比肩。智严少年出家，为求法翻越葱岭，到达佛法繁盛的罽宾国，即今天的阿富汗一带，并遇到著名高僧佛陀跋陀罗。在智严执着、诚恳的邀请下，佛陀跋陀罗和他一起，经过3年时间，克服重重困难，最终沿海上丝绸之路回国。佛陀跋陀罗，译名觉贤，将系统禅法传入中国，并首次将《华严》大部翻译出来，使华严学在中国开始兴盛，对中国佛教发展做出了巨大贡献。[①]而在中国佛教史上，智严的名字是和佛陀跋陀罗的名字连在一起的，没有智严，就没有佛陀跋陀罗来华。

由于材料有限，时至今日，佛教传入中国的路线问题依然没有真正解决。但毫无疑问，佛教通过海路传播的可能性不容置疑，佛教东渐中海上丝绸之路的重要性不容置疑。

四、朱应、康泰出使扶南，密切了与东南亚地区的联系

三国时期的吴国，海上贸易和造船业都十分发达。“吴人以舟楫为舆马，以巨海为夷庚也。”[②]孙权在武昌督造的内河楼船，一艘甚至可以容纳3000人。东吴的庞大船队经常出没于北起辽东半岛、南达南海的航线上。

黄武五年（226年）大秦商人秦论经海上丝绸之路来到交趾，被交趾太守吴邈护送至东吴首都建业，受到了孙权的亲自接见。为了建立与大秦国的联系，孙权指派手下官员刘贤率领男女20余人护送秦论回国。可惜这次旅程因为秦论在中途病故而不得不提前终止了。[③]

几乎在交趾太守吴邈护送大秦商人秦论到建业的同时，受孙权和交州刺史吕岱的委派，宣化从事朱应、中郎康泰开启了他们出使林邑、扶南等南海诸国的海上旅程。扶南是公元1—7世纪中南半岛南部古国，领土大致包括今天的柬埔寨、越南南部以及泰国东南部地区，是当时东南亚地区国力最为强盛、最有影响力的国家。朱应、康泰在出使扶南国期间移风易俗，传播先进的中国文化，深受扶南王范寻的赏识和器重，扩大了中国在南海诸国的影响。他们在扶南还遇到了来自中天竺的陈、宋二位使者，并从他们那里获取了诸多关于中天竺风土人情、佛教

①徐文明：《广东佛教与海上丝绸之路》，羊城晚报出版社，2015，第111页。
②［宋］李昉等：《太平御览》卷七百六十八《舟部一·叙舟上》引《吴志》，中华书局，1960，第3407页。
③参阅［唐］姚思廉撰《梁书》卷五十四《诸夷传》，中华书局，1973，第798页。

传播等重要信息。朱应、康泰回国以后，将他们出使的所见所闻分别撰写为《扶南异物志》《吴时外国传》传世，留下了中国人关于东南亚的最早记录，弥足珍贵。可惜这些珍贵文献的原书均已失传，只在《艺文类聚》《通典》等类书和史志之中保留了片言只语，成为今天研究中国与南海诸国早期经济文化交流和海上丝绸之路的重要史料。朱应、康泰出使扶南，密切了中国与东南亚地区的联系，继他们出使之后，南海诸国扶南、林邑、堂明等国国王纷纷遣使朝贡、献方物。相传东晋著名医学家、道教理论家葛洪青年时期曾经游历过扶南。

到南北朝时期，扶南等南海诸国与中国的关系更加密切。扶南、林邑、师子国、狼牙修国、盘盘国、丹丹国、干陀利国、婆利国、中天竺、北天竺、大秦国等国先后沿海上丝绸之路来到中国，向南朝皇帝奉表贡献。梁天监三年（504年），扶南王侨憍陈如阇邪跋摩遣使来梁朝贡献，并赠送珊瑚佛像，被梁武帝敕封为安南将军、扶南王。[①]扶南在佛教东渐过程中也发挥了桥梁和纽带的作用。诸多中亚、南亚的大德高僧经扶南沿海上丝绸之路来到中国传教弘法。扶南著名高僧僧伽婆罗、曼陀罗和须菩提也先后沿海路来到梁朝，史称“扶南三僧”。

五、冼夫人及其冯冼家族与海上丝绸之路

梁大同初年（535年），流亡到岭南的北燕皇室、梁朝罗州刺史冯融的公子冯宝，与岭南俚族首领冼氏家族联姻，标志着深刻影响岭南历史200多年的冯冼家族登上历史舞台。在冯冼家族杰出领袖冼夫人（约522—602年）的统领下，汉族与岭南越族的民族融合进一步加强，南中国的海疆得到了前所未有的巩固。

特别值得一提的是，脱离中原王朝管辖500多年的海南岛，在冼夫人的运筹帷幄之下，重新被纳入中原王朝版图，从此再也没有分离。长期以来，海南岛的居民以越人为主体，汉武帝统一岭南后，在海南岛上设立儋耳、珠崖二郡。但由于汉族官员的贪腐和残暴，设立不久的的儋耳、珠崖两郡先后在公元前82年和前46年被迫撤销建制，海南岛与中央王朝的联系也从此中断。到南朝梁武帝时期，被尊为“岭南圣母”的冼夫人利用自己与海南岛居民同为越人的独特优势，在海南岛大力推行汉族文化，移风易俗，改善民生，赢得了当地百姓的爱戴和拥

①［唐］姚思廉撰《梁书》卷五十四《诸夷传》，中华书局，1973，第789—790页。

护，最终实现了中原王朝对海南岛的有效管辖。

冯冼家族活跃于今天粤西地区的茂名、阳江、湛江和海南岛一带，处于中国通往东南亚、南亚、中东、非洲和欧洲的海上丝绸之路的重要节点，地理位置十分重要。“我事三代主，唯用一好心”①是冼夫人的名言和行为准则。冼夫人坚定维护国家统一，反对分裂割据势力，奉行民族团结政策，保境安民，融合汉越，支持梁、陈、隋三朝在岭南的有效治理，保障了南中国海域海上丝绸之路的畅通，为海外贸易和中外文化交流做出了巨大贡献。她曾将一件扶南犀杖作为信物赠予陈武帝陈霸先。这件扶南犀杖也成为海上丝绸之路的历史见证。

总之，秦汉六朝时期的海上丝绸之路在中外文化交流史上书写了精彩的篇章，在中国历史乃至世界历史上占有十分重要的地位，应该引起社会各界的关注和重视，值得进一步研究。在“一带一路”伟大倡议深入人心的今天，回望这段历史，探寻海上丝绸之路文明的源头活水，显得尤为必要。

①[唐]魏征、令狐德棻等撰《隋书》卷八十《列女传》，中华书局，1973，第1804页。

第一章
先秦海上交通

回顾中华文明的发展历史，有大量史料都可以证明，中华民族是世界上最早走向海洋的古老民族之一，可与地中海领域的克里特文明、爱琴文明，以及古埃及文明和古巴比伦文明、古印度文明等古老文明相媲美。浙江东部河姆渡文化遗址出土发现的独木舟的木桨，距今已有7000多年历史。传世文献《竹书纪年》中也有关于夏商周时代的航海活动记录，如记载古代先民“东狩于海，获大鱼”。殷墟出土的甲骨文中，也有殷商古人扬帆出海以及从“大邑商”向东征讨“人方”并靠近海边的记载。又如《史记》记载春秋时期吴国历史时，也说吴国水军曾从海上发兵进攻齐国，而齐景公曾游于海上，乐不思归。《论语》言孔子也曾想“乘桴浮于海”。秦始皇统一六国后，多次东巡于齐鲁故地（今山东沿海的仙山名岛），还命方士徐福率大批童男童女和百工出海，以寻找所谓长生不老之药（应为高丽人参、葛薯之类，对此类仙药和海上神仙传说，汉武帝也是深信不疑，为此模仿秦始皇的做法，东巡多达十次）。而徐福船队出海东行后，竟一去不复返（对此结局，后世有不同说法）。根据日本从古至今出土的一些资料和传统习俗，后人遂有徐福东渡日本的种种传说。由以上事例可知，我国古代先民对海洋和远洋航行其实并不陌生，很早就拥有了非常丰富的航海知识和经验。正是在此基础上，至西汉武帝时期才能正式开拓出从徐闻、合浦出发的海上丝绸之路。笔者认为，当今学者应从大量与此相关的考古遗址、文物以及上古史料文献中，发掘出更多有关中华民族古代先民从事海洋活动的古老事迹，并对此加以重新考证和阐述。

从自然地理看，我国有绵延弯曲长达18000千米的漫长海岸线，其间众多的优良港湾（尤其在环渤海湾、山东半岛沿海、长江入海口、钱塘江入海口、闽江入海口、珠江入海口、北部湾沿岸，优良港口较多），都为我国远古时期先民的海上交通提供了极大的方便。正是在这种自然形成的先天条件下，我国远古时代的先民很早就开始从事开拓性的海上活动。

从传世文献和考古资料看，早在秦汉时期正式开辟海上丝绸之路之前，由我国东部沿海各港口始发而自然形成的古老海上丝绸之路就已初步形成，应产生于史前或夏商周文明时期。如《诗·商颂》："相土烈烈，海外有截。"可知殷商早期，商人先祖相土或已通过古黄河下游进入渤海和黄海，由此获得来自海外的截获。此后从西周至春秋，来自山东半岛、苏北一带的莱夷、人方，活动于淮河下游的淮夷、徐夷，以及来自长江下游的吴、越先民，都与当时东南沿海（黄海、东海）的海上活动有关。这些古老先民"文身断发"的传统习俗，以及他们从海边获取盐渔之利的那些传统产业都可以说明，大致从夏商周时期开始，靠近我国近海岸的航海活动和海上交通，在我国远古时期沿海的古老民族中普遍且一直存在。

先秦时期我国沿海的古老先民各自分布在不同的地域范围内。从古代民族分布看，我国远古海上交通的起源，最早应与远古时期的东夷部落联盟以及分布范围很广的百越族有关。从夏商周文明至春秋战国这一漫长的时期，我国沿海的古代先民也发生了很大演变。在我国漫长的海岸线上，这些不同地区的古代先民，从早期海上交通线上的各港口乘船出海，冒险进行跨海贸易和更远距离的经济、文化交流。其中历史上有记载或有考古发现可证明存在跨海贸易较多的热点地区，分别有环渤海湾地区、山东沿海地区和分属吴、越文化区的长江入海口、钱塘江入海口（即杭州湾地区）、闽江入海口、珠江入海口、北部湾等。

总之，凡论及先秦时期的海上交通，则不能不提及我国沿海地区的夷、越等族。因分布地域不同，它们又可分别称为东夷、淮夷、东越、南越等。在秦汉帝国文化以及中原文明还没有到达我国沿海各地的先秦时期，这些百越族大多相隔较远，应分属于古代不同部族或古代民族。亦有学者认为，这里的"越"，或指滨海之人，即我国东南沿海的水居部族。[①]又依分布地域不同，可分为东越、闽

①司徒尚纪、许桂灵：《中国海上丝绸之路的历史演变》，《热带地理》2015年第5期。

越、南越、西瓯、骆越等族。他们大多擅长跨海出行，如春秋末吴越争霸时，吴国和越国的水军就曾多次沿内河（江淮河济）、古代运河（邗沟）或沿着靠近海岸的海上航线，北上中原或山东半岛一带争霸天下。从先秦史籍看，燕、齐、吴、越等国，都有早期的海上交通。而我国先秦时期东南沿海一带的东瓯、闽越、南越等族，相互之间早已存在的贸易往来和文化联系因东南各地多山而受到天然阻碍，因此上述越族相互交流多取道于海上。但不可否认的是，目前我国史籍中有正式和明确记载的官方海上交通，起始于西汉武帝时期。

第一节　殷商文明与海上交通

据学者研究，目前有甲骨文证实的殷商文明的产生，或者说与此有关的夏商周文明，都与我国历史早期的海上交通有着或多或少的关联。对此，有学者认为，先商文化来源于晋中南，后封于商（漳），即漳河流域。商族从山西迁至豫北、冀南一带后，在原有龙山文化基础上，又吸收东夷文化等沿海部族的优秀文化成分（比如将东夷部落的鸟图腾和渤海湾一带的红山玉文化加以吸收），进而形成先商文化。以上结论与先商文化的考古发掘和分布相吻合。①也有学者从古地理角度进行研究，认为我国古籍所载的先秦河水有禹贡河和山经河，它们先是沿太行山东麓，向北流至渤海湾。之所以如此，可能与公元前4280年所发生的太行山大地震有关。后由夏族首领大禹发动古代先民，对这条早已存在的黄河下游河道通过疏导的方式，仅用古代原始工具，就在较短时间内将黄河水患治好，因而获得拥戴，成为夏朝开国帝王。②由此，大禹治水后形成的禹贡图，也就成为《尚书》中的重要篇章，其中记载了我国沿海各地区部落沿着不同的纳贡路线，分别可达夏朝的中心地区（今豫西、晋西南一带，如二里头文化遗址等）。

据古地理学家研究，从公元前4280年华北大地震至战国中后期赵齐等国修筑黄河堤岸的近四千年间，古黄河中下游自出三门峡后，在华北平原上呈现放射

①陈昌远、陈隆文：《论先商文化渊源及其殷先公迁徙之历史地理考察（上）》，《河南大学学报（社会科学版）》2002年第1期。

②任美锷：《4280a B.P.太行山大地震与大禹治水后（4070a B.P.）的黄河下游河道》，《地理科学》2002年第5期。

状的多股漫流状态，其主要水道分为两条路径：一条沿太行山东麓北流（如山经河、禹贡河）；一条沿东北方向流（汉志河，即汉书所载的河道）。后由著名史地学家谭其骧先生对此进行考证，认为汉书记载的黄河实际上就是春秋战国时代的古黄河。在战国后期筑堤以前，古黄河呈现多股分流，有时主要走东股，有时主要走西股。以上结论也符合地貌学中有关陆地三角洲河流多股分流的演化规律。[①]如果以上结论属实，那么从渤海、黄海至夏、商王朝的中心地区，就变得较为方便和容易，由此不仅加强了我国沿海地区各部族文化与夏商文明之间的联系，同时也促进了我国早期海上丝绸之路的起源和进一步发展演变。

先秦时期，我国早期海上丝绸之路的形成、发展和演变，也是与以上不同文明之间的文化交流密切相关。如有学者在对环渤海地区的新石器时代玉器进行研究后认为，在仰韶时代不同地区的玉文化遗存中，渤海湾边产生的红山文化占据了重要地位，并使这一时期成为中华文明史上玉文化发展演变的第一个灿烂辉煌的巅峰期。而以辽西红山文化为代表的环渤海玉文化圈，又成为先秦时期我国东部濒海地带玉文化条带出现的最早重心之所在。因红山文化遗址出土的玉器中用于祭祀的礼器较多，这就使得红山文化在中华传统礼制文明的形成和发展演变过程中，曾发挥过引领先秦时期玉文化潮流并由此开创中华早期文明和历史新局面的重要文化影响和文化先锋作用。可以说，以红山礼玉和“坛、庙、冢”为表征的社会复杂礼仪系统，代表了距今四五千年前（仰韶、龙山文化时期）中华早期国家文明的初曙。[②]值得注意的是，红山玉文化不可能完全由本地所产生，必然会受到域外文明的影响，而红山玉文化所代表的早期国家文明，又通过海上通道和古黄河下游等水道，进而与夏商周文明发生联系。可见，夏商周文明与我国沿海的早期文明之间，以及沿海早期文明与域外文明之间的文化交流，都与我国历史早期的海上通道（即先秦海上丝绸之路的起源）有关。

关于我国沿海各地区古老文明之间的海上交流，有学者认为，自良渚文化时期以来，海上航路就已经可以从江浙沿海出发，通过东海、黄海，以及今韩国的济州岛海域，到达环渤海湾一线，即渤海周边的各古老文明诞生地。根据相关考

① 任美锷：《4280a B.P.至战国黄河下游流路续考》，《中国历史地理论丛》2007年第2期。

② 任妮娜：《环渤海地区新石器时代玉器研究》，辽宁师范大学硕士学位论文，2013年。

古发现可以证实，早在我国远古时期，江浙沿海各种物品由以上海上通道，顺势流入到环渤海地区，这已是客观存在的事实。[①]

此外，根据沿海考古发现可知，早在我国远古时期，位于中原东部的山东龙山文化，以及在东南沿海以河姆渡遗址为代表的东越地区早期文化中，远古先民海洋活动的痕迹已是随处可见。其中，既有远古先民用来制造独木舟的生产工具，也有以上先民从居住地附近的沿海地带出航并逐岛漂航的重要物证。总之，从考古发现看，中国古代有目的、有计划的海洋活动，应起步于夏商周时期的东夷人和百越民族，并正式形成于春秋晚期和战国时期。以上远古先民通过世代口耳相传而流传下来的远洋航海技术，在春秋以后的不同历史时期都取得了长足的进步和进一步的发展演变。

春秋末至战国时期，是华夏诸国由奴隶制向封建制逐步转化的重大变革时期。当时位于中原各地的各种政治力量，不断分化组合，此消彼长，华夏诸国之间、诸侯贵族之间，以及当时的各大奴隶主与各地农奴之间的相互争斗，都呈现出空前激烈、持续不断的复杂局面。由于我国山东半岛和江浙一带具有靠近海上等地域条件的优势，再加上出于防御诸国和对外战争的需要，在当时的山东半岛以及东南沿海，或者在以上河网密布、对外贸易异常发达的地区，分别出现了水上（包括海上）力量较为强大的吴国、越国和齐国。它们不仅拥有在当时具有较大规模的内陆江河水战舰队和海上远航的武力，同时也开始运用舟师，与争霸诸国进行海上交战。

远古先民出海进行贸易活动的最根本条件就是远航舟船的发明以及造船技术的不断提升和进步。而我国古代先民常用舟船的出现，也经历了漫长的发展历程。远古先民在长期的生活和生产劳动中，从大自然的漂浮现象中深受启发，于是制造出我国最早的水上交通工具——简易竹木筏子。但因筏还没有舷，尚不能称为舟船。只有在具有船舷、能够搭人的独木舟产生后，才能称为舟船的雏形。恩格斯等学者都注意到，从木筏的产生、发展到相对成熟的独木舟的制成，无疑是全人类造船史上的一大文明进步。但简易的独木舟还不能到达很远的海外。只有到达夏商周文明阶段，随着华夏民族生产力的不断发展，尤其是铜铁（如青铜

①张志立、彭云：《中国江南先秦文化与环渤海文化圈关系的探讨》，《考古》2011年第2期。

器）等金属冶炼和金石铸造技术的不断进步，才开始出现了金属制成的造船工具，由此独木舟就逐渐发展并演变成为木板船，显然这又是全人类造船史上又一次重大飞跃。由此远古时期的沿海先民就开始不再受大自然原始材料所限，并能根据远洋航海的需要，制造出适合出海贸易和远洋航行等用途的各种大型船只。

战国中后期，在以上原始航海条件的基础上，又产生出能够沿近岸水域航行的大型战船。当然，我国最初的木板战船受到当时非常落后的生产力条件，即当时各种自然和原始技术等客观条件的限制，因此，从春秋末至战国时期的海上航行活动只限于靠近海岸的浅水域，仅能在白天进行近岸航行。类似的大型船舶在全世界其几大文明古国（如古埃及、古巴比伦、古印度）都曾产生，如古埃及人、两河流域的美索不达米亚人，都曾建造过类似的水上船只。但最早的船舶还没有龙骨，仅能沿海岸航行。后来，出于商业贸易和跨海航行的需要，逐步发展出借风帆或人力划桨推进，船身也比以前更宽的货运船只或战船。其中，西方的划桨战船在造船史上代表了一个重要的航行时代。

划桨战船也经历了由单层到多层的发展过程，最早在公元前700年左右，由腓尼基人建造而成，专门用于海战。由于率先在地中海水域拥有了当时较为先进的航海技术与设备，因而腓尼基人成为最早向欧洲殖民的开拓者之一。此后古希腊人尤其是精通航海贸易的雅典人，又对腓尼基战船做了进一步改进，提高了其航速和机动性，为此雅典人甚至不惜降低海船的适航性、舒适性、载容量和最大航程。

此后，为了经得起敌船的撞击，在公元前5世纪后期的波斯战争后，又出现了具有连续甲板和保护桨手的木板防护装置的卡夫塔拉克特型战船。它所具有的坚固性、高速度和机动性，以及古希腊战船水手所具备的高超航海技术，都使得古希腊城邦联盟的船队成为克敌制胜的一大法宝。如公元前480年的萨拉米斯海战中，希腊联合舰队就以少胜多，击败了波斯战船，由此结束了波斯帝国曾经长期在爱琴海所具有的控制权和航海贸易权，从而使雅典迎来了“黄金时代”。之后，罗马人又在古希腊人、腓尼基人建造的战船基础上，对罗马帝国的战船进行了进一步改进，从而使罗马战船的航速比以前要快得多。古罗马船队中还出现了像四层桨战船这样的大型战船，船只更高，排水量更大，可载船员也更多。因此，在公元前40年，即罗马共和国分裂后，独裁者屋大维正是依靠这支装备精良而且非常善于海战的古老又先进的舰队，才先后击败了另外两位政治巨头——庞培和安东尼，并最终为其建立统一的罗马帝国创造了有利的政治条件和战局。显然，地中海作为世界古代造船和海洋活动重要的发祥地，从古希腊到古罗马时期古老战船的发展和演变，无疑对包括古老中国在内的文明古国的海洋航行及其海船建造都具有普遍的代表意义和借鉴价值。可以说，中国的海上丝绸之路在早期萌芽的基础上，正是在战国时期通过学习古希腊和古罗马的航海经验和建造船只技术，才能够在秦汉帝国时期达到中国早期历史上一个高峰。

第二节　吴越争霸与海上交通

春秋战国时期，海上交通的热点主要体现在吴越争霸上。吴国与越国是春秋晚期在江浙一带土著文化（如良渚文化等）基础上，经过长期的文化交流（显然这种交流与早期海上交通也有关）和融合，最终在太湖流域和钱塘江下游出现的两个实力强大的诸侯国。

春秋时期吴越之间长期争战，最初吴国取胜，但此后吴国又与楚国长期争战，互有攻伐，一度攻入楚国郢都，并进一步北上争霸，由此消耗了国力。吴王在北上争霸途中被越国成功偷袭，导致越国最终灭掉吴国。越国在吞并吴国土地后，又效仿吴王做法，继续北上争霸。

在吴、越两国先后北上争霸的过程中，其行军路线既与邗沟等先秦时期开挖的人工运河有关，也与早期海上交通线（如从江浙沿海出发，沿着长江口以北的海岸线航行，可到达山东半岛南部的琅邪，即今山东胶南县沿海的这条近岸海上通道）有关。

一、吴国北上争霸的海上交通路线

春秋时期的吴国，以吴（今苏州）为都城，以邗（江都扬州）为出海口。对于吴国都城，有学者认为，西周至春秋吴都曾有四次迁徙。从周康王至西周晚期的俎（即春秋“柤”地），春秋初迁至邗（即扬州），后迁至吴（即无锡），吴王阖闾时迁至“姑苏”“苏”（即苏州）。[①] 此外，有学者认为，根据历代文献和考古

① 王晖：《西周春秋吴都迁徙考》，《历史研究》2015年第2期。

资料可知，吴国的都城体系是由“吴都”(吴大城)——苏州古城、春秋时吴国所建“离宫”——“木渎古城”以及拱卫吴都的军事城堡——无锡“阖闾城”、昆山“南武城”等组成。[①]

显然，吴国的海上交通也与以上都城及相关宫的迁移有关。自从1954年镇江丹徒大港烟墩山“宜侯矢cè簋”出土后，有关吴国王侯和都城历史的研究就在不断深入。近年来，尤其对吴国政治中心的变迁以及吴国城址的探索研究正在兴起。如葛城遗址，就是近年来新发现的一处吴国中心区域的古城址之一。它是迄今为止在江苏南部境内所发现的有关商周时期年代最早、延续时间最长、保存最好、吴文化内涵也最为丰富的一处古城址。其时代贯穿吴国历史的整个过程，对于江苏商周时代考古以及吴文化的研究，特别是对吴国早期政治中心的探究，有着重要的研究意义和价值。

吴国筑城始于太伯,《吴越春秋》载“故太伯起城，……名曰句吴”,《世本》有“吴孰哉居藩篱”“孰姑徙句吴，诸樊徙吴”等记载。这说明吴国早期的政治中心不断迁徙。一般认为，吴国发端于宁镇地区，吴国的早期政治中心也在这一带。丹徒大港、谏壁一带，曾发现多座大型出土青铜器的墓葬。值得注意的是，丹阳的司徒、访仙两处，曾出土过两批数量较大的西周中晚期的青铜器窖藏，距葛城仅15千米。葛城遗址北距大港、谏壁等地的青铜器墓葬集中区30千米，东南距武进奄城遗址也仅30千米。由此可知，吴国的政治中心是由宁镇丘陵地区向太湖平原地区不断迁徙的，最后在春秋晚期定都苏州。新发现的葛城无疑是这一迁徙的链条中极为重要的一环。此外，与吴文化有关的神墩遗址，据初步研究，为一处从西周中期一直延续到战国早期的祭祀场所，与葛城古城址应存在极为密切的关联。

二、越国北上争霸的海上交通路线

历史上，古越人曾先后以诸暨、绍兴作为都城，并以杭州湾作为吴越争霸和北上争霸的重要出海口。

①吴恩培:《春秋“吴都”“三都并峙”现状与苏州古城历史文化地位的叙述》,《苏州教育学院学报》2016年第1期。

古越国（又称作“於越”）是位于宁绍平原和会稽山区的古老部族国家。据研究，越国古都最早设在诸暨北面的埤中。从夏朝少康封越国开国之君无余于会稽，至春秋末越王勾践迁都绍兴，越国已存在1568年。在这一千余年间，越国古都曾长期居于会稽山腹地。据考证，越国曾先后在诸暨的埤中、大部、句乘三地建立过都城，有史籍记载和考古遗迹可查。其中，埤中（据考证，应当在今诸暨北界次坞、店口至阮市一带）是越王无余建立越国时期的都城所在。此后虽有迁移，但仍未远离会稽山区。而绍兴古城始建于越王勾践七年，时值勾践在吴国经受三年凌辱后回国之初。勾践采纳了范蠡诸臣的意见，认为越国要东山再起、称霸中原，必须把都城从山区迁至宁绍平原的绍兴古城。

在埤中北部与绍兴相连接的次地、店口、阮市一带，曾发掘出新石器时代晚期至商周时期诸暨越人举行祭祀活动的遗迹——祭祀坑。此外，这里还发现有当年越王勾践为复国雪耻而藏匿精兵利器的库房所在地，以及相传为越王勾践系舟之坞的杭坞山和勾践用来训练水兵的重要基地——杭坞江段深水处。

天子山附近的白塔湖，相传也是当年越王允常和勾践造船和练兵之处。《越绝书・记地传》载越人“以船为车，以楫为马”，可见越人是一个非常熟悉内河航行和航海技术的古老部族。公元前510年，越王允常曾舟师由此湖出发，出杭州湾入海，之后从长江入海口转入长江，与吴军作战获胜。

公元前494年，越王勾践与吴军进行夫湫之战，300余条战船和水兵都由此湖出航参战。天子山一带还发现有可能为古越国宫殿或越人先民居所的古建筑遗物，以及相传为越王之墓的先秦古墓葬。

著名史地学家陈桥驿先生认为，少康“封庶子无余于越”，是为巩固夏王朝在东南地区的统治。无余建立越国时，距离大禹治水只有100多年，会稽山以北大部分地区海拔很低，都在4米左右。在第三次海侵时，这些平原地区如同余姚河姆渡的古村落一样，都淹没在海水以下，成为浅海区。而诸暨浦阳江沿岸的河谷平原海拔都在10至20米，均处于海平面之上。因此在4000多年以前，於越部落只能选择海平面以上地势较高的地区作为生存的家园。为便于祭祀大禹，无余选择会稽山以南的埤中作为居所和国都所在地。

春秋时期，宁绍平原还是一片盐碱地，还不利于越人先民生存。因此，于越部族主要活动于会稽山区（当然也包括四明山区），见诸记载的越人部族酋长驻地，如埤中和嶕岘大城等，都在山地内部。当年部族先民过的是原始农业和狩猎生活。今埤中阮市的一些村落，还发现有春秋战国时期的手工业作坊和制陶工场遗存。专家认为这些窑址烧造时间长、窑址多、范围大，是越族聚居的重要活动地区。

绍兴古城是春秋战国时期的越国都城，始建于春秋末期的越王勾践七年（前490年），至今已有2500余年历史。这座由越国大夫范蠡主持兴建的古城，体现了周代的建都礼制。

从古越人从山区逐步迁居沿海地带的迁移过程看，於越人以其特有的生存方式，活跃在以上这片沿海地区，表现出开拓进取的秉性、坚忍不拔的意志和卓越非凡的智慧，形成了经济本位的价值取向、精勤耕战的文化品格和自强不息的民族精神，成为海上丝绸之路文化中不可多得的珍贵历史文化遗产。[①]

第三节　燕齐及闽越诸国与海上交通

一、燕国与环渤海湾的贸易和文化交流

关于我国北方沿海的早期海上丝绸之路，目前学术界认为，据考古发现，距今六七千年左右，山东半岛先民已漂过黄海和渤海，将龙山文化的石器和民俗带到辽东半岛。[②]春秋战国时期，燕、齐两国临近的渤海或黄海上，有大量方士云集于环渤海湾一带的仙山名岛。这些海上的方士大多精通航海知识，并具有极为丰富的航海经验。如战国时期燕国的宋毋忌、羡门子等地位较高的方士名人，都能亲自驾船远航。显然，正是这些春秋战国时代的燕齐方士，才使得我国北方的海上丝绸之路得以开启。此外，有资料表明，今朝鲜北部和韩国境内的古代先民，都与燕国或齐国先民有关。他们（尤其是燕国先民）或从陆上出发，环绕渤海湾，并跨越鸭绿江进入朝鲜半岛，或从海上到达今朝鲜或韩国境内。

①钱汉东：《绍兴之前，越国都城是诸暨》，《文汇报》2010年8月8日第8版。

②司徒尚纪、许桂灵：《中国海上丝绸之路的历史演变》，《热带地理》2015年第5期。

二、齐国通海外的鱼盐之利和文化交流

齐国与鲁国不同，鲁国是地处内陆（山东半岛腹地）的诸侯国，传承了西周王朝的礼仪文化，是传统意义上的礼仪之邦；而齐国却依山（泰山、沂蒙山等山脉）傍海（渤海、黄海），依靠强大的航海和通商能力，得以通鱼盐之利，国力逐步强大。因此，早在齐桓公时期，齐国就已成为华夏东方大国，并成为春秋五霸之首。

齐国的海外贸易由来已久。周武王伐纣获胜后，在夏、商、周故地基础上建立了西周王朝。西周又"封师尚父於齐营丘"，遂有齐国。据《春秋》载，齐国是侯爵。周武王身边的师尚父，即吕尚（史称太公望，即小说《封神榜》中俗称的姜太公、姜子牙），原为姜姓，其远祖为四岳，后封于吕地，遂为齐国吕氏。齐国初封于营丘（今山东昌乐），后迁至临淄（今山东淄博临淄区）。

齐国疆域最初只在今山东北部，南与鲁国相邻，以泰山、齐长城为界。周武王驾崩后，周成王即位，因年龄尚小，由周公旦摄政。不久管、蔡二公作乱，淮夷叛周，周天子便给予齐太公以征伐的权力。《史记》曰："东至海，西至河，南至穆陵，北至无棣，五侯九伯，实得征之。"

齐国因临近渤海和黄海，故有鱼盐之利。《史记》载："太公至国，脩政，因其俗，简其礼，通商工之业，便鱼盐之利，而人民多归齐，齐为大国。"杨新亮先生认为，齐国之所以由最初姜太公受封时方圆百里的小国后来发展成"膏壤二千里""粟如丘山"的东方滨海大国，其中最根本的原因就在于齐国充分开发利用了"鱼盐之利舟楫之便"的海洋资源，并大力发展齐国的海洋经济。齐国后来之所以成为春秋五霸之首，与齐国的海洋经济文化密不可分。齐国的海洋经济文化可分为海洋渔业文化、海洋盐业文化、舟楫航海文化、丝绸商贸文化这四个方面。①

三、闽越人与其他文明的海上交通

在战国秦汉时期出现的闽越人和闽越国之前，今福建地区实际上已进入早期

① 杨新亮：《海王之国：齐国的海洋经济文化》，《华北水利水电学院学报（社会科学版）》2011年第3期。

文明阶段。目前学术界认为，商周之时，福建已进入古闽文明阶段，是福建文明的重要起点。[①]关于战国秦汉闽越人的对外交流，王子今先生认为，闽越与其他地方（如东越、东瓯、南越等越族聚居区）的交通，容易受到山海自然条件的严重阻隔，但闽越航海条件优越，航海传统悠久，使得闽越与东越和南越的海上往来，与闽越与内地之间的联系相比，显得更为方便。此后秦汉时期的几次重要战事，都是借助了航海条件方能实现远距离征讨并取得成功。古代中国因风浪而影响航运的最早历史记录也发生在闽越沿海一带。因此，王子今先生认为，在我国东方海洋开发史上，闽越人有着突出的贡献。当今我们分析、探讨和总结秦汉时期的闽越航海史，对考察和理解中国古代海洋开发的历程和闽南文化风貌，都是有积极意义的。[②]

综上所述，可以看出，先秦时期的海上交通因地理知识、技术条件欠缺，显得很不成熟。但古人因追求经济利益、地缘政治优势、仙山方术而冒险出海远航，分别在山东半岛沿岸、吴越故地沿海、岭南沿海，形成了先秦时期我国与海外文明古国进行贸易和文化交流的几大中心，为后来秦汉时期进一步扩大海上交通和文化交流路线奠定了坚实的基础。

①李子：《“冶城”之谜新破译》，《闽南文化研究》2016年第2期。

②王子今：《秦汉闽越航海史略》，《南都学坛人文社会科学学报》2013年第5期。

第二章
汉代海上丝绸之路的开启

汉武帝开疆拓土后正式开通的海上丝绸之路，其实早在秦始皇时期，甚至早在先秦，就已初步奠定了海上通航的基础。值得一提的是，从先秦至秦汉时期，古代先民很重视修建沿着海岸线的陆路通道和人工运河。如邗沟，就是沟通江淮并由此通往中原的一条重要水道。此外，从秦始皇和汉武帝东巡路线看，从吴越故地沿海地区，至山东沿海，再到渤海湾，存在着一条沿着海岸线的并海道。对此，王子今先生认为，秦汉时代的并海道，沿海岸贯通南北，与咸阳、长安并不直接连通，不可以强行归入自关中向外辐射或向东作折扇形展开的格局之中，然而当时确是一条具有重要作用的交通大道。并海道对于秦始皇统治时期大一统帝国各地区经济往来和文化交流的效能尤其显著，而对于保证政令畅通、实现专制统治的意义亦不可忽视。[①] 以上沿海通道和人工运河网络的形成，加快了沿海地区与内陆的交通联系，使得秦始皇和汉武帝多次东巡成为可能，由此在汉代正式开启了海上丝绸之路。

第一节　秦始皇东巡、徐福东渡与海上交通出海口

秦始皇统一六国后，在全国范围内进行了多次东巡，由此也引来了项羽、刘邦等英雄豪杰的羡慕与嫉妒之心。之后，汉武帝又模仿秦始皇的做法，也多次东巡并在海上巡行。但他更推崇五岳中的东岳，同时对海外仙山，如蓬莱仙岛，也非常向往。此外，秦始皇在多次东巡山东沿海途中还两次派遣徐福出海，以寻访

①王子今：《秦汉时代的并海道》，《中国历史地理论丛》1988年第2期。

仙药，结果未能如愿。

一、秦始皇东巡与海上交通出海口

1. 秦始皇对山东沿海的巡游

据《史记·封禅书》载，秦始皇“即帝位三年，东巡郡县”，“始皇遂东游海上，行礼祠名山大川及八神，求仙人羡门之属”。[①]因春秋战国时期齐地曾先后经历多次战争，对齐鲁故地破坏较大，故秦汉时期齐地八神“其祀绝，莫知起时”。此时，仅山东沿海的神仙信仰颇盛，故秦皇、汉武均多次经由沿海的通道直接到达山东沿海一带，以便祭祀沿海地区的日神等神主。

据载，及至秦始皇并天下，“至海上，则方士言之不可胜数”。[②]由此可见，山东半岛沿海一带的神仙传说影响范围极大，以致各地前来寻访仙迹的方士数量很多。在巡游山东沿海途中，秦始皇曾“并勃（渤）海以东，过黄、腄，穷成山，登之罘，立石颂秦德焉而去。南登琅邪，大乐之，留三月。乃徙黔首三万户琅邪台下，复十二岁。作琅邪台，立石刻，颂秦德，明得意”。[③]可见，秦始皇这次对山东沿海的巡游，都与神仙祭祀有关，先后途经黄（月主所在地），攀成山（日主所在地），登之罘（阳主所在地），再登琅邪（四时主所在地），以上都是神主所在地。秦始皇还在琅邪这个黄海沿岸的著名港口和都会之地停留了三个月，为充实民户，还迁来各地百姓三万户到琅邪台下居住，并免除其十二年的赋税和徭役，说明秦始皇对此地流连忘返，应当是出于对海上神主、仙药以及东夷文化的敬仰和崇拜。

公元前219年的这次东巡，徐福等人上书秦始皇，“言海中有三神仙，名曰蓬莱、方丈、瀛州，仙人居之。请得斋戒，与童男童女求之。于是遣徐福发童男童女数千人，入海求仙人”。[④]

公元前218年，秦始皇第二次东巡于此，“登之罘，刻石”，[⑤]以表明其目的和功德，实则也应当是为了祭祀神主和访求仙药。

---

①[汉] 司马迁撰《史记·封禅书》卷二十八，中华书局，1959。
②[汉] 司马迁撰《史记·封禅书》卷二十八，中华书局，1959。
③[汉] 司马迁撰《史记·秦始皇本纪》卷八，中华书局，1959。
④[汉] 司马迁撰《史记·秦始皇本纪》卷八，中华书局，1959。
⑤[汉] 司马迁撰《史记·秦始皇本纪》卷八，中华书局，1959。

公元前210年，秦始皇第三次来到山东沿海，仍为寻访海上仙方和仙药，并祈求神灵福佑，以求长生不老。《史记·秦始皇本纪》："方士徐市（福）等入海求神药，数岁不得，费多，恐谴。"[①]遂游说始皇："蓬莱药可得，然常为大鲛鱼所苦，故不得至，愿望请善射与俱，见则以连弩射之。"[②]于是，秦始皇"乃令入海者赍捕巨鱼具，而自以连弩候大鱼出射之。自琅邪北至荣成山，弗见。至之罘，见巨鱼，射杀一鱼"。[③]《史记·淮南衡山列传》亦有类似记载。很可惜的是，秦始皇始终未能获得仙药。据《史记·封禅书》载，秦始皇"冀遇海中三神山之奇药。不得，还至沙丘崩"。[④]可见，秦始皇三次东巡虽满怀希望，但最终没能如愿，在回来的路上病死于沙丘行宫。

关于秦始皇东巡的原因与动机，张华松先生认为，秦始皇四次巡视，其中有三次以齐地为主要目标。论其东巡齐地的原因和目的，大略可归结为政治军事方面：齐地最具有反秦的实力；齐地拥有强大的贵族势力；齐地动向的不易捉摸；齐地存在着严重的分离主义倾向。经济方面：控制齐地的盐铁以及丝织品的生产；劝课农桑，以便从齐地征调足够的粮赋。文化方面：寻根；寻求文化与宗教的权威力量；考察民情，整饬风俗；求仙。秦始皇是战国齐鲁阴阳儒生所炮制的巡狩礼的第一个实践者。[⑤]

2. 秦始皇巡游途中经过的出海口

关于秦始皇巡游的时空特征及其原因，李瑞、吴宏岐根据《史记》及有关记载，详细分析了秦始皇为帝十一年间频繁巡游的时空特征，即巡游频率高、历时长、游历范围广，且以齐鲁海滨为巡游活动的主要目的地；并根据当时的社会政治、文化环境，提出促成秦始皇巡游活动时空特征的主要原因是扬威宣德的政治目的、虔诚的宗教情感、寻求长生的强烈渴望和地理景观区域差异的吸引。[⑥]从海上丝绸之路文化这一角度来看，秦始皇多次巡游山东沿海途中所经过的琅邪等地，都与秦汉时期北方海上丝绸之路的出海口有关。

①［汉］司马迁撰《史记·秦始皇本纪》卷八，中华书局，1959。

②［汉］司马迁撰《史记·秦始皇本纪》卷八，中华书局，1959。

③［汉］司马迁撰《史记·秦始皇本纪》卷八，中华书局，1959。

④［汉］司马迁撰《史记·封禅书》卷二十八，中华书局，1959。

⑤张华松：《试探秦始皇东巡的原因与动机》，《东岳论丛》2002年第1期。

⑥李瑞、吴宏岐：《秦始皇巡游的时空特征及其原因分析》，《中国历史地理论丛》2003年第3期。

（1）琅邪（今作“琅琊”）(今山东胶南）

从东巡路线看，秦始皇曾先后三次到达山东半岛南部的琅邪。此地与春秋晚期越国派军渡海至此进而到中原争霸有关。据分析，一方面这与琅邪所占据的重要位置有关，另一方面也与此地祭祀四时主有关。

秦朝后期，秦始皇还曾经从琅邪郡分置即墨郡这一政区。对此，李勉、俞方洁认为，里耶秦简8－657号简记载了“琅邪郡尉徙治”的相关内容，根据秦历谱、干支纪日、秦代信息传递速度和里耶秦简8－657简的内容，可以推断出8－657号简“琅邪郡尉徙治”的发文年月是秦始皇二十八年五月，此时尚无即墨郡。秦在灭齐之初，根据齐国疆域沿革和山川形势设齐、琅邪二郡。在秦始皇二十八年后分琅邪郡置即墨郡，琅邪郡尉徙治即墨和即墨郡的设置与秦始皇东巡关系密切。[①]

（2）芝罘（今烟台）

芝罘这一地名，也与东夷文化有关。这里是齐地商人从山东半岛沿海通往朝鲜半岛距离最近的出海口。由于此地是山东沿海祭祀阳主所在地，因此也就成为秦始皇流连忘返之地。

（3）成山（今威海下属的文登、荣成）

成山是山东沿海祭祀日主所在地，因此成为秦始皇流连忘返之地。关于秦始皇东巡对威海旅游资源构成的影响，韩颖先生认为，帝王巡游是古代旅游的重要形式，对旅游资源的形成有积极的影响。历史上秦始皇曾经两次东巡至成山头，足迹遍及现在威海境内的文登、荣成两市，留下了相关大量的历史文化遗迹以及神话传说，由此丰富了威海旅游资源的人文底蕴。[②]

（4）碣石（今秦皇岛）

今秦皇岛的地名与秦始皇东巡于此有关。关于秦始皇东巡之碣石，华玉冰先生认为，文献记载的“碣石”多特指一个区域，从有关材料推断它应该包括燕山余脉的大碣石山和角山余脉所延及的广大地区。

战国至秦汉时期涉及“碣石”的事件，多发生在环渤海湾沿海地区，以其物产富饶导致方士多聚居于此，因求仙活动繁多而闻名于世，这是秦始皇、汉武帝

①李勉、俞方洁：《秦即墨郡的设置和变迁》，《中国历史地理论丛》2017年第3辑。

②韩颖：《秦始皇东巡对威海旅游资源构成的影响》，《管子学刊》2012年第2期。

东巡“碣石”的原因之一。[①]

二、徐福东渡与早期海上交通

1. 第一次东渡

公元前219年，秦始皇第一次东巡，登泰山封禅祭天，勒石颂德，然后经黄县，攀成山，登芝罘，南下琅邪，一度逗留赣榆、朐县一带。其间，秦始皇在海州湾内秦山岛上看到海中出现海市蜃楼，认为是仙人所显，遂派徐福率童男童女乘楼船入海，寻求长生不老仙药。

徐福奉秦始皇之命，率童男童女和百工巧匠，携五谷蚕桑在中国沿海各口岸多处寻求东渡最佳航线，历时多年，经由海上多地，耗费了大量的财力、物力、人力，均未成功。[②]

2. 第二次东渡

在前期充分调研的基础上，此次徐福准备更为充分。不过他在东渡后未再返回秦朝及其统治下的齐国故地。

公元前210年，秦始皇东巡再次来到赣榆，召见徐福，询问东渡没有成功的原因。徐福禀告海中有大鲛鱼十分厉害，船只难以靠近仙山取药，须派善射者同去，射杀鲛鱼，才能上岸求药。秦始皇听后非但没有怪罪徐福，反而再次派徐福携带童男童女以及百工巧匠，装载五谷种子、粮食淡水，以及一应生产生活用具，并根据徐福的请求，增派五百武士射手，武装护航。[③]但也有学者认为，黄骅应是徐福第二次东渡出海的始发地。

徐福这次东渡虽然仍没有获得“不老药”，但在日本列岛熊野浦登陆后发现了“平原广泽”(即日本九州)，长居于此，“止王不来”，不再复返了。[④]

关于徐福东渡的原因及历程，张念萍先生认为，徐福为春秋战国时期著名方士、智者。为躲避秦始皇暴政，保全家人性命，他以海外有仙山能为始皇帝祈求仙药为名，率领三千童男童女和各类工匠，携带良种、书籍，扬帆远航，历经千难万险，通过实地考察，东渡日本并在那里定居。[⑤]

---

①华玉冰:《试论秦始皇东巡的“碣石”与“碣石宫”》,《考古》1997年第10期。

②葛永明、杨桂珍:《徐福与海上丝绸之路东方航线》,《丝绸之路文化》2016年第11期。

③葛永明、杨桂珍:《徐福与海上丝绸之路东方航线》,《丝绸之路文化》2016年第11期。

④葛永明、杨桂珍:《徐福与海上丝绸之路东方航线》,《丝绸之路文化》2016年第11期。

⑤张念萍:《徐福东渡历史地理考察探究》,《兰台世界》2015年第18期。

关于徐福东渡造成的影响，刘育新先生认为，历史上的徐福东渡事件，使日本产生了从绳纹时代到弥生时代的巨变。作为东渡壮举的总导演，应该说徐福的确是一位历史伟人。然而，徐福东居扶桑、繁衍生息以及向当地人传授农耕、制盐等技术的实绩，却在千童百工。所以，对徐福所带千童百工及其渡海始发地的追踪考证，也是徐福研究中最重要的一个方面。①

关于秦始皇派人入海求仙的这一说法，也有学者提出不同观点。如郭继汾先生认为，秦始皇遣人入海，不是为求仙采药，而是在大九州说指导下进行海外开发的探索，即借求仙之名行开拓海外之实。实际上，秦始皇的这个目的已经初步达到，徐福东渡日本，韩终建立辰韩，但不久之后，中国境内的秦朝发生了较长时间的战乱，所以他们被迫呆在九州之外“止王不来”，并与中国失去了联系，也没有开创秦始皇当初所期望的万国来朝的局面。②

第二节　汉武帝海上巡行及汉代海上交通

关于汉武帝巡海的政治和经济目的，刘凤鸣先生认为，汉武帝在完成统一大业之后十次“东巡海上”考察东部沿海一带，其目的之一是祭海求神、寻访仙迹，但更重要的一点是想借助神权的力量来达到巩固东部海疆的目的。汉武帝遣楼船军渡海东征朝鲜，拓展疆土，形成了汉帝国的“环黄海圈”，也带动了“环黄海圈”航海交通与贸易的繁荣。③

一、汉武帝海上巡行与海上交通出海口

1. 汉武帝对山东沿海的多次巡游

汉武帝比秦始皇更为迷信神仙方术和仙药。据史书记载，汉武帝先后九次来到山东半岛沿海，均为寻仙求药。

在秦始皇东巡后，齐地神仙方术愈发出名，于是汉武帝深信山东半岛乃神仙之地。他在开疆拓土和初步实现统一大业后，更加迷信长生不老之术和仙药。汉

①刘育新：《黄骅是徐福第二次东渡出海的始发地》，《东方藏品》2018年第3期。

②郭继汾：《秦皇求仙辨》，《河北社会科学论坛》1994年第4期。

③刘凤鸣：《汉武帝巡海与汉帝国“环黄海圈”的形成》，《国家航海》第六辑，上海古籍出版社，2004，第93—102页。

武帝谋臣东方朔以滑稽讽谏而见长。他说:“神州东海中，地方五百里有不死草生琼田中，草似菰苗。人已死者，以草复之，皆活。”于是早在元光二年（前133年），汉武帝就“遣方士入海求蓬莱安期生之属”。等到完成统一大业后，汉武帝也效仿当年秦始皇巡游之事，亲自前往山东半岛沿海以访求神仙和仙药。

关于汉武帝巡游海上诸事，据《史记·汉孝武本纪》载，元封元年（前110年）春，汉武帝时年47岁，开始“东巡海上，行礼祠八神”。当时“齐人之上疏言神怪奇方者以万数”，于是，汉武帝增派船只，“令言海中神山者数千人求蓬莱神人”。汉武帝还亲自“宿留海上，与方士传车及间使求仙人以千数”，也就是给方士提供驿车等交通条件，并秘密派出数以千计的各类使者去寻访海上仙人。由此也说明，秦汉时期，山东沿海十分盛行神仙鬼怪之说，各地方士对此无比迷信并纷纷云集于此，导致齐地方士数量之多，居然让司马迁在《史记》中以千、万来计数。当年夏，汉武帝再次东临海边眺望，“冀遇蓬莱焉”，即希望能见到蓬莱仙山和神仙。西汉元封三年（前108年）春，汉武帝“至东莱，宿留之数日”。此时武帝十分渴求仙药，于是“复遣方士求神怪采芝药以千数”，可见汉武帝对海上神仙鬼怪及相关的奇物如灵芝等仙药十分渴求。武帝还亲自前往三山岛（阴主所在地）“祷万里沙”，以求海上神灵保佑自己和汉朝。元封五年（前106年）冬，汉武帝“北至琅邪，并海上”。太初元年（前104年）十月，汉武帝“东至海上，考入海及方士求神者，莫验，然益遣，冀遇之”。汉武帝与秦始皇一样，总是失望而归，毫无应验和结果。但汉武帝仍未放弃希望，又派出更多的方士去寻求神仙和仙药。太初元年（前104年）十二月，汉武帝再次“临渤海，将以望祠蓬莱之属，冀至殊庭焉”。看来，他已知蓬莱仙岛的大致方位，于是遥望而拜，以祭蓬莱仙山，希望能到达仙人所居住的异境和仙庭。太初三年（前102年）汉武帝又“东巡海上，考神仙之属，未有验者”。此后，武帝因年老多病，于是“天子益怠厌方士之怪迂语矣，然终羁縻弗绝，冀遇其真”。可见，汉武帝虽然对方士怪语已颇感厌倦，但海上神仙和仙药的念头却始终笼罩在他心头，而且至死也不肯与这些方士断绝往来，总是希望在其有生之年，总有一天能够遇到内心无比敬仰的海上神仙。

十年后，汉武帝开始担心自己的身体，于是重新前往山东沿海以访求仙药。据《汉书·武帝纪》载，太始三年（前94年）二月，汉武帝“幸琅邪，礼日成山。登之罘，浮大海”。以上琅邪、成山、芝罘，皆为山东沿海祠四时主、日主、阳主之地，汉武帝来此，既为拜神，以求神灵福佑，也是为访求海外仙山和神仙、仙药。太始四年（前93年）四月，汉武帝“幸不其，祠神人于交门宫”。按：西汉不其县，在今青岛崂山区。崂山也是我国道教名山，崂山道士天下闻名，也与汉武帝东巡于此有关。征和四年（前89年）春正月，汉武帝时年已68岁，却再次“行幸东莱，临大海”。对这次行程，《资治通鉴》亦载：汉武帝“欲浮海求神山。群臣谏，上弗听；而大风晦冥，海水沸涌。上留十余日，不得御楼船，乃还”。可见，汉武帝不听群臣劝阻，执意在黄海出现较大风浪的情况下入海寻访仙药，但因风浪太大而无法控制楼船，只好在海边等待了十多天，最终无功而返。当年三月，汉武帝恼怒之下，对屡访仙药而不得的众多方士“皆罢斥遣之”。

2. 汉武帝巡游途中经过的海上交通出海口

（1）琅邪（今山东胶南）

继秦始皇之后，汉武帝也屡次到达琅邪。此地既与祠四时主有关，也与汉代海上丝绸之路出海口的逐步南移有关。与靠近蓬莱仙岛的渤海湾相比，这里更靠近江淮和长江下游地区，因此在汉代海上丝绸之路正式形成的西汉后期，琅邪在我国北方海上丝绸之路中发挥了更为重要的港口功能和作用，因而也就具有更加重要的对外文化交流地位和重大意义，并在后来的历史演变过程中发挥了更加重要的文化影响和作用。

（2）不其（今青岛）

西汉始设不其，与东夷文化有关。20世纪60年代，著名史地学家谭其骧先生就注意到，汉朝带“不”的地名与古时滨海少数民族发音习俗有关。汉置不其、不夜（山东荣成）、不而（在朝鲜半岛北部，属汉乐浪郡）三县，还有不咸山（长白山）。此外有日本列岛中的山名，富士山别称“不二山”，也是东夷发音习俗的表征，这是它与不其存在紧密关系的一个旁证。东夷遗韵映照于古东海（北部为今黄海）两岸，内中因缘耐人寻味。

（3）东莱（山东龙口，靠近蓬莱）

西汉东莱郡治所在黄县，即今山东龙口。这里在地理位置上已十分靠近蓬莱三岛，因此成为汉武帝东巡途中特别留意和专门到访之地。

二、汉武帝海上巡游的目的

从政治和对外交往看，汉武帝对朝鲜半岛南部、日本列岛这些海外地区，同样具有政治和军事上的野心。汉武帝在开疆拓土过程中，早已通过海、陆两条通道，占有朝鲜半岛中、北部（灭卫氏朝鲜，并设乐浪等郡）。

从对外文化交流看，山东半岛沿海是海上神仙方术思想及其神仙信仰、汉代早期道教的重要发源地，以及佛教从海、陆两条通道传入我国的交汇之地，是我国北方佛教经中原不断向东（朝鲜、日本）传播的重要中转地。早在春秋战国时期，齐国在都城临淄附近建立的“稷下学宫”，就吸引了各地大量儒生和方士云集于此，荀子曾在此讲学，诸子百家争鸣因此地而出名。可见，齐国都城曾是先秦诸子百家思想相互交流和融合的文化圣地。正因如此，山东沿海才会吸引如此多的方上、儒生，而后者也特别迷恋和推崇山东沿海的神仙信仰，并向秦始皇和汉武帝不断推荐这些海上神仙信仰盛行之地。

关于汉武帝海上巡行的深层原因、目的及影响，王子今先生认为，汉武帝在位54年，至少10次东巡海上。汉武帝海上之行的动机除追求长生外，亦有海洋探索的因素。海洋与神仙世界的联系，因方术文化的作用扩大了影响。方术活动获得以汉武帝为代表的行政力量的支持，客观上促进了对海外未知世界的积极探求。宫苑中海洋模型的营造体现了“蓬莱”追求的执着，也反映了汉武帝内心与海洋的亲近。汉王朝征服南越和朝鲜的战争中调用楼船军，成为大规模海上用兵的创举。东洋与南洋航运事业的突出进步也在汉武帝时代实现。海洋物产已在汉代社会经济生活中占据重要位置。回顾和总结中国海洋探索和开发的历史，不能忽略汉武帝时代的相关成就。①

第三节　秦汉时期山东半岛在海上交通中的重要地位

从宗教源流及其演变看，主要在中华本土产生的方士、神仙、数术等民间信仰，以及由此而形成的所谓方仙道，是我国早期道教的重要源头之一。而山东半岛在我国道教起源地中也占有重要地位。因其特殊的地理环境和地域文化，山东半岛自古以来就盛行与早期道教相关的神话传说。早在三皇五帝时期，东夷部落所靠近的滨海地区，就已产生对海外仙山和神仙的向往，经过不断发展和演变，最终在战国秦汉时期，在燕齐滨海之地形成方仙道。此后又借助秦始皇、汉武帝

①王子今：《汉武帝时代的海洋探索与海洋开发》，《中国高校社会科学》2013年第4期。

的东巡，以及皇帝封禅所造成的巨大影响，最终使山东半岛的方仙道不断走向成熟，并在秦汉时期达到鼎盛。

一、山东半岛沿海的神仙方术来源于东夷文化

山东半岛三面环海，日、月、海市蜃楼等自然现象，激发了东夷先民对神仙方术的幻想，由此形成具有典型半岛地域特色并极富想象力的燕齐滨海神仙文化。早在先秦时期，有关蓬莱仙岛的传说就已传播并扩散至山东半岛以外的环渤海湾地区。如《史记·封禅书》载："自威、宣、燕昭使人入海求蓬莱、方丈、瀛州。此三神山者，其传在勃（渤）海中，去人不远，患且至，则船风引而去。盖尝有至者，诸仙人及不死之药皆在焉。"

可见，自齐威王、齐宣王、燕昭王以来，就不断派使者出行，前往渤海湾各地去寻访所谓蓬莱仙岛，包括蓬莱、方丈、瀛州这三座神山。从秦始皇、汉武帝东巡祭祠神仙和求药的活动范围看，这几座神山几乎都集中在山东半岛，尤其是在山东半岛北部的沿海地区。同时也说明，山东半岛有关神山的古老传说，早在战国时期就已形成很大的影响力。

对天地和日月星辰形成的神仙崇拜，是古代东夷部落很早就已形成的民间信仰，由此产生日主、月主、阴主、阳主、四时主等齐地的八神。据《史记·封禅书》载："齐地有八神：一曰天主，祠天齐。天齐渊水，居临菑（淄）南郊山下者。二曰地主，祠泰山梁父。三曰兵主，祠蚩尤。蚩尤在东平陆监乡，齐之西境也。四曰阴主，祠三山。五曰阳主，祠之罘。六曰月主，祠之莱山。皆在齐北，并勃（渤）海。七曰日主，祠成山，成山斗入海，最居齐东北隅，以迎日出云。八曰四时主，祠琅邪。琅邪在齐东方，盖岁之所始。""八神将自古而有之，或曰太公以来作之。"可见，齐地对八神的信仰古已有之。

齐地八神中，天主在齐国都城临淄。地主在泰山梁父，相传是东夷部落首领少昊之墟所在地。兵主在东平，祭祀九黎部落首领蚩尤，因作战勇猛被后人奉为战神。山东半岛沿海的日主等信仰，又与海上各种自然现象结合起来，显得更为神秘，也更具宗教信仰上的吸引力。

山东沿海的日主，祠成山（今荣成市成山头）。这里是齐地最早迎接海上日出之地。早在西汉，此地已设不夜县，相传这里是古夜国所在地。据《汉书·地理志》记载："不夜，有成山日祠。"《齐地记》载："古有日夜出，见于境，故莱

子立城，以不夜为名。”

山东沿海的月主，祠莱山（今龙口市境内）。莱山因古莱国而得名，莱山之北是西周莱国都城——归城所在地。据《汉书·地理志》载：“黄（黄县，今龙口）有莱山松林莱君祠。”

山东沿海一带的阴主，祠三山（今莱州三山岛）。此地过西村，与夏代方国有关。据《史记·夏本纪》之《索隐》：“过，寒浞之子浇所封国也，猗姓国。晋地道记曰‘东莱掖城有过乡，北有过城，是古之过国者也’。”据考，这是胶东沿海地区最早的封国。

山东沿海的阳主，祠之罘（今烟台芝罘区境内）。春秋时期，这里是著名港口转附。据载：“齐景公问于晏子曰：吾欲观于转附。”此地还出土胶东沿海地区最早的新石器遗址——白石村遗址（距今约7000年），说明之罘很早就有东夷部落先民在此居住。

山东沿海的四时主，掌管四时，即古代的天象、历法等方面，祠琅邪（今胶南市琅岈）。据《汉书·地理志》载：“越王勾践尝治此，起馆台，有四时祠。”《吴越春秋》也记载越王勾践曾“徙都琅邪，立观台以望东海”，可知琅邪早在春秋晚期，已是山东半岛南部濒临黄海的重要港口。

正是由于山东沿海地区悠久的历史和深厚的东夷文化底蕴，才产生山东沿海的蓬莱仙山、海上仙人、仙药等早期神仙传说。对此，早在战国时期，就有许多王公贵族前来山东沿海寻访仙迹，由此也影响了后来的秦始皇、汉武帝等帝王。他们都曾多次前往山东半岛沿海巡游，实则前来祭祀神仙并访求仙药。这样做一是出于对古老的东夷文化，特别是对日、月、阴、阳和四时等神主的崇拜和敬仰，二则是为满足自身长生不老的私欲等个人需求，由此使得山东半岛沿海的神仙文化其影响力在秦汉时期达到极盛，为东汉以后早期道教的产生奠定了重要的思想和宗教基础。

二、山东沿海成为早期道教发源地

山东半岛神秘而充满幻想的神话传说，秦皇、汉武等东巡祭海求仙的故事，“数以千记”“以万数”“不可胜数”的庞大方士队伍，使山东半岛处于浓厚的宗教神秘氛围之中。这种氛围显然是孕育道教文化产生最适宜的土壤。

山东半岛沿海地区远离秦、汉时期的都城，按照当时的车辆、道路条件，往返一次至少得一两个月，要耗费大量人力、财力。但山东半岛神仙文化却对秦皇、汉武有着巨大的吸引力，秦始皇痴迷了终生，最后还死在了祠神求药而不得的归途中；汉武帝比起秦始皇来有过之而无不及，后半生九临山东半岛。这些由皇帝亲自发起的大规模的祠神求仙活动，扩大了山东半岛神仙文化在全国的影响，壮大了半岛地区，乃至全国的寻仙求药的方士队伍，为道教的产生奠定了思想基础，为道士的出现做好了队伍上的准备。

以山东半岛为主要地区而盛行的探险求仙的方士之术，形成了后来的神仙家，即方仙道。早在汉武帝时期，半岛地区的方仙道家们就有了自己传道的活动场所了。《汉书·武帝纪》载汉武帝太始四年“夏四月幸不其，祀神人于交门宫，若有乡坐拜者，作《交门之歌》”。《汉书·地理志》记载：“不其，有太一、仙人祠九所，及明堂。武帝所起。”《后汉书·逸民列传》也记载道：“逢萌字子康，北海都昌（今潍坊昌邑）人也，因王莽杀其子，即解冠挂东都城门，归，将家属浮海，客于辽东，及光武即位，乃之琅邪劳山，养志修道，人皆化其德。”唐李贤注：“劳山在今莱州即墨县东南，有大劳、小劳山。”也就是今天的崂山。据《太清宫志·开山始基篇》记载，公元前140年，崂山就“修茅庵一所，供奉三官”，公元前138年，“再建庙宇，供奉三清，名曰太清宫”。虽然《太清宫志》的有些记载还有待考证，但《汉书》《后汉书》的记载就足以说明，在东汉末年的“天师道”“太平道”出现之前，作为其前身的方仙道在汉武帝时期就已经开始了有组织、有场所的活动了。被北魏史学家崔鸿在《十六国春秋》誉为“海上仙山之祖”的昆仑山也是道教圣地。清《山东通志》记载：“麻姑，王方平之妹，汉桓帝时，修道于牟平之姑余山，今姑余山一名昆仑，仙迹俱存。”说“仙迹俱存”，主要指昆仑山现在仍保留有唐宋时期的“麻姑梳妆阁碑”。麻姑修道于昆仑山也可能是传说，但晋葛洪《神仙传·麻姑传》记，汉桓帝时，麻姑“见东海”，“到蓬莱”，这至少可以说明麻姑在“太平道”创立之前的汉桓帝时期，曾修道于山东半岛沿海一带。

卿希泰先生主编的《中国道教》一书指出：“神仙家的神仙信仰和方术皆为道教所承袭，神仙方术衍化为道教的修练方术，神仙方士也逐渐衍化为道士。”当然，这种“衍化”经历了一个较长时间的过程，但方仙道是道教的思想源头，方士衍化为道士，已是中国道教界的共识。南怀瑾先生在其所著《中国道教发展史略》一书中也指出："道家的神仙方士之术，到汉武帝之世而昌盛，开启后来东汉、魏、晋道家神仙方术思想的基础。再变而有北魏正式道教的形成。"道教产生后，继承发展了长生不老的神仙思想，使之成为最核心的教义，道教的教理教义和各种修炼方术，都是围绕这个核心而展开的。神仙传说与方术是道教丹鼎派的直接来源。山东半岛神仙文化的影响并未因汉武帝对方士"皆罢斥遣之"而终止，只是改换了一下形式，融入道教文化，为东汉时期中国道教文化的兴起做好了思想准备，以更高的文化形态对中国社会产生更为深远的影响。

山东半岛是中国道教文化产生的重要源头，还有一个重要事实，那就是产于琅邪并对"太平道"创立者张角有着重大影响的《太平经》。《后汉书·襄楷列传》记载："琅邪宫崇受干吉神书，...... 宫崇所献神书，专以奉天地顺五行为本，亦有兴国广嗣之术。其文易晓，参同经典。""初，顺帝时，琅邪宫崇诣阙，上其师干吉于曲阳泉水上所得神书百七十卷，皆缥白素朱介青首朱目，号太平清领书。……后张角颇有其书焉。"神书，指《太平清领书》，即道家《太平经》。《太平经》"以奉天地顺五行为本"，认为天地之性是由阴阳所构成的。《太平经》的阴阳五行思想也是道教的重要源头之一。《后汉书》唐李贤注曰："干吉、宫崇并琅邪人。"琅邪，指琅邪国，在山东半岛东南部。琅邪国所属琅邪，是八神之一的四时主之地。《太平清领书》出自东汉末年琅邪，决非偶然。山东半岛深厚的神仙文化传统和浓厚的方仙道氛围是太平清领书在琅邪地区出现的基本条件。张角，即东汉末年声势浩大的黄巾起义领袖，是《太平清领书》的继承人，利用《太平经》创立太平道。《三国志·张鲁传》裴注："典略曰'光和中，东方有张角，……角为太平道'。"太平道之名源于《太平经》"太平道，其文约，其国富，天之命，身之宝"，"急教帝王，令行太平之道"。太平道以阴阳五行、符箓咒语为根本教法，与《太平经》所谓奉天地、顺阴阳五行而杂以巫术的思想基本吻合。据《后汉书·刘焉列传》记载，太平道的传教方式是"师持九节杖为符祝，教病人叩头思过，因以符水饮之，得病或日浅而愈者，则云此人信道，其或不愈，则为不信道"。其教人"叩头思过"亦源于《太平经》卷九十七"今欲解此过，常以除日于旷野四达道上四面谢。叩头各五行，先上视天，回下叩头于地"。太平道饮符水则可除病去疾，也与《太平经》所载如出一辙。《太平经》卷九十二称："以丹为字，以上第一。次下行将告人，必使沐浴端精，北面西面南面东面告之，使其严以善酒，如清水已饮，随思其字，随病所居而思之，名为还精养形。”卷一百八又称：“欲除疾病而大开道者，取诀于丹书吞字也。”这都可以看出，张角是利用《太平经》创立了太平道。

太平道据《太平经》创教，亦据《太平经》组织黄巾起义。史称张角自号“大贤良师”，倡言“苍天已死，黄天当立，岁在甲子，天下太平”，其所言“大贤”“黄天”等词，以及选甲子为起义之年，皆可在《太平经》中找到根据。《太平经》卷九十载：“治国欲乐安之，不得大贤事之，何以得一旦而理平?”《太平经》以奉天地、顺五行为主旨，按金、木、水、火、土五行相生相克的运序，汉以火德王，汉运衰，代汉而兴者当为土德，土色黄，故张角自称“黄天”，以示将承汉祚而王天下。《太平经》卷三十九又称：“甲子岁也，冬至之日也，天地正始起于是也。……凡物生者，皆以甲为首，子为本，故以上甲子序出之也。”该经有“三五气和，日月常光明，乃为太平”之语，可见张角选择甲子年（184年）三月五日作为黄巾起义的日期，显然是受《太平经》的影响。《后汉书·皇甫嵩传》记，中平元年（184年）春二月，张角“以善道教化天下，转相诳惑。十余年间，众徒数十万，连结郡国，自青、徐、幽、冀、荆、杨、兖、豫八州之人，莫不毕应”。《后汉书·孔融传》记“黄巾寇数州，而北海最为贼冲”，说北海国的黄巾势头最大。北海国辖胶莱河、潍河两岸地区，西至今潍坊昌乐以西，东至今胶东半岛腹地莱阳以东。当时，胶东的东莱郡和北海国均为青州之地，青州排在了农民起义队伍的八州之首，北海的黄巾势头最大，显然是受《太平经》影响最大，道徒也最盛。张角的黄巾起义当年就被东汉王朝重兵围剿。四年之后，中平五年（188年）“冬十月，青、徐黄巾复起，寇郡县”。琅邪国当时为徐州之地，可以推断出“青、徐黄巾复起”，山东半岛仍是主要地区。这次“黄巾复起”的规模很大，仅青州一带至少有百万之多。《三国志·魏书·武帝纪》记载，初平三年（192年）夏四月“青州黄巾鱅百万入兖州”。这说明《太平经》在山东半岛一带有着深厚的民众基础，是太平道的发源地和其活动的主要区域。

现在许多学者认为，创立“天师道”的张陵（张道陵）拥有的《太平洞极之经》是《太平经》的另一版本，天师道的重要经书《老子想尔注》的内容也多与《太平经》相合。有的专家甚至断言：“《太平经》的出现和传播，即标志着道教的形成。”这至少说明《太平经》是道教形成的一个重要思想渊源。《后汉书·刘焉列传》也载“修法略与角同”，说汉中张修（张陵之后，和张陵之孙张鲁同时）的天师道与张角的太平道大略相同。这也说明“天师道”和“太平道”属于同一思想体系，出自东汉末年山东半岛琅邪的《太平经》，对全国道教文化的传播和道教的形成有着决定性的重大影响。太平道三十六方的术数观念为后世道教所继承；后世道士持九节杖、着黄衣、戴黄冠，用符水、咒语等道术为人治病消灾，等等，也都承袭太平道的规制。

东汉时期早期道教的两大教派，“天师道”的创始人张陵（张道陵）、“太平道”的创始人张角虽说都不是山东半岛人，但半岛地区浓厚的民间宗教氛围，秦始皇、汉武帝在山东半岛组织的大规模的祠神寻仙活动，以及“数以千记”“以万数”的庞大方士队伍，包括《太平清领书》对“太平道”创立者张角的影响，山东半岛对道教文化的产生和发展所带来的无论是直接的还是间接的作用，都是当时中国的其他地区所无法比拟的。山东半岛催生了中国道教文化，是中国道教文化产生的重要源头。

秦汉时期的海上丝绸之路，与先秦时期相比又有很大不同。由于秦始皇、汉武帝时期对岭南地区的征服和开拓，秦汉时期的统治者和航海者，对于岭南地区以及海外的地理知识有了进一步的认识，再加上航海技术和交通条件有了很大改善，导致海上丝绸之路在南越国对外交流的基础上至汉武帝时期正式形成。

汉武帝时开辟了通往印度南部和斯里兰卡的海上航路，标志着海上丝绸之路的正式形成。东汉延熹九年（166年），大秦王安敦遣使到洛阳。汉朝与罗马交流的主要内容包括两国之间地理知识的传播、丝绸贸易以及人员的来往。

秦汉时期中日航海活动基本成熟，徐福东渡日本是中日航海交往史的重大事件。徐福东渡的可行性航线是沿渤海海峡与黄海沿岸的航线前往日本。以徐福为代表的中国移民促进了日本的文明开化。水稻传入日本的航线是从长江下游，经过山东半岛、辽东半岛、朝鲜半岛、日本九州，再到本州这一条以陆路为主，兼有短程海路的弧形路线，以接力棒的方式传播过去。水稻的传入，促使日本进入以水稻耕作为主的农业经济社会。丝绸沿徐福东渡路线传入日本，带动了日本纺织技术的进步。[1]

---

①史景峰：《秦汉航海史研究》，广西师范大学硕士学位论文，2012年。

第三章
东吴对海上丝绸之路的经略

东汉末，天下大乱，紧接着又是长达近四百年的魏晋南北朝时期。虽然六朝时期我国经历了长期的战乱和分裂，但从海洋文化视角看，这一时期的海上交通和贸易内容仍然丰富多彩。

从汉末至三国鼎立这一时期，正是我国海上丝绸之路贸易发展的重要时期，同时也是朝贡贸易和海上民间贸易逐步走向繁荣的重要时期。正是在这一重大转折时期，三国中与海上交通有着紧密关联的东吴孙权，依靠强大的水军得以雄踞江东。孙权主张东吴立国应“国以民为本，民以食为天”，主张不能因长期的战乱“妨损农桑”，并通过大力发展海上经济，来弥补自身资源不足等缺陷和劣势，由此东吴恢复并扩大了江南地区的造船业，还训练了大批水师，使东吴自汉末以来素以水军而立国。孙权还派遣了不少远航使者，通过声势浩大的远航，去开发距东吴本土（如江南、荆州）遥远的边疆蛮夷之地（如夷州、交州等地），或与东吴相隔更远的海外诸国互通贸易，以维持密切的政治、经济和文化往来，由此就为我国的中外文化交流（如汉晋民族融合、宗教传播等方面），做出了重大而杰出的贡献。

东吴时期，在吴、越海上交通以及秦汉时期海上丝绸之路的基础上，又进一步向海外不断扩张势力，最终将海上势力版图扩展到我国沿海周边的不同地域。孙吴发达的造船业，对后来孙权派使者出海远航很有帮助，并创造出比两汉时期更为有利的航海条件；而东吴对夷州和交州的经略，对魏晋时期各国进一步拓展东南海上贸易与发展海上交通，以及由此形成魏晋海上丝绸之路的新航线以及新型贸易体系，都起到了积极的推动和促进作用。

值得一提的是，三国时期的造船业随着汉末混战逐步平定而重新恢复。江东一带造船业的崛起，使东吴的航海条件得到很大改善。孙权时期的海船，在两汉出现的“楼船”基础上，又有了很大的发展和长足的进步，使得一向善于内河航行（如多次经由濡须口，在巢湖一带与曹魏水军相抗衡）的东吴水军，可以航行到距离江东很远的海内外各地。

第一节　东吴对辽东半岛的经略

东吴建立初期，孙权统领的水军已较为强大，但陆军实力还远不如曹魏，因此东吴军队在江淮一带与曹魏大军长期对抗时，很难占据绝对的优势，只好转向远方或海外诸国，在政治、军事上广为结盟，以便寻求相互合作的同盟者。当时割据辽东的军阀，正是拥有很大政治野心的地方实权派人物公孙渊。东吴统治者孙权遂派使者，从海上到达辽东，与距离东吴很远的北方重要势力公孙渊结成盟友关系。从地缘政治看，孙权主要因拉拢政治盟友而费力讨好公孙渊。地处辽东的公孙渊名义上虽为曹魏所羁縻，实则已成为辽东地方割据势力。他与孙权暂时结盟后，成为东吴政治盟友，成为占据曹魏东北方，并与东吴南北联合以共同抗击曹魏的重要犄角势力。但因公孙渊反复无常，再加上辽东与东吴并无陆地相连，南北对望，相隔悬远，中间又有黄海与东海，因此从客观条件看，孙权实际上很难对公孙渊势力实行有效管控。由于以上背景和诸多因素，不久公孙渊就与孙权解除结盟，而孙权也并未从中得利，反而在金银珠宝和兵力物资上都有不少损失。

不管怎样，东吴利用海上通道，往复经营，虽终归失败，但却是东吴乃至整个三国历史上影响较大的重要事件。[①]如《三国志·吴书·吴主传》载：

> 嘉禾元年三月，遣将军周贺、校尉裴潜乘海之辽东。秋九月，魏将田豫要击，斩贺于成山。冬十月，魏辽东太守公孙渊遣校尉……称藩于权，并献貂马。权大悦，加渊爵位。……（二年）三月，遣舒、综还，使太尝……等将兵万人，金宝珠货，九锡备物，乘海授渊。……

①何满子：《孙权经略辽东平议》，《学海》1994年第1期。

渊果斩弥等，送其首于魏，没其兵资。权大怒，欲自征渊，……等切谏乃止。

从以上记载可知，孙权即位后曾花费了很大成本和精力，派遣水军，从海上拉拢远在辽东一带的公孙渊，通常是每年三月北上辽东。但曹魏势力和版图早已到达辽东一带，凭借强大的政治和军事实力，截断了辽东与东吴之间的陆路通道以及军事上的相互合作，并迫使公孙渊斩断与东吴孙权之间的政治和外交联系。东吴水军北上，通常是沿着东海和黄海沿岸航行，再由渤海海峡到达辽东一带。这条水路，是在先秦时期吴、越水军北上争霸所用海上通道的基础上，逐步发展、演变成型，后来又成为元朝通过海上运输粮食到达海津（今天津），再运至元大都的贡道。

第二节　东吴对西南丝绸之路和南中的争夺

孙权在北上联络公孙渊的同时，还将目光投向东方的倭国和南方的交州。曹魏与朝鲜、倭国早已形成密切的朝贡贸易体系和外交格局。与曹魏相比，东吴位居江东，距中原较远，且蛮夷较多，又不像曹操那样“挟天子以令诸侯”。曹氏能号令天下，并拥有一定的中央权威；曹操的儿子曹丕，居然废掉汉朝天子，改朝换代，又通过禅让登基，实则自立为帝。曹魏地处中原，乃华夏中心之地，曹丕又亲自统领军队，实力强大，并获得曹魏境内大部分世家大族（如司马氏等家族）的拥戴，故曹魏遂能承接和延续汉朝余威，继续保持与朝鲜、倭国的外交关系。因此，东吴也不可能让朝鲜和倭国（日本）更换纳贡的宗主国而改投东吴。

在这种情况下，孙吴只好将目光改投其他方向（即东南沿海、南方蛮夷之地、西南方），东吴西南方，即汉晋时期西南夷聚居的云贵高原广大地区（包括南中等地），也是东吴与蜀汉交界的过渡地带。刘备与东吴将领陆逊为争夺荆州，爆发夷陵之战，蜀军虽遭惨败，但蜀汉依然逐步控制了西南大片领土，包括后来征讨的南中。

西南夷聚居地和南中，都地处西南内地，看似与我国的南方海上丝绸之路并没有什么交通和贸易上的必然联系。但实际上，南中地区处在南海丝绸之路经由交州或广州，进而向西南夷延伸，最终在云贵高原腹地深处的云南地区和中缅边境一带，与西南陆上丝绸之路相交汇的关键位置，因此早在三国初期就成为蜀汉与东吴两大政权相互争夺的西南战略要地。通过三国初期雍闿的叛蜀投吴这一重大事件，可以看出吴蜀两国对南中的争夺情况。

东汉末年天下大乱，巴蜀地区也与中原豫州（如南阳、颖川郡）、冀州、青州等地一样，出现了黄巾起义军。时任益州刺史刘璋因无力平定乱局而发愁，不久去世。据《三国志》载："璋卒，南中豪率雍闿据益郡反，附于吴。"[①]又载："先主薨，高定恣睢于越巂，雍闿跋扈于建宁，朱褒反叛于牂牁。"[②]可见，当刘璋死后，南中大姓、豪强"耆率"首领雍闿，因一向与东吴交好，遂发动叛乱，准备依附于东吴。但不久之后，枭雄刘备在庞统、诸葛亮等大批文臣武将辅佐下夺取益州，建立了蜀汉政权，故雍闿只能退守南中，为患建宁。不久，先主刘备因夷陵之战失利，忧愤病死，雍闿又与越巂夷王高定、牂牁太守朱褒两人联合，发动了反抗蜀汉的叛乱。《三国志·后主传》亦载："建兴元年，先是，益州郡有大姓雍闿反，流太守张裔于吴，据郡不宾，越巂夷王高定亦背叛。"对此，《三国志·张裔传》："先是，益州郡杀太守正昂，耆率雍闿……乃以裔为益州太守，径往至郡。闿遂趑趄不宾，假鬼教曰：'张府君如瓠壶，外虽泽而内实麤，不足杀，令缚与吴。'"可见，雍闿反叛后，遂押送益州继任太守张裔远赴东吴，应由雍闿派遣使臣长途押送，经由交州或广州，再通过海上贸易通道，即可送往江东孙权处。

又据《三国志·吕凯传》载："时雍闿等闻先主薨于永安，骄黠滋甚。都护李严与闿书六纸，解喻利害，闿但答一纸曰：'盖闻天无二日，土无二王，今天下鼎立，正朔有三，是以远人惶惑，不知所归也。'"可知其桀慢如此。作为南中豪率的雍闿，面对三国鼎立局面，暂时还无法判断自己的归属。在不知谁为正统的情况下，雍闿从自身利益出发，决计投靠自己一向交好的东吴。

在此过程中，交州地方实权派人物士燮和后来接管交州的东吴权臣步骘，都对雍闿进行了拉拢、引诱和劝导，故能成功诱降雍闿。同时也可以看出，东吴控制下的交、广两州与南中的关系，要比南中地方势力与曹魏或蜀汉的关系，显得更为密切。如《三国志·吴志四·士燮传》："燮又诱导益州豪姓雍闿等，率郡人民使遥东附。"又《三国志·吴志七·步骘传》："益州大姓雍闿等杀蜀所署太守

---

① [晋] 陈寿撰《三国志·刘二牧传》，中华书局，1959。

② [晋] 陈寿撰《三国志·蜀志十三·李恢传》，中华书局，1959。

正昂，与燮相闻，求欲内附。骘因承制遣使宣恩抚纳……”东吴孙权在控制交州后，将交州划分为交、广二州，以便分而治之，通过扶植和壮大广州（治番禺）实力，来打压交州地方势力——士燮家族。曾任交州刺史的步骘，当时见雍闿前来归降并要求内附，遂代表孙吴对南中地方势力归吴正式予以承认和接纳，并承制进行了安抚。由此可以看出，南中与交州虽然相隔较远，但因南中与南海丝绸之路、西南陆上丝绸之路的贸易都有关，因此东吴十分看重对深处西南腹地的南中这块飞地的控制。由此可帮助东吴打通远赴印缅等国的传统贸易通道，进而与印度洋上的海上丝绸之路重新连接起来。这样就会给远在江东的东吴政权，带来巨大的贸易利益。

据《三国志·吕凯传》载：“闿又降于吴，吴遥署闿为永昌太守。”可知雍闿归降东吴后，南中与东吴虽相隔遥远，但因战略位置极为重要，东吴遂任命雍闿为永昌太守。永昌郡地处今中缅边境一带，东吴这一“遥署”任命，可帮助东吴遥领和控制西南陆上丝绸之路的关口要道。夷陵之战结束后，蜀汉与东吴合好，此时蜀汉政权尚未稳定，还未能马上控制南中，面对雍闿叛军的进攻，只好下令蜀将吕凯和王伉闭关抵抗。如《三国志·吕凯传》：“凯与府丞蜀郡王伉帅厉吏民，闭境拒闿。”雍闿因“不能进，使郡人孟获诱扇诸夷，诸夷皆从之；牂柯太守朱褒、越夷王高定皆叛应。诸葛亮以新遭大丧，皆抚而不讨，务农殖谷，闭关息民，民安食足而后用之”。[①]两年后即公元225年，诸葛亮提出“西和诸戎，南抚夷越”之策，或因南中位置重要，“恃其险远，不服久矣”，物资丰富，其出产包括金、银、丹、漆、耕牛、战马等，以上物资并非完全由本地所产，其中有些品种或部分物产，应来自西南丝绸之路上的印缅等国或更远的大秦等文明古国。故马谡建议“攻心为上，攻城为下”，显然是想获取南中和西南丝绸之路上的丰厚物产及其贸易利益。诸葛亮遂亲率大军南征，征讨途中，雍闿已被乱军所杀。《三国志·吕凯传》：“及丞相亮南征讨闿，既发在道，而闿已为高定部曲所杀。”此外，诸葛亮南征时，南中大部分蛮夷首领（如孟获）先后向蜀汉军队投降，并长期依附于蜀汉，而东吴在南中的影响力遂由此减弱。虽然南中与交、广关系密切，致使南中一带曾有部分地方势力（如雍闿等人）投靠并效忠于东吴，但实际上西南夷分布的广大地区（包括南中），与孙吴本土江东之间相隔甚远，两地距离要远远超过南中与蜀汉成都之间的路线；而南中大姓首领通过交、广两州（岭

①[宋] 司马光等撰《资治通鉴》卷七十，中华书局，1956。

南、越南北部一带），再由海上与东吴联系，显然也非易事。因此，东吴对南中和西南丝绸之路，虽有心占领和管控，但终因无力经营而鞭长莫及。一般情况下，东吴很难对南中实行有效控制或羁縻管辖。因此，蜀汉不久即通过征讨与“和抚”相结合的策略，最终成功遥领并控制了南中，由此也就打通并控制了西南丝绸之路，从而为诸葛亮北伐和蜀汉后期的统治奠定了雄厚的物质基础。

第三节　东吴对交州和南海丝绸之路的经略

东吴统治者孙权在向北、向西扩展势力连遭失利的同时，只好另辟蹊径。孙吴很早就已逐步控制了东南沿海和岭南的蛮夷之地，由此就能进一步向南远达海外诸国。汉末至三国初期，很早就已占据东南大片蛮夷之地的孙吴，为了进一步取得对长江沿线的绝对控制权，同时也出于向海外发展势力的需要（包括政治、军事、外交、海外贸易以及对外交流等方面），专门建立了规模庞大的东吴舰队，这就为东吴海上远征提供了重要的前提条件和军事保障。在孙权的大力推动下，东吴水军开展了声势浩大的海上远航。

孙权在位期间的这些海上探险和远航活动，主要由长江入海口出发，曾北至辽东，南至夷、亶二洲（公元230年卫温、诸葛直率军到达）和交州、海南岛（公元242年聂友、陆凯渡海征珠崖、儋耳）。作为交州地方势力的士燮家族自公元210年以后归附东吴，又由东吴重臣步骘接管了交州。大约在公元226年，东吴派出朱应、康泰二人，自交州出使南海诸国。

1. 东吴对交州的经略

两汉时期，汉朝曾在今越南中部、北部设有郡县，并由交州刺史部（最初为监察部门，后来逐步演变成为一级政区）统管。故汉朝统治交州长达三百余年，其间也曾经历过两汉之际和汉末等动乱时期。东汉末至三国初期，士燮治理交州长达四十余年，后逐步演变成割据交州的地方势力。士燮在交州的巨大声望和影响力甚至超过了南越王赵佗。

据《三国志·士燮传》（卷四十九）载：“士燮，字威彦，苍梧广信人也。其先本鲁国汶阳人，至王莽之乱，避地交州。六世至燮父赐，桓帝时为日南太守。燮少游学京师，事颍川刘子奇，治《左氏春秋》。察孝廉，补尚书郎，公事免官。父赐丧阕后，举茂才，除巫令，迁交阯太守。”

由上可见，早在两汉之际的动乱时期，士燮祖先就因避乱从祖籍地鲁国汶阳出发，远赴数千里外的岭南。汉代移民南下，大多经由天然水道与南北陆路相结合的避难通道。一般情况下，中原以东的北方移民，通常会由江淮一带南下，途中先后经过江河淮济和长江以南的赣江、北江等，即可抵达岭南。士燮祖先也应经过这条通道，来到交州腹地定居。当时，交州治广信（即苍梧郡治，今广西梧州），故家族地望为苍梧广信。经六世之后，至汉末桓帝时期，当时中原已乱，士燮父亲士赐，时任日南太守。此时，士燮追随父亲来到日南郡（今越南中部的广治省），逐渐熟悉了今越南北部和中部一带的民情世故。史载士燮年少时，曾游学于京师（即东汉都城雒阳），其游学路程，应从交州腹地到达海边，经由合浦、徐闻等港口或由番禺（岭南一大都会）乘船，经海上丝绸之路到达长江下游，然后经由江河淮济或江淮一带的运河（如邗沟等），北上中原；或经由跨越南岭的贡道，再顺着湘江、长江、汉江北上，也可抵达京师。其父士赐去世后，士燮服完丧，即由茂才这条途径，先任巫县的县令，之后升迁为交趾太守。

士燮的弟弟士壹、士䵋、士武，当时都担任交州各郡的太守。据《三国志·士燮传》载："（士燮）弟壹，初为郡督邮。刺史丁宫徵还京都，壹侍送勤恪，宫感之，临别谓曰：'刺史若待罪三事，当相辟也。'后宫为司徒，辟壹。比至，宫已免，黄琬代为司徒，甚礼遇壹。董卓作乱，壹亡归乡里。交州刺史朱符为夷贼所杀，州郡扰乱。燮乃表壹领合浦太守，次弟徐闻令䵋领九真太守，䵋弟武，领南海太守。"正因为如此，士燮家族利用汉末动乱，已牢牢控制交州各地，由此逐步演变成为割据交州的地方势力。如《三国志·士燮传》："燮兄弟并为列郡，雄长一州，偏在万里，威尊无上。出入鸣钟磬，备具威仪，笳箫鼓吹，车骑满道，胡人夹毂焚烧香者常有数十。妻妾乘辎軿，子弟从兵骑，当时贵重，震服百蛮，尉他不足逾也。武先病没。"可见，当时士燮兄弟在地方上的威严与地位，早已是尊贵无比，几乎等同于交州各地的土皇帝（即交州地方割据势力的代表人物和首领）。

尽管如此，士燮与汉末一般的地方割据统治者（如袁术、吕布等人）截然不同。由于早年的家庭背景和教育经历，他拥有很高的文化素养，凭借其超乎常人的学识和统率能力，对交州政治、经济和文化地位的提升有很大的贡献。史载："（士）燮体器宽厚，谦虚下士，中国士人往依避难者以百数。耽玩《春秋》，为之注解。陈国袁徽与尚书令荀彧书曰：'交阯士府君既学问优博，又达于从政，处大乱之中，保全一郡，二十馀年疆场无事，民不失业，羁旅之徒，皆蒙其庆，虽窦融保河西，曷以加之？官事小阕，辄玩习书传，《春秋左氏传》尤简练精微，吾数以咨问传中诸疑，皆有师说，意思甚密。又《尚书》兼通古今，大义详备。闻京师古今之学，是非忿争，今欲条《左氏》《尚书》长义上之。'其见称如此。"①

由上可见，当时士燮在交州的巨大声望，早已传至中原士大夫阶层，分别获得袁徽、荀彧等士家大族知识分子的高度赞赏。他们将士燮比之为东汉初期建功立业的云台二十八将之佼佼者——窦融，称赞他不仅有学问，而且博学多才，不仅精通《春秋左传》和《尚书》，还擅长从政。由此可见，汉末交州的经学文化已较发达，其代表人物就是士燮等地方大族的学子。在他的广泛招募和有效保护下，前来交州避难的中原士人"多以百数"。由此也可以看出，当时的交州早已由岭南蛮荒之地，逐步演变为岭南南部沿海的文化昌盛之地。这主要是因为，汉代南海丝绸之路的停靠地及其海外贸易，多与交州沿海港口（如合浦、徐闻、日南障塞等）有关，再加上汉末历史背景、士燮家族和东吴对交州的控制等一系列因素共同影响，才使得汉晋时期的交州，从岭南蛮夷（如南越、西瓯、骆越）聚集之地，骤然变为南海周边不同文明和中外人才交汇之地。

东汉末年，天下大乱，交州也经历了一系列变故或内乱。据《三国志·士燮传》载："朱符死后，汉遣张津为交州刺史，津后又为其将区景所杀，而荆州牧刘表遣零陵赖恭代津。是时苍梧太守史璜死，表又遣吴巨代之，与恭俱至。汉闻张津死，赐燮玺书曰：'交州绝域，南带江海，上恩不宣，下义壅隔，知逆贼刘表又遣赖恭闚看南土，今以燮为绥南中郎将，董督七郡，领交阯太守如故。'后燮遣吏张旻奉贡诣京都，是时天下丧乱，道路断绝，而燮不废贡职，特复下诏拜安远将军，封龙度亭侯。"由此可见，汉末（应为黄巾起义以后），东汉朝廷已知荆州牧刘表自成地方割据势力，所以并不承认刘表对交州的任命，同时又感念士燮在国家危难之际仍能效忠于朝廷，故下诏令士燮统领交州七郡并兼任交趾太守，以抵挡赖恭和吴巨。史载"后巨与恭相失，举兵逐恭，恭走还零陵"。之后（应为献帝建安初），因士燮"不废贡职"，遂下诏，升安远将军并封侯，也就是

①［晋］陈寿撰《三国志》卷四十九《吴志·士燮传》，中华书局，1959，第1191—1193页。

说，东汉朝廷高度评价士燮家族对平定交州叛乱的重要贡献，故予奖赏。值得一提的是，史载“后燮遣吏张旻奉贡诣京都，是时天下丧乱，道路断绝”，由此推测，交州刺史下属的官吏张旻，应从岭南沿海港口（合浦、徐闻）或珠江下游的番禺出发，经由海上贸易通道，到达青、徐等州沿海港口（当时由曹操、陶谦控制），方能到达京师。

汉亡以前，孙权即已将势力范围扩展至岭南交州一带。据《三国志·士燮传》载：“建安十五年，孙权遣步骘为交州刺史。骘到，燮率兄弟奉承节度。而吴巨怀异心，骘斩之。权加燮为左将军。建安末年，燮遣子廞入质，权以为武昌太守，燮、壹诸子在南者，皆拜中郎将。燮又诱导益州豪姓雍闿等，率郡人民使遥东附，权益嘉之，迁卫将军，封龙编侯，弟壹偏将军，都乡侯。”由此可见，早在汉末建安年间的最后十年，由于孙权派权臣步骘出兵岭南，斩吴巨，因此士燮家族很早就被迫投靠孙权（当时孙权已逐步控制了长江以南的江东和东南半壁江山），随即奉承步骘，并提供军粮（按：“节度”本为官名，三国吴孙权始置，掌管军粮之意），由此成为孙权控制交州的得力干将。士燮通过对南中豪帅的诱导，为孙权诱降雍闿等“益州豪姓”，由此帮助孙吴打通了从交州通往南中的交通要道。

随着汉朝的衰落，此时的士燮由原本一向效忠于汉朝的封疆大吏，骤然变为被迫投靠孙权的地方实权派人物。为巩固其地位，士燮遂用交州物产极力巴结和讨好孙权。由此也可看出交州与江东之间早已存在的海上贸易往来和文化交流。据《三国志·士燮传》：“（士）燮每遣使诣权，致杂香细葛，辄以千数，明珠、大贝、流离、翡翠、玳瑁、犀、象之珍，奇物异果，蕉、邪、龙眼之属，无岁不至。壹时贡马凡数百匹。（孙）权辄为书，厚加宠赐，以答慰之。燮在郡四十余岁，黄武五年，年九十卒。”以上交州贡品大多为热带物产，但其中也有一些物产，如杂香，除交州所产的沉香、檀香外，其余应产自印缅等国或东南亚诸国；又如士壹向孙权上交的贡马，数量颇多，“凡数百匹”，恐非交州当地所有，或者不可能完全由交州一地出产，估计其中应有一部分，来自西南夷、南中或东南亚诸国，甚至有可能来自更远的文明古国（如中亚和阿拉伯一带的文明古国，历来盛产宝马）。

尽管士燮兄弟和后人尽力巴结和讨好孙权，但士燮去世后，孙权出于控制岭南和加强统治等目的，仍将交州分划为交、广二州，以便分而治之。据《三国志·士燮传》载：“（孙）权以交趾县远，乃分合浦以北为广州，吕岱为刺史；交趾以南为交州，戴良为刺史。又遣陈时代燮为交趾太守。岱留南海，良与时俱前行到合浦，而燮子徽自署交趾太守，发宗兵拒良。良留合浦。交趾桓邻，燮举吏也，叩头谏徽使迎良，徽怒，笞杀邻。邻兄治子发又合宗兵击徽，徽闭门城守，治等攻之数月不能下，乃约和亲，各罢兵还。”可见，孙权此举，马上就引起了交州内乱，士燮的儿子士徽与士燮生前所推举的交趾官吏桓邻家族举兵互斗。由此也可以看出，孙权控制岭南的后期，交州已有部分士家大族，逐渐变得强大，并与原本实力雄厚，但在孙权强有力统治下明显遭到削弱的士燮家族有所背离。因各宗族武装实力相当，无法在地方上形成压倒对方的绝对优势，故相互之间仍保持“和亲”关系。

在这种对东吴明显不利的形势和内乱情况下，远在江东的孙权下定决心，准备诛灭士燮家族。据《三国志·士燮传》载："而吕岱被诏诛徽，自广州将兵昼夜驰入，过合浦，与良俱前。壹子中郎将匡与岱有旧，岱署匡师友从事，先移书交阯，告喻祸福，又遣匡见徽，说令服罪，虽失郡守，保无他忧。岱寻匡后至，徽兄祗，弟幹、颂等六人肉袒奉迎。岱谢令复服，前至郡下。明旦早施帐幔，请徽兄弟以次入，宾客满坐。岱起，拥节读诏书，数徵罪过，左右因反缚以出，即皆伏诛，传首诣武昌。壹、䵋、匡后出，权原其罪，及燮质子廞，皆免为庶人。数岁，壹、䵋坐法诛。廞病卒，无子，妻寡居，诏在所月给俸米，赐钱四十万。”①

就这样，孙权暗中下诏令吕岱诛灭士徽，而吕岱采用和抚之计迅速平定了士燮后人发动的叛乱。随后几年，士燮几个弟弟及其子孙接连被孙权诛灭，由此就完全消除了士燮家族在交州早已形成的地方割据势力。从此以后，交州就成为东吴统领下的岭南郡县之地，从而有利于东吴经由交州，进一步向南海周边扩展势力，并为东吴与南海诸国之间互通往来和开展贸易，以及不断拓展和加强三国时期的中外文化交流，奠定了重要的经济基础和地域文化根基，同时也为孙吴北上争霸和东吴后期的统治，提供了充足的物质基础、经济来源以及劳动力等重要前提条件。

2. 东吴对南海丝绸之路的经略

东吴距南海诸国，不仅距离遥远，其间还有东海、台湾海峡、南海等不同海

①［晋］陈寿撰《三国志》卷四十九《吴志·士燮传》，中华书局，1959，第1191—1193页。

域相隔。如《梁书》载："海南诸国，大抵在交州南及西南大海洲上，相去近者三五千里，远者二三万里，其西与西域诸国接。"[①]在相隔较远和海上交通不便的情况下，东吴唯有通过海船，从长江口向南近岸航行，经由东海沿岸各岛屿（如舟山群岛、大陈岛等），航行至台湾海峡，再由闽地沿海或潮州沿海港口，近岸航行至广州番禺、交州的徐闻、合浦，然后通过交州以南的南海丝绸之路，即可通往南海周边的东南亚诸国。

早在汉武帝时期，汉朝军队就已到达越南中部一带。对此，《汉书》早有记载。另据《梁书》载："汉元鼎中，遣伏波将军路博德开百越，置日南郡。其徼外诸国，自武帝以来皆朝贡。后汉桓帝世，大秦、天竺皆由此道遣使贡献。及吴孙权时，遣宣化从事朱应、中郎康泰通焉。其所经及传闻，则有百数十国，因立记传。"[②]由此可见，东吴孙权是在汉武帝开辟的南海丝绸之路（按：汉末桓帝时期，还有大秦、天竺等文明古国通过这条海上丝绸之路与汉朝进行朝贡贸易）基础上，又重新恢复原有海上交通，并将这条海上通道进一步向东南亚、南亚等地不断延伸，从而使远在江东的东吴以及长江下游诸港（如扬州等）通过海上丝绸之路，与东海、南海沿岸港口相互连通，进而与南海丝绸之路上的海外诸国相互连通。由此不仅加强了江东与交、广两州之间的海上交通以及与此相关的政治、经济和文化联系，而且还打通了东吴所辖交州与南海诸国之间的贸易联系，从而给东吴带来了比曹魏和蜀汉更大的政治、外交和贸易利益。

三国时期的扶南位于今东南亚的柬埔寨、越南等国南部。两汉时期，汉朝已通过海上丝绸之路，与东南亚十余国开展朝贡贸易，其中扶南应是南海诸国的贸易中心，各国商人云集于此，成为东吴与海外诸国开展贸易的中转地。如《太平御览》引《吴历》："黄龙，扶南诸外国来献琉璃。"[③]汉晋时期的琉璃，主要产于中亚、西亚、北非等沙漠地区的文明古国（如大秦、大月氏等）。《后汉书·西域传·大秦》载："土多金银奇宝、有夜光璧、明月珠、骇鸡犀、珊瑚、虎魄、琉璃、琅玕、朱丹、青碧。"又如《魏书·西域传·大月氏》："其国人商贩京师，自云能铸石为五色琉璃。于是采矿山中，於京师铸之。既成，光泽乃美于西来者，……，自此中国琉璃遂贱。"可见，大月氏商人传来的琉璃工艺，比中国本

①［唐］姚思廉撰《梁书》卷五十四《海南诸国》，中华书局，1973，第783页。

②［唐］姚思廉撰《梁书》卷五十四《南海诸国》，中华书局，1973，第783页。

③［宋］李昉等：《太平御览》卷八零八《珍宝部（七）》引《吴历》，中华书局，1960，第3591页下。

土的工艺技术要好。这主要是因为，大秦、大月氏等国内多沙漠，而沙粒中的二氧化硅，是制造琉璃的主要原料。此外，制造琉璃还需要高温和特殊的工艺技巧。作为海上舶来品的琉璃，应由大秦商人运至扶南，再经交州，由海上运至江东。值得注意的是，琉璃也是佛教“七宝”之一，为消病避邪之灵物。在汉晋时期佛教由海上东传的背景下，琉璃也可能是从信佛的天竺国运至扶南，再由交州运至江东。

此外，交州（治交趾龙编）也是海外贸易的重要中转地。东吴海船可通过交州，与扶南等南海诸国，或与距离东吴和交州更远的天竺、大秦等文明古国，保持贸易往来和文化交流。如《梁书》载：“孙权黄武五年，有大秦贾人字秦论来到交趾，交趾太守吴邈遣送诣权，权问方土谣俗，论具以事对。时诸葛恪讨丹阳，获黝、歙短人，论见之曰：‘大秦希见此人。’权以男女各十人，差吏会稽刘咸送论，咸于道物故，论乃径还本国。”[①]可知东吴孙权时期，吴人曾将徽州土人（按：这些身材较短的黟、歙等地土人，应与当地山越或长江以南的蛮越有关）送与大秦商人，并想通过海船运至大秦（地中海以东的西亚或南欧部分地区），但因途中病故而作罢，从而使中欧文明交流，因各种地理障碍和海上生存较为困难，再次失之交臂。

以上所引扶南和交州，正是东吴时期海上丝绸之路上最有名的文明昌盛之地或海外文明古国，当时东吴结交的海外诸国数量也远超汉代（见下文分析）。故知东吴对南海丝绸之路的经略，已超过两汉时期南海丝绸之路贸易和文化交流的水平，而东吴的海上经济也要比汉代或三国时期的曹魏、蜀汉更为发达。

黄武年间，东吴孙权遣朱应、康泰出使扶南，成为当时一件外交大事。朱、康二人是在孙权派遣吕岱平定交州叛乱后，出使扶南等国。据《三国志·吕岱传》载：“岱既定交州，复进讨九真，斩获以万数。又遣从事南宣国化，既徼外扶南、林邑、堂明诸王，各遣使奉贡。权嘉其功，进拜镇南将军。”[②]又，据《梁书》载：“及吴孙权时，遣宣化从事朱应、中郎康泰通焉。其所经及传闻，则是百数十国，因立记传。”[③]可见，大约在公元226年，孙权派朱应、康泰率大批使者出访南海周边的东南亚各国，不仅历时较长，而且所经过的国家以及从各国商

①[唐]姚思廉撰《梁书》卷五十四《中天竺传》，中华书局，1973，第798页。
②[晋]陈寿撰《三国志》卷六十《吴志·吕岱传》，中华书局，1959，第1385页。
③[唐]姚思廉撰《梁书》卷五十四《中天竺传》，中华书局，1973，第783页。

人口里听闻的文明古国达一百多个。如《梁书》载："其时吴遣中郎康泰使扶南，及见陈、宋等，具问天竺土俗，云：'佛道所兴国也。人民敦厖，土地饶沃。其王号茂论。所都城郭，水泉分流，绕于渠壍，下注大江。其宫殿皆雕文镂刻，街曲市里，屋舍楼观，钟鼓音乐，服饰香华，水陆通流，百贾交会，奇玩珍玮，恣心所欲。左右嘉维、舍卫、叶波等十六大国，去天竺或二三千里，共尊奉之，以为在天地之中也。'"①由此可见，康泰出使扶南时，从陈、宋（应为天竺或扶南等国商人，一说陈宋为中天竺的使臣）处获知天竺国（信仰佛教的文明古国）的风土人情和古老习俗，由此帮助东吴孙权得以逐步认识和了解南海周边各国以及南亚、西亚等地文明古国的政治、经济和文化等方面的信息，特别是对东吴来说显得非常重要的海外诸国贸易、物产等情况。朱应、康泰回国后，又将以上海外内容分别编入《扶南异物志》《吴时外国传》。这两本三国时期的中外交通史籍后来虽有散佚，但后人仍可从《隋书·经籍志》《水经注》等文献中获知朱应、康泰出访史实。

此次出访后，南海周边诸国也从朱应、康泰二位使者和东吴商人那里了解到东吴的强大，于是海外"扶南、林邑、堂明诸王，各遣使奉贡"。东吴还派兵护卫使者出行，同时也起到了维护海上丝绸之路畅通无阻的重要作用。自此以后，汉晋至南朝时期的历代王朝，都同东南亚诸国互派使者，频繁往来于中外之间。据史籍记载，从三国东吴开始，至南朝陈为止，扶南国主先后二十余次遣使访问建康（六朝古都南京），由此加强了扶南与古代中国之间的政治、经济和文化交流。如《三国志·吴主传》："赤乌六年十二月，扶南王范旃遣使献乐人及方物。"②

有学者重新考证了朱应、康泰出访的海外诸国所在方位。认为究原即究衰之形讹，在缅甸北部；毗骞在缅甸的克耶邦；歌营在巴生；蒲罗中在苏门答腊岛西北；诸薄在占卑；巨延洲是加里曼丹岛；耽兰在马来半岛南部；马五洲是邦加岛；横趺是横支之形讹，即汉代的黄支，即印度的建志补罗；担秩是缅甸的定耶瓦底。③可见，东吴孙权所派朱应、康泰等使者，早在公元3世纪很可能就已到达

①［唐］姚思廉撰《梁书》卷五十四《中天竺传》，中华书局，1973，第798—799页。

②［晋］陈寿撰《三国志》卷四十七《吴主传》，中华书局，1959，第1145页。

③周运中：《孙吴与南海诸国交通新考》，中国航海博物馆编《"人海相依：中国人的海洋世界"国际学术研讨会论文集》，上海古籍出版社，2014。

远在印度洋流域的国家（与西南丝绸之路和海上丝绸之路都有关）以及东南亚诸国（今印尼、马来西亚、泰国、柬埔寨、越南、缅甸等国，与南海丝绸之路以及中南半岛上的古老丝绸之路有关）。

第四节　东吴对夷洲的经略

据史籍记载，东吴在经营交州和南海丝绸之路的同时，还依靠强大的水军逐步控制了东南沿海诸岛屿（如夷洲、亶洲），从而为孙吴统治和北上争霸奠定了雄厚的物质和人口基础。

据《三国志》载："黄龙二年春正月，魏作合肥新城。诏立都讲祭酒，以教学诸子。遣将军卫温、诸葛直将甲士万人浮海求夷洲及亶洲。亶洲在海中，长老传言秦始皇帝遣方士徐福将童男童女数千人入海，求蓬莱神山及仙药，止此洲不还。世相承有数万家，其上人民，时有至会稽货布，会稽东县人海行，亦有遭风流移至亶洲者。所在绝远，卒不可得至，但得数千人还。"[①] 以上记载中的夷洲和亶洲，显然是两个不同的岛屿。关于夷洲，目前国内外学者大多认为应指今台湾岛。但对东吴时期的亶洲，却有不同的意见。

1. 东吴时期的亶洲

以上东吴时期的"亶洲"，亦作"亶州"，应为东吴海上丝绸之路所途径的东海上某个较大岛屿的名称。据《史记·秦始皇本纪》载："于是遣徐市发童男女数千人，入海求仙人。"唐张守节《正义》引《括地志》亦曰："亶洲在东海中，秦始皇使徐福将童男女入海求仙人，止住此洲，共数万家，至今洲上人有至会稽市易者。"可见，唐朝时期的学者认为，亶洲就在唐代江都（扬州）与日本之间的东海中，此洲早在秦始皇时期就有徐福在此停留。亶洲面积较大，可居住数万户家庭，从很早就世代相承（即从秦汉至三国东吴，再到唐朝），并时常与浙江东部的会稽（今绍兴至宁波一带）有互市贸易。值得一提的是，据沿海长老口耳相传，亶洲最早可追溯至秦始皇时期的徐市（福），也就是说，此洲与徐福当年携带童男、童女，乘船入海以求蓬莱仙岛、仙山、长生不老的仙药以及仙人（神仙）一事有关，并说徐福当年"止此洲不还"，可知徐福对此地流连忘返，或者

①［晋］陈寿撰《三国志》卷四十七《吴书二·吴主传第二》，中华书局，1959。

想暂时躲在此洲，因其不便返回位于秦朝山东沿海（齐国故地）的始发港（见前文分析）。

以上史实，涉及秦朝、三国和唐朝这三个朝代。对此，笔者认为，东吴孙权派上万军队浮海所求“亶洲”，很可能与唐朝张守节所引亶洲不同。东吴时期的亶洲，应为东海某岛名，并靠近夷洲，很可能与浙江沿海的嵊泗列岛、舟山群岛、大陈岛，或东海上的其他岛屿有关。而唐朝学者所理解的亶洲，可能与朝鲜半岛（唐朝时期分为高丽、新罗、百济）附近的济州岛，或日本的九州、四国、琉球群岛等诸多岛屿有关。此外，据袁臻先生考证，东吴时期的“‘亶洲’应为汉代‘儋耳’‘珠崖’，即今海南岛。①也有一些学者如李勃、陈家麟，都认为东吴时期的亶洲非指海南岛。②不管怎样，以上岛名都与古代海上丝绸之路所经过的岛屿有关，并与古代船民或东海岛民的海上生活、海上丝绸之路途经的东海小国，以及海上丝绸之路交通和古代海上贸易都有关，同时也形成了我国古代历史上（从上古至中古，即秦汉三国至唐朝）涉及文化内涵非常丰富（包括海上神仙方术、神话故事、仙药灵方、古代地理、军事路线、民俗文化等方面），并与我国古代民族（如东夷或越人）的海上冒险活动、早期道教文化、东海岛民与会稽之间的互市贸易及其社会生活、韩日早期宗教、古代韩日医药文化等也有关），但在时空上，却又存在着严重分歧的古代海上丝绸之路文化内涵。

尽管以上考证还未能马上得出比较准确而可靠的结论，但根据现有史料，目前可以明确的是，亶洲与东吴之间相隔较远，此洲上的古国与东吴之间还没有建立正式的外交关系，两地人民虽然时常在会稽市场上进行互市贸易（与布匹、丝绸等有关），却也容易受到海上风浪或台风的影响，不可能在短时间内迅速到达。最终东吴军队因对此地不熟悉，“但得数千人还”。如此看来，东吴孙权“遣将军卫温、诸葛直将甲士万人浮海”的主要目的，或为夺取东吴因长期争战而严重缺乏的劳动力。故孙权派大量军队到海外，一方面是为了安全，另一方面也是为了到亶洲、夷洲等岛屿抢夺当地人口，以弥补自身劳动力严重不足的缺陷和扭转军事上兵力不足的劣势。

---

①袁臻：《关于〈三国志·孙权传〉上的“亶洲”》，《华南师范学院学报（哲学社会科学版）》1980年第2期。

②李勃：《“亶洲”不是海南岛》，《中国历史地理论丛》1994年第1期。陈家麟：《“亶洲”非海南岛说——与袁臻同志商榷》，《学术月刊》1981年第10期。

2. 东吴时期的夷洲

关于东吴时期的夷洲，目前结论较为一致。据东吴丹阳太守沈莹《临海水土志》(写于264—280年，该书原已散佚，仅在宋代《太平御览》卷780《东夷传》中还有一小部分被引用，故得以流传下来）载："夷州（按：此处'夷州'，与《三国志》中记载的'夷洲'，写法略有不同，但我国古代，州与洲可通假，故夷州应即夷洲）在临海郡东南，去郡二千里。土地无霜雪，草木不死。四面是山，众山夷所居。山顶有越王射的正白，乃是石也。此夷各号为王，分划土地，人民各自别异，人皆髡头，穿耳，女人不穿耳。作室居，种荆为藩鄣。土地饶沃，既生五谷，又多鱼肉。舅姑子父，男女卧息共一大床。交会之时，各不相避。能作细布，亦作斑文。布刻画，其内有文章，好以为饰也。"以上内容明确记载了夷洲（州）的方位以及当地山夷的生活习俗。此前已有学者，利用《临海水土志》中的记事，与《隋书·流求传》的相关记载，进行了对比，由此得出夷州（洲）就是台湾的结论。目前台湾和大陆方面都认同这一结论。如1997年由国务院台湾事务办公室出版的《台湾问题与中国的统一》白皮书亦言："台湾自古即属于中国。台湾古称夷洲、流求。大量的史书和文献记载了中国人民早期开发台湾的情景。距今一千七百多年以前，三国时吴人沈莹的《临海水土志》等对此就有所著述，它们是世界上记述台湾最早的文字。公元3世纪和7世纪，三国孙吴政权和隋朝政府都曾先后派万余人去台。"也有不少学者认为，夷洲之方向、地势、气候、风俗与台湾极相似，东海内除台湾外，别无所指。另外，日据台湾期间，曾在台北发现指掌型古砖，属三国文物，故推测夷洲就是台湾。如《临海水土志》所记夷州（洲）方位"在临海东南"。东吴时期的临海郡，北起浙江宁海一带，台湾正好在东南方向；夷州气候"土地无雪霜，草木不死"，与今台湾也契合；夷州物产"土地饶沃，既生五谷，又多鱼肉"，与台湾沿海地区十分相似；夷州山夷习俗及文化特征：诸如凿齿，当地"女已嫁，皆缺去前上一齿"，今台湾北部的泰雅人（高山族）至明清仍有此风，泰雅男女相爱，通常由男女各凿三齿交付对方。又如猎头，台湾高山族勇士喜欢将敌人的人头经处理后挂于中庭或藏诸高阁，并以多取胜，称为豪侠。据此对比后可推测，今台湾土著高山族与东吴文献所见夷州（洲）之山夷十分相似。

据史书记载，东吴孙权派遣上万官兵前往夷洲，规模很大，时间也很长，前后经历长达一年。而卫温、诸葛直率军到达夷洲后，由于无法适应当地气候等环境条件，造成水土不服，疾疫流行，以致“士众疾疫死者十有八九”，最终不得不带领数千名夷洲人返回大陆，即乘船回到江东一带的东吴。如果以上推论属实的话，那么这就是我国历史上第一次有明确记载的大陆派军队到达台湾。东吴通过这种军事上的征服，将俘获的夷洲山夷民众运回大陆，显然是为了抢夺海外岛屿上的蛮夷人口，以补充东吴的劳动力；从客观结果看，东吴这样做也加速了东吴与夷州两地在文化上的交流，并使夷州的山夷文化逐渐与古老的吴越文化（实际上，吴越文化也是由土著的蛮越文化与中原华夏文化相互融合后形成的结果）相互影响并渐趋融合。

东吴这次海上军事行动规模较大，时任丹阳太守沈莹对这批官兵和数千夷洲人应很熟悉，遂通过编写《临海水土志》，使东吴人以及后世学者都能从中了解到古代夷洲的大致情况，并由此推测东吴时期的夷洲就是台湾。如果这一结论属实，那么这本在三国东吴时期留下的海外交通史志，就是全世界有关台湾古代民族情况的最早记载。

目前，也有一些学者认为“夷州”应指远古夷人居住之异地，距离东吴临海郡非常遥远，从夷州之气候、风土人情和习俗看，夷州要比地处江东的东吴温暖得多，这与台湾情况不太相符，因此夷州也有可能并不是指当今汉族和高山族所居住的台湾。又认为“夷洲”这个名称与“亶洲”一样，在古代都应属于不能明确其具体方位的传说性地名。而陈寿在《三国志》中所记秦始皇遣方士徐福入海以求神仙方药并止于亶州不还一事，以及沈莹在《临海水土志》中所记夷州“山顶有越王射的正白，乃是石也”等内容，都与当今台湾的历史、地理不符。此外，这些学者认为，还可参考《山海经》中类似“瓯在海中、闽在海中”这样的叙述，可知远古时代，从长江流域到福建也要依靠海上交通才能完成。故此推测，“夷州”很有可能是指散居于华南沿海、靠近海岸并有夷人居住的众多岛屿，并认为目前从以上这两段早期记载看，只能说明夷洲有可能是，但也有可能不是指台湾，因此目前这两段内容暂时只能当作研究古代台湾民族情况的一种大致性参考而已。若想进一步予以论断，必得重新觅取更为明确的地方史志等资料，才有可能得出更加准确、可靠的明确性结论。

第四章
三国两晋南朝时期海上丝绸之路的朝贡贸易

魏晋南北朝时期，江南地区先后出现的六个朝代（即东吴、东晋、南朝宋齐梁陈）的都城均设于建业或建康（按：东吴以后，建业改称建康，即今天的南京），故史书将这六个朝代简称“六朝”，南京也被称为六朝古都。

六朝时期，由于南北之间长期存在分裂，大规模战乱也频繁发生，而与此相关的政治、经济、文化等原因及背景也非常复杂，从而使六朝时期的海外交通和中西文化交流都比秦汉时期要更为错综复杂，并呈现出变化多端的政治形势和贸易格局。而六朝时期，海上丝绸之路沿线各港口和贸易航线，因政治、经济、文化和史地原因所呈现出的时空变换，也比以前秦汉时期海上交通的情况要复杂得多。

总体上看，从魏晋（包括三国鼎立的曹魏、东吴、蜀汉，以及统一南北后的西晋）、十六国东晋（偏安于江南）至南朝（宋齐梁陈）这一时期，历朝基本上保持了通过海上丝绸之路与海外各国之间形成的朝贡贸易，只是在六朝发生大规模持续动乱的时期，或改朝换代时期，以上海上交通和贸易才会短暂出现中衰或停滞的局面。如东晋末年，江南爆发孙恩、卢循起义，不仅影响到江南的稳定，还波及岭南。卢循在孙恩失败后利用桓玄之乱割据岭南。如《晋书·卢循传》载：“刘裕（刘宋创始者）讨循至晋安，循窘急，泛海到番禺，寇广州，逐刺史吴隐之，自摄州事，号平南将军，遣使献贡。时朝廷新诛桓氏，中外多虞，乃权假循征虏将军、广州刺史、平越中郎将。”[①]可见，卢循正是从海上贸易通道“泛海”到达番禺。而卢循“遣使”前往东晋都城——建康进献贡物，亦当从海上而为

①［唐］房玄龄等撰《晋书》卷一百《卢循传》，中华书局，1974，第2634页。

之。此后，刘裕派孙处率水军从海道进攻广州，卢循被迫退往合浦，又攻打交州龙编，失利后投水自尽。以上军事路线正是汉晋海上丝绸之路贸易路线，因而造成东晋末期海上丝绸之路出现衰落。又如梁末，因侯景之乱和梁朝宗室间相互混战，致使江南、江淮和荆州等地持续动乱，同时也影响到岭南地区的安定。此时，高凉冼夫人正好通过其谋略和军事行动，起到了安定岭南的重要作用。她以岭南圣母的光辉形象，暂时性地替代了处于四分五裂状态下的梁末各政权，来统辖岭南百越和汉族民众，故能重新恢复从汉晋（尤其是东吴孙权执政时期）以来不断开辟的海上丝绸之路新航线和长期保持的传统贸易与文化联系。陈末隋初和隋末唐初，岭南情况也与此类似。以上不同时期的乱局，都严重影响到我国海上丝绸之路（尤其是临近交广两州的南海丝绸之路）的稳定。不过，一旦中原或南朝的政局趋于稳定，中外传统贸易和海上丝绸之路也就随之而恢复。

第一节　三国时期的海上丝绸之路和朝贡贸易

魏晋南北朝时期，由汉武帝开辟的传统意义上的对外贸易通道——西北陆上丝绸之路，因汉末至魏晋以来的长期战乱、阻隔而被迫中断。因此，从西晋末年的八王之乱和永嘉之乱开始，历朝要恢复原本很早就已形成的对外贸易路线及其文化交流，只有不断致力于向外拓展海上丝绸之路，才能避开当时各地（如甘肃走廊上的凉州，就分裂成不同的地方割据政权）常见的割据和分裂战争，或由西南陆上丝绸之路不断向南延伸，经云南和印、缅等国，继续向外域拓展，继而与印度洋上的海上丝绸之路重新连接起来。与此同时，东晋南朝这一时期，江南经济也得到持续而深入的开发，魏晋以来沿着水路（包括海上通道）和陆路通道分别南下的中原及周边各地移民，填补了江南劳动力不足的缺陷。三国东吴时期的山越，经吴军长期围困，被迫向孙吴投降，被编入东吴军队，由此增强了东吴的军事和航海实力，使其得以进一步向海外扩张势力。而三国时期，各国统治者为实现各自的争霸目的或割据企图，都在积极向外发展海外贸易和对外交流。北有曹魏，向东通过海陆相连的通道，发展并巩固与朝鲜、倭国（日本）的政治、经济和文化交流；东南有东吴，通过多次海上远征，不断发展与辽东、夷州、交州和南海诸国之间的经贸和文化交流；西南有蜀汉，通过诸葛亮南征，七擒孟获，赢得人心，由此打通了因长期战乱而中断的西南丝绸之路交通和贸易联系。

由此也可以看出，汉晋时期的海上丝绸之路，对于历朝各政权的政治、军事、外交、经济、文化交流等方面，甚至对历朝政局稳定，都有着至关重要的促进、推动作用和影响。与此同时，六朝时期各政权还积极推行了向外发展海外贸易与文化交流等联系的相关政策。以上这些，都使得六朝时期的海上丝绸之路虽屡经挫折，其间也曾出现过中衰和短暂停滞的局面，但始终并未完全中断，而是不断延续下来并有所发展。直到南朝后期和隋唐盛世时期，随着政局逐步趋稳和高凉冼夫人的崛起，这条古老的海上丝绸之路才重新焕发出新的活力，再次得到迅猛发展。

东吴孙权时期，除积极内引外联外，还更加注重通过海上丝绸之路发展与海外诸国的官方贸易，并积极招徕外国商人，以便不断增加东吴的财富和实际利益。

1. 组织大规模的官方贸易

据史书记载，公元232年，孙权遣将军周贺、校尉裴潜“复远遣船，越渡大海，多持货物”；[①]公元233年，吴遣使节至朝鲜，高句丽王“贡貂皮千枚，鹖鸟鸡皮十具”；[②]公元235年，孙权派谢宏出使高句丽“赐衣物珍宝”，“(陈)宫于是谢罪，上马数百匹。宏乃遣咨、固……宏船小，载马八十匹而还”。[③]由此可见，自三国时期开始，朝鲜半岛诸国，即与中国南北各方（曹魏、孙吴）开展陆海相连的官方交往与贸易。另据史书记载：嘉禾二年（233年），吴使至朝鲜，高句丽王“贡献”貂皮等物。

2. 积极招徕外国商人

据史书记载：“孙权黄武五年，有大秦贾人字秦论来到交趾，交趾太守吴邈遣送诣权，权问方土谣俗，论具以事对……权以男女各十人，差吏会稽刘咸送论，咸于道物故，论乃径还本国。”[④]由此既可以看出大秦商人与东吴之间的贸易主要经由交州中转，同时也可以看出东吴政权对发展海外贸易的重视程度。

第二节　西晋海上丝绸之路和朝贡贸易

晋武帝时期，曾有四夷二十三国入贡。据《晋书·四夷传》载：“(晋)武帝受终衰魏，廓境全吴，威略既申，招携斯广，迷乱华之议，矜来远之名，抚旧怀

①[晋]陈寿撰《三国志》卷八《魏书八》，中华书局，1959。

②[晋]陈寿撰《三国志·魏明帝曹睿传》，中华书局，1959。

③[晋]陈寿撰《三国志》卷四十七《吴书二》，中华书局，1959。

④[唐]姚思廉撰《梁书·诸夷传》，中华书局，1973。

新，岁时无怠，凡四夷入贡者，有二十三国。既而惠皇失德，中宗迁播，凶徒分据，天邑倾沦，朝化所覃，江外而已，賝贡之礼，于兹殆绝，殊风异俗，所未能详。故采其可知者，为之传云。北狄窃号中壤，备于载记；在其诸部种类，今略书之。”①可知，西晋统一南北后，国力强盛，进而恢复了传统的西北丝绸之路和海上丝绸之路，由此海陆贸易路线，前来西晋都城洛阳从事朝贡贸易的四夷（其中有不少是来自东南亚、南亚、中亚和西亚的文明古国），多达23国。如交州以南的林邑国就多次出现在我国史籍中。如《南齐书》载：“南夷林邑国，在交州南，海行三千里，北连九德，秦时故林邑县也。汉末称王。晋太康五年始贡献。”②

西晋武帝至东晋年间，林邑国曾多次遣使贡献方物。如《太平御览》引《交州杂记事》：“太康四年（283年），临邑王范熊献紫水晶唾壶一口，青、白水精唾壶各二口。”③又据《太平御览》载：“太康四年（283年），刺史陶璜表送林邑王范熊所献缥绀水精盘各一枚。”④又据《艺文类聚》《太平御览》先后引《交州杂事》：“太康四年（283年），刺史陶璜，表送临邑王花然（《太平御览》七百五十九作范熊，此讹。）所献银钵一口，水精钵一口。”⑤可知西晋武帝时期，因国力强盛，导致远在越南中部、南部一带的林邑国与西晋之间的朝贡关系极为密切。不久，因晋惠帝失德（实则因贾后乱政和诸王夺权），导致八王之乱，西晋末年，又因五胡乱华，导致永嘉之乱，从而使得林邑国等周边各国与西晋之间的朝贡关系，也因中原大乱导致贡道堵塞而被迫断绝。

西晋时期，林邑曾向晋武帝进献海枣。据《南方草木状》载：“海枣树，身无闲枝，耸三四十丈。树顶四面共生十余枝，叶如栟榈。五年一实，实甚大，如杯碗；核两头不尖，双卷而圆。其味极甘美，安邑御枣无以加也。泰康（应即太康）五年，林邑献百枚。昔李少君谓汉武帝曰：‘臣尝游海上，见安期生，食臣枣大如瓜。’非诞说也。”⑥

---

①［唐］房玄龄等撰《晋书》卷九十七《四夷传》，中华书局，1974，第2531—2532页。

②［梁］萧子显撰《南齐书》卷五十八《林邑国传》，中华书局，1972，第1012—1013页。

③［宋］李昉等：《太平御览》卷七百零三《服用部·唾壶》引《交州杂记事》，中华书局，1960，第3138页下。

④［宋］李昉等：《太平御览》卷七百五十八《器物部·盘》引《交州杂事》，中华书局，1960，第3366页下。

⑤［唐］欧阳询撰《艺文类聚》卷七十三《杂器物部·钵》引《交州杂事》，上海古籍出版社，1982，第1307页。《太平御览》卷七百五十九《器物部·钵》引《交州杂事》，中华书局，1960，第3369页上。

⑥［晋］嵇含：《南方草木状》，载《南越五主传及其他七种》，广东人民出版社，1982，第68页。

在林邑的带领下，东南亚的大国扶南也于次年即泰康六年前来进献方物。据嵇含《南方草木状》："泰（太）康六年，扶南国贡诸蔗，一丈三节。"[①]另据《南方草木状》载："抱香履，抱木生于水松之旁，若寄生然。极柔弱，不胜刀锯。乘湿时刳而为履，易如削瓜；既干则韧不可理也。履虽猥大，而轻者若通脱木，风至则随飘而动。夏月纳之，可御蒸湿之气。出扶南、大秦诸国。泰康六年，扶南贡百双。帝深叹异，然哂其制作之陋，但置诸外府，以备方物而已。按东方朔《琐语》曰：木履起于晋文公时。介之推逃禄自隐，抱树而死。公抚木哀叹，遂以为履。每怀从亡之功，辄俯视其履曰：'悲乎！足下。''足下'之称，亦自此始也。"[②]由此可见，中华传统文化中的"足下"，也与海外扶南等国通过海上丝绸之路进献方物有关。

西晋后期，又有太熙元年（290年）牟奴等国上献方物一事。据北宋《太平御览》引《晋起居注》："太熙元年正月，牟奴等国大小口十七万九千余人，各遣正、副使诣护东夷校尉何龛。上献方物。"[③]据考证，牟奴等国在黑龙江省三江平原一带，故推测牟奴等国派遣使者，应由辽东或朝鲜半岛作为过道，其间也可乘船，通过北方海上丝绸之路，经山东半岛沿海港口登陆，然后向西，即可抵达西晋都城洛阳。

西晋年间，扶南、林邑、大秦等国时常遣使贡献方物。据《晋书·扶南国传》："武帝泰始初，遣使贡献。太康中，又频来。穆帝升平初，复有竺旃檀称王，遣使贡驯象。帝以殊方异兽，恐为人患，诏还之。"[④]可见，早在西晋建立之初，扶南就已遣使进献方物。至晋武帝时期，此时西晋达到鼎盛，故扶南国又慕名前来，频繁进贡。另据《晋书·武帝纪》："泰始四年十二月，扶南、林邑各遣使来献。"[⑤]另据《晋书·武帝纪》："（太康五年）十二月庚午，大赦。林邑、大秦国各遣使来献。"[⑥]可见，在林邑、扶南等东南亚古国的带动下，连远在西亚的大秦国也遣使来到西晋都城洛阳，进献方物，由此加强了大秦与西晋王朝之间的朝贡贸易。由于大秦远在西亚，因此从西北陆上丝绸之路前来显然很不方便，还不如从海上丝绸之路，并经由扶南、林邑等国中转，即可顺利抵达长江下游的港口，进

①［晋］嵇含：《南方草木状》，载《南越五主传及其他七种》，广东人民出版社，1982，第59页。

②［晋］嵇含：《南方草木状》，载《南越五主传及其他七种》，广东人民出版社，1982，第66页。

③［宋］李昉等：《太平御览》卷七百八十七《四夷部·牟奴国》引《晋起居注》，中华书局，1960，第3486页下。

④［唐］房玄龄等撰《晋书》卷九十七《扶南国传》，中华书局，1974，第2547页。

⑤［唐］房玄龄等撰《晋书》卷三《武帝纪》，中华书局，1974，第58页。

⑥［唐］房玄龄等撰《晋书》卷三《武帝纪》，中华书局，1974，第75页。

而前往中原向晋武帝纳贡。

大秦向西晋王朝进献的贡品中，包括中国罕见的蜜香纸、火布、钩缘子等方物。据稽含《南方草木状》："蜜香纸，以蜜香树皮叶作之。微褐色，有纹如鱼子，极香而坚韧，水渍之，不溃烂。太康五年，大秦献三万幅。帝以万幅赐镇南大将军当阳侯杜预，令撰《春秋释例》及《经传集解》以进，未至而预卒，诏赐其家，令藏之。"[①]由此可见，晋武帝将大秦进献的方物派上大的用场，专门用于加强中华传统经学和文化建设，下令由儒学大师杜预编撰五经中的史学经典《春秋》之《集解》和《释例》，由此加强了中华传统文化的研究和普及。可见早在中国古代四大发明传入欧洲之前，聪明的大秦人就通过海上丝绸之路将蜜香纸传入中华大地，从而极大地推动和加强了中国传统造纸术的改进和普及。由此也可以看出，西晋时期的中西文化交流，对于以后欧洲所产生的巨大变革的影响可谓重大而深远。

大秦进献的方物中还有稀罕的火布，从广州进贡至洛阳。据《艺文类聚》引晋殷巨《奇布赋及序》："太康二年，安南将军广州牧滕侯，……俄而大秦国奉献琛，来经广州，众宝既丽，火布尤奇。"[②]

大秦进献的方物中，还有中亚、西域胡人非常看重的钩缘子。钩缘子又称香橼，主要产于中缅边境等热带地区，如云南西双版纳等地。大秦商人或通过转口贸易，从东南亚一带的扶南、林邑等国，将这种当时中国内地还不多见的贡品，经由海上丝绸之路转运至西晋时期东南沿海港口。据《南方草木状》载："钩缘子，形如瓜，皮似橙而金色。胡人重之。极芬香。肉甚厚，白如芦菔。女工竞雕镂花鸟，渍以蜂蜜，点燕檀，巧丽妙绝，无与为比。泰康五年，大秦贡十缶，帝以三缶赐王恺，助其珍味，夸示于石崇。"[③]可见，大秦进献的"十缶"钩缘子，居然影响到西晋后期王室和贵族之间的斗富，由此也就在一定程度上影响到了西晋历史的演进。

第三节　东晋海上丝绸之路和朝贡贸易

在东吴时期，因汉末刚刚称王，又因三国鼎立，故林邑国不向曹魏纳贡。但

①［晋］稽含：《南方草木状》，载《南越五主传及其他七种》，广东人民出版社，1982，第66页。
②［唐］欧阳询撰《艺文类聚》卷八十五《布部》引晋殷巨《奇布赋及序》，上海古籍出版社，1982，第1463页。
③［晋］稽含：《南方草木状》，载《南越五主传及其他七种》，广东人民出版社，1982，第69页。

林邑与东吴之间应有贸易往来，西晋时期曾一度保持纳贡关系。东晋初，林邑国发生政变。据《晋书·林邑国传》载："自孙权以来，不朝中国。至武帝太康中，始来贡献。咸康二年，范逸死，奴文篡位。"

"文"本为林邑范氏王朝的奴隶，后自立为王。据《晋书》载："文，日南西卷县夷帅范椎奴也。尝牧牛涧中，获二鲤鱼，化成铁，用以为刀。刀成，乃对大石嶂而咒之曰：'鲤鱼变化，冶成双刀，石嶂破者，是有神灵。'进斫之，石即瓦解。文知其神，乃怀之。随商贾往来，见上国制度，至林邑，遂教逸作宫室、城邑及器械。逸甚爱信之，使为将。文乃谮逸诸子，或徙或奔。"可见，西晋后期，日南郡夷帅范椎奴文，自小会捕鱼和冶铁，颇有神助，曾跟随各国商贾往来于上国（即西晋），故将上国制度（包括西晋宫室、城邑、器械等制度）传入林邑（按：因西晋末天下大乱，林邑国已占据日南等郡）境内。

奴文利用计谋篡夺林邑国王位后，又进一步扩大自身势力。据《晋书·林邑国传》载："及逸死，无嗣，文遂自立为王。以逸妻妾悉置之高楼，从己者纳之，不从者绝其食。于是乃攻大岐界、小岐界、式仆、徐狼、屈都、乾鲁、扶单等诸国，并之，有众四五万人。遣使通表入贡于帝，其书皆胡字。"[①]由此推知，林邑国原为小国，仅占据日南郡而已，但东晋初期奴文自立为王后，广泛吸收汉晋以来的中华传统文化和典章制度，霸占范氏王朝末君范逸的妻妾，使得自身实力逐步强大，遂攻打周边各小国，成为统率四五万人的交州南部一大强国。在统治趋于稳定后，林邑国君文又派遣使者，由海路到达建康，与东晋王朝恢复了朝贡关系。此后，据《晋书》载：林邑国"佛死，子胡达立，上疏贡金盘椀及金钲等物。"[②]

东晋时期，林邑等国曾向东晋王朝进献方物。据《晋书·简文帝纪》载："二年春正月辛丑，百济、林邑王各遣使贡方物。"[③]又据《晋书·孝武帝纪》载："太元七年春三月，林邑范熊遣使献方物。"[④]据《晋书·安帝纪》载："义熙十年九月，林邑遣使来献方物。"[⑤]据《说郛三种》引《林邑记》："林邑王（阙）明达献金钢指环。"[⑥]按：指环为西方人喜欢的手饰用品，早在东晋，林邑王就通过海上

①［唐］房玄龄等撰《晋书》卷九十七《林邑国传》，中华书局，1974，第2545—2546页。

②［唐］房玄龄等撰《晋书》卷九十七《林邑国传》，中华书局，1974，第2547页。

③［唐］房玄龄等撰《晋书》卷九《简文帝纪》，中华书局，1974，第221页。

④［唐］房玄龄等撰《晋书》卷九《孝武帝纪》，中华书局，1974，第231页。

⑤［唐］房玄龄等撰《晋书》卷十《安帝纪》，中华书局，1974，第264页。

⑥［明］陶宗仪编《说郛三种》卷六十一引《林邑记》，上海古籍出版社，2012，第2840页上。

丝绸之路，将当时中国还比较稀罕的金钢指环，进献给东晋王室，由此加强了中西之间在手工艺品上的文化交流。

东晋时期，扶南国重新恢复与东晋的朝贡关系，并通过海上丝绸之路，向建康进献方物。如《晋书·穆帝纪》载："升平元年，扶南竺旃檀献驯象，诏曰：'昔先帝以殊方异兽或为人患，禁之。今及其未至，可令还本土。'"①今泰国、柬埔寨一带，仍然有很多亚洲象。由于驯象行动迟缓，因此从陆上运输较为困难。故推测，扶南应通过海上丝绸之路，用吨位较大的海船，将驯象直接运至长江下游的建康。建康附近的石头城，可设港口，并直通长江入海口，由此通过海上丝绸之路，就可通往几千公里以外的扶南国。又如《晋书·孝武帝纪》载："太元十四年二月，扶南献方物。"②

东晋末义熙年间（405—418年），远在印度洋的师子国遣使献玉像。据《高僧传·慧力传》载："又有师子国四尺二寸玉像，并皆在焉。昔师子国闻晋孝武精于奉法，故遣沙门昙摩抑远献此佛。在道十余年，至义熙中，乃达晋。"③由此可见，位于印度洋上的岛国——师子国（今斯里兰卡），地处印缅之间，正好处在海上丝绸之路的关口要道位置。因师子国盛产玉石，并深受天竺国（印度）佛教的影响，因此有很多沙门（佛教徒）信仰佛教，故用佛教七宝中的玉石来雕刻佛像，并通过海上丝绸之路向东流传，途中通过海陆通道，辗转经过十余年，显然其中要经过扶南、交州等地中转，方能到达东晋。

东晋王朝不仅接受来自海外诸国的进献，也时常遣使经由海上丝绸之路前往海外诸国，通过慰谕等形式，以达到加强中外关系的目的。如东晋兴宁元年（363年）东晋遣使到达蒲林国（即都城位于拜占庭的东罗马帝国）慰谕。据《太平御览》引《晋起居注》："兴宁元年闰月，蒲林王国新开通，前所奉表诣先帝，今遣到其国慰谕。"④由此也就加强了东晋王朝与远在黑海和地中海交汇口的拜占庭东罗马帝国（按：东罗马帝国君士坦丁在拜占庭建立都城，旧称康斯坦丁堡，1453年被奥斯曼帝国征服，改称阿拉伯旧名——伊斯坦布尔，即今土耳其首都）之间的外交联系。

①［唐］房玄龄等撰《晋书》卷八《穆帝纪》，中华书局，1974，第202页。

②［唐］房玄龄等撰《晋书》卷九《孝武帝纪》，中华书局，1974，第237页。

③［梁］释慧皎撰《高僧传》卷十三《慧力传》，中华书局，1992，第481页。

④［宋］李昉等：《太平御览》卷七百八十七《四夷部·蒲林国》引《晋起居注》，中华书局，1960，第3485页下。

第四节　南朝海上丝绸之路与朝贡贸易

南朝时期，虽然重新恢复了与南海诸国的朝贡贸易，但在对外贸易的形式和贸易格局上，也出现了一些有别于前朝的变化。

1. 刘宋时期的海上交通和对外贸易

南朝初期，刘宋又重新恢复了与南海诸国的海上交通与传统贸易。此时，地处印支半岛南端和海上丝绸之路重要节点的林邑国，虽沿袭汉晋传统做法，仍“频遣贡献”，但因时局发生变化，见东晋后期经常发生战乱和农民战争，因此在对外关系上也开始有所变化，经常做出一些有碍中外交往的举动，如时常劫掠海上丝绸之路中的商使，由此就惹怒了正处于上升期的刘宋王朝。元嘉二十三年（446年），宋文帝发兵攻讨林邑国，宋军大胜，史称“象浦之捷，威震冥海”。于是南海诸国纷纷派遣使臣，重新恢复了与刘宋之间的外交关系和传统贸易联系。如《宋史》载：“宋末，扶南王姓侨陈如，名门者耶跋摩，遣商货至广州，天竺道人那伽仙附载欲归国，遭风至林邑，掠其财物皆尽……商舶远届，委输南州，故交、广富实，牣积王府。”

南朝刘宋时期，林邑国频遣使节，经由海上丝绸之路前往建康贡献方物。但此时的林邑国利用东晋末年的动乱，势力不断扩大，并想借兵于扶南，以讨伐交州。而扶南国离交州更远，故并未听从林邑国建议。此后，林邑国见刘宋元嘉年间国力有所增强，于是又频遣使者前来进贡。据《宋书·林邑国传》：“南夷林邑国，高祖永初二年，林邑王范阳迈遣使贡献，即加除授。太祖元嘉初，侵暴日南、九德诸郡，交州刺史杜弘文建牙聚众欲讨之，闻有代，乃止。七年，阳迈遣使自陈与交州不睦，求蒙恕宥。八年，又遣楼船百余寇九德，入四会浦口，交州刺史阮弥之遣队主相道生三千人赴讨，攻区粟城不克，引还。林邑欲伐交州，借兵于扶南王，扶南不从。十年，阳迈遣使上表献方物，求领交州，诏答以道远，不许。十二、十五、十六、十八年，频遣贡献，而寇盗不已，所贡亦陋薄。”[①]从林邑国进贡物品比以前（西晋到东晋时期）要“陋薄”，可知林邑国对刘宋王朝

①［梁］沈约撰《宋书》卷九十七《林邑国传》，中华书局，1974，第2377—2378页。

并未真心依附。据《太平御览》引《林邑记》："林邑王范明达献金钢指环。"[①]范明达是公元4世纪末林邑王，时值东晋末期，但范王仍以高规格贡物进献给东晋，可见他对东晋王朝之忠心。相比之下，建立刘宋的刘裕，出身低微，因军功不断累积而被提拔，最终灭掉东晋，自立刘宋。正因为如此，在林邑国看来，刘宋王朝虽然势力较为强大，却并不能代表华夏正统的中央王朝。

元嘉以后，虽然刘宋王朝逐步走向衰落，但林邑国仍时有进贡。据《宋书·林邑国传》："世祖孝建二年，林邑又遣长史范龙跋奉使贡献，除龙跋扬武将军。大明二年，林邑王范神成又遣长史范流奉表献金银器及香布诸物。太宗泰豫元年，又遣使献方物。"[②]

刘宋元嘉五年（428年），远在印度洋的师子国遣使贡献。据《宋书·师子国传》："师子国，元嘉五年，国王刹利摩诃南奉表曰：'谨白大宋明主，虽山海殊隔，而音信时通。伏承皇帝道德高远，覆载同于天地，明照齐乎日月，四海之外，无往不伏，方国诸王，莫不遣信奉献，以表归德之诚。或泛海三年，陆行千日，畏威怀德，无远不至。我先王以来，唯以修德为正，不严而治，奉事三宝，道济天下，欣人为善，庆若在己，欲与天子共弘正法，以度难化。故托四道人遣二白衣送牙台像以为信誓，信还，愿垂音告。'至十二年，又复遣使贡献。"[③]

由此可知，南朝刘宋时期又重新恢复了与印度洋诸国的海上交通与贸易联系，正如国书所言，"虽山海殊隔，而音信时通"。可见刘宋与师子国的贸易往来和商人之间的联系，总体上看还是比较密切的。可能正因为如此，刘宋王朝才能有懂得师子国语言的特殊人才，从而帮助刘宋朝廷的秘书官员将师子国王奉表的国书翻译得如此准确，并完全符合南朝时期通行的骈文体例和文书风格。师子国王在奉表中说，专门委托四名沙门佛教徒（翻译成"道人"）监督并遣送二白衣（指平民，估计为师子国的商人，此外，古代印度、西域人喜穿白衣，故佛教中通常称僧侣以外的人为白衣）乘船，通过海上丝绸之路，专程"送牙台像以为信誓"。"牙台像"应为象牙雕刻的佛像，可见师子国王送的这份国礼确很厚重，同时也在一定程度上促进和推动了汉晋南朝以来印度佛教的东传。

通过海上丝绸之路东传的佛教物品，不仅有佛像，还有佛经。事实上，通过

①[宋]李昉等：《太平御览》卷八百一十三《珍宝部·金钢》引《林邑记》，中华书局，1960，第3614页下。
②[梁]沈约撰《宋书》卷九十七《林邑国传》，中华书局，1974，第2379页。
③[梁]沈约撰《宋书》卷九十七《师子国传》，中华书局，1974，第2384页。

海上这条途径传入中国的佛经数量也很大，多由师子国起航，经过长时间的远洋航行方能到达南朝时期的建康。据《太平御览》引《宋元嘉起居注》："师子国王遣使奉献，诏曰：'此《小乘经》甚少，彼国所有，皆可悉为写送之。闻彼邻多有师子，此所未睹，可悉致之。'"[①]可见，刘宋元嘉年间，宋文帝刘义隆还下诏要求师子国通过海上丝绸之路，将《小乘经》等抄写的经文，以及印度洋岛国盛产的师子（狮子）送到建康。据《艺文类聚》引《宋元嘉起居注》："阿罗单国王，毗沙跋摩遣使云：'诸佛世尊，常乐安隐，处雪山阴，雪水流注，百川洋溢，以味清静，周迴屈曲，从趣大海，一切众生，咸得受用。"又曰："师子王国，遣使奉献，诏答云，此小乘经甚少，彼国所有，皆可写送。'"[②]其中也提到了诸佛与大海之间的关系。

南朝刘宋时期，天竺（古代印度）迦毗黎国亦遣使奉献。据《宋书·迦毗黎国传》："天竺迦毗黎国，元嘉五年，国王月爱遣使奉表曰：

> 伏闻彼国，据江傍海，山川周固，众妙悉备，庄严清净，犹如化城，宫殿庄严，街巷平坦，人民充满，欢娱安乐。圣王出游，四海随从，圣明仁爱，不害众生，万邦归仰，国富如海。国中众生，奉顺正法，大王仁圣，化之以道，慈施群生，无所遗惜。帝修净戒，轨道不及，无上法船，济诸沈溺，群僚百官，受乐无怨，诸天拥护，万神侍卫，天魔降伏，莫不归化。王身庄严，如日初出，仁泽普润，犹如大云，圣贤承业，如日月天，于彼真丹，最为殊胜。
>
> 臣之所住，名迦毗河，东际于海，其城四边，悉紫绀石，首罗天护，令国安隐。国王相承，未尝断绝，国中人民，率皆修善，诸国来集，共遵道法，诸寺舍子，皆七宝形像，众妙供具，如先王法。臣自修检，不犯道禁，臣名月爱，弃世王种。
>
> 惟愿大王圣体和善，群臣百官，悉自安隐。今以此国群臣吏民，山川珍宝，一切归属，五体归诚大王足下。山海遐隔，无由朝觐，宗仰之至，遣使下承。使主父名天魔悉达，使主名尼陀达，此人由来良

①［宋］李昉等：《太平御览》卷七八七《四夷部·师子国》引《宋元嘉起居注》，中华书局，1960，第3486页上。

②［唐］欧阳询撰《艺文类聚》卷七六《内典部》引《宋元嘉起居注》，上海古籍出版社，1982，第1294页。

善忠信，是故今遣奉使表诚。大王若有所需，珍奇异物，悉当奉送，此之境土，便是王国，王之法令，治国善道，悉当承用。愿二国信使往来不绝，此反使还，愿赐一使，具宣圣命，备敕所宜。款至之诚，望不空反，所白如是，愿加哀愍。

奉献金刚指环、摩勒金环诸宝物、赤白鹦鹉各一头。太宗泰始二年，又遣使贡献，以其使主竺扶大、竺阿弥并为建威将军。①

可见，当时连天竺迦毗黎国的国王也听说刘宋都城建康“据江傍海”。故推测，南朝刘宋时期，经由海上丝绸之路前往天竺迦毗黎国的商人和信使应往来不绝。他们在海外从事外交和贸易时，也将刘宋王朝和都城的情况告诉迦毗黎国人。而迦毗黎国王月爱在奉表中说，迦毗黎国因迦毗河得名，东边靠着大海（印度洋），都城四边都是紫绀石（紫色的石头）。本国一向信仰佛教，希望与远隔万里的刘宋保持密切交往，故专门派遣善良忠信的使者乘船，通过海上丝绸之路将珍奇异物奉送给刘宋皇帝。迦毗黎国王奉献的礼物包括“金刚指环、摩勒金环诸宝物、赤白鹦鹉各一头”。另据《太平御览》引《宋元嘉起居注》：“（元嘉）五年，天竺毗加梨国王月（爱）遣使上表，并奉金刚指环一枚、刚印摩勒金环一枚、毾㲪一具、白旃檀六段、白赤鹦鹉各一头、细叠两张。”②以上这些多为天竺迦毗黎国的特产，是中华所稀有的贡品。但从金刚指环的来源看，有些贡品或有可能也受到了其他海外文明的影响。以上交流加强了古代印度与中国之间在手工艺品和物产等方面的贸易往来和交流，由此也推动了南朝时期的中外文化交流。

以上这个在刘宋时期与中国保持长期友好往来的天竺迦毗黎国，究竟在南亚何地，古今论者不少，但意见不一。对此，著名中西交通史专家张星烺先生认为，迦毗黎国即唐初玄奘在《大唐西域记》中所记载的劫比罗伐率堵国，亦可写作迦维罗卫国；法显《佛国记》作迦维罗卫城。而迦毗黎国王月爱者，经考证即古代印度笈多王朝之旃陀罗笈多二世，印度人称其为月日旃陀罗，又称作爱日笈多。另一名中西交通史专家方豪先生也认同这一观点。③

①［梁］沈约撰《宋书》卷九十七《迦毗黎国传》，中华书局，1974，第2384—2386页。

②［宋］李昉等：《太平御览》卷七百八十七《四夷部·毗加梨国》引《宋元嘉起居注》，中华书局，1960，第3486页上。

③莫任南：《刘宋时遣使来华的迦毗黎国在南亚何处》，《海交史研究》1992年第1期。

刘宋元嘉七年（430年），又有来自西南夷的诃罗陁国（古南海国名，应与缅甸有关）经广州遣使奉表。据《宋书·诃罗陁国》："西南夷诃罗陁国，元嘉七年，遣使奉表曰：

伏承圣主，信重三宝，兴立塔寺，周满国界。城郭庄严，清净无秽，四衢交通，广博平坦。台殿罗列，状若众山，庄严微妙，犹如天宫。圣王出时，四兵具足，导从无数，以为守卫。都人士女，丽服光饰，市廛丰富，珍贿无量，王法清整，无相侵夺。学徒游集，三乘竞进，敷演正法，云布雨润。四海流通，万国交会，长江眇漫，清净深广，有生咸资，莫能销秽，阴阳调和，灾厉不行。谁有斯美，大宋扬都，圣王无伦，临覆上国。有大慈悲，子育万物，平等忍辱，怨亲无二，济乏周穷，无所藏积，靡不照达，如日之明，无不受乐，犹如净月。宰辅贤良，群臣贞洁，尽忠奉主，心无异想。

伏惟皇帝，是我真主。臣是诃罗驼国王，名曰坚铠，今敬稽首圣王足下，惟愿大王知我此心久矣，非适今也。山海阻远，无缘自达，今故遣使，表此丹诚。所遣二人，一名毗纫，一名婆田，今到天子足下。坚铠微蔑，谁能知者，是故今遣二人，表此微心，此情既果，虽死犹生。仰惟大国，籓守旷远，我即边方籓守之一。上国臣民，普蒙慈泽，愿垂恩逮，等彼仆臣。臣国先时人众殷盛，不为诸国所见陵迫，今转衰弱，邻国竞侵。伏愿圣王，远垂覆护，并市易往反，不为禁闭。若见哀念，愿时遣还，令此诸国，不见轻侮，亦令大王名声普闻，扶危救弱，正是今日。今遣二人，是臣同心，有所宣启，诚实可信。愿敕广州时遣舶还，不令所在有所陵夺。愿自今以后，赐年年奉使。今奉微物，愿垂哀纳。"①

可见，南朝刘宋时期，广州已成为海外多个国家来华从事贸易的中转站和始发港。其中有很多原因，如广州临近的西江入海口已进入洲潭岛屿时代，使得珠三角一带的各城镇逐步形成陆地，从而使以番禺为中心而逐步扩大的广州城区不

①［梁］沈约撰《宋书》卷九十七《诃罗陁国》，中华书局，1974，第2380—2381页。

仅对外贸易发达，而且腹地极为广阔，如临近广州的佛山就是在魏晋南北朝时期开始形成陆地，并深受东传佛教文化和海上丝绸之路贸易文化的影响，因此取名为“佛山”。此外，广州向北延伸出去的贡道，也比交州南部各港口要更靠近南朝都城建康。以上一系列因素，都使得南朝以后的广州逐步替代了两汉时期的徐闻、合浦，成为南海丝绸之路上的始发港和最重要的中转站。

南朝刘宋时期，扶南国也遣使贡献方物。据《宋书·扶南国传》载：“扶南国，太祖元嘉十一、十二、十五年，国王持黎跋摩遣使奉献。”[①]

刘宋元嘉年间，位于阇婆洲的呵罗单国（南海古国，今印尼苏门答腊岛）也遣使贡献。据《宋书·呵罗单国传》载：

> 呵罗单国治阇婆洲。元嘉七年，遣使献金刚指钚、赤鹦鹉鸟、天竺国白垒古贝、叶波国古贝等物。十年，呵罗单国王毗沙跋摩奉表曰：
>
> 常胜天子陛下：诸佛世尊，常乐安隐，三达六通，为世间道，是名如来，应供正觉，遗形舍利，造诸塔像，庄严国土，如须弥山，村邑聚落，次第罗匝，城郭馆宇，如忉利天宫，宫殿高广，楼阁庄严，四兵具足，能伏怨敌，国土丰乐，无诸患难。奉承先王，正法治化，人民良善，庆无不利，处雪山阴，雪水流注，百川洋溢，八味清净，周匝屈曲，顺趣大海，一切众生，咸得受用。于诸国土，殊胜第一，是名震旦，大宋扬都，承嗣常胜大王之业，德合天心，仁廕四海，圣智周备，化无不顺，虽人是天，护世降生，功德宝藏，大悲救世，为我尊主常胜天子。是故至诚五体敬礼。呵罗单国王毗沙跋摩稽首问讯。其后为子所篡夺。十三年，又上表曰：
>
> 大吉天子足下：离淫怒痴，哀愍群生，想好具足，天龙神等，恭敬供养，世尊威德，身光明照，如水中月，如日初出，眉间白豪，普照十方，其白如雪，亦如月光，清净如华，颜色照耀，威仪殊胜，诸天龙神之所恭敬，以正法宝，梵行众僧，庄严国土，人民炽盛，安隐快乐。城阁高峻，如乾他山，众多勇士，守护此城，楼阁庄严，道巷平正，著种种衣，犹如天服，于一切国，为最殊胜吉。扬州城无忧天

①[梁]沈约撰《宋书》卷九十七《扶南国传》，中华书局，1974，第2379页。

主，愍念群生，安乐民人，律仪清净，慈心深广，正法治化，共养三宝，名称远至，一切并闻。民人乐见，如月初生，譬如梵王，世界之主，一切人天，恭敬作礼。呵罗单跋摩以顶礼足，犹如现前，以体布地，如殿陛道，供养恭敬，如奉世尊，以顶著地，曲躬问讯。

忝承先业，嘉庆无量，忽为恶子所见争夺，遂失本国。今唯一心归诚天子，以自存命。今遣毗纫问讯大家，意欲自往，归诚宣诉，复畏大海，风波不达。今命得存，亦由毗纫此人忠志，其恩难报。此是大家国，今为恶子所夺，而见驱摈，意颇忿惋，规欲雪复。伏愿大家听毗纫买诸铠仗袍袄及马，愿为料理毗纫使得时还。前遣阇邪仙婆罗诃，蒙大家厚赐，悉恶子夺去，启大家使知。今奉薄献，愿垂纳受。

此后又遣使。二十六年，太祖诏曰："诃罗单、媻皇、媻达三国，频越遐海，款化纳贡，远诚宜甄，可并加除授。"乃遣使策命之曰："惟汝慕义款化，效诚荒遐，恩之所洽，殊远必甄，用敷典章，显兹策授。尔其钦奉凝命，永固厥职，可不慎欤。"二十九年，又遣长史媻和沙弥献方物。①

从以上奉表内容看，公元5世纪中叶，位于印尼苏门答腊岛的诃罗单古国也深受东传佛教文化的影响，进献贡品多为热带物产。如《北堂书钞》引《宋元嘉起居注》："诃罗单国奉孔雀盖一具。"②

诃罗单国虽然距离刘宋王朝很远，但国王遣使献奉颇为频繁。据《太平御览》引《宋元嘉起居注》载："去年六月，阇婆洲诃罗单国王毗沙跋摩遣使献奉。又曰：十一年，诃罗单国王尸梨毗遮耶献银漆盘等。"③以上贡品如"金刚指钚、赤鹦鹉鸟、天竺国白叠古贝、叶波国古贝等物"，以及舍利塔像、孔雀盖、银漆盘等，皆为中华稀罕之物。

刘宋元嘉十二年（535年）阇婆婆达国（地处印尼爪哇岛或苏门答腊岛）亦遣使奉表。据《宋书·阇婆婆达国传》载：

①［梁］沈约撰《宋书》卷九十七《呵罗单国传》，中华书局，1974，第2381—2382页。

②［唐］虞世南撰《北堂书钞》卷一百三十四《服饰部》引《宋元嘉起居注》，中国书店，1989，第537页上。

③［宋］李昉等：《太平御览》卷七百八十七《四夷部·诃罗单国》引《宋元嘉起居注》，中华书局，1960，第3487页上。

阇婆婆达国，元嘉十二年，国王师黎婆达驼阿罗跋摩遣使奉表曰：

宋国大主大吉天子足下：敬礼一切种智安隐，天人师降伏四魔，成等正觉，转尊法轮，度脱众生，教化已周，入于涅槃，舍利流布，起无量塔，众宝庄严，如须弥山，经法流布，如日照明，无量净僧，犹如列宿。国界广大，民人众多，宫殿城郭，如忉利天宫。名大宋扬州大国大吉天子，安处其中，绍继先圣，王有四海，阎浮提内，莫不来服。悉以兹水，普饮一切，我虽在远，亦沾灵润，是以虽隔巨海，常遥臣属，愿照至诚，垂哀纳受。若蒙听许，当年遣信，若有所须，惟命是献，伏愿信受，不生异想。今遣使主佛大陁婆、副使葛抵奉宣微诚，稽首敬礼大吉天子足下，陁婆所启，愿见信受，诸有所请，唯愿赐听。今奉微物，以表微心。”①

由此可见，公元5世纪上半叶，阇婆婆达国也深受东传佛教文化的影响。

南朝刘宋元嘉年间，媻皇国（按：呵罗单、媻皇、婆达三国，可能同为阇婆洲的古国，一说媻皇即婆皇，位于今马来西亚境内）亦遣使来献。据《宋书·媻皇国传》：“媻皇国，元嘉二十六年，国王舍利媻罗跋摩遣使献方物四十一种，太祖策命之为媻皇国王曰：‘惟尔仰政边城，率贡来庭，皇泽凯被，无幽不洽。宜班典策，授兹嘉命。尔其祗顺礼度，式保厥终，可不慎欤。’二十八年，复贡献。世祖（宋世祖孝武皇帝刘骏）孝建三年，又遣长史竺那媻智奉表献方物。以那媻智为振威将军。大明三年，献赤白鹦鹉。大明八年、太宗泰始二年，又遣使贡献。太宗以其长史竺须罗达、前长史振威将军竺那媻智并为龙骧将军。”②

由此可见，以上三国相隔较近，容易弄混。尽管这三国与刘宋相隔遥远，但面对三国先后派来的使者，刘宋王朝也表现出大国姿态和平等对待的原则，都对使臣进行了封赏，并赐予相应的礼品作为回赠。

刘宋元嘉年间，媻达国（即婆达，位于印尼苏门答腊岛）亦遣使来献。据《宋书·媻达国传》：“媻达国，元嘉二十六年，国王舍利不陵伽跋摩遣使献方物。太祖策命之为婆婆达国王曰：‘惟尔仰化怀诚，驰慕声教，皇风遐暨，荒服来款，是用加兹显策，式甄义顺。尔其祗顺宪典，永终休福，可不慎欤。’二十六年、

①［梁］沈约撰《宋书》卷九十七《阇婆婆达国传》，中华书局，1974，第2383—2384页。

②［梁］沈约撰《宋书》卷九十七《媻皇国传》，中华书局，1974，第2383页。

二十八年，复遣使献方物。”[①]可见，在公元5世纪中叶，婆达国遣使进献方物也很频繁。

刘宋元嘉二十六年（549年），蒲黄国（亦为南海古国，与扶南国有贸易关系）来献方物。据《太平御览·四夷部·蒲黄国》引《宋元嘉起居注》："二十六年，蒲黄国献牛黄等物，又献郁金香等物。”[②]可见，蒲黄国进献方物多为天然物产，如牛黄、郁金香之类，皆为热带物产。另据《太平御览·四夷部八·南蛮三》(卷七百八十七）载："吴时，康泰为中郎，表上《扶南土俗》曰：拘利正东行，极崎头海边有居人，人皆有尾五、六寸，名蒲罗中国。其俗食人。”可见其方位大致在东婆罗洲或菲律宾岛屿上，或与热带食人部落（即《后汉书》"噉人国”）有关。

南朝刘宋元嘉以来，苏摩黎国、婆黎（利）国（应与古代印度有关）多次遣使奉献。据《宋书·夷蛮》："元嘉十八年，苏摩黎国王那邻那罗跋摩遣使献方物。世祖孝建二年，斤驼利国王释婆罗那邻驼遣长史竺留驼及多献金银宝器。后废帝元徽元年，婆黎国遣使贡献。凡此诸国，皆事佛道。”[③]由此可见，尽管刘宋王朝逐步走向衰落，但仍然保持与南亚信仰佛教诸国的朝贡关系。另据《宋书·后废帝本纪》："元徽元年三月丙申，以抚军长史何恢为广州刺史。婆利国遣使献方物。戊戌，以前淮南太守灵遗为南豫州刺史。”[④]可见，以上南亚诸国进献的金银宝器，也多由广州等地传入建康，由此加强了刘宋与南亚诸国在金银冶炼和手工艺品等方面的贸易往来和交流，进而促进和推动了南朝时期的中外文化交流。

刘宋孝建二年（455年），斤陀利国（南海古国之一，即《梁书》中的“干陁利国，在南海洲上，其俗与林邑、扶南略同”。其地所在，一说在印尼苏门答腊岛的巨港一带；一说在马来半岛）亦遣使贡献。另据《太平御览·四夷部·斤陀利》引《宋起居注》："孝建二年八月二日，斤陀利国王释陀罗降陀遣长史竹留陀及多奉表献方物。”[⑤]

据史书记载，从东吴至东晋，扶南国发生内乱，至晋、宋世，方与扶南国通

①［梁］沈约撰《宋书》卷九十七《婆达国传》，中华书局，1974，第2383页。

②［宋］李昉等：《太平御览》卷七百八十七《四夷部·蒲黄国》引《宋元嘉起居注》，中华书局，1960，第3487页上。

③［梁］沈约撰《宋书》卷九十七《夷蛮》，中华书局，1974，第2386页。

④［梁］沈约撰《宋书》卷九《后废帝本纪》，中华书局，1974，第179页。

⑤［宋］李昉等：《太平御览》卷七八七《四夷部·斤陀利》引《宋起居注》，中华书局，1960，第3488页上。

职贡。据《南齐书·扶南国传》："旃大将范寻又杀长，国人立以为王，是吴、晋时也。晋、宋世通职贡。"①刘宋时期，舍利媻罗跋摩被册命为媻皇国王。据《宋书·媻皇国传》："媻皇国，元嘉二十六年，国王舍利媻罗跋摩遣使献方物四十一种，太祖策命之为媻皇国王曰：'惟尔仰政边城，率贡来庭，皇泽凯被，无幽不洽。宜班典策，授兹嘉命。尔其祇顺礼度，式保厥终，可不慎欤。'②刘宋又封那媻智为振威将军，据《宋书·媻皇国传》："世祖孝建三年，又遣长史竺那媻智奉表献方物。以那媻智为振威将军。"③刘宋大明年间，竺须罗达、竺那媻智并为龙骧将军。据《宋书·媻皇国传》："大明八年、太宗泰始二年，又遣使贡献。太宗以其长史竺须罗达、前长史振威将军竺那媻智并为龙骧将军。"④

南朝刘宋时期，檀和之因讨伐林邑有功被册封。据《宋书·林邑传》："林邑介恃遐险，久稽王诛。龙骧将军、交州刺史檀和之忠果到列，思略经济，禀命致讨，万里推锋，法命肃齐，文武毕力，洁己奉公，以身率下，故能立勋海外，震服殊俗。宜加褒饰，参管近侍，可黄门侍郎，领越骑校尉、行建武将军。"⑤据《宋书·林邑传》："初，檀和之被征至豫章，值豫章民胡诞世等反，因讨平之，并论林邑功，封云杜县子，食邑四百户。"⑥刘宋时期，还有萧景宪等人，因讨伐林邑有功被册封。据《宋书·林邑传》："龙骧司马萧景宪协赞军首，勤捷显著，总勒前驱，克殄巢穴，必能威服荒夷，抚怀民庶。可持节、督交州广州之郁林宁浦二郡诸军事、建威将军、交州刺史。"⑦据《宋书·林邑传》："龙骧司马童林之、九真太守傅蔚祖战死，并赠给事中。"⑧

2. 萧齐时期的海上交通和对外贸易

南朝萧齐至萧梁期间，林邑国累遣使贡献。据《梁书·林邑国传》："孝武建元、大明中，林邑王范神成累遣长史奉表贡献。明帝泰豫元年，又遣使献方物。齐永明中，范文赞累遣使贡献。天监九年，文赞子天凯奉献白猴，诏曰：'林邑

①[梁] 萧子显撰《南齐书》卷五十八《扶南国传》，中华书局，1972，第1014页。
②[梁] 沈约撰《宋书》卷九十七《媻皇国传》，中华书局，1974，第2383页。
③[梁] 沈约撰《宋书》卷九十七《媻皇国传》，中华书局，1974，第2383页。
④[梁] 沈约撰《宋书》卷九十七《媻皇国传》，中华书局，1974，第2383页。
⑤[梁] 沈约撰《宋书》卷九十七《林邑传》，中华书局，1974，第2378页。
⑥[梁] 沈约撰《宋书》卷九十七《林邑传》，中华书局，1974，第2397页。
⑦[梁] 沈约撰《宋书》卷九十七《林邑传》，中华书局，1974，第2378页。
⑧[梁] 沈约撰《宋书》卷九十七《林邑传》，中华书局，1974，第2378页。

王范天凯介在海表，乃心款至，远修职贡，良有可嘉。宜班爵号，被以荣泽。可持节、督缘海诸军事、威南将军、林邑王。’十年、十三年，天凯累遣使献方物。俄而病死，子弼毳跋摩立，奉表贡献。普通七年，王高式胜铠遣使献方物，诏以为持节、督缘海诸军事、绥南将军、林邑王。大通元年，又遣使贡献。中大通二年，行林邑王高式律陁罗跋摩遣使贡献，诏以为持节、督缘海诸军事、绥南将军、林邑王。六年，又遣使献方物。”[①]由此可见，因萧齐立国时间不长，故史书将萧齐与萧梁时期与林邑国的外交与朝贡内容合并记载。

东晋至南朝萧齐期间，扶南国亦多次遣使贡献。据《梁书·扶南国传》："晋武帝太康中，寻始遣使贡献。穆帝升平元年，王竺旃檀奉表献驯象。诏曰：‘此物劳费不少，驻令勿送。’其后王侨陈如，本天竺（古代印度）婆罗门（按：地位较高）也。有神语曰‘应王扶南’，侨陈如心悦，南至盘盘（南海古国），扶南人闻之，举国欣戴，迎而立焉。复改制度，用天竺法。侨陈如死，后王持梨陁跋摩，宋文帝世奉表献方物。齐永明中，王阇邪跋摩遣使贡献。”[②]可见，东晋末年至刘宋初，扶南国曾发生政变，由天竺国婆罗门憍陈如取代了原来的扶南王，由此将古印度的婆罗门教传入东南亚，当时的扶南国为之一变，“复改制度，用天竺法”。由此也可以看出，早在南朝刘宋王朝时期，天竺（古印度）婆罗门已将其势力范围扩展至东南亚一带，由此就将婆罗门宗教和文化也流传至扶南等国。这一事件在世界古代史和世界文化史上，都具有重大而深远的意义。

南齐永明年间（483—493年），扶南国亦遣使贡献。据《南齐书·扶南国传》："永明二年，阇耶跋摩遣天竺道人释那伽仙上表称扶南国王臣侨陈如阇耶跋摩叩头启曰：‘天化抚育，感动灵只，四气调适。伏愿圣主尊体起居康（御），皇太子万福，六宫清休，诸王妃主内外朝臣普同和睦，邻境士庶万国归心，五谷丰熟，灾害不生，土清民泰，一切安稳。臣及人民，国土丰乐，四气调和，道俗济济，并蒙陛下光化所被，咸荷安泰。’”可见，从天竺国前来中国传教的佛教徒——释那伽仙，替代扶南国王向南朝萧齐奉表问安。

扶南国主因有难事，希望南齐帮助那伽仙，又曰："臣前遣使赍杂物行广州货易，天竺道人释那伽仙于广州因附臣舶，欲来扶南，海中风漂到林邑，国王夺

①［唐］姚思廉撰《梁书》卷五十四《林邑国传》，中华书局，1973，第787页。
②［唐］姚思廉撰《梁书》卷五十四《扶南国传》，中华书局，1973，第789页。

臣货易，并那伽仙私财。具陈其从中国来此，仰序陛下圣德仁治，详议风化，佛法兴显，众僧殷集，法事日盛，王威严整，朝望国轨，慈愍苍生，八方六合，莫不归伏。如听其所说，则化邻诸天，非可为喻。臣闻之，下情踊悦，若蹔奉见尊足，仰慕慈恩，泽流小国，天垂所感，率土之民，并得皆蒙恩祐。是以臣今遣此道人释那伽仙为使（臣），上表问讯奉贡，微献呈臣等赤心，并别陈下情。但所献轻陋，愧惧唯深。伏愿天慈曲照，鉴其丹款，赐不垂责。”可见，扶南国经常遣使，乘船经由海上丝绸之路，前来广州进行贸易。但此次归途中，搭载天竺道人释那伽仙没想到却在半路被林邑国王派兵夺去财物，无奈之下只好奉表，对所献贡物“轻陋”加以解释。

扶南国王还有另一难事相告，与下奴鸠酬罗自立为王有关。故又曰：“臣有奴名鸠酬罗，委臣逸走，别在余处，构结凶逆，遂破林邑，仍自立为王。永不恭从，违恩负义，叛主之愆，天不容载。伏寻林邑昔为檀和之所破，久已归化。天威所被，四海弥伏，而今鸠酬罗守执奴凶，自专很强。且林邑、扶南邻界相接，亲又是臣奴，犹尚逆去，朝廷遥远，岂复遵奉。此国属陛下，故谨具上启。伏闻林邑顷年表献简绝，便欲永隔朝廷，岂有师子坐而安大鼠。伏愿遣军将伐凶逆，臣亦自效微诚，助朝廷剪扑，使边海诸国，一时归伏。陛下若欲别立余人为彼王者，伏听敕旨。脱未欲灼然兴兵伐林邑者，伏愿特赐敕在所，随宜以少军助臣，乘天之威，殄灭小贼，伐恶从善。平荡之日，上表献金五婆罗。今轻此使送臣丹诚，表所陈启，不尽下情。谨附那伽仙并其伴口具启闻。伏愿愍所启。并献金镂龙王坐像一躯，白檀像一躯，牙塔二躯，古具二双，瑠璃苏鉝二口，瑇瑁槟榔柈一枚。”可见，扶南国王在奉表中希望与南齐联合，共同讨伐林邑国。为此不惜许诺：一旦讨平林邑，将“上表献金五婆罗”，现派那伽仙进献各类贡物，都与佛教有关，且多为热带物产，为中华稀有之物。

另据《南齐书》载：“那伽仙诣京师，言其国俗事摩胕首罗天神，神常降于摩耽山。土气恒暖，草木不落。其上书曰：

吉祥利世间，感摄于群生。所以其然者，天感化缘明。仙山名摩躭，吉树敷嘉荣。摩醯首罗天，依此降尊灵。国土悉蒙祐，人民皆安宁。由斯恩被故，是以臣归情。菩萨行忍慈，本迹起凡基。一发菩提心，二乘非所期，历生积功业，六度行大悲。勇猛超劫数，财命舍无遗。生死不为厌，六道化有缘。具修于十地，遗果度人天。功业既已定，行满登正觉。万善智圆备，惠日照尘俗。众生感缘应，随机授法药。佛化遍十方，无不蒙济擢。皇帝圣弘道，兴隆于三宝。垂心览万机，威恩振八表。国土及城邑，仁风化清皎。亦如释提洹，众天中最超。陛下临万民，四海共归心。圣慈流无疆，被臣小国深。

南朝齐武帝萧赜听闻奉表，遂“诏报曰：

具摩醯降灵，流施彼土，虽殊俗异化，遥深欣赞。知鸠酬罗于彼背叛，窃据林邑，聚凶肆掠，殊宜剪讨。彼虽介遐陬，旧修蕃贡，自宋季多难，海译致壅，皇化惟新，习迷未革。朕方以文德来远人，未欲便兴干戈。王既款列忠到，远请军威，今诏交部随宜应接。伐叛柔服，实惟国典，勉立殊效，以副所期。那伽仙屡衔边译，颇悉中土阔狭，令其具宣。上报以绛紫地黄碧绿纹绫各五匹。”①

可见，齐武帝委婉地拒绝了扶南国主的请求，只想通过和平方式解决此事，故“今诏交部随宜应接”，并认为“伐叛柔服，实惟国典，勉立殊效，以副所期”。尽管南齐在政治和军事上未能满足扶南国主，仍赐给扶南使臣不少绫罗绸缎（江南特产），并让那伽仙充当译使，令其回到扶南国，具宣南齐本意。

南齐永明年间（483—493年），林邑国篡位者当根纯，亦遣使贡献。据《南齐书·林邑国传》：“杨迈子孙相传为王，未有位号。夷人范当根纯攻夺其国，篡立为王。永明九年，遣使贡献金簟等物。诏曰：‘林邑虽介在遐外，世服王化。当根纯乃诚恳款到，率其僚职，远绩克宣，良有可嘉。宜沾爵号，以弘休泽。可持节、都督缘海诸军事、安南将军、林邑王。’”②

可见，当时南海诸国中屡现篡夺王位者，每当自立为王后，为巩固其地位并寻求合法性，往往会遣使纳贡，由此得到来自南朝的封号。其实，南朝萧齐也是篡夺刘宋皇位，自立为齐国皇帝。因此，通过这种朝贡贸易和封赏的方式，南齐

①［梁］萧子显撰《南齐书》卷五十八《扶南国传》，中华书局，1972，第1015—1017页。

②［梁］萧子显撰《南齐书》卷五十八《林邑国传》，中华书局，1972，第1013页。

就加强了与林邑等国的外交和贸易联系。

南齐时期，林邑王获得都督缘海军事等封号。据《南齐书·林邑国传》："林邑虽介在遐外，世服王化。当根纯乃诚恳款到，率其僚职，远绩克宣，良有可嘉。宜沾爵号，以弘休泽。可持节、都督缘海诸军事、安南将军、林邑王。"①之后当根纯被推翻，南齐又封赏继任的范诸农。据《南齐书·林邑国传》："范杨迈子孙范诸农率种人攻当根纯，复得本国。十年，以诸农为持节、都督缘海诸军事、安南将军、林邑王。建武二年，进号镇南将军。"②不久，范诸农在海上航行时，不幸遭遇风浪而溺死，南齐又封其子为林邑王。据《南齐书·林邑国传》载："永泰元年，诸农入朝，海中遭风溺死，以其子文款为假节、都督缘海军事、安南将军、林邑王。"③

南齐时期，广州刺史王琨因廉洁而受到封赏。据《南齐书·王琨传》："（王琨）出为持节、都督广交二州军事、建威将军、平越将军、平越中郎将、广州刺史。南土沃实，在任者常致巨富，世云'广州刺史但经城门一过，便得三千万'也。琨无所取纳，表献禄俸之半。州镇旧有鼓吹，又启输还。及罢任，孝武知其清，问还资多少？琨曰：'臣买宅百三十万，余物称之。'帝悦其对。为廷尉，加给事中，转宁朔将军长史、历阳内史。"④

3. 梁朝时期的海上交通和对外贸易

梁朝天监年间（502—519年），扶南国累遣使贡献方物。据《梁书·扶南国传》："天监二年，跋摩复遣使送珊瑚佛像，并献方物。诏曰：'扶南王侨陈如阇邪跋摩，介居海表，世纂南服，厥诚远著，重译献賝。宜蒙酬纳，班以荣号。可安南将军、扶南王。'"⑤可见，梁朝面对扶南王遣使进献珊瑚佛像等热带物产，心存感激，遂封其为扶南王，以此加强和巩固两国外交关系。据《梁书·扶南国传》："十年、十三年，跋摩累遣使贡献。其年死，庶子留陁跋摩杀其嫡弟自立。十六年，遣使竺当抱老奉表贡献。十八年，复遣使送天竺旃檀瑞像、婆罗树叶，并献火齐珠、郁金、苏合等香。普通元年，中大通二年，大同元年，（扶南）累遣

①［梁］萧子显撰《南齐书》卷五十八《林邑国传》，中华书局，1972，第1013页。
②［梁］萧子显撰《南齐书》卷五十八《林邑国传》，中华书局，1972，第1013页。
③［梁］萧子显撰《南齐书》卷五十八《林邑国传》，中华书局，1972，第1013页。
④［梁］萧子显撰《南齐书》卷三十二《王琨传》，中华书局，1972，第578页。
⑤［唐］姚思廉撰《梁书》卷五十四《扶南国传》，中华书局，1973，第789—790页。

使瑞献方物。五年，复遣使献生犀。又言其国有佛发，长一丈二尺，诏遣沙门释云宝随使往迎之。”[①]可见，梁朝时期，扶南王在朝贡过程中，不断迎合梁武帝痴迷佛教的偏好，故将天竺佛像等佛教圣物传入中国。在此过程中，扶南国实际上已成为印度佛教东传的重要中转站。此外，这一时期扶南国进献的其他贡品，如婆罗树叶、火齐珠、郁金、苏合等香、生犀（犀角为圣物）、佛发等，也都与佛教东传有关。由此就加强了中印之间在佛教文化上的交流。当然，在佛教东传的过程中，扶南国的本土文化（如香料）也逐步融入到中印佛教文化中。王元林先生在其编著的《海陆古道——海陆丝绸之路对接通道》中说“梁时，林邑曾九次派使节入梁，扶南也曾八次遗使入梁”。可见，当时林邑、扶南与梁朝交往之频繁。

梁朝天监十四年（515年），位于马来半岛的狼牙修国（按：南海古国，其故址位于今泰国南部马来半岛的北大年及附近一带）亦遣使奉献。相传，狼牙修立国于公元1至2世纪。至公元6世纪，狼牙修国与扶南等南海古国一起，曾多次派遣使臣至梁、陈诸朝进贡方物，由此与南朝梁陈保持友好关系。该国地处南海丝绸之路上的中西交通要冲，古代僧侣和商贾经常在此地，横越马来半岛到达印度洋。

据《梁书·狼牙修国传》：

> 狼牙修国，在南海中。其界东西三十日行，南北二十日行，去广州（按：南朝时期南海丝绸之路始发港）二万四千里。土气物产与扶南略同，偏多裸沉婆律香等。其俗男女皆袒而被发，以吉贝为干缦。其王及贵臣乃加云霞布覆胛，以金绳为络带，金镮贯耳。女子则被布，以璎珞绕身。其国累砖为城，重门楼阁。王出乘象，有幡毦旗鼓，罩白盖，兵卫甚设。国人说，立国以来四百余年，后嗣衰弱，王族有贤者，国人归之。王闻知，乃加囚执，其鏁无故自断，王以为神，因不敢害，乃斥逐出境，遂奔天竺，天竺妻以长女。俄而狼牙王死，大臣迎还为王。二十余年死，子婆伽达多立。天监十四年，遣使阿撤多奉表曰：大吉天子足下：离淫怒痴，哀愍众生，慈心无量。端严相好，身光明朗，如水中月，普照十方。眉间白毫，其白如雪，其色照曜，亦如月光。诸天善神之所供养，以垂正法宝，梵行众增，庄严都邑。

①［唐］姚思廉撰《梁书》卷五十四《扶南国传》，中华书局，1973，第790页。

城阁高峻，如乾陁山。楼观罗列，道途平正。人民炽盛，快乐安稳。著种种衣，犹如天服。于一切国，为极尊胜。天王慜念群生，民人安乐，慈心深广，律仪清净，正法化治，供养三宝，名称宣扬，布满世界，百姓乐见，如月初生。譬如梵王，世界之主，人天一切，莫不归依。敬礼大吉天子足下，犹如现前，忝承先业，庆嘉无量。今遣使问讯大意。欲自往，复畏大海风波不达。今奉薄献，愿大家曲垂领纳。”①

可见，狼牙修国与扶南一样，多香料，其生活习俗符合热带国家（如泰国）传统。与扶南发生政变类似，狼牙修国内的王族则出现了被迫逃往天竺（古印度）娶妻，并深受印度佛教和婆罗门教影响的现象。对此，《南史·狼牙修国传》亦载："狼牙修国，在南海中。其界东西三十日行，南北二十日行。北去广州二万四千里。土气物产与扶南略同，偏多栈、沉、婆律香（按：香料）等。其俗，男女皆袒而被发，以古贝为干漫。其王及贵臣乃加云霞布覆胛，以金绳为络带，金环贯耳。女子则布以璎珞绕身。其国累砖为城，重门楼阁。王出乘象，有幡旄旗鼓，罩白盖，兵卫甚严。国人说，立国以来四百余年，后嗣衰弱，王族有贤者，国人归向之。王闻乃加囚执，其锁无故自断。王以为神，因不敢害，乃逐出境，遂奔天竺。天竺妻以长女。俄而狼牙王死，大臣迎还为王。（历）二十余年死，子婆伽达多立。天监十四年，遣使阿撤多奉表。"②另，《通典·边防四·狼牙修》亦有相同记载："狼牙修国，梁时通焉，在南海中。其界东西三十日行，南北二十日行，北去广州二万四千里。其土气、物产与扶南略同，偏多栈、沈、婆律香等。其俗，男女皆袒而披发，以古贝布为干漫。其王及贵臣乃加云霞布覆髀，以金绳为络带，金镮贯耳。女子则披布，以璎珞绕身。其国累塼为城，重门楼阁。王出乘象，有幡旄旗鼓，罩白盖，兵卫甚设。武帝天监中，遣使献方物。其使云，立国以来四百馀年。"③总之，这是公元6世纪前来梁朝朝贡的南海古国之一，历史悠久，但后来与扶南国一样，深受古代印度文化影响。

梁朝时期，盘盘国（按：南海古国，其故地在今泰国南万伦湾沿岸一带，地处古代商人横穿马来半岛克拉地峡这一路线之要冲）亦遣使贡献。据《旧唐

①［唐］姚思廉撰《梁书》卷五十四《狼牙修国传》，中华书局，1973，第795—796页。
②［唐］李延寿撰《南史》卷七十八《狼牙修国传》，中华书局，1975，第1959—1960页。
③［唐］杜佑撰《通典》卷一百八十八《边防四·狼牙修》，中华书局，1984，第1009页上。

书·盘盘国传》(卷一百四十七)载:“盘盘国,在林邑西南海曲中,北与林邑隔小海,自交州船行四十日乃至,其国与狼牙修国为邻,人皆学婆罗门书,甚敬佛法。”据《梁书·盘盘国传》:“盘盘国,宋文帝元嘉,孝武孝建、大明中,并遣使贡献。大通元年,其王使使奉表曰:‘扬州阎浮提震旦天子:万善庄严,一切恭敬,犹如天净无云,明耀满目;天子身心清净,亦复如是。道俗济济,并蒙圣王光化,济度一切,永作舟航,臣闻之庆善。我等至诚敬礼常胜天子足下,稽首问讯。今奉薄献,愿垂哀受。’中大通元年五月,累遣使贡牙像及塔,并献沉檀等香数十种。六年八月,复使送菩提国真舍利及画塔,并献菩提树叶、詹糖等香。”[①]可见,盘盘国进献的方物,诸如牙像及塔、沉檀等香数十种,菩提国真舍利及画塔、菩提树叶、詹糖等香,多为热带物产,并与印度佛教东传有关。另据《太平御览·四夷部·盘盘国》引《宋起居注》:“孝建二年七月二十日,盘盘国王遣长史竺伽蓝婆奉献金银琉璃诸香药等物。”[②]可见,从南朝刘宋至萧梁,盘盘国不断向南朝进贡方物。

南朝萧梁期间,丹丹国(按:南海古国,其故地可能在马来半岛吉兰丹或天定,也有学者说在新加坡附近)亦遣使奉表。据《南史·丹丹国》:“丹丹国,中大通三年,其王遣使奉表,送牙像及画塔二躯,并献火齐珠、古贝、杂香药。大同元年,复遣使献金银、琉璃、杂宝、香药等物。”[③]以上由丹丹国进献方物,多为热带物产,并与印度佛教有关。

南朝梁武帝在位期间,干陀利国多次遣使贡献。据《梁书·干陁利国》:“干陁利国,在南海洲上。其俗与林邑、扶南略同。出班布、吉贝、槟榔。槟榔特精好,为诸国之极。宋孝武世,王释婆罗那怜陁遣长史竺留陁献金银宝器。”可见其贡品多为热带物产,如吉贝、槟榔等。

另据《梁书》载:“天监元年,其王瞿昙修跋陀罗以四月八日梦见一僧,谓之曰:‘中国今有圣主,十年之后,佛法大兴。汝若遣使贡奉敬礼,则土地丰乐,商旅百倍;若不信我,则境土不得自安。’修跋陀罗初未能信,继而又梦此僧曰:‘汝若不信我,当与汝往观之。”乃于梦中来至中国,拜觐天子。既觉,心异之。陀罗本工画,乃写梦中所见高祖容质,饰以丹青,仍遣使并画工奉表献玉盘等

①[唐]姚思廉撰《梁书》卷五十四《盘盘国传》,中华书局,1973,第793页。
②[宋]李昉等:《太平御览》卷七八七《四夷部·盘盘国》引《宋起居注》,中华书局,1960,第3487页下。
③[唐]李延寿撰《南史》卷七十八《丹丹国》,中华书局,1975,第1959页。

物。'"显然，这也与印度佛教东传有关，同时也将干陀利国艺术文化带到建康，由此加强了中印之间在佛教文化上的交流，以及南朝与干陀利国之间在艺术文化上的交流。

另据《梁书》载："使人既至，模写高祖形以还其国，比本画则符同焉。因盛以宝函，日加礼敬。后跋陀死，子毗邪跋摩立。十七年，遣长史毗员跋摩奉表曰：'常胜天子陛下；诸佛世尊，常乐安乐，六通三达，为世间尊，是名如来。应供正觉，遗形舍利，造诸塔像，庄严国土，如须弥山。邑居聚落，次第罗满，城郭馆宇，如忉利天宫。具足四兵，能伏怨敌。国土安乐，无诸患难，人民和善，受化正法，庆无不通。犹处雪山，流注雪水，八味清净，百川洋溢，周回屈曲，顺趋大海，一切众生，咸得受用。于诸国土，殊胜第一，是名震旦。大梁扬都天子，仁廕四海，德合天心，虽人是天，降生护世，功德宝藏，救世大悲，为我尊生，威仪具足。是故至诚敬礼天子足下，稽首问讯。奉献金芙蓉、杂香药等，愿垂纳受。'普通元年，复遣使献方物。"①另据《太平御览·四夷部·斤陀利》引《宋起居注》"孝建二年八月二日，斤陀利国王释陀罗降陀遣长史竹留陀及多奉表献方物"②亦可为证。由以上奉表内容也可以看出，南朝萧梁以来尤其是梁武帝时期的南海诸国奉表中，较前明显增多了佛教文化内容，这显然与梁武帝信佛有关。故干陀利国主要在梁武帝在位期间前来进献方物。如《通典·边防四·干陀利国》载："干陀利国，梁时通焉，在南海洲上。其俗与林邑、扶南略同。出斑布、古贝、槟榔。槟榔特精好，为诸国之极。武帝天监中，遣使贡方物。"③

南朝梁天监初，远在南亚的中天竺、北天竺国，亦遣使奉献。据《梁书·中天竺国传》："天监初，其王屈多遣长史竺罗达奉表曰：'伏闻彼国据江傍海，山川周固，众妙悉备，庄严国土，犹如化城。宫殿庄饰，街巷平坦，人民充满，欢娱安乐。大王出游，四兵随从，圣明仁爱，不害众生。国中臣民，循行正法，大王仁圣，化之以道，慈悲群生，无所遗弃。常修净戒，式导不及，无上法船，沉溺以济。百官氓庶，受乐无恐。诸天护持，万神侍从，天魔降服，莫不归仰。王身端严，如日初出，仁泽普润，犹如大云，于彼震旦，最为殊胜。臣之所住国土，首罗天守护，令国安乐。王王相承，未曾断绝。国中皆七宝形像，众妙庄严，

①[唐] 姚思廉撰《梁书》卷五十四《干陁利国》，中华书局，1973，第794—795页。
②[宋] 李昉等:《太平御览》卷七百八十七《四夷部·斤陀利》引《宋起居注》，中华书局，1960，第3488页上。
③[唐] 杜佑撰《通典》卷一百八十八《边防四·干陀利国》，中华书局，1984，第1009页上。

臣自修检，如化王法。臣名屈多，奕世王种。惟愿大王，圣体和平。今以此国群臣民庶，山川珍重，一切归属，五体投地，归诚大王。使人竺达多由来忠信，是故今遣。大王若有所须珍奇异物，悉当奉送。此之境土，便是大王之国，王之法令善道，悉当承用。愿二国信使往来不绝。此信返还，愿赐一使，具宣圣命，备敕所宜。款至之诚，望不空返，所白如允，愿加采纳。今奉献琉璃唾壶、杂香、吉贝等物。'"[①]由此就将古代印度佛教思想和佛教文化要素直接带到了南朝。值得注意的是，中天竺国进献的琉璃唾壶、杂香、吉贝等方物，既与古代印度的本土文化（如香料、佛像等）有关，也与中亚、西亚的古老文明（如琉璃等）有关。另据《梁书·武帝本纪》中："天监三年九月壬子，北天竺国遣使献方物。"[②]可见，深受中亚和西亚文化影响的北印度，继中天竺国之后也派遣使者，前来南朝建康进献方物。

南朝萧梁期间，师子国多次泛海遣使奉献方物。据《梁书·师子国传》："师子国，天竺旁国也。其地和适，无冬夏之异。五谷随人所种，不须时节。其国旧无人民，止有鬼神及龙居之。诸国商估来共市易，鬼神不见其形，但出珍宝，显其所堪价，商人依价取之。诸国人闻其土乐，因此竟至，或有停住者，遂成大国。"可见，正因师子国有珍宝，才吸引了各国商人前来交易，由此成为天竺国旁边商人较多的大国。

另据《梁书》："晋义熙初，始遣献玉像，经十载乃至。像高四尺二寸，玉色洁润，形制殊特，殆非人工。此像历晋、宋世在瓦官寺，寺先有征士戴安道手制佛像五躯，及顾长康维摩画图，世人谓为三绝。至齐东昏，遂毁玉像，前截臂，次取身，为嬖妾潘贵妃作钗钏。宋元嘉六年、十二年，其王刹利摩诃遣使贡献。"可见，东晋末至刘宋元嘉年间，师子国就已开始向晋、宋进献方物，如玉佛像、佛教图画等，都与印度佛教东传有关。由此也可以看出，早在梁朝扶南国作为佛教东传中转站之前，师子国就因珍宝多而闻名，成为南海诸国之前，率先将印度佛教文化传入中国的南亚古国。

另据《梁书》载："大通元年，后王伽叶伽罗诃梨邪使奉表曰：'谨白大梁明主：虽山海殊隔，而音信时通。伏承皇帝道德高远，覆载同于天地，明照齐乎日

①［唐］姚思廉撰《梁书》卷五十四《中天竺国传》，中华书局，1973，第799页。

②［唐］姚思廉撰《梁书》卷二《武帝本纪中》，中华书局，1973，第41页。

月，四海之表，无有不从，方国诸王，莫不奉献，以表慕义之诚。或泛海三年，陆行千日，畏威怀德，无远不至。我先王以来，唯以修德为本，不严而治。奉事正法道天下，欣人为善，庆若己身，欲与大梁共弘三宝，以度难化。信还，伏听告敕。今奉薄献，愿垂纳受。'"[①]可见，梁武帝在位期间，师子国仍奉表前来进献方物，希望与"大梁共弘三宝"，也就是相互交流和弘扬印度佛教文化，因此师子国进献方物也多与佛教有关。此时梁朝国力强盛，富极一方，恐怕也有点瞧不起师子国的"薄献"贡品。

南朝萧梁期间，婆利国（南海古国）亦多次泛海遣使奉表。据《梁书·婆利国传》载："婆利国，在广州东南海中洲上。去广州二月日行。国界东西五十日行，南北二十日行。有一百三十六聚。土气暑热，如中国之盛夏。谷一岁再熟，草木常荣。海出文螺、紫贝。有石名蚶贝罗，初采之柔软，及刻削为物干之，遂大坚强。其国人披吉贝如帊，及为都缦。王乃用班丝布，以璎珞绕身，头著金冠高尺余，形如弁，缀以七宝之饰。带金装剑，偏坐金高坐，以银蹬支足。侍女皆为金花杂宝之饰，或持白毦拂及孔雀扇。王出，以象驾舆，舆以杂香为之，上施羽盖珠帘，其导从吹螺击鼓。王姓憍陈如，自古未通中国。问其先及年数，不能记焉，而言白净王夫人即其国女也。"可见，南朝史官对婆利国的方位、物产以及国人生活习俗等情况都非常熟悉，这只有在经常通过南海丝绸之路开展朝贡贸易的情况下，才有可能掌握如此详细的海外资料。另据《梁书》载：

天监十六年，遣使奉表曰："伏承圣王信重三宝，兴立塔寺，校饰庄严，周遍国土。四衢平坦，清净无秽；台殿罗列，状若天宫，壮丽微妙，世无与等。圣主出时，四兵具足，羽仪导从，布满左右。都人士女，丽服光饰。市廛豊富，充积珍宝。王法清整，无相侵夺。学徒皆至，三乘竞集。敷说正法，云布雨润。四海流通，交会万国。长江眇漫，清泠深广，有生咸资，莫能消秽。阴阳和畅，灾厉不作。大梁扬都圣王无等，临覆上国，有大慈悲，子育万民。平等忍辱，怨亲无二。加以周穷，无所藏积。靡不照烛，如日之明；无不受乐，犹如净月。宰辅贤良，群臣贞信，尽忠奉上，心无异想。伏惟皇帝是我真佛，

①［唐］姚思廉撰《梁书》卷五十四《师子国传》，中华书局，1973，第800页。

臣是婆利国主，今敬稽首礼圣王足下，惟愿大王知我此心。此心久矣，非适今也。山海阻远，无缘自达，今故遣使献金席等，表此丹诚。”普通三年（522年），其王频伽复遣使珠贝智贡白鹦鹉、青虫、兜鍪、琉璃器、吉贝、螺杯、杂香、药等数十种。[①]

另据《南史·婆利国传》载："天监十六年，遣使奉表献金席等。普通三年，其王频伽复遣使珠智献白鹦鹉、青虫、兜鍪、瑁璃器、古贝、螺杯、杂香药等数十种。"[②]可见，婆利国进献奉表的内容多与佛教有关，进献的贡品方物多达数十种，大多也都与热带物产有关，皆为中华稀罕之物。

南朝萧梁时期，东罗马寓言也通过海上丝绸之路传入中国。据《太平广记·梁四公》："梁天监中，有罣闯（上音携，下琛去）䫲杰（上万，下杰）、𩨂𪘨（上蜀，下湍）、仉㬰（上掌，下睹）四公谒武帝，帝见之甚悦……是日，帝移四公于五明殿西阁，示更亲近，其实囚之，唯朔望伏腊，得于义贤堂见诸学士。然有军国疑议，莫不参预焉……"可见，梁武帝表面尊重和亲近长者贤士，实则敬畏其名声和才能。如此嫉贤妒能，岂能长久治国。另据《太平广记》载：

杰公尝与诸儒语及方域云：东至扶桑，扶桑之蚕长七尺，围七寸，色如金，四时不死。五月八日呕黄丝，布于条枝，而不为茧。脆如綖，烧扶桑木灰汁煮之，其丝坚韧，四丝为系，足胜一钧。蚕卵大如燕雀卵，产于扶桑下。赍卵至句丽国，蚕变小，如中国蚕耳。其王宫内有水精城，可方一里，天未晓而明如昼，城忽不见，其月便蚀。

西至西海，海中有岛，方二百里，岛上有大林，林皆宝树，中有万余家，其人皆巧，能造宝器，所谓拂林国也。岛西北有坑，盘坳深千余尺，以肉投之，鸟衔宝出，大者重五斤，彼云是色界天王之宝藏。

四海西北，无虑万里，有女国，以蛇为夫，男则为蛇，不噬人而穴处。女为臣妾官长，而居宫室。俗无书契，而信咒诅，直者无他，曲者立死。神道设教，人莫敢犯。……

---

①［唐］姚思廉撰《梁书》卷五十四《婆利国传》，中华书局，1973，第796—797页。

②［唐］李延寿撰《南史》卷七十八《婆利国传》，中华书局，1975，第1960页。

俄而扶桑国使使贡方物，有黄丝三百斤，即扶桑蚕所吐，扶桑灰汁所煮之丝也。帝有金炉，重五十斤，系六丝以悬炉，丝有余力。又贡观日玉，大如镜，方园尺余，明彻如琉璃，映日以观，见日中宫殿，皎然分明。

帝令杰公与使者论其风俗土地物产，城邑山川，并访往昔存亡。又识使者祖父伯叔兄弟，使者流涕拜首，具言情实。

间岁，南海商人赍火浣布三端，帝以杂布积之。令杰公以他事召，至于市所，杰公遥识曰："此火浣布也，一是缉木皮所作，二是续鼠毛所作。"以诘商人，具如杰公所说。因问木鼠之异，公曰："木坚毛柔，是何别也。以阳燧火山阴拓木爇之，木皮改常。"试之果验。

明年冬，扶南大舶从西天竺国来，卖碧玻黎镜，面广一尺五寸，重四十斤，内外皎洁，置五色物于其上，向明视之，不见其质。问其价，约钱百万贯文，帝令有司算之，倾府库偿之不足。

其商人言，此色界天王有福乐事，天澍大雨，众宝如山，纳之山藏，取之难得，以大兽肉投之藏中，肉烂黏宝，一鸟衔出，而即此宝焉，举国不识，无敢酬其价者。以示杰公，公曰："上界之宝信矣。昔波罗尼斯国王有大福，得获二宝镜，镜光所照，大者三十里，小者十里。至玄孙福尽，天火烧宫，大镜光明，能御灾火，不至焚爇。小镜光微，为火所害，虽光彩昧暗，尚能辟诸毒物。方园百步，盖此镜也。时王卖得金二千余斤，遂入商人之手，后王福薄，失其大宝，收夺此镜，却入王宫。此王十世孙失道，国人将谋害之，此镜又出，当是大臣所得，其应入于商贾。其价千金，倾竭府库不足也。"因命杰公与之论镜，由是信伏。更问此是瑞宝，王令货卖，即应大秦波罗奈国失罗国诸大国王大臣所取，汝辈胡客，何由得之，必是盗窃至此耳。胡客逡巡未对，俄而其国遣使追访至梁，云其镜为盗所窃，果如其言。后有魏使频至，亦言黑貂白兔鸭马女国，往往入京，梁朝卿士，始信杰公周游六合，出入百代，言不虚说，皆为美谈，故其多闻强识，博物辩惑。[1]

①［宋］李昉等：《太平广记》卷八十一《梁四公》，中华书局，1961，第517—522页。

由上可见，南朝萧梁时期，扶南国大船从西天竺国出发，经由海上丝绸之路，将大秦丢失的宝物贩运到梁朝建康市场上销售，同时也将东罗马帝国的寓言故事传入中国。此外，《太平广记》所记载的这篇小说故事，还包含了东方的扶桑国及其进贡方物，应与倭国（日本）有关，还提及南海商人所卖的火浣布等方物。由此也可以看出，梁武帝时期，通过广州等港口与东南西北各地商人进行贸易，不仅促进了中外各国贸易往来，而且还在很大程度上加强了南朝时期的中外文化交流。

梁朝时期，林邑王也获得一系列封号。据《梁书·林邑传》："林邑王范天凯介在海表，乃心款至，远修职贡，良有可嘉。宜班爵号，被以荣泽。可持节、督缘海诸军事、威南将军、林邑王。"①据《梁书·林邑传》："普通七年，王高式胜铠遣使献方物，诏以为持节、督缘海诸军事、绥南将军、林邑王。大通元年，又遣使贡献。"②据《梁书·林邑传》："中大通二年，行林邑王高式律琁罗跋摩遣使贡献，诏以为持节、督缘海诸军事、绥南将军、林邑王。六年，又遣使献方物。"③

梁朝时期，还有侨陈如阇邪跋摩被册封为安南将军、扶南王。据《梁书·扶南国传》载："扶南王憍陈如阇邪跋摩，介居海表，世纂南服，厥诚远著，重译献赈。宜蒙酬纳，班以荣号。可安南将军、扶南王。"④

4. 陈朝时期的海上交通和对外贸易

梁亡，陈霸先虽经过东征西讨逐一平定内乱，并建立陈朝，但在北齐、北周，以及随后建立的隋朝不断威逼下，陈朝疆土日削。在这种不利形势和特殊背景下，陈朝根本无暇外顾，故陈朝与海外诸国之间的外交及贸易联系远不如刘宋和萧梁那样多。即使在这种不利情况下，南海诸国仍时有贡献。如陈朝天嘉四年（563年），干陀利国遣使献方物。据《陈书·世祖本纪》："（天嘉）四年春正月景子，干陀利国遣使献方物。"⑤陈朝光大二年（568年），林邑国、狼牙修遣使献方物。据《陈书·废帝本纪》："光大二年九月甲辰，林邑国遣使献方物。景午，狼牙修国遣使献方物。"⑥陈朝太建三年（571年），丹丹、天竺、盘盘国遣使贡献。

①[唐]姚思廉撰《梁书》卷五十四《林邑传》，中华书局，1973，第786页。

②[唐]姚思廉撰《梁书》卷五十四《林邑传》，中华书局，1973，第786—787页。

③[唐]姚思廉撰《梁书》卷五十四《林邑传》，中华书局，1973，第787页。

④[唐]姚思廉撰《梁书》卷五十四《扶南国传》，中华书局，1973，第789—790页。

⑤[唐]姚思廉撰《陈书》卷三《世祖本纪》，中华书局，1972，第55页。

⑥[唐]姚思廉撰《陈书》卷四《废帝本纪》，中华书局，1972，第69页。

据《陈书·宣帝本纪》："太建三年五月辛亥，辽东、新罗、丹丹、天竺、盘盘等国并遣使献方物。"又载："太建三年冬十月己亥，丹丹国遣使献方物。"[1]陈朝至德元年（583年），头和国遣使贡献方物。据《陈书·后主本纪》："至德元年十二月景辰，头和国遣使贡献方物。"[2]

①［唐］姚思廉撰《陈书》卷五《宣帝本纪》，中华书局，1972，第80页。
②［唐］姚思廉撰《陈书》卷六《后主本纪》，中华书局，1972，第110页。

第五章
汉代海上丝绸之路的主要港口和航线

自西汉武帝开始，汉代海上丝绸之路正式开辟出来。从此，这条海上贸易通道的主要港口（如徐闻、合浦等），遂正式出现在史籍中。只有在两汉之际或汉末这样的动乱时期，这些港口的重要地位，才因战乱、政局变化而有所改变。由这些重要的始发港相互连通而形成的近岸海上贸易航线，随着汉代中外商人的贸易不断增长，以及汉代造船、航海技术的逐步提高，变得越来越重要，同时不断向西方文明古国延伸并逐步扩大中外贸易范围。由于两汉长达几百年，其间西汉与东汉所处历史背景、国力强盛程度，以及汉朝在不同历史时期与西域、海外诸国的关系，都有很大不同，因此，本书将汉代海上丝绸之路的具体内容又分为西汉、东汉这两个大的阶段来分别论述。

总体上看，两汉时期中国与海外各国之间的海上交通及贸易，在先秦海上交通仅初见雏形的基础上已渐趋成熟，只是史籍记载不多。其中，中国北部的海上交通，主要是由山东半岛沿岸的几大始发港（如琅邪、不其、东莱）渡海，沿着渤海海峡（山东半岛与辽东半岛之间的狭窄通道）中的一些小的岛屿，渐趋航行至辽东半岛沿岸，再沿着朝鲜半岛西边的海岸线航行，由此就可到达三韩等民族聚居地（今韩国）南部，再渡过对马海峡，就可到达日本的九州、四国等地。这是中、日、朝鲜半岛之间海上交通的最早航路。后来从魏晋南北朝、唐宋至明清的漫长封建历史时期，我国北方的海上对外贸易，大多都经由这条靠近朝鲜半岛沿岸的传统海上贸易航线。

另一方面，两汉时期，当时朝鲜半岛各民族还较为落后和分散，日本古代社会也很落后，远不如汉朝强大，经济、文化等方面也远远不如汉朝，因此汉朝与远东偏远地域之间的海上交通，主要是派汉使往来于两地，同时将中华传统文化通过海陆通道逐步传入朝鲜半岛、日本等地，而两汉时期，汉朝与远东诸国之间的政治、经济和文化往来，还不像近现代这样密切，由汉朝初步建立的中外朝贡贸易和民间贸易，也远不如后来唐宋至明清时期那样发达。

相比之下，距离倭国（日本）更近的江浙一带（吴越故地）沿海，因东海面积和跨度较大，中日之间"一衣带水"，直线航道（从长江入海口至日本九州、四国）上的过渡性停靠岛屿也不如渤海和黄海多，而东海上潮流（如黑潮）的走向也不利于海船向东直达日本沿海，故在唐宋出现更大海船之前，江浙一带的远古先民因海上各种天然阻碍而很难乘坐简易的独木舟或较小的海船，冒险远航以达日、韩等国。三国东吴时期，孙权派出的远航使者仅北达辽东，南至夷州和交州，未能向东与倭国（日本）建立联系。直到唐朝中叶中日文化交流频繁时期，唐朝著名和尚鉴真几次想从扬州东渡，却因海上风浪太大而屡屡受阻，无法抵达日本，其中有一次因台风海船飘到海南岛，遂与统领海南岛上俚汉民众的高凉冯氏后人有过宗教文化交流。由此推测，在秦汉时期江南造船业还远不如唐宋时期那样发达的背景下，秦汉时代的商人显然是很难从江浙（吴越故地）沿海的港口出发，直航韩、日进行贸易和文化交流。在这种情况下，古代海船被迫迂回航行，通过韩国济州岛或琉球列岛等岛屿中转，方能顺利抵达韩、日等国。

此外，汉武帝派大军平定闽越王发动的叛乱后，曾将闽越先民大规模迁徙至江淮一带安置，致使唐末五代十国之前闽地为之一空。此后，不仅闽越人的历史、文化内容缺乏记载，连闽地越人对外交流的海上交通情况也多半空白。事实上，在宋元泉州港崛起以前，闽地海上交通和贸易活动一直都不如南海丝绸之路上的贸易发达。此外，闽地沿海靠近台湾海峡，从古至今，这里每年都会有很多台风路过，而两汉时期的海船主要依靠沿海地理标志来导航，且多为近岸航行，故汉代海船大多选择距离汉代南海文明交汇地——交州较近，同时也远离台风登陆地的北部湾避风港来停靠。在这种情况下，最终选择以条件最优的徐闻、合浦作为汉代重要的始发港和中转港，然后通过内河或陆路来传输各种海外货物，经过长期辗转、颠簸和长途贩运，跨越千山万水，最终方能到达朝贡贸易的目的地——两汉时期的都城"二京"，即长安（西汉都城）、雒阳（东汉都城），由此就使远在数千里之外的海上丝绸之路通过汉代的贡道向北延伸，最终在地处黄河中游的古老都城，与西北陆上丝绸之路连为一体，从而构成汉代朝贡贸易的完整体系和海陆贸易网络。从客观效果看，这样做也极大地促进了古代中国与不同文明古国之间的经贸与文化交流。总之，两汉时期中外商人退居北部湾沿线和雷州半岛，主要还是为保护海船免遭台风和其他灾害袭击，从而避免由此造成的损失和各种不利影响，同时也有利于这些中外商船在每年冬季利用当地常见的东北季风出行，进而远航至东南亚和印度洋一带。在这种情况下，秦汉时期，或者说自战国秦汉至魏晋期间，从我国闽地到粤西沿海这条漫长海岸线上的各类港口，因台风和其他灾害、港口腹地、自然地形、海陆连接点等一系列原因，其实并不太适合作为当时海上丝绸之路的始发港或中转港。

基于以上原因，本书认为，两汉时期我国海上丝绸之路的关注重点，主要是放在从雷州半岛沿海或经由北部湾沿岸（在我国版图上，这是一条蜿蜒曲折而漫长的南方海岸线）港口（主要以徐闻、合浦为中心）出发或中转而形成的南海丝绸之路上。

第一节　汉代海上丝绸之路的主要港口

据《晋书·地理志》载："交州。案《禹贡》扬州之域，是为南越之土。秦始皇即略定扬越，以谪戍卒五十万人守五岭。自北徂南，入越之道，必由岭峤，时有五处，故曰五岭。后使任嚣、赵佗攻越，略取陆梁地，遂定南越，以为桂林、南海、象等三郡，非三十六郡之限，乃置南海尉以典之，所谓东南一尉也。汉初，以岭南三郡及长沙、豫章封吴芮为长沙王。十一年，以南武侯织为南海王。陆贾使还，拜赵佗为南越王，割长沙之南三郡以封之。武帝元鼎六年，讨平吕嘉，以其地为南海、苍梧、郁林、合浦、日南、九真、交趾七郡，盖秦时三郡之地。元封中，又置儋耳、珠崖二郡，置交趾刺史以督之。昭帝始元五年，罢儋耳并珠崖。元帝初元三年，又罢珠崖郡。后汉马援平定交部，始调立城郭置井邑。顺帝永和九年，交趾太守周敞求立为州，朝议不许，即拜敞为交趾刺史。桓帝分立高兴郡，灵帝改曰高凉。建安八年，张津为刺史，士燮交趾太守，共表立为州，乃拜津为交州牧。十五年，移居番禺，诏以边州使持节，郡给鼓吹，以重城镇，加以九锡六佾之舞。"①

①［唐］房玄龄等撰《晋书》卷十五《地理志下》，中华书局，1974，第464—465页。

一、汉代吴越故地的海外交通

吴郡是在原吴国辖地基础上设立的汉代郡名，其地原属会稽郡，至东汉永建四年（129年）始置，从会稽郡分置，治所设在原会稽郡的治所吴县（即吴国故都所在地，今苏州市姑苏区）。吴郡地处太湖流域，人口相对密集。东汉时期吴郡人口达70万。东汉末年因战乱，人口骤减。南北朝时期，吴郡有40多万人口，可算江南富庶之地和人口大郡。东汉分置吴郡后，会稽郡仅保留浙江（钱塘江）以东部分，治所迁至山阴（即越国故都所在地，今绍兴市越城区）。吴越故地的商船，主要通过长江入海口或钱塘江入海口，从扬州或余杭出发，向东可通往朝鲜半岛、日本列岛，向南可经闽越故地沿海，与南海丝绸之路诸港口相连通。

二、西汉早期闽越国与其他文明的海上交通

闽地沿海也有天然良港，即东冶港。据《后汉书・郑弘传》载："旧交趾七郡，贡献转运，皆从东冶泛海而至。"其中"旧交趾七郡"，就是西汉武帝平定南越国叛乱后所设"南海、苍梧、郁林、合浦、交趾、九真、日南"，即今广东、广西、海南等省（区）和越南等地。以上"东冶"就是《史记・东越列传》记载的闽越国都，史载"汉（高祖）五年，复立无诸为闽越王，王闽中故地，都东冶"。可见，西汉初期，东冶已是海上丝绸之路的重要港口之一。

如果说汉武帝派张骞出使西域开辟了陆上丝绸之路，那么比张骞还早60年的闽越王无诸修建的东冶港，就更早开辟了我国的海上丝绸之路。因此，福州不仅是海上丝绸之路的枢纽城市，而且还是古代海上交通和海上丝绸之路的重要出发港——福州东冶港。福州东冶港有着海洋优势和悠久的历史文化，三千多年前的闽族和闽方国，就已开通了东南亚与中原的海外交通。作为我国海上丝绸之路的重要起点，福州闽越东冶港再现"海上丝绸之路"雏形。

福建古称"闽",《山海经・海内南经》明确记载,"闽在海中，其西北有山。一曰：闽中山在海中"。这说明古代福建与海洋关系密切。西周时期闽族和闽方国与海洋的关系，体现在武夷山船棺葬中。武夷山观音岩和白岩取下的两具棺材，均用完整的楠木刳成，和现在闽南等地使用的渔船形制基本相同。经碳十四测定，两具棺材的制作时间距今三千五百年以上，大约相当于我国的殷商时期。当时生产工具主要是铜锛，能凿出如此规模的船棺，令人叹为观止。殉葬品中有棉麻和丝织品。三千多年前的闽族就是用这种大型独木舟（闽江出土的独木舟边

帮有四组榫口，说明是两个独木舟连在一起航行），载着丝织品等货物，航行在江河湖海。棺内殉葬的龟形木盘可追溯至《列子·汤问篇》记载的龙伯钓鳌故事，又如《楚辞·天问》有“鳌戴山抃、何以安之？释舟陵行，何以迁之”的问语。王逸注引《列仙传》说：“有巨灵之鳌，背负蓬莱之山，而抃舞戏沧海之中。”《说文》谓鳌“海中大鳖也”。《史记·三皇本纪》：“女娲氏断鳌足以立四极。”由此可见，这件木鳌殉葬品，不仅反映了白岩悬棺葬主人生前“山行水处”的生活习性，还赋予了登遐升天的思想。神灵之鳌可在海中航行，可见它反映了先秦时期闽族先民与海洋的密切关系。故《尚书·禹贡》载：“岛夷（应包括东南沿海的闽族）卉服，厥篚织贝，厥包桔、柚、锡贡。沿于江海，达于淮泗。”这里不仅有岛夷向中央王朝进贡的特产如各类纺织品、桔、柚、锡等，而且指出岛夷与中原联系的交通路线是“沿于江海，达于淮泗”。另据《逸周书·王会解》记载，“东越海蛤、瓯人蝉蛇”。以上蛇、蛤均为闽地特产。

经考古发现，福州新店闽越国冶城外城的东面、西面、北面有城墙，南面低洼地始终找不到城墙遗迹，可能就是开放型的“东冶港”。今福州七中所在的高台地是扼守东冶港进出口的“军事要塞”。同时，在武夷山城村汉城出土的铁器在汉代曾经东渡日本，为日本弥生时代的冶铁冶铸业做出贡献。这些铁器就是通过福州东冶港经海上丝绸之路运往日本。《汉书·平帝纪》记载：“二年春，黄支国献犀牛（应劭曰，黄支国在日南之南，去京三万里）。”（按：犀牛就由海运，这样就会经由东冶。）汉武帝建元六年（前135年）后，闽越国出现“二王并处”的局面。繇王丑在福州新店“冶都”，“奉闽越先祭祀”为闽越国正统。余善被封为东越王，在闽北筑六城“以御汉军”，还在福州屏山一带大兴土木修建宫殿和水军基地。据《史记·东越列传》记载，东越王余善曾率“八千人从楼船将军”击南越，就是从福州屏山水军基地出发，从海路到达今广东揭阳。可见当年海运畅通，故史载“旧交趾七郡，贡献转运，皆从东冶泛海而至”。不久前，屏山地铁考古工地出土的汉代铁器，也是福州海外交通的重要文物证据。具体而言，在屏山地铁考古工地的汉初文化层，即钱塘巷与鼓屏路交叉口北侧，发现了一条汉初大水沟，铁锚就是从大水沟的淤泥内出土的。故推测，从福州新店闽越国冶都开放型的港湾到福州屏山东越王余善的水军基地，就是《后汉书》记载的“东冶港”。总体上看，西汉时期，从海上丝绸之路“泛海而至”的船队，可经福州东冶港前往日本、朝鲜和中国汉长安城，形成了西汉初期的“海上丝绸之路”。

闽越国文化与吴越文化、东瓯、南越国文化、台湾土著文化、琉球列岛土著文化有关。作为我国古代东南百越地区族群的一支，闽越族的聚居地以福建为主，兼有浙南、赣东、台湾等地。闽越与东越一样，“处溪谷之间，篁竹之中，习于水斗，便于用船”，他们“以船为车，以楫为马，往若飘风，去则难从”。因此，在西汉闽越王发动叛乱之前，闽越人在航海方面也曾发挥过重要作用。

三、西汉时期南海丝绸之路上的诸多港口

1. 番禺

战国秦汉时期，番禺是岭南一大都会。当时的古人对岭南地区包括海上情况了解得还不够全面。据《史记·货殖列传》载："九疑、(按：史记《集解》徐广曰："山在营道县南。")苍梧以南至儋耳者，(按：史记《正义》："今儋州在海中。广州南去京七千馀里。言岭南至儋耳之地，与江南大同俗，而杨州之南，越民多焉。")与江南大同俗，而杨越多焉。番禺(按：史记《正义》："潘虞二音。今广州")亦其一都会也，珠玑、犀、玳瑁、果、布之凑。"(按：史记《集解》韦昭曰："果谓龙眼、离支之属。布，葛布。")①

由于南越国都番禺，故汉武帝平定南越国叛乱后，又在交州分设九郡，以便分而治之。据《汉书·地理志》载："粤地，牵牛、婺女之分野也。今之苍梧、郁林、合浦、交阯、九真、南海、日南，皆粤分也。"又载："其君禹后，帝少康之庶子云，封于会稽，文身断发，以避蛟龙之害。后二十世，至句践称王，与吴王阖庐战，败之隽李。夫差立，句践乘胜复伐吴。吴大破之，栖会稽，臣服请平。后用范蠡、大夫种计，遂伐灭吴，兼并其地。度淮与齐、晋诸侯会，致贡于周。周元王使使赐命为伯，诸侯毕贺。后五世为楚所灭，子孙分散，君服于楚。后十世，至闽君摇，佐诸侯平秦。汉兴，复立摇为越王。是时，秦南海尉赵佗亦自王，传国至武帝时，尽灭以为郡云。"又载："处近海，多犀、象、毒冒、珠玑、银、铜、果、布之凑，中国往商贾者多取富焉。番禺，其一都会也。"②

关于汉代以来番禺港的地位，目前大多数学者都认为，汉代番禺港还不是对外贸易的始发港。也有一些学者依据汉代史料、近几十年来考古学家的汉墓发掘报告，以及有关港口条件的比较，认为在汉代，番禺港不仅是海外贸易港，而且

①[汉]司马迁撰《史记》卷一百二十九《货殖列传》，中华书局，1959，第3268页。
②[汉]班固撰《汉书》卷二十八《地理志下》，中华书局，1962，第1669—1670页。

已是中国海上丝绸之路第一大港。[①]

早在汉代以前，南海丝绸之路就已开始崛起。关于这条海上通道最早始发港，目前学术界有不少争论，主要有合浦、徐闻、番禺（广州）等不同说法。本文通过分析以上始发港在南海丝绸之路中的地位及其文化价值，进一步分析这些古老港口在海上丝绸之路建设中的利用价值及开发前景。

公元前211年，秦始皇统一六国后，又派遣50万大军“南征百越之君”，[①]将岭南地区也纳入秦朝统治，使秦王朝版图向南拓展至今越南北部一带。不久，因秦末陈胜、吴广农民起义，原属秦朝管辖的闽越、南越、瓯越、骆越等百越之地再次处于割据独立状态。

秦将赵佗趁机在岭南建立南越国，都于番禺，立国90余年。西汉初，南越国势力达到鼎盛，其范围东到今福建西部，西抵云贵，南至今越南中部一带。当时，南越国与北方的匈奴共同被称为“强胡劲越”，可见其实力非同一般。赵佗及后人的贡献在于将秦汉制度与文化在岭南广大地区推广开来，极大地推动了南越国开发和封建化进程，由此促进了岭南社会经济发展，并促使先秦以来不断发展的海外交通及其贸易得到进一步发展。

从远古以来，我国中原等地就盛产丝绸，南方楚国也多绢帛之物，楚人与南越之间也保持着密切的人员和贸易往来，使广州古称“楚庭”。秦汉以前，沿岭南沿海绕道今越南沿岸的海上贸易通道很早就已形成，后人将其称为“南海丝绸之路”（简称“南海丝路”）。以下相关证据可力证这条古老海上丝绸之路确实存在。

南海，地处太平洋西部交通要冲，具有天然区位优势与海上贸易条件。据南海考古发现，早在南越国时期，岭南已有海外贸易。这条南海丝绸之路进一步向西，可通波斯湾。由于早期南海丝绸之路只能沿海岸航行，因此秦汉以前，岭南沿海港口就拥有与海外进行通商贸易的区位优势。早在西汉时期，交州北部湾诸港口，如合浦、徐闻，尤其是腹地广阔的合浦，因各种原因（如前分析），比番禺要更具有贸易优势。尽管如此，在广州越秀区等地，还是发现了有关南越国及其南越人通过番禺航海的考古资料。

1982年，今广州市解放北路象岗山一带发掘出土了南越国王墓，发现不少与海外通商贸易有关的珍贵遗物，丰富了秦汉南海丝绸之路及其贸易的认识。南

①章深：《广州：汉代中国海上丝绸之路第一大港》，《学术研究》2015年第10期。

越王墓出土的镂空熏炉、象牙、乳香、圆形银盒和金花泡饰等遗物，都与海外贸易有关。陵墓主棺的银盒，其造型、纹饰风格与波斯帝国某些金银器类似。金珠泡饰，其焊接工艺与西方出土的多面金珠上的小珠焊接法相同。在陵墓西耳室，还出土了五只象牙，属非洲象牙，应从海外贩运而来。

元鼎六年（前111年），汉武帝派几路大军平定南越，汉朝开始拥有这条通往南海诸国的海上贸易通道。据《汉书·地理志》载，汉武帝派使者前往南海地区，最远可达今斯里兰卡。当时汉朝使团“夹黄金、杂缯而往”，[②]以此交易海外珍奇异宝，这是中国丝绸经由南海输往海外的较早记录。此外，隶属黄门的“译长”在海外贸易中发挥重要作用，开创了朝廷委派宦官来管理海外贸易并将其纳入宫廷财政之先例。

秦朝至南越国时期，番禺已拥有相当大的造船规模及很高的水平，这是南海丝绸之路逐步兴起的运输条件。1974年和1994年，人们先后在广州市中山四路一带发掘出土秦朝造船工场船台遗址，首先发现一处大型古代建筑遗址，考古工作者判断其为造船工场遗址。1977年由新华社播发消息，正式向外界报告其为秦汉造船工场遗址，这成为当时中国乃至全世界考古的一件大事。自公布以来，它一直为考古等各方面人士所关注。

在1986年出版的《中国大百科全书·考古学》中，有“广州秦汉造船工场遗址”这一词条，并为各种学术著术所引用：“广州秦汉造船工场较为巨大的规模和较为先进的船台结构，表明中国二千多年前造船业的技术设备和生产能力已经达到相当高的水平。”1996年12月公布的第四批全国重点文物保护单位名单上，也称其为“秦造船遗址”，但存在年代却大大缩小了范围，因此遗址上又发现南越国宫苑建筑遗址，故将“造船工场”存在时间的下限定在南越国之前。由于相关证据并不完全充分并存有一些矛盾，因此目前学术界对以上遗址还存有争论，主要有船台说、宫殿说两种不同说法。

目前一般认为，船台说较为合理，证据也较充分。由此可证明：秦朝至南越国，番禺已成为能够成批制造内河或沿海航行船只的重要造船基地。当时海内外商队就乘坐这样的海船，经由海上丝绸之路，从岭南沿海诸港出发，经由南海通往东南亚，又经印度洋向西航行，远达今斯里兰卡。外国商人或使节也沿着上述航线往来于交趾沿海或由合浦等始发港进入中国内地。汉桓帝时，大秦王安敦派使团由海路来到日南，入汉朝，进献象牙、犀角、玳瑁等。虽有学者怀疑这一使团的真实，但当时东西方之间已有海路通道应无疑问。由此反推可知，当时应已制造出适合航行的海船，使南海丝绸之路具备一定的通行条件。

汉晋以前，合浦、徐闻作为最早始发港或中转港的地位虽已毋庸置疑，但从考古发现看，汉晋至南朝时期，番禺（广州）也是岭南沿海重要出海口，只是由于各种原因没有反映在历史文献中而已。而南朝以后，徐闻、合浦的始发港地位就已逐步被番禺（广州）所取代。

番禺地处西江与北江、东江的交汇口附近，南面濒临南海。它作为岭南水运枢纽，可谓自然天成。

番禺这一地名起源甚早，战国晚期已有。如《淮南子》记载秦始皇派50万大军进攻南越时，其中一军"处番禺之都"①。司马迁在《史记·货殖列传》中也说"番禺亦其一都会也。珠玑、犀、玳瑁、果、布之凑。"②当时全国十九个都会中，番禺便居其一。《汉书·地理志下》亦载："粤地……，处近海，多犀、象、毒冒、珠玑、银、铜、果、布之凑，中国往商贾者多取富焉。番禺，其一都会也。"③

也有学者分析，当时番禺仅充当来自交趾湾各港市海外商品的转运，或从事来自东部沿海一带的沿岸贸易。④仅是当时集散海外奇珍异宝的都会，虽还不是海上丝绸之路始发港，但具有对海上丝绸之路运来商品进行转运的重要功能。从考古发现看，番禺本身具有出海口和内港的功能，通过西江、北江和东江，停泊于番禺的商船可与岭南各地甚至五岭以外相互沟通，由此也可浮海而出，进而抵达南海沿岸各地甚至东南亚诸国。就番禺所处地理位置和环境要素看，它后来取代徐闻、合浦的始发港地位，进而成为南海交通枢纽，势所必然。

2. 徐闻

汉武帝派兵从合浦、徐闻出发，进攻海南岛建立儋耳、珠崖两郡。据《汉书·地理志》载："自合浦、徐闻南入海，得大州，东西南北方千里，武帝元封元年略以为儋耳、珠厓郡。民皆服布如单被，穿中央为贯头。男子耕农，种禾稻紵麻，女子桑蚕织绩。亡马与虎，民有五畜，山多麈麖。兵则矛、盾、刀，木弓

①何宁撰《淮南子集释》卷一八《人间之川》，中华书局，1998，第1289页。

②[汉] 司马迁撰《史记》卷一二九《货殖列传》，中华书局，1959，第3268页。

③[汉] 班固撰《汉书》卷二十八《地理志下》，中华书局，1962，第1670页。

④张难生、叶显恩：《海上丝绸之路与广州》，《中国社会科学》1992年第1期。

弩、竹矢，或骨为镞。自初为郡县，吏卒中国人多侵陵之，故率数岁一反。元帝时，遂罢弃之。”①

《水经注》引王氏《交广春秋》曰："朱崖、儋耳二郡，与交州俱开，皆汉武帝所置。大海中，南极之外，对合浦徐闻县。晴朗无风之日，迳望朱崖州如囷廪大。从徐闻对渡，北风举帆，一日一夜而至。”②

徐闻位于雷州半岛南端，紧靠琼州海峡，从秦汉以来就是南疆重镇、陆路驿站、海道要津和滨海县治，这里曾是雷州半岛政治、经济和文化中心，也是控制海南岛的重要城邑。因其位置独特，故成为历史早期我国对外贸易的重要口岸之一。汉代徐闻开始崛起，至三国东晋南朝，对外贸易都相当发达。

据考古资料，新中国成立以来，在广西合浦地区、广东湛江地区和海南岛发现的汉代，以及汉以前的文化遗址多达二百余处。根据徐闻出土的东汉墓葬，广东省博物馆认为，两汉时期，徐闻是我国驶往东南亚和印度洋的海船出发港，又是广东大陆通向海南岛的门户，在广东古代历史上曾经占有重要地位。③

据《汉书·地理志》："自合浦徐闻南入海，得大州，东西南北方千里。”其中的“大州”指海南岛，说明从合浦经徐闻至海南岛是西汉重要通道。另："自日南障塞，徐闻、合浦船行可五月，有都元国……”说明徐闻排在合浦前。

西汉武帝以前，因北方匈奴堵塞陆路交通，使南方海上通道尤显重要。而徐闻地处琼州海峡对岸，是当时近岸船舶沿海岸航行必经之地，因而发挥重要作用。

徐闻出现于史籍是在汉武帝平定南越之后。关于汉代徐闻县治，有大量史籍、地方志可考，并有不少文物、遗址可作为证据。如：

《汉书·地理志》中关于“徐闻”的记载有以上两条。

《旧唐书·地理志》："徐闻，汉县。隋置隋康县，贞观二年改为徐闻。《汉志》曰合浦郡徐闻县南入海，达珠崖郡，即此县。”

《元和郡县志》（金陵书局校刊本）载："徐闻县，下。案本汉县名……县南七里，与崖州澄迈县对岸，相对约百里。”此处“县南七里”指唐徐闻县治（麻鞋村）南七里，即为汉徐闻县治。

明万历《雷州府志·建置·城池》亦载："徐闻县城。汉元鼎置县海滨讨网

①[汉]班固撰《汉书》卷二十八《地理志下》，中华书局，1962，第1670页。

②[北魏]郦道元：《水经注》卷三十六，中华书局，2007，第840页。

③广东省博物馆：《广东徐闻东汉墓——兼论汉代徐闻的地理位置和海上交通》，《岭南考古》2016年第4期。

村。”清嘉庆《雷州府志》与宣统《徐闻县志·建置志·城池》条所记与明方志相同。清宣统《徐闻县志·舆地》亦载:“龙泉淡井。县西南三十里讨网村,即旧县地。当临海,峙三墩,中有淡井号龙泉。”

由以上史籍和地方志可知,汉徐闻县治在今徐闻讨网村,并有唐徐闻县治和清徐闻治作为座标,同时有方位和距离作为参考。考订汉徐闻县治位置,就可推定汉代徐闻港的位置。

除文献记载外,还有徐闻出土各种文物及遗址可佐证。从20世纪60年代起,徐闻一带先后发现众多汉墓,出土大量文物。如1993年徐闻二桥南湾仕尾发现墓葬、灰坑、房屋、遗址、水井、烧土面及柱洞等遗迹,还出土一件水波纹折腹盘以及陶斧口沿和陶碗、陶网坠等。以上汉墓群和建筑构件及生活用品,都为徐闻的特殊地位提供重要证据。而这一地位反过来也有助于提升徐闻汉代文物的科研与考察价值。

汉武帝拓展海疆前,徐闻港应已形成,在西汉设立徐闻县后,港口又有进一步发展,并崛起成为南海丝绸之路中最重要的港口之一。从交通形势看,徐闻港扼守琼州海峡咽喉,东连闽、浙,西经钦、廉,向南出琼崖可至西沙,向北也可经合浦等地深入内陆腹地。

古时由徐闻港出发,绕道合浦等重要出海口和始发港,再进一步由越南沿岸航海南下,可到达今东南亚各国、印度、阿拉伯及东非各国。它是汉代文献中记载的中国商船远航的启运港,但据前述考古发现,当时番禺、合浦地位也很重要,都可作为始发港。笔者认为,徐闻应是南海丝绸之路重要的中转港,既是中国商船必经之地,也是海外大秦(古罗马)、天竺(古印度)、波斯(古代伊朗)等国商船到达中国的重要中转港。因此,汉徐闻港不仅屯有大量海外货物,还有众多中外船舶停靠于此,由此补充海运必须的淡水和食物,再进一步远航。因此,徐闻港就成为汉代我国南部最重要的中转港和货物集散地,也是南海丝绸之路中仅次于合浦的重要始发港之一。

因此,笔者认为,当地在开发本地文化资源和遗产时,可定位在“南海丝绸之路最南中转港”上。

3. 合浦

西汉时期的合浦,不仅是南海丝绸之路最重要的始发港,也是合浦郡治。关于汉代合浦郡治,胡运动先生认为应在今浦北县泉水镇旧州村,并指出“合浦郡初治徐闻”“汉代合浦郡治今合浦县廉州镇”二异说的错误。[①]

从历史沿革看，广东海上丝绸之路的研究也与西汉合浦郡治、合浦古港遗址以及相关遗址等问题紧密相关。

合浦在广西北海一带。汉合浦郡管辖范围很大，今北海地区仅是其郡域一小部分而已。据《汉书·地理志》：“自日南障塞、徐闻、合浦船行可五月，有都元国。”说明除日南沿岸外，合浦、徐闻曾为南海丝绸之路最早始发港。之所以会这样，有诸多原因。

汉代合浦郡南临北部湾，其漫长的海岸线向西延伸至今越南北部，向东可达广东雷州半岛，其管辖范围包括今广西北海、防城、钦州及浦北、灵山、玉林、北流、容县、博白、陆川等市县。合浦郡自古土地肥沃，物产丰富，河流纵横，海域辽阔，非常适合古代人类在此生息繁衍。合浦气候属南亚热带海洋性气候，雨量充沛，四季如春。日照充足，海岸线曲折，天然港湾较多，自东至西较大港口有英罗港、沙田港等。正因合浦具有优越区位及适宜环境条件，才使其成为汉代对外贸易的重要集散地和出海口。

正因为如此，秦汉统治者开始重视对合浦的开发。据研究，秦始皇在征服南越时，遇到顽强反抗，遂命令开通灵渠，使秦军获得粮食和兵力补给，也为秦军获胜打下基础。灵渠使长江和珠江流域联通，从合浦出发，上溯南流江、北流河，就可与以上水系相连，这就为合浦的对外开放提供可能。此外，汉武帝对合浦也很重视。武帝元鼎六年（前111年），西汉平定南越国，设九郡，并设置交趾刺史部总领各郡，合浦郡为九郡之一，下辖五县：徐闻（今海康县）、高凉（今茂名电白一带）、合浦（今北海、钦州、防城港、玉林等地）、临允（今新兴县）和朱卢（今海南琼山县境）。其中，合浦已成为岭南政治、经济、军事和文化重镇。

秦末汉初，中原大乱，大批汉人南迁岭南，经由以上通道到达合浦，将中原先进的农业生产技术及汉文化带到此地，由此促进合浦经济和文化发展。由于合浦具有得天独厚的地理环境和自然条件，故汉初几十年间，合浦的农业和手工业得到很大发展，呈现繁荣景象。当时合浦不仅是茶叶、珍珠、丝绸、陶瓷产地，

①胡运动：《古代合浦郡治考辨》，《广西地方志》2016年第4期。

也是重要的商品集散地。以上物产为当地农业、手工业和对外贸易发展都提供了重要的物质基础。

合浦造船技术也很发达，水平很高，船舶规模也很大。据《广西贵县罗泊湾汉墓》和《广西西林县普驮铜鼓墓葬》可知，“贵县罗泊湾一号墓出土的大铜鼓上刻划的船，船身窄长，首尾高翘，船身中部有12道横梁，船后有尾梢，船下有锚。西汉早期墓中出土的一件铜鼓上有羽人划船纹6组，船身两头高翘，船身颈长呈弧形，每船有八九或十一人，有数人划桨，船后有人搬梢”。合浦造船业的兴盛，不仅为内河航运发展奠定了坚实基础，也为汉武帝开展大规模海外贸易提供了运输工具。

由上可知，汉代合浦区位优越、腹地广大，具备优越的自然环境和交通条件，是当时国内外物资集散地及对外贸易重要口岸，在北部湾乃至整个岭南地区都具有重要而特殊的地位。

秦汉时期，在岭南沿海贸易大背景下，南海沿岸诸多港口中当以合浦最具优势。它是南海丝绸之路最早、最繁荣的始发港和南海丝绸之路的贸易中心。作为海上丝绸之路重要枢纽，合浦对汉朝发展海外贸易曾发挥重要作用。

在海上丝绸之路沿途，曾出土很多文物及遗址，合浦也是如此，成为南海丝绸之路最早始发港的重要考古证据。如合浦县城作为昔日郡治与繁华港口所在地，使县城周围留下了规模宏大的墓葬群，据测算有近万座之多，是我国沿海最大的汉墓群之一。新中国成立以来，合浦共发掘汉墓200多座及大批窑址、城址，出土文物数万件，多与海外贸易有关。这些珍贵物证，不仅证明南海丝绸之路确实存在，而且说明合浦在海上通道中发挥过重要作用。

首先，从这些遗址、汉墓出土的汉代文物相当丰富。据熊昭明的《合浦汉代海上丝绸之路始发港》，当地出土多种文物，如琉璃、琥珀、玛瑙、水晶、肉红石髓、金花球、香料等。梁旭达等的《汉代合浦郡与海上丝绸之路》也有同样记载。其中有些文物并非我国出产，而是来自丝绸之路沿途贸易国家，都可说明合浦是海外商品集散的重要港口。

除上述文物外，还发现许多遗址、墓葬。“合浦汉墓群全国最大。古汉墓群遍布县城廉州镇北、东、南三面，东西宽约5千米，南北长约18千米，面积达90平方千米，是迄今为止国内发现的规模最大、连片保存、最为完整的古汉墓群。”[①]至于汉墓数量，据调查，仅地面有封土的汉墓就达六千多座。[②]多为西汉中叶至东汉时期的墓葬。

合浦的汉窑也是全国罕见。自1987年以来，合浦县在廉州镇草鞋村、老哥渡、福城上下窑、山口罗美、北海匙羹岭等周边地区，先后发现多处汉代陶瓷窑址，面积达1万多平方米。

此外，还有县治、码头遗迹可为佐证。尤其是古港码头的发现，为合浦作为西汉南海丝绸之路始发港提供了充分证据。

以上大量的文献史料和考古证据都可以证明，汉代合浦在我国古代海上丝绸之路中有着重要地位，是秦汉时期最重要的始发港和出海口。因此，笔者认为，当地在开发本地文化资源和遗产时，可定位在“南海丝绸之路最早始发港”上。

4. 岭南沿海其他港口——揭阳

揭阳曾是潮汕沿海最早开发的港口，也是秦汉时期从海上攻打番禺的必经之地。据《史记·东越列传》载："至元鼎五年，南越反，东越王馀善上书，请以卒八千人从楼船将军击吕嘉等。兵至揭扬，以海风波为解，不行，持两端，阴使南越。及汉破番禺，不至。是时楼船将军杨仆使使上书，原便引兵击东越。上曰士卒劳倦，不许，罢兵，令诸校屯豫章梅领待命。”[③]由此可见，早在潮州和汕头出现之前的西汉武帝时期，揭阳就已是南海丝绸之路上一个重要的停靠点。

第二节　汉代南海丝绸之路的主要航线

汉武帝遣汉使从徐闻、合浦航行至黄支国。据《汉书·地理志》载："自日南障塞、徐闻、合浦船行可五月，有都元国；又船行可四月，有邑卢没国；又船行可二十余日，有谌离国；步行可十余日，有夫甘都卢国。自夫甘都卢国船行可二月余，有黄支国，民俗略与珠厓相类。其州广大，户口多，多异物，自武帝以来皆献见。有译长，属黄门，与应募者俱入海市明珠、璧流离、奇石异物，赍黄金，杂缯而往。所至国皆禀食为耦，蛮夷贾船，转送致之。亦利交易，剽杀人。又苦逢风波溺死，不者数年来还。大珠至围二寸以下。平帝元始中，王莽辅政，

①合浦县政协、合浦县博物馆编《合浦文物简介》，1986，第20页。
②潘琦主编《广西环北部湾文化研究》，广西人民出版社，2002，第498页。
③[汉]司马迁撰《史记》卷一百十四《东越列传》，中华书局，1959，第2982页。

欲耀威德，厚遗黄支王，令遣使献生犀牛。自黄支船行可八月，到皮宗；船行可二月，到日南、象林界云。黄支之南，有已程不国，汉之译使自此还矣。”①

汉武帝时期不断向外开疆扩土。武帝一方面派张骞出使西域，由此打通了西北陆上丝绸之路；另一方面，又通过平定南越国叛乱，打通了汉朝通过岭南沿海通往东南亚和南亚的出海口。目前一般认为，汉代几乎在开通陆上丝绸之路的同时，又在海上（尤其是南海）形成了一条对外贸易的官方通道。这条在原有民间海上通道自发形成的基础上，经过官方承认、派遣使臣而正式开辟的汉代海上丝绸之路，又不断向外拓展，最终与印度、阿拉伯半岛以及远在地中海沿岸古罗马帝国的部分海外领地（如红海、东非沿海等），都有了不同程度的贸易联系。

从战国至秦汉时期，我国东南沿海的百越民族，依其族源不同和所处地域范围的不同，大致可划分为东越、闽越、南越、西瓯、骆越等不同部族或民族。这些越族大多擅长航海，素以乘船出海从事对外贸易而著称。据此推测，早在秦始皇统一六国之前或者在汉武帝开疆扩土之前，这些百越族就理应和远在南海之外的东南亚各部族或早期文明古国建立了一定的贸易和文化联系。秦汉以来，尤其在秦始皇派大军平定岭南叛乱并建立南海、桂林、象郡等秦郡、县之后，或者在秦末汉初赵佗割据岭南并建立南越国期间，番禺就已成为岭南沿海一大都会。当时，海内外各地出产的珍稀物品，如珠玑、犀角、果品、棉布等热带物产，都经由海上丝绸之路和与此相关的陆路通道，传输到番禺集散，各地商人在此互市贸易。与此同时，位于番禺西南方、地处雷州半岛或北部湾沿岸并紧临南海的汉代著名港口——徐闻、合浦，连同汉朝所属日南郡的边关障塞，都成为汉代商船远航东南亚和印度洋的重要起航港口（始发港）或中转港，当时中外商人大多通过近岸航行，在以上各港口从事中转贸易。在这几个港口中，合浦因腹地广阔，又有南流江等河流，可与内陆的西江航道、南岭分水岭通道以及相关的海陆连接点（如梧州、肇庆等地）相通，因此成为西汉武帝开辟南海丝绸之路以来最为有名的中转贸易港口，并成为西汉时期海上丝绸之路的始发港和交换中心。从当地考古发现看，合浦贸易品种很丰富，有汉代陶瓷、金银物品、货币以及其他生活用品等。

汉武帝时，既有张骞开通陆上丝绸之路并出使大夏，同时在海上，也有汉代

① [汉] 班固撰《汉书》卷二十八《地理志下》，中华书局，1962，第1671页。

使者通过海船远航，到达南印度东部科罗曼海的黄支国（今印度东南沿海的康契普腊姆）。从此以后，由黄支国派出的使者，就不断和汉朝官方和商人进行贸易。西汉时代，自中国大陆沿海前往南印度的海上交通已渐趋成型，中印远洋贸易也渐趋增多，汉代商船大多沿着海岸边缘航行。中外商船从北部湾和雷州半岛沿岸的徐闻、合浦出发，经过长达十个月的航行，越过克拉地峡，在地峡西端帕克强河口的夫甘都卢国（今泰国克拉附近）继续搭乘印度商船，沿孟加拉湾航行两个多月，才可到达户口众多、宝货荟萃的黄支国。

汉武帝时，到达黄支国的使者中有一些懂得梵语或其他语言、在宫廷中担任传译的译长。他们依靠中国南方沿海居民驾驶的船只，又搭乘东南亚人和印度人的海船，不仅到达了黄支国，而且还由黄支国抵达已程不国（今斯里兰卡），这是西汉时期中国使者在海上所到的最远的国家。

黄支是当时南亚一大强国。西汉末年，王莽摄政后为了造成一个四海来朝的政治和外交局面，特意遣使海外，于是在公元2年春，黄支国自三万里外献犀牛。按：古代黄支国是公元前230年后统治德干高原四个世纪以上的安陀罗民族萨丹伐诃纳朝的重要都城，在印度人所建的七个圣城中就有黄支城。

汉代使者到黄支，带去的是黄金和各色丝织物，其目的主要是换取那里出产的明珠、璧流离（蓝宝石）和各色宝石、珍奇货色。在西汉时，海路初通，海上风险极大，船只续航能力有限，中途停靠站头既多，使交易增加了许多困难，但南印度科罗曼德等地出产的周径二寸的大珠和以蓝宝石著称的晶莹剔透的各色宝石，还是吸引了许多中国人不辞艰辛，去开辟这条通向希望的印度洋航路。

南海丝绸之路的兴起，也与秦汉开发岭南及其对贸易的重视密不可分。秦始皇征服南越后，设立了南海、桂林、象郡，并积极发展海上交通。西汉初，朝廷实行休养生息政策，由于民众辛勤劳作，很快就使农业、手工业和商业有了很大发展，为汉武帝开疆拓土奠定了重要的物质基础。同时，南越国对岭南的开发也促进了海外贸易发展并使这条海上丝绸之路开始兴起。汉武帝平定南越前后，先后几次派水军航海南征，虽主要出于政治和军事目的，但这些航行也为汉朝积累了航海经验，使其对季风的利用已有充分掌握。

汉武帝还两次派遣张骞出使西方，通过凿空西域，开辟了一条通往中亚和西亚的陆上“丝绸之路”，中国与西域诸国建立联系，汉朝势力由此延伸至中亚一带，并从西域得知地中海一带有大秦国（应为古罗马在西亚的附属国）。于是中国的丝绸就经由陆上丝绸之路进入古罗马地区，很快风靡一时，成为古罗马人追求时尚富贵生活的重要象征。

在古罗马时代，丝绸还是相当稀罕之物，对丝绸的渴求，使古罗马人极想打开通往东方的航线。当时古罗马与汉朝的陆上贸易通道主要有三条：北部的欧亚草原之路、中部的沙漠绿洲之路以及南部的印度洋航路。其中，陆上通道的中转国如安息等古国，为垄断丝绸贸易，故意阻隔交通，并控制了陆上丝绸之路上的贸易，成为运输和贸易中转站。西方商人为获取暴利，就必须找到一条避开安息等国的新路径。

汉武帝平定南越后，除在岭南设置更多郡县外，又开始向南海寻求新的海外通道。他多次派遣使臣前往东南亚、印度洋地区访问，随着西汉中期中外交往日益频繁，从南海经东南亚到印度洋的航线已初步形成。如《汉书·地理志》就详细记载了西汉使臣前往印度洋航线的具体情况：

> 自日南障塞、徐闻、合浦船行可五月，有都元国（在今马来半岛）；又船行可四月，有邑卢没国（在今缅甸沿岸）；又船行可二十余日，有谌离国（在今缅甸沿岸）；步行可十余日，有夫甘都卢国（在缅甸蒲甘城附近）；自夫甘都卢国船行可二月余，有黄支国（在印度）……黄支之南，有已程不国（今斯里兰卡），汉之译使自此还矣。”①

这是我国古代史籍中，对古代海上交通航线的最早、最详尽的记载。当时汉朝海船由黄门译长率领船员航行，携带大量“杂缯”和黄金（故名海上丝绸之路，可谓名副其实），从徐闻、合浦等始发港上船，远航至东南亚和南亚各国，与当地通商，通过贸易，换回明珠、宝石及异域各种产品，再乘船运回汉朝。此外，从海上东传的海外粮食、蔬菜、瓜果、药材、花卉等中华稀有的品种（如茄子、辣椒等）50多个。

由此可见，秦汉时期，秦始皇与汉武帝对岭南地区的先后征服和开发，及其对海外贸易关系的重视，都极大地促进了南海丝绸之路的形成，从而对秦汉海外贸易及其交流也有重要影响，这应当也是秦汉和南越国统治者对南海丝绸之路非

①［汉］班固撰《汉书》卷二十八下《地理志》，中华书局，1962，第1671页。

常重视的原因。在以上因素的共同影响和推动下，南海丝绸之路在汉武帝之后得以兴起。

一、南越国与海上丝绸之路

西汉初期的南越国，就是在秦末汉初这一特殊历史背景下，在岭南地区所形成的地方割据政权。南越国都番禺，在赵佗及其后人长期割据统治下，继续保持了繁荣的贸易格局。在此期间，南越国不仅继续保持与东南沿海其他越族王国的海上联系，而且还发展出海外贸易路线。当时，南越国与东南沿海的闽越国、东瓯国、西瓯、骆越之间的海上贸易主要沿着海岸线航行。此外，南越国与东南亚、南亚以及更远的中亚、西亚文明的海上交通，也很发达。从南越王墓出土的文物，即可证实这一结论。通过汉武帝之前早已形成的海上丝绸之路（其中岭南越人在此方面，曾经发挥了重要的作用，其影响也很深远），南越国船只可到达东南亚、南亚，甚至更远的文明古国。

不可否认的是，战国秦汉时期，岭南越人和东南亚一带的古老文明，在文明程度上，还远不如秦汉王朝。在我国先秦史籍中，对岭南地区各越族有不同的称呼。如《后汉书》载："《礼记》称'南方曰蛮，雕题交阯'。其俗男女同川而浴，故曰交阯。其西有噉人国，生首子辄解而食之，谓之宜弟。味旨，则以遗其君，君喜而赏其父。取妻美，则让其兄。今乌浒人是也。"[①]可见，出身于北方的编史者，大多将岭南越族统称为"蛮"，又根据其独特习俗将今广西南部至越南北部一带的越族聚居区统称为交趾。对于交趾以西的这一大片地区，即今东南亚地区的诸多国家（如老挝、泰国、缅甸）或中国的云南地区（古称益州南部）、西南夷等地区，其了解还远不如后来那样深入。仅知在汉代以前，这一带已形成由先秦食人族所组成的古老部族国家——噉人国，汉代的乌浒人即所谓先秦噉人国部族之后裔。

尽管交趾和东南亚古国中充满着未知的秘密和各种挑战，但在贸易利润的吸引下，早在秦汉时期，南越人以及后来的南越国商人，即通过海上交通，从徐闻、合浦出发，沿着交趾沿海，到达东南亚其他地区，故史籍中以上记载就反映出南越族与东南亚或益州南部古老文明之间早已存在的文化交流。

①［南朝宋］范晔撰《后汉书》卷八十六《南蛮传》，中华书局，1965，第2834页。

二、交趾、日南与海上丝绸之路

汉代南疆一带的海上交通，与交趾以南的许多郡县的沿海港口有关。

1. 交趾

汉代南疆地区的文化中心和重要的出海港口。据《晋书・地理志》载："交州。案《禹贡》扬州之域，是为南越之土。秦始皇即略定扬越，以谪戍卒五十万人守五岭。自北徂南，入越之道，必由岭峤，时有五处，故曰五岭。后使任嚣、赵佗攻越，略取陆梁地，遂定南越，以为桂林、南海、象等三郡，非三十六郡之限，乃置南海尉以典之，所谓东南一尉也。汉初，以岭南三郡及长沙、豫章封吴芮为长沙王。十一年，以南武侯织为南海王。陆贾使还，拜赵佗为南越王，割长沙之南三郡以封之。武帝元鼎六年，讨平吕嘉，以其地为南海、苍梧、郁林、合浦、日南、九真、交趾七郡，盖秦时三郡之地。元封中，又置儋耳、珠崖二郡，置交趾刺史以督之。昭帝始元五年，罢儋耳并珠崖。元帝初元三年，又罢珠崖郡。后汉马援平定交部，始调立城郭置井邑。顺帝永和六年，交趾太守周敞求立为州，朝议不许，即拜敞为交趾刺史。桓帝分立高兴郡，灵帝改曰高凉。建安八年，张津为刺史，士燮交趾太守，共表立为州，乃拜津为交州牧。十五年，移居番禺，诏以边州使持节，郡给鼓吹，以重城镇，加以九锡六佾之舞。"①由此可见，自西汉武帝以来，交州逐渐得到开发，日渐繁荣，由此就成为南海丝绸之路上最重要的停靠地和文明交汇之地。

2. 九真、日南

汉代南疆地区的最南端，与徐闻、合浦、海南岛保持密切联系，同时也是汉代船只通往东南亚、南亚的必经之地。

（1）九真郡

九真郡位于越南中部与北部之间的咽喉地带，与交趾郡相邻，西汉武帝平定南越国叛乱后所设。如《后汉书》载：

> 光武中兴，锡光为交阯，任延守九真，于是教其耕稼，制为冠履，初设媒娉，始知姻娶，建立学校，导之礼义。
>
> 建武十二年，九真徼外蛮里张游，率种人慕化内属，封为归汉里君。明年，南越徼外蛮夷献白雉、白菟。至十六年，交阯女子徵侧及

①［唐］房玄龄等撰《晋书》卷十五《地理志下》，中华书局，1974，第464—465页。

其妹徵贰反，攻郡。徵侧者，麊泠县雒将之女也。嫁为朱鸢人诗索妻，甚雄勇。交阯太守苏定以法绳之，侧忿，故反。于是九真、日南、合浦蛮里皆应之，凡略六十五城，自立为王。交阯刺史及诸太守仅得自守。光武乃诏长沙、合浦、交阯具车船，修道桥，通障谿，储粮谷。十八年，遣伏波将军马援、楼船将军段志，发长沙、桂阳、零陵、苍梧兵万余人讨之。明年夏四月，援破交阯，斩徵侧、徵贰等，余皆降散。进击九真贼都阳等，破降之。徙其渠帅三百余口于零陵。于是领表悉平。①

可见，东汉初期，交趾一带曾发生著名的边郡叛乱，即由徵侧、徵贰指挥的蛮族起义，由交趾郡迅速影响至周边的九真、日南、合浦等郡。后由伏波将军马援等将领率大军，迫使其投降。在岭南广大地区平稳的政治形势影响下，南疆边地也逐步纳入东汉朝廷统治范围。

（2）日南郡

日南郡位于越南中部地区，汉代属南疆边地，时有反叛。如《后汉书》载：

逮王莽辅政，元始二年，日南之南黄支国来献犀牛。凡交阯所统，虽置郡县，而言语各异，重译乃通。人如禽兽，长幼无别。项髻徒跣，以布贯头而著之。后颇徙中国罪人，使杂居其间，乃稍知言语，渐见礼化。②

可见，从西汉中后期开始，汉代日南等郡应属南疆边郡，日南郡蛮夷之族与北方因犯罪迁徙至此的刑徒杂居在一起，由此加强了中原文化与越南中部古老文明之间的贸易联系与文化交流。

东汉时期，日南郡边地与中原之间的联系进一步加强。如《后汉书》载：

肃宗元和元年，日南徼外蛮夷究不事人邑豪献生犀、白雉。和帝永元十二年夏四月，日南、象林蛮夷二千余人寇掠百姓，燔烧官寺，

---

①［南朝宋］范晔撰《后汉书》卷八十六《南蛮传》，中华书局，1965，第2834—2839页。

②［南朝宋］范晔撰《后汉书》卷八十六《南蛮传》，中华书局，1965，第2834—2839页。

郡县发兵讨击，斩其渠帅，余众乃降。于是置象林将兵长史，以防其患。安帝永初元年，九真徼外夜郎蛮夷举土内属，开境千八百四十里。元初二年，苍梧蛮夷反叛。明年，遂招诱郁林、合浦蛮汉数千人攻苍梧郡。邓太后遣侍御史任逴奉诏赦之，贼皆降散。延光元年，九真徼外蛮贡献内属。延光三年，日南徼外蛮复来内属。顺帝永建六年，日南徼外叶调王便遣使贡献，帝赐便金印紫绶。①

可见，东汉中期，因汉朝统一南北并加强了对岭南地区的统治，在这种政治形势下，于是交趾以南的九真、日南诸郡不断要求内属，其后虽时有反叛，但东汉中央王朝因实力不断增强，又恢复了西汉中后期对日南等南疆边地的统治。

东汉顺帝以后，因朝廷政治腐败，西北又先后发生三次以上规模较大的羌汉民族大起义，导致南疆边地逐步产生分离之心。如《后汉书》载：

永和二年，日南、象林徼外蛮夷区怜等数千人攻象林县，烧城寺，杀长吏。交阯刺史樊演发交阯、九真二郡兵万余人救之。兵士惮远役，遂反，攻其府。二郡虽击破反者，而贼势转盛。会侍御史贾昌使在日南，即与州郡并力讨之，不利，遂为所攻。围岁余而兵谷不继，帝以为忧。

明年，召公卿百官及四府掾属，问其方略，皆议遣大将，发荆、杨、兖、豫四万人赴之。大将军从事中郎李固驳曰：若荆、杨无事，发之可也。今二州盗贼槃结不散，武陵、南郡蛮夷未辑，长沙、桂阳数被征发，如复扰动，必更生患。其不可一也。又兖、豫之人卒被征发，远赴万里，无有还期，诏书迫促，必致叛亡。其不可二也。南州水土温暑，加有瘴气，致死亡者十必四五。其不可三也。远涉万里，士卒疲劳，比至岭南，不复堪斗。其不可四也。军行三十里为程，而去日南九千余里，三百日乃到，计人禀五升，用米六十万斛，不计将吏驴马之食，但负甲自致，费便若此。其不可五也。设军到所在，死亡必众，既不足御敌，当复更发，此为刻割心腹以补四支。其不可六也。九真、日南相去千里，发其吏民，犹尚不堪，何况乃苦四州之卒，

①[南朝宋]范晔撰《后汉书》卷八十六《南蛮传》，中华书局，1965，第2834—2839页。

以赴万里之艰哉！其不可七也。

前中郎将尹就讨益州叛羌，益州谚曰：虏来尚可，尹来杀我。后就征还，以兵付刺史张乔。乔因其将吏，旬月之间，破殄寇虏。此发将无益之效，州郡可任之验也。宜更选有勇略仁惠任将帅者，以为刺史、太守，悉使共住交阯。今日南兵单无谷，守既不足，战又不能。可一切徙其吏民，北依交阯，事静之后，又命归本。还募蛮夷，使自相攻，转输金帛，以为其资。有能反间致头首者，许以封侯列士之赏。故并州刺史长沙祝良，性多勇决，又南阳张乔，前在益州有破虏之功，皆可任用。昔太宗就加魏尚为云中守，哀帝即拜龚舍为太山太守。宜即拜良等，便道之官。

四府悉从固议，即拜祝良为九真太守，张乔为交阯刺史。乔至，开示慰诱，并皆降散。良到九真，单车入贼中，设方略，招以威信，降者数万人，皆为良筑起府寺。由是岭外复平。[①]

可见，东汉中后期，朝廷实力虽有所减弱，但只要朝廷任命具有信义的太守或将领等地方官员，通过恩威并重的策略，就能将日南、象林和交趾、九真等边郡的蛮夷起义或叛乱平定。

此后，日南等郡蛮夷仍时有反叛，但即将在这种情况下，日南徼外国与东汉王朝之间早已建立的朝贡关系仍延续下去。如《后汉书》载：

建康元年，日南蛮夷千余人复攻烧县邑，遂扇动九真，与相连结。交阯刺史九江夏方开恩招诱，贼皆降服。时梁太后临朝，美方之功，迁为桂阳太守。桓帝永寿二年，居风令贪暴无度，县人朱达等及蛮夷相聚，攻杀县令，众至四五千人，进攻九真，九真太守儿式战死。诏赐钱六十万，拜子二人为郎。遣九真都尉魏朗讨破之，斩首二千级，渠帅犹屯据日南，众转强盛。延熹三年，诏复拜夏方为交阯刺史。方威惠素著，日南宿贼闻之，二万余人相率诣方降。灵帝建宁三年，郁林太守谷永以恩信招降乌浒人十余万内属，皆受冠带，开置七县。熹

①［南朝宋］范晔撰《后汉书》卷八十六《南蛮传》，中华书局，1965，第2834—2839页。

平二年冬十二月，日南徼外国重译贡献。光和元年，交阯、合浦乌浒蛮反叛，招诱九真、日南，合数万人，攻没郡县。四年，刺史朱俊击破之。六年，日南徼外国复来贡献。[①]

可见，从西汉中后期至东汉中后期，两汉王朝以及两汉之际由王莽篡权而建立的新朝，均与南疆边地以及日南以外的东南亚其他地区之间，发生过密切的政治、经济和文化交流。尤其是因朝贡而建立的经济和文化交流，影响深远，以致于北方学者与史官对此印象深刻，将其中的许多内容通过史书内容记载下来，保存至今。

①［南朝宋］范晔撰《后汉书》卷八十六《南蛮传》，中华书局，1965，第2834—2839页。

第六章
汉魏六朝时期造船与航海技术的进步

第一节　汉代造船与航海技术的进步

秦汉时期的造船与航海技术是在先秦越人早已奠定的基础上，经过西周至春秋战国时期的演变，逐步发展形成更大的规模。先秦时期，越人以舟为车。据《越绝书》载："勾践喟然叹曰：'夫越性脆而愚，水行而山处，以船为车，以楫为马，往若飘风，去则难从，锐兵任死，越之常性也。'"[①]这是指江浙一带的东越人，出行完全依靠船只在水中航行，居住则多在水边的山上。不过，吴国人或越人的祖先，多采用木头来造船。这一点可从河姆渡遗址（新石器早期文化）和江浙一带的其他遗址中得到证实。

相比之下，岭南各地的南越、西瓯、骆越等古代民族也很擅长航海或在内河（如西江、北江、东江）中航行。但岭南越人多用当地盛产的铜来造船，如《后汉书·郡国志》引《交州记》："越人铸铜为船，在江潮退时见。"[②]又《太平御览》引《交州记》："安定县有越王铜船，潮退时有见者。合浦四十里有潮，又阴雨日，百姓采樵见铜船出水上。"[③]说明汉代交州合浦一带，当地百姓时常见到越王乘坐的铜船在海上出没。由此也可以看出，岭南越人确实很擅长航海，也会用铜等金属造船，由此就可远达南海周边各国，从事远距离的航海贸易。

战国秦汉时期，岭南越人的造船业已较发达。据《太平御览》引《南州异物志》："外域人名舡曰舡，大者长二十余丈，高去水三二丈，望之如阁道，载

①[汉]袁康撰《越绝书》卷八《记地传》，上海古籍出版社，1985，第58页。

②[南朝宋]范晔撰《后汉书·志》卷二十三《郡国志五》刘昭注引《交州记》，中华书局，1965，第3532页。

③[宋]李昉等：《太平御览》卷七百六十九《舟部二》引刘欣期《交州记》，中华书局，1960，第3412页。

六七百人，物出万斛。”[①]可见，当时岭南交州一带的大船，已能装载六七百人和大量货物。

两汉时期，交州海船大多利用风力航行，受到自然条件的限制还比较大，仅能靠近海岸航行。据《太平御览》引《南州异物志》：“外徼人随舟大小，或作四帆，前后沓载之。有卢头木，叶如牖形，长丈余，织以为帆。其四帆不正，前向皆使邪移相聚，以取风吹，风后者激而相射，亦並得风力。若急，则随宜城灭之邪，张相取风气，而无高危之虑，故行不避迅风，激波所以能疾。”[②]可见，岭南交州一带的航海技术已较为先进，由此就能远航至东南亚各国。

关于秦汉时期的航海史及其航海技术，目前许多学者都认为，秦汉时期是中国古代航海史上一个很重要的造船技术和航海技术大发展期。在这一时期，我国各地的造船机构已相对较为完备，造船场地的分布也比较广泛。汉代海船上，普遍安装了甲板、橹、帆、舵和锚。秦汉时期有名的“楼船”，正是秦汉帝国时期造船技术达到相当高超水平的集中体现。此外，早在汉代，人们已掌握和具备了相当丰富的古代天文知识，扩展了海洋地理知识，掌握了海上季风的变化规律，解释了江河入海口的暴涨潮现象。造船技术和航海技术的发展，促成了中国与印度洋沿岸诸国的海上联系。

六朝虽经历长期战乱和分裂，但不管是十六国和东晋时期，还是南北朝长期分裂和对立时期，南北方各地的政治、经济、文化，都比汉晋时期有了进一步发展。尤其是六朝时期的造船与航海技术，在秦汉时期大规模造船（按：秦汉时期的官方造船业，在春秋战国造船业的基础上，有了突飞猛进的发展，足以与其他文明古国的战船，如古希腊的多层战舰相媲美。如南越国都城番禺，就曾出土有南越王宫和造船遗址，足以证明当时岭南造船业已相当发达），以及秦汉通过“楼船”进行近岸远航等先进航海技术的基础上，又有了更大的发展和长足的进步。江东地区的先民很早就已积累了相当丰富的航海知识与技术，这可以从先民们的探索历史中不断得到印证。

第二节　六朝时期船舶制造技术的进步

三国两晋至南北朝时期，我国沿海造船业有了很大发展，在秦汉时期造船技

①［宋］李昉等：《太平御览》卷七百六十九《舟部二》引《南州异物志》，中华书局，1960，第3412页。

②［宋］李昉等：《太平御览》卷七百七十一《舟部四》引《南州异物志》，中华书局，1960，第3419页。

术取得很大进步的基础上，六朝时期又有了更大的发展和长足的进步，尤其是东吴的造船技术，比东汉时期又有了很大的进步。

1. 东吴时期的船舶制造

据《三国志》所载相关内容可知，东吴在江南的手工业兴盛，其中造船业尤为发达。造船业集中的地区，主要是在长江中下游的苏州、无锡、安庆等地，所造船只多是平底的内河船。孙权建立东吴后，造船业中心移往建安郡侯官、临海郡永宁县、横萸船屯、南海郡番禺县等重要的沿海港口。

孙权还通过设置典船都尉，专门管理这些港口的造船工场。孙吴时期所造船只，除水军舰只外，其余多为商船，数量多，船体也大，龙骨结构合理，船体质量较高。

据《太平御览》引《武昌记》："孙权尝装一舡，名大舡，容敌士三千人。"① 可见，孙吴时期已能制造吨位很大的船舶，这主要也是为了在海上或长江等内河上能够装载更多的水军士兵。

孙吴时期，为控制长江中下游一带的港口，非常重视用于长江水运的船舶制造。据《水经注》卷三十五《江水》："樊口之北有湾，昔孙权装大船，名之曰'长安'，亦曰'大舶'，载坐直之士三千人，与群臣泛舟江津，属值风起，权欲西取泸州，谷利不从，乃拔刀急上，令取樊口薄，船舶至岸而败，故名其处为败舶湾。"② 可知，当时孙权急于乘船向西攻打长江上游的泸州，但吴军即使拥有能承载三千名武士的大舶，却在樊口败于曹魏，或因风大浪急，故在谷利等将领劝阻下被迫退回。据《三国志·江表传》："权于武昌新装大船，名为长安，试泛之钓台圻。时风大盛，谷利令柂工取樊口。权曰：'当张头取罗州。'利拔刀向柂工曰：'不取樊口者斩。'工即转柂入樊口，风遂猛不可行，乃还。权曰：'阿利畏水何怯也?'利跪曰：'大王万乘之主，轻于不测之渊，戏于猛浪之中，船楼装高，邂逅颠危，奈社稷何? 是以利辄敢以死争。'权于是贵重之，自此后不复名之，常呼曰谷。"③ 由此也可以看出，当时孙权下令建造的楼船很高，在风大浪急的情况下，容易遭到"颠危"的现象。笔者认为，这也是汉末曹操虽统率八十万大军（按：号称八十万，实则仅十余万精锐部队），但最终仍无法取胜的船舶原因。

①[宋] 李昉等：《太平御览》卷七百七十《舟部三·舟下》引《武昌记》，中华书局，1960，第3413页上。
②郦道元：《水经注校注》卷三十五《江水》，陈桥驿校注，中华书局，2014，第807页。
③[晋] 陈寿撰《三国志》卷四十七《吴主传》引《江表传》，中华书局，1959，第1133—1134页。

三国时期，东吴使者谢宏的船虽小，仍能载马八十匹而返回江东。据《三国志》载："宏即缚得三十余人质之，(高句丽王)宫于是谢罪，上马数百匹。宏乃遣咨、固奉诏书赐物与宫。是时宏船小，载马八十匹而还。"[①]可见孙吴所制造的船舶，载重量已经很大，说明东吴造船业尤其是江东一带的造船业已很发达，造船技术也很先进。正因为如此，三国时期，吴人与曹魏、蜀汉人相比，尤擅长航海。如《太平御览》引《吴志》："又曰吴人以舟楫为舆马，以巨海为夷庚也。"[②]

三国东吴时期，岭南还有"筏"。据《太平御览》引《吴录·地理志》："苍梧高要县，郡下人避瘴气，乘筏来停此。六月来，十月去，岁岁如此。"[③]

早在汉末，孙吴已知建造船坞的重要性。据《三国志》："权欲作坞，诸将皆曰：'上岸击贼，洗足入船，何用坞为?'吕蒙曰：'兵有利钝，战无百胜，如有邂逅，敌步骑蹙人，不暇及水，其得入船乎?'权曰：'善。遂作之。'"[④]又据《三国志》载："方今百僚济济，俊乂盈朝，武臣猛将，折冲万里，国富兵强，六军精练，思复翰飞，饮马南海。自顷国家整修器械，兴造舟楫，简习水战，楼船万艘，千里相望，刳木已来，舟车之用未有如今之殷盛者也。"[⑤]可见，东吴楼船规模已远超前代。直至吴末，其规模不减。西晋派军灭吴后，收其舟船，还剩五千余艘。如《三国志》载："濬收其图籍，领州四，郡四十三，县三百一十三，户五十二万三千，吏三万二千，兵二十三万，男女口二百三十万，米谷二百八十万户，舟船五千余艘，后宫五千人。"[⑥]

三国时期，吴军在水战中，被敌军俘获的战船，也多达万艘。如《三国志》载："今征东诸将与权党吕范等水战，则斩首四万，获船万艘。"[⑦]

2. 曹魏、西晋时期的船舶制造

魏晋时期，著名文学家左思在《吴都赋》里说："水浮陆行，方舟结驷。唱稽转毂，昧旦永日，开市朝而并纳，横阛阓而流溢。混品物而同廛，并都鄙而为一。士女伫眙，商贾骈坒。纻衣絺服，杂沓傱萃。轻舆按辔以经隧，楼船芐举

①[晋]陈寿撰《三国志》卷四十七《吴书·孙权传》，中华书局，1959，第1140页。
②[宋]李昉等:《太平御览》卷七六八《舟部一·叙舟上》引《吴志》，中华书局，1960，第3407页下。
③[宋]李昉等:《太平御览》卷七七一《舟部·筏》引《吴录·地理志》，中华书局，1960，第3417页下。
④[晋]陈寿撰《三国志》卷五十四《吕蒙传》引《吴录》，中华书局，1959，第1275页。
⑤[晋]陈寿撰《三国志》卷五十六《孙楚传》，中华书局，1959，第1541页。
⑥[晋]陈寿撰《三国志》卷四十八《三嗣主传》引《晋阳春秋》，中华书局，1959，第1177页。
⑦[晋]陈寿撰《三国志》卷二《魏书·文帝纪》引《魏书》，中华书局，1959，第82页。

帆而过肆。”[①]可见，三国时期的吴都（建业）已有“方舟”“楼船”等水上交通工具，故能在江河湖海航行。

魏晋时期，王濬在伐吴前曾造大舰、大筏。据《晋书·王濬传》：“武帝谋伐吴，诏濬修舟舰。濬乃作大船连舫，方百二十步，受二千余人。以木为城，起楼橹，开四出门，其上皆得驰马来往。又画鹢首怪兽于船首，以惧江神。舟楫之盛，自古未有。濬造船于蜀，其木柿蔽江而下。”[②]另据《资治通鉴》载：“濬从之，令樊典造舟舰器仗。于是作大舰，长百二十步，受二千余人，以木为城，起楼橹，开四出门，其上皆得驰马往来。”[③]以上蜀地所造大船，连为一体并顺江而下，最终帮助晋军，顺利地攻下吴都建业，成功灭吴。如《晋书》载：“太康元年正月，濬发自成都，率巴东监军、广武将军唐彬攻吴丹杨，克之，擒其丹杨监盛纪。吴人于江险碛要害之处，并以铁锁横截之，又作铁锥长丈余，暗置江中，以逆距船。先是，羊祜获吴间谍，具知情状。濬乃作大筏数十，亦方百余步，缚草为人，被甲持杖，令善水者以筏先行，筏遇铁锥，锥辄著筏去。又作火炬，长十余丈，大数十围，灌以麻油，在船前，遇锁，然炬烧之，须臾，融液断绝，于是船无所碍。”[④]

西晋也有“轻艇”，如陆机《思归赋》：“棹河渊之轻艇。”[⑤]

西晋时期，古人曾解舫为单舸。如《艺文内聚》引王隐《晋书》载：“顾荣徵侍中，见王路塞绝，便乘船而还。过下邳，遂解舫为单舸，一日一夜行五六百里，遂得免。”[⑥]可知，西晋以来，舫、舸亦为船舶名称，在顺风的情况下，船速极快。

3. 东晋时期的船舶制造

东晋末年，卢循起义作八槽舰。据《艺文类聚》引《义熙起居注》：“卢循新作八槽舰九枚，起四层，高十余丈。”[⑦]可知卢循建造的八槽舰，是高达十余丈（共四层）的楼船。

---

①［晋］左思：《吴都赋》，载萧统著、李善注《文选》，上海古籍出版社，1986，第219页。
②［唐］房玄龄撰《晋书》卷四十二《王濬传》，中华书局，1974，第1208页。
③［宋］司马光等撰《资治通鉴》卷七十九《晋纪一》，中华书局，1956，第2522页。
④［唐］房玄龄撰《晋书》卷四十二《王濬传》，中华书局，1974，第1209页。
⑤［宋］李昉等：《太平御览》卷七七一《舟部》引陆机《思归赋》，中华书局，1960，第3417页上。
⑥［唐］欧阳询撰《艺文类聚》卷七十一《舟车部》引王隐《晋书》，上海古籍出版社，第1233页。
⑦［唐］欧阳询撰《艺文类聚》卷七十一《舟车部》引《义熙起居注》，上海古籍出版社，第1234页。

东晋末年，卢循于番禺连旗而下，戎卒十万，舳舻千计攻京都。据《晋书·卢循传》："循遣道覆寇江陵，未至，为官军所败，驰走告循曰：'请并力攻京都（东晋都建康），若克之，江陵非所忧也。'乃连旗而下，戎卒十万，舳舻千计，败卫将军刘毅于桑落洲，迳至江宁（临近建康）。道覆素有胆决，知刘裕已还，欲乾没一战，请于新亭至白石，焚舟而上，数道攻之。"[①]可见，卢循为攻打东晋都城建康，用上千艘"舳舻（按：指首尾相接的长方形船只）"，搭载武装后的士兵十万名，顺江而下，但在江宁受阻，为上岸与刘裕决战，卢循姊夫徐道覆不惜焚烧这批舰船，实为可惜。由此也可以看出，东晋时期的船舶制造业已很发达，但东晋末年因战争而破坏的船只规模亦很大。

东晋末年，卢循建造的"舰"能攻打建康外围的石头城。据《建康实录·安皇帝》载："（卢）循军聚而观之，惮于陆战，乃引舰攻石头栅城。"[②]《建康实录·太祖文皇帝》亦载："壬午，内外戒严，沿江六七百里舰舳相接。"[③]可见，当时卢循水军声势和舰船规模都很大。

东晋末年，北府兵将领刘毅不听刘裕劝阻，攻打卢循水军（声势浩大，舰船众多），果遭惨败。据《建康实录·高祖武皇帝》载："夏四月乙未，至京师，刘毅表南征，帝止之，毅不从，果拜于桑落洲，众皆没，毅登岸走免。卢循闻帝之归，恐，欲以董兵寻阳，西取荆、雍。道覆遣乘胜乃下，贼众十万余，舳舻且千里楼船百余双，败，军归，尤言其盛。"[④]可见，卢循水军规模很大。

东晋已有用于水战的战船（如"飞云舡""苍隼舡""飞鸟舡"等）。据《太平御览》引《晋令》："水战，飞云舡相去五十步，苍隼舡相去四十步，金船相去三十步，小儿先登，飞鸟舡相去五十步。"[⑤]

东晋宫内有不同池沼和各种船类。据《太平御览》引《晋宫阁记》："天渊池中紫宫舟、升进舡。曜阳池有飞龙舟、射猎舟。灵芝池有鸣鹤舟、指南舟。舍利池有云母舟、无极舟。都亭池有华润舟、常安舟。"[⑥]宫廷中的舟、舡，都有不同

---

①［唐］房玄龄撰《晋书》卷一百《卢循传》，中华书局，1974，第2635页。
②［唐］许嵩撰《建康实录》卷十《安皇帝》，中华书局，1986，第333页。
③［唐］许嵩撰《建康实录》卷十二《太祖文皇帝》，中华书局，1986，第448页。
④［唐］许嵩撰《健康实录》卷十一《高祖武皇帝》，中华书局，1986，第372页。
⑤［宋］李昉等：《太平御览》卷七六九《舟部（二）·叙舟中》引《晋令》，中华书局，1960，第3409页下。
⑥［宋］李昉等：《太平御览》卷七六九《舟部（二）·叙舟中》引《晋宫阁记》，中华书局，1960，第3409页下。

用途，从名称看，应很华美。

汉晋时期，安定县有越王乘坐的铜舡。据《太平御览》引《交州记》："安定县有越王铜舡，潮退时有见者。合浦四十里有潮，阴雨日，百姓樵采，见铜舡出水上。"[①]可见岭南越人善于用铜来建造海上行驶的大船。

东晋时期，法显归途所乘坐的海船漏而不沉。据《高僧法显传》："得此梵本已，即载商人大舶上，可有二百余人。后系一小舶，海行艰崄。以备大舶毁坏。得好信风，东下三日，便值大风，舶漏水入。"[②]又载："如是大风昼夜十三日到一岛边。潮退之后，见船漏处即补塞之。"[③]可见，东晋时期商人所用大舶装载人数可达二百多人，海船在海上遇大风却不沉，可继续航行上十天才补修。

东晋末年，刘裕族弟刘遵考曾防守长江中下游各津要，乘船巡逻达六七百里。据《资治通鉴》："命领军将军刘遵考等将兵分守津要，游逻上接于湖，下至蔡洲，陈舰列营，周亘江滨，自采石至于暨阳，六七百里。"[④]

4. 南朝时期的船舶制造

（1）刘宋时期的船舶制造

南朝刘宋孝武帝刘骏时，舟航之盛已达到汉晋时期所无法相比的程度。据《初学记》引《京邦记》："《西巡记》曰：宋孝武度六合，龙舟翔凤以下，三千四十五艘。舟航之盛，三代两京无比。"[⑤]可见，南朝刘宋非常重视海外交通，致使海船制造也达到一个新的高度。

南朝刘宋时期，陆纳造大舰用于祭祀和水战。据《南史》载："初，纳造大舰，一名曰三王舰者，邵陵王、河东王、桂阳嗣王三人并为元帝所害，故立其像于舰，祭以太牢，加其节盖羽仪鼓吹，每战辄祭之以求福。又造二舰，一曰青龙舰，一曰白虎舰，皆衣以牛皮，并高十五丈，选其中尤勇健者乘之。"[⑥]

（2）南齐时期的船舶制造

南朝宋齐时期的著名数学家祖冲之，也精通机械制造，曾造千里船，速度极快。据《南史》载："（祖）冲之解钟律塞，当时独绝，莫能对者。以诸葛亮有木

①[宋]李昉等：《太平御览》卷七六九《舟部（二）·叙舟中》引刘欣期《交州记》，第3412页上。
②[晋]法显撰《高僧法显传》，《大正藏》册五十一，第865页下。
③[晋]法显撰《高僧法显传》，《大正藏》册五十一，第866页上。
④[宋]司马光撰《资治通鉴》卷一百二十五《宋纪（七）》，中华书局，1956，第3960页。
⑤[唐]徐坚等：《初学记》卷二十五《器物部·舟》引陶季直《京邦记》，中华书局，1962，第610页。
⑥[唐]李延寿撰《南史》卷六十三《王神念传》，中华书局，1975，第1539—1540页。

牛流马，及造一器，不因风水，施机自运，不劳人力。又造千里船，于新亭江试之，日行百余里。”[①]可见，祖冲之所造千里船，不用风力，可能是用机械动力推动船只行驶，但不知用何燃料来推动机械。

据左思《吴都赋》：“篙工楫师，选自闽禺，习御长风，狎玩灵胥。”[②]说明汉晋以来，闽地沿海和番禺等地有船工，用长篙来驾驶船只。

南齐时期，也有三层舰。据《南齐书》载：“郢城既不可攻，而平西将军黄回军至西阳，乘三层舰，作羌胡伎，溯流而进。”[③]

（3）梁朝时期的船舶制造

梁朝时期，扶南国为拓展海外贸易，治作大船。据《梁书》载：“乃治作大船，穷涨海，攻屈都昆、九稚、典孙等十余国，开地五六千里。”[④]由此得以开疆拓土。另据《太平御览》引《吴时外国传》：“扶南国伐木为舡，长者十二寻，广六尺，头尾似鱼，皆以铁摄露装，大者载百人，人有长短人桡及篙各一，从头至尾有五十人或四十二人，随船大小，行则用长桡，坐则用短桡，浅水乃用篙，皆当上应声如一。”[⑤]可知扶南国的大船用木制成，大舡可载百人。

南朝时期，扶南国治生皆用黄金僦船东西。据《异苑》：“扶南国治生皆用黄金僦船东西，远近雇一斤。时有不至所届，欲减金数，舡主便作幻诳，使船底砑折，状欲沦滞海中，进退不动。众人惶怖，还请赛船合如初。”[⑥]可见，扶南国的船主经常在海上，用沉船来威胁乘客，以获取黄金。

汉晋以来，已有艑、舶之分。据《大方广佛华严经》载：“船舶，音白。埤苍：舶，大船也。《通俗文》：吴船曰艑，晋船曰舶。大者长二十丈，载六七百人者是也。”[⑦]可见，这是南朝时期佛家在说东吴与东晋船名之不同。另据《三具足论》引《字林》：“大船也，今江南泛海船谓之舶，昆仑及高丽皆乘之，大者万斛也。”[⑧]南朝人将南海古国中的黑人、阿拉伯人或印度人中肤色较黑者，称为“昆

---

①［唐］李延寿撰《南史》卷七十二《祖冲之传》，中华书局，1975，第1774页。

②［晋］左思：《吴都赋》，载萧统著、李善注《文选》，上海古籍出版社，1986，第227页。

③［梁］萧子显撰《南齐书》卷二十四《柳世隆传》，中华书局，1972，第449页。

④《梁书》卷五十四《海南诸国》，第788页。

⑤《太平御览》卷七六九《舟部（二）·叙舟中》引《吴时外国传》，第3411页上。

⑥［南朝宋］刘敬叔撰《异苑》卷九，中华书局，1991，第196—197页。

⑦《一切经音义三种校本合刊索引》卷一《大方广佛华严经》，第12页下。

⑧王华权、刘景云编撰《一切经音义三种校本合刊索引》卷十《三具足论》引《字林》，徐时仪审校，第217页上。

仑奴”。可见，南朝时期的海上船舶已能航行至东南亚、南亚或西亚，也可向东航行至高丽（今朝鲜半岛北部）。另据《根本说一切有部毗奈耶大律》载：“破舶，下音白。司马彪注《庄子》云：海中大船曰舶。《广雅》：舶，海舟也。入水六十尺，驱使运载千余人，除货物，亦曰昆仑舶。运动此船多骨论，为水匠用椰子皮为索，连缚葛览，糖灌塞令水不入，不用钉鍱，恐铁热火生，累木枋而为之，板薄恐破，长数里，前后三节，张帆使风，亦非人力能动也。”①可见，南朝时期的海舶用椰子皮作为绳索，张帆使用风力行驶，船舶制造与航海技术都已达到很高超的水平。

南朝时期，中国以外的外域人也能制作大船。据《太平御览》引《南州异物志》：“外域人名舡曰舡，大者长二十余丈，高去水三二丈，望之如阁道，载六七百人，物出万斛。”②可见当时的外域大船承载量也很大，可以装运多达万斛的货物。另据《南州异物志》载：“外缴人随舟大小，或作四帆，前后沓载之，有卢头木叶，如牖形，长丈馀，织以为帆。其四帆不正，前向皆使邪移相聚，以取风吹。风后者激而相射亦并得风力，若急则随宜增减之。邪张相取风气，而无高危之虑。故行不避迅风，激波所以能疾。”③说明南海诸国的船只利用风力的技术已很高超。另据《太平御览》引《扶南传》：“涨海（南海）中，倒珊瑚洲，洲底有盘石，珊瑚生其上。”④说明海船经过南海时，有珊瑚可作为贡物。又据《太平御览》引《南州异物志》：“涨海崎头水浅，而多磁石。外缴人乘大舶，皆以铁鍱鍱之，至此关以磁石不得过。”⑤说明南海诸国的海船装有铁具，航行至南沙群岛时，因磁石而不得通过。同时也可看出，涨海崎头在海上丝绸之路贸易中，具有重要的战略地位。

南朝时期，贾人（商人）以桄榔缚船，以橄榄糖泥船。据《岭表录异》：“贾人船不用铁打，只使桄榔须系缚，以橄榄糖泥之。糖干甚坚，入水如漆也。”⑥

①王华权、刘景云编撰《一切经音义三种校本合刊索引》卷六十一《根本说一切有部毗奈耶大律》卷三十二，第1588页下—1588页上。

②[宋]李昉等：《太平御览》卷七百六十九《舟部二·叙舟中》引《南州异物志》，中华书局，1960，第3412页上。

③[宋]李昉等：《太平御览》卷七百七十一《舟部四·帆》引《南州异物志》，中华书局，1960，第3419页上。

④[宋]李昉等：《太平御览》卷六百九《地部三四·洲》引《扶南传》，中华书局，1960，第327页上。

⑤[宋]李昉等：《太平御览》卷九百八十八《药部五·磁石》引《南州异物志》，中华书局，1960，第4372页上。

⑥[唐]刘恂：《岭表录异》，广西人民出版社，1983，第8页。

可见，南海商人懂得用热带所产的桄榔、橄榄糖来加固海船。又据《岭表录异》载：“桄榔树生广南山谷，枝叶并蕃茂，与枣、槟榔等树小异。然叶下有须，如粗马尾。广人采之，以织巾子。其须尤宜咸水浸渍，即粗胀而韧，故人以此缚船，不用钉线。”[①]可见，桄榔须是广州商人用来缚船的好材料。又据嵇含《南方草木状》“桄榔（树），树似栟榈，中实。其皮可作绠，得水则柔韧，胡人以此联木为舟”[②]亦可为证。

橄榄糖也是南朝商人用来泥船的好材料。据《岭表录异》载：“橄榄，树身耸枝，皆高数尺，其子深秋方熟。闽中尤重此味，云咀之香口，胜含鸡舌香。生吃及煮饮悉解酒毒。有野生者，子繁树峻，不可梯缘，则但刻其根下方寸许，内盐于其中，一夕，子皆自落。树枝节上生脂膏如桃胶，南人采之，和其皮叶煎之，调如黑汤，谓之橄榄糖。用泥船损，干后牢于胶漆，著水益干耳。”[③]可见，南朝时期的闽中人尤其喜欢吃橄榄。

梁朝名将羊侃，曾于两艖艄起三间通梁水齐。据《梁书・羊侃传》载：“初赴衡州，于两艖艄（应为南朝时期的船舶）起三间通梁水齐，饰以珠玉，加之锦缋，盛设帷屏，陈列女乐，乘潮解缆，临波置酒，缘塘傍水，观者填咽。”[④]可见南朝时期的船舶，装饰已很精美，可在船上饮酒作乐。如左思《吴都赋》“弘舸连舳，巨槛接舻，飞云盖海，制非常模。叠华楼而岛跱，时仿于方壶”[⑤]亦可为证。又如左思《吴都赋》引《江表传》：“孙权乘飞云大船。”[⑥]《初学记》引《京邦记》：“《西巡记》曰：宋孝武帝度六合，合龙舟翔凤以下，三千四十五艘。舟航之盛，三代二京无比。”[⑦]以上三国至南朝刘宋，皆有大船可供帝王享乐。

梁朝时期，名将王僧辩也曾用大舰击败贼帅侯子鉴。据《梁书》载：“及王师次于南州，贼帅侯子鉴等率步骑万余人于岸挑战，又以千艘并载士，两边悉八十棹，棹手皆越人，去来趣袭，捷过风电。僧辩乃麾细船，皆令退缩，悉使大

---

①［唐］刘恂：《岭表录异》，广西人民出版社，1983，第17页。

②［晋］嵇含《南方草木状》，载《南越五主传及其他七种》，广东人民出版社，1982，第64页。

③［唐］刘恂：《岭表录异》，广西人民出版社，1983，第19页。

④［唐］姚思廉撰《梁书》卷三十九《羊侃传》，中华书局，1973，第561页。

⑤［晋］左思《吴都赋》，载萧统著、李善注《文选》，上海古籍出版社，1986，第227页。

⑥［晋］左思《吴都赋》，载萧统著、李善注《文选》，上海古籍出版社，1986，第227页。

⑦《初学记》卷二十五《器物部・舟》引陶季直《京邦记》，中华书局，1962，第610页。

舰夹泊两岸。贼谓水军欲退，争出趋之，众军乃棹大舰，截其归路，鼓噪大呼，合战中江，贼悉赴水。”①

梁末，侯景以船贮石塞淮口。据《陈书》载：“侯景登石头城观望形势，意甚不悦，谓左右曰：‘此军上有紫气，不易可当。’乃以舣艕贮石沈塞淮口，缘淮作城，自石头迄青溪十余里中，楼雉相接。”②可见，侯景亦有“舣艕”，可装载石料来堵塞淮口。

梁末，徐世谱善造水战之具。据《陈书》载：“侯景之乱，因预征讨，累迁至员外散骑常侍。寻领水军，从司徒陆法和讨（侯）景，与景战于赤亭湖。时景军甚盛，（徐）世谱乃别造楼船、拍舰、火舫、水车以益军势。将战，又乘大舰居前，大败景军，生擒景将任约，（侯）景退走。因随王僧辩攻郢州，世谱复乘大舰临其仓门，贼将宋子仙据城降。以功除使持节、信武将军、信州刺史，封鱼复县侯，邑五百户。仍随僧辩东下，恒为军锋。又破景将侯子鉴于湖熟。侯景平后，以功除通直散骑常侍、衡州刺史资，领河东太守，增邑并前一千户。”③可见徐世谱利用楼船等大舰，击败侯军叛军。又据《陈书》载：“西魏来寇荆州，世谱镇马头岸，据有龙洲，元帝授侍中、使持节、都督江南诸军事、镇南将军、护军将军，给鼓吹一部。江陵陷没，世谱东下依侯瑱。绍泰元年，征为侍中、左卫将军。高祖之拒王琳，其水战之具，悉委世谱。世谱性机巧，谙解旧法，所造器械，并随机损益，妙思出入。”④可见，徐世谱之所以在梁末陈初的乱世中得以胜出，都因他善作水战之具，即善于制造船舶。

据《资治通鉴》载：“（侯）景召石头津主张宾，使引淮中舣艕及海艟，以石缒之，塞淮口。”⑤以上“舣艕及海艟”皆为大船。

（4）陈朝时期的船舶制造

陈朝时期，欧阳纥据有岭南反，诏昭达都督众军讨之。据《陈书》载：“昭达倍道兼行，达于始兴。纥闻昭达奄至，恇扰不知所为，乃出顿洭口，多聚沙石，盛以竹笼，置于水栅之外，用遏舟舰。昭达居其上流，装造拍，以临贼栅。

---

①［唐］姚思廉撰《梁书》卷四十五《王僧辩》，中华书局，1973，第628页。

②［唐］姚思廉撰《陈书》卷一《高祖本纪上》，中华书局，1972，第5页。

③［唐］姚思廉撰《陈书》卷十三《徐世谱传》，中华书局，1972，第197页。

④［唐］姚思廉撰《陈书》卷十三《徐世谱传》，中华书局，1972，第198页。

⑤［宋］马司光等撰《资治通鉴》卷一百六十四《梁纪》二十，中华书局，1956，第5080页。

又令军人衔刀，潜行水中，以斫竹笼，笼篾皆解。因纵大舰随流突之，贼众大败，因而擒纥，送于京师，广州平。以功进车骑大将军，迁司空，馀并如故。”①可见当时乱军在北江上（按：洭口在英德一带）也曾用大舰，但仍无法阻止章昭达的进攻。陈末，杨素曾造大舰以伐陈。据《隋书》载：

> 素居永安，造大舰，名曰五牙，上起楼五层，高百余尺，左右前后置六拍竿，并高五十尺，容战士八百人，旗帜加于上。次曰黄龙，置兵百人。自馀平乘、舴艋等各有差。
>
> 及大举伐陈，以素为行军元帅，引舟师趣三硖。军至流头滩，陈将戚欣以青龙百余艘、屯兵数千人守狼尾滩，以遏军路。其地险峭，诸将患之。
>
> 素曰："胜负大计，在此一举。若昼日下船，彼则见我，滩流迅激，制不由人，则吾失其便。"乃以夜掩之。
>
> 素亲率黄龙数千艘，衔枚而下，遣开府王长袭引步卒从南岸击欣别栅，令大将军刘仁恩率甲骑趣白沙北岸，迟明而至，击之，欣败走。
>
> 悉虏其众，劳而遣之，秋毫不犯，陈人大悦。
>
> 素率水军东下，舟舻被江，旌甲曜日。素坐平乘大船，容貌雄伟，陈人望之惧曰："清河公即江神也。"
>
> 陈南康内史吕仲肃屯岐亭，正据江峡（三峡之西陵峡），于北岸凿岩，缀铁锁三条，横截上流，以遏战船。素与仁恩登陆俱发，先攻其栅。仲肃军夜溃，素徐去其锁。仲肃复据荆门之延洲。素遣巴蜒卒千人，乘五牙四艘，以柏樯碎贼十馀舰，遂大破之，俘甲士二千余人，仲肃仅以身免。②

由上可见，正因杨素在长江上游建造大舰，才能在岐亭之战中战胜陈军，最终灭陈。

南朝时期已有帆、樯。据《太平御览》引《江赋》载："鼓帆迅越，超张绝

①［唐］姚思廉撰《陈书》卷十一《章昭达》，中华书局，1972，第183页。

②［唐］魏征、令狐德棻等撰《隋书》卷四十八《杨素传》，中华书局，1973，第1283页。

迴。倏忽数百，千里俄顷，飞廉无以希其踪，渠黄不能及其景。”[①]又如《太平御览》引《望海赋》载："若乃惟馨陈祈，祝不愧言，或适于东，或归于西。商客齐畅，潮流往还，各资顺势，双帆同悬。偃如䗥𧐬偕驰，挐如交隼轩骞。”[②]《太平御览》引《江赋》亦载："舳舻相接，万里连樯，泝洄沿流，或渔或商也。”[③]

第三节　六朝时期航海技术的进步

1. 东吴时期航海技术的进步

东吴时期航海技术的进步主要体现在：一是利用"信风"，与海流相结合，为古代先民的出海远航，提供了必不可少的重要航海条件。二是利用沿岸潮流，造成出海的好时机。三是利用天文与海上地理等航海术，成为古代先民们远航时判别时间与方向的重要参照和凭据。四是船舶操纵技术，提供了比以前更为可靠的航海技术保证。孙权水军之精良，主要因其背靠江河湖海，同时在东吴内又拥有较为发达的炼铜、炼铁、造船、纺织等手工业，为发展东吴水军，提供了雄厚的物质基础、充足的技术条件和人力资源。如孙吴在江东恢复的丝织业已远超两汉时期的水平与规模，并拥有了东吴自己独特的创新与发展。如诸暨、永安等地生产御丝；永嘉贡八蚕之绵。可知江东一带的丝绸生产区，得到进一步扩大。今安徽南陵县麻桥乡发现的东吴墓葬，随葬有梭子、纺锭等纺织工具和记有练、绢、绣、锦、缯、纻、布的遣册，都为东吴发达的丝绸业提供了重要的实物证据。三国时期，东吴还设有官营的丝绸生产机构。史载孙权夫人潘氏"父为吏，坐法死，夫人与姊具输织室。权见而异之，召充后宫"。[④]与此同时，孙权也曾"敕御府为母做锦被，改易帷帐，妻妾衣服悉皆锦绣"。[⑤]可见，东吴御府中也能生产锦绣等丝绸产品，其生产作坊就是御府下属的织室。

东吴水军根据季风的变化规律和海流的方向，在每年夏季的6至8月，从江浙沿海出发，借助风帆和海流移动的力量以及天文、地文导航，在顺风顺水的情

①［宋］李昉等：《太平御览》卷七七一《舟部》引郭璞《江赋》，中华书局，1960，第3419页下。
②［宋］李昉等：《太平御览》卷七七一《舟部》引孙绰《望海赋》，中华书局，1960，第3419页下。
③［宋］李昉等：《太平御览》卷七七一《舟部》引郭璞《江赋》，中华书局，1960，第3419页下。
④［晋］陈寿撰《三国志·妃嫔传》，中华书局，1959。
⑤［晋］陈寿撰《三国志·吴书》，中华书局，1959。

况下近抵夷州（台湾），远达倭国（日本）。

1955年，广州曾出土东吴的陶制船模，船模从船首至船尾有8根横梁，说明当时海船已有8副舱板，这样就可以把船体，分成9个严密的船舱。这就是用横梁和隔舱所形成的分隔舱结构造船技术。因此，东吴制造的海船在海上航行时，即使有一、两个船舱受到破坏进水，海水也不会马上流入其他船舱中，所以汉晋以来的海船也就不会马上沉没。而进水的船舱，可以抓紧时间抽水，堵塞漏洞和进行其他修理，并不影响海船的继续航行。

孙吴在积极发展水军的同时，也在船舰的设计与制造上有了很大的进步，不仅制造技术先进，规模也很大。

2. 东晋至南朝时期航海技术的进步

东晋僧人法显从长安出发经西域到印度（当时称天竺），学梵文抄佛经。公元411年，又从“师子国”（斯里兰卡）坐船经印度洋和南海回国。

东晋时期，古人已能利用北极星导航。据《抱朴子外篇》载：“夫群迷乎云梦者，必须指南以知道；竝乎沧海者，必仰辰极以得反。”[①]

东晋时期的海船，通常望日月、星宿而进。据《高僧法显传》：“大海弥漫无边，不识东西，唯望日月，星宿而进。若阴南时，为逐风去，亦无准。”[②]

汉晋时期已有指南鱼。据《古今注》载：“虾蟆子曰蝌蚪，一曰玄针，一曰玄鱼。形圆而尾大，尾脱即脚生。”[③]

南朝时期，梁朝人已能在海洋上占候。据《艺文类聚》引萧绎《职贡图序》载：“梯山航海，交臂屈膝，占云望日，重译至焉。”[④]

汉晋至南朝时期，熙安间多飓风。据《太平御览》引《南越志》：“熙安间多飓风。飓者，其四方之风也，一日惧风，言怖惧也，常以六七月兴。未至时，三日鸡犬为之不鸣，大者或至七日，小者一二日，外国以为黑风。”[⑤]

东晋时期，古人已懂得海洋潮汐。据《太平御览》引《抱朴子》载：“天河从西北极，分为两头，至于南极，其经南斗中过；其一经东井中过。河者天之水也。两河随天而转入地下过，而与下水相得，又与（海）水合，三水相荡，而天

①［晋］葛洪撰《抱朴子外篇校笺》卷一《嘉遯》，中华书局，1991，第61页。

②［晋］法显撰《高僧法显传》，《大正藏》册51，第866页上。

③［晋］崔豹撰《〈古今注〉校笺》卷中《鱼虫第五》，线装书局，2015，第131页。

④［唐］欧阳询撰《艺文类聚》卷五五《杂文部（一）·集序》引萧绎《职贡图序》，上海古籍出版社，第996页。

⑤［宋］李昉等：《太平御览》卷九《天部》引《南越志》，中华书局，1960，第45页下。

转排之，故激涌而成潮水。”[1]可知古人已知天文与海洋地理（如海潮）紧密相关。据《太平御览》引裴渊《广州记》：“石洲在海中，名黄山，山北日一潮，山南日再潮。”[2]又据葛洪《抱朴子》载：“夏时日居南宿，阴消阳盛，而天高一万五千里，故夏潮大也。冬时日居北宿，阴盛阳消，而天卑一万五千里，故冬潮小也。春日居东宿，天高一万五千里，故春潮再起也。秋日居西宿，天卑一万五千里，故秋潮渐减也。”[3]可见，古人对春夏秋冬潮水的涨落也有细致观察。

汉晋至南朝，古人已知随信风航行。据《艺文内聚》引《风土记》载：“六月则有东南长风，俗名黄雀长风。时海鱼变为黄雀因为名也。”[4]《太平御览》引《仲夏长风扇暑》：“此节东南常有风至，俗名黄雀长风。由此可达师子国。[5]《高僧法显传》：“于是载商人大舶，泛海西南行，得冬初信风，昼夜十四日，到师子国。”[6]又如《高僧传》：“先已随商人竺难提舶，欲向一小国，会值便风，遂至广州，故其遗文云：‘业行风所吹，遂至于宋境。’此之谓也。”[7]《宋书·蛮夷传》亦载：“若夫大秦、天竺，迥出西溟，二汉衔役，特艰斯路，而商货所资，或出交部，泛海陵波，因风远至。”[8]

由上可知，东吴、南朝时期航海技术已有了很大进步，航海知识与技术都得到了进一步的提高。当时中国商船在南海航行者，已拥有了较为先进的风帆技术，故可远达印度洋地区。随着三国以后的航海活动增多，对西太平洋和印度洋的信风规律已有所认识和利用。这一时期航海技术有所进步，还表现在人们已对航行所经海区的海岸地形，也有了初步了解，如对南海珊瑚已有所认识，同时天文导航技术也已采用。

---

①[宋] 李昉等：《太平御览》卷八《天部（八）·汉》引《抱朴子》，中华书局，1960，第41页上。

②[宋] 李昉等：《太平御览》卷六十八《地部（三十三）·潮水》引裴渊《广州记》，中华书局，1960，第324页上。

③[宋] 李昉等：《太平御览》卷六十八《地部（三十三)·潮水》引《抱朴子》，中华书局，1960，第324页上。

④欧阳询撰《艺文类聚》卷一《天部上·风》引《风土记》，汪绍楹校，上海古籍出版社，1965，第17页。

⑤[宋] 李昉等：《太平御览》卷二十二《时序部七·夏中》引《仲夏长风扇暑》，中华书局，1960，第108页上。

⑥[晋] 法显撰《高僧法显传》，《大正藏》册51，第864页下

⑦[梁] 释慧皎撰《高僧传》卷三《求那跋摩传》，中华书局，1992，第107页。

⑧[梁] 沈约撰《宋书》卷九十七《蛮夷传》，中华书局，1972，第2399页。

第七章
海上丝绸之路的蜀商时代

西汉前期，即公元前111年汉武帝平定南越国之前，活跃在海上丝绸之路上的巴蜀商人集团曾经在中外文化交流史上扮演了十分重要的角色。他们把蜀地的商品远销至中亚、印度、东南亚等地。他们充当了西南地区和岭南地区走私贸易的主角。岭南和西南地区成为蜀商走私行为蔓延和滋生的温床。①

对于西汉前期的蜀商，当代史学大家范文澜先生早已有过精辟的论述："南粤有蜀枸酱，大夏从印度买得蜀布、邛竹杖，想见蜀地私商与海外诸国贸易独多。东汉初年，西域交通阻塞，不能畅通，大秦已有中国钢铁，可能在西汉时，蜀商人从水路私运出海，开始了这种贸易。"②

张骞出使西域，在大夏曾见到蜀地出产的"蜀布""邛竹杖"等商品。这不仅证实了蜀身毒道即滇缅印道的存在，而且透露出西汉前期的蜀商在海上丝绸之路上异常活跃的信息，揭示了巴蜀商人集团在中外文化交流史上所发挥的重要作用。

第一节　司马迁笔下的蜀商时代

在公元前111年汉武帝平定南越国之前，有一个长达二百年的中外文化交流的黄金时期——"蜀商时代"。这一时期对研究中外文化交流至关重要，是研究先秦两汉时期中外文化交流的一个关键。③

①周永卫：《西汉前期的蜀商在中外文化交流史上的贡献》，《史学月刊》2004年第9期。

②范文澜：《中国通史》(第2册)，人民出版社，1978，第88页。

③周永卫：《蜀商・汉使・胡商——试论两汉中外文化交流的三个时期》，《历史教学问题》2011年第2期。

一、蜀商的崛起

公元前316年，秦惠王利用蜀国内乱出兵伐蜀。当时，张仪主张攻韩，司马错主张伐蜀。[①]秦惠王最终采纳了司马错的建议。历史证明，秦惠王的决策是十分正确而英明的。吞并巴蜀为秦国后来消灭六国、一统天下奠定了坚实的物质基础，也为巴蜀商人集团的崛起和壮大提供了广阔的天地，开辟了中外文化交流史上的“蜀商时代”。

秦国和其他六国一样，为了富国强兵，采取重商主义和实用主义的政策，而非简单的重农抑商政策。巴寡妇清“其先得丹穴，而擅其利数世，家亦不訾……能守其业，用财自卫，不见侵犯……礼抗万乘，名显天下”，受到秦始皇的特殊礼遇，“秦皇帝以为贞妇而客之，为筑女怀清台”，[②]成为秦王朝树立的学习典范。

---

①《战国策》卷三载：

司马错与张仪争论于秦惠王前，司马错欲伐蜀，张仪曰：“不如伐韩。”王曰：“请闻其说。”对曰：“亲魏善楚，下兵三川，塞轘辕缑氏之口，当屯留之道，魏絶南阳，楚临南郑，秦攻新城宜阳以临二周之郊，诛周主之罪，侵楚魏之地，周自知不救，九鼎宝器必出，据九鼎，按图籍，挟天子以令天下，天下莫敢不听，此王业也。今夫蜀，西辟之国，而戎狄之长也，弊兵劳众，不足以成名，得其地不足以为利。臣闻争名者于朝，争利者于市，今三川周室，天下之市朝也，而王不争焉，顾争于戎狄，去王业远矣。”司马错曰：“不然，臣闻之，欲富国者务广其地，欲强兵者务富其民，欲王者务博其德，三资者备，而王随之矣。今王之地小民贫，故臣愿从事于易。夫蜀，西辟之国也，而戎狄之长也，而有桀纣之乱，以秦攻之，譬如使豺狼逐群羊也，取其地足以广国也，得其财足以富民，缮兵不伤众而彼已服矣。故拔一国，而天下不以为暴，利尽西海，诸侯不以为贪。是我一举而名实两附，而又有禁暴正乱之名。今攻韩，劫天子，劫天子恶名也，而未必利也。又有不义之名，而攻天下之所不欲，危。臣请谒其故，周天下之宗室也，齐韩，周之与国也，周自知失九鼎，韩自知亡三川，则必将二国，并力合谋，以因于齐赵，而求解乎楚魏，以鼎与楚，以地与魏，王不能禁，此臣所谓危，不如伐蜀之完也。”惠王曰：“善！寡人听子。”卒起兵伐蜀，十月取之，遂定蜀，蜀主更号为侯，而使陈庄相蜀，蜀既属，秦益强富，厚轻诸侯。

而《华阳国志》卷三关于伐蜀的的记载，略有不同：

蜀王别封弟葭萌于汉中，号苴侯。命其邑曰葭萌焉。苴侯与巴王为好，巴与蜀雠，故蜀王怒，伐苴侯，苴侯奔巴，求救于秦。秦惠王方欲谋楚，群臣议曰：“夫蜀，西僻之国，戎狄为邻，不如伐楚。”司马错、中尉田真黄曰：“蜀有桀纣之乱，其国富饶，得其布帛金银，足给军用。水通于楚，有巴之劲卒，浮大舶，船以东向楚，楚地可得。得蜀，则得楚。楚亡，则天下并矣。”惠王曰：“善。”周慎王五年秋，秦大夫张仪、司马错、都尉墨等从石牛道伐蜀。蜀王自于葭萌拒之，败绩。王遯走，至武阳，为秦军所害。其傅相及太子退至逄乡，死于白鹿山。开明氏遂亡。凡王蜀十二世。

②［汉］司马迁撰《史记》卷一百二十九《货殖列传》，中华书局，1959，第3260页。

战国到西汉时期，是我国古典商品经济最发达的时期。[①]《史记·货殖列传》中诸如“通邑大都，酤一岁千酿，醯酱千（工瓦），酱千甔，屠牛羊彘千皮，贩谷籴千钟，薪稾千车，船長千丈，木千章，竹竿万个，其轺车百乘，牛車千两，木器髤者千枚，铜器千钧，素木铁器若卮茜千石，马蹄躈千，牛千足，羊彘千双，僮手指千，筋角丹沙千斤，其帛絮细布千钧，文采千匹，榻布皮革千石，漆千斗，糵麴盐豉千答，鲐鮆千斤，鲰千石，鲍千钧，枣栗千石者三之，狐貂裘千皮，羔羊裘千石，旃席千具，佗果菜千钟，子贷金钱千贯，节驵会，贪贾三之，廉贾五之，此亦比千乘之家”[②]的记载，反映出当时商品经济的发达和活跃，这在中国古代，特别是两宋以前的文献中实属罕见。

由于天时地利人和等种种原因，巴蜀地区成为当时古典商品经济最为发达的地区。这一时期的巴蜀商人集团，是最富有生机和活力的商人集团。他们的足迹不仅遍及中国的大江南北，而且通过西南和岭南地区到达遥远的南亚、东南亚和西亚等地区，在中外文化交流史上写下浓墨重彩的篇章，做出了划时代的巨大贡献。

张骞在大夏所见的“蜀布”“邛竹杖”不仅证实了蜀身毒道即滇缅印道或西南丝绸之路的存在，而且透露出蜀商在南亚甚至西亚地区异常活跃的信息，揭示了中外文化交流史上的蜀商时代的存在。蜀商贩运至大夏的商品，应该还包括当时最先进的铁器制品，只不过由于铁制品不是蜀地的特产，容易被忽视，未能引起张骞的注意。[③]

张骞在大夏短暂停留期间，只见到蜀布、邛竹杖等蜀地产品，而没有遇到蜀商。我们虽然不能肯定蜀商的足迹是否已经踏入大夏地区，但可以确信，他们的身影至少已经出现在了印度西北部的阿萨姆地区。[④]终武帝之世，官方对这条通

①所谓“古典商品经济”，是历史上商品经济在前封建时代出现的第一次高潮。它形成于前古典的公社自然经济解体之后，最终又为封建自然经济所取代。在欧洲，它是古希腊—罗马时代的主要经济形态。参见秦晖：《汉代的古典借贷关系》，《中国经济史研究》1990年第3期。

②[汉] 司马迁撰《史记》卷一百二十九《货殖列传》，中华书局，1982，第3272—3274页。

③戴裔煊：《中国铁器和冶铁技术的西传》，《中山大学学报（哲学社会科学版）》1979年第3期。

④《史记》卷一百二十三《大宛列传》：“昆明之属无君长，善寇盗，辄杀略汉使，终莫得通。然闻其西可千余里有乘象国，名曰滇越，而蜀贾奸出物者或至焉。”《三国志》卷三十注引鱼豢《魏略·西戎传》：“盘越国一名汉越王，在天竺东南数千里，与益部相近，其人小与中国人等，蜀人贾似至焉。”汶江先生考证“滇越国”即“盘越国”，为印度阿萨姆地区的著名古国迦摩缕波国，极为精辟。见汶江：《滇越考》，《中华文史论丛》1980年第2期。

往大夏的蜀身毒道都未能打通，但这条道路对蜀商来说却早已畅通无阻了。

二、卓王孙的“第一桶金”

秦汉鼎革之际，巴蜀地区由于未受战火直接冲击，经济发展恢复很快。众所周知，司马迁在《史记·货殖列传》中总共提及了西汉前期的12位货殖家，最先提到的两位就是蜀商卓王孙和程郑。卓王孙之所以成为太史公笔下的“西汉首富”，绝非偶然。

到了汉武帝登基之时，在西汉政府无为而治的黄老思想的刺激下，巴蜀地区的社会经济在先秦的基础上进一步繁荣，并涌现出卓王孙和程郑2位名扬天下的大商人：

> “巴蜀亦沃野，地饶卮、姜、丹沙、石、铜、铁、竹木之器。南御滇僰，僰僮。西近邛笮，笮马，牦牛。然四塞，栈道千里，无所不通，唯褒斜绾毂其口，以所多易所鲜……蜀卓氏之先，赵人也，用铁冶富。秦破赵，迁卓氏。卓氏见虏略，独夫妻推辇，行诣迁处。诸迁虏少有余财，争与吏，求近处，处葭萌。唯卓氏曰：“此地狭薄。吾闻汶山之下，沃野，下有蹲鸱，至死不饥。民工于市，易贾。”乃求远迁。致之临邛，大喜，即铁山鼓铸，运筹策，倾滇蜀之民，富至僮千人。田池射猎之乐，拟于人君。程郑，山东迁虏也，亦冶铸，贾椎髻之民，富埒卓氏，俱居临邛。①

临邛和成都是蜀地分工不同的两大城市，在西南地区乃至全国的经济发展中扮演着举足轻重的角色。临邛以铁矿开采冶炼和发达的工商业著称，而成都则是蜀地的政治经济文化中心。

蜀卓氏之所以要远迁至成都西南100千米左右临邛，是因为那里“民工于市，易贾”。这6个字，一语道出了临邛发展工商业的优势所在。

临邛产生了卓王孙和程郑2位依靠经营冶铁业致富的“钢铁大王”。他们二人生产的铁器远销西南和岭南等广大地区。卓王孙生产的铁器“倾滇蜀之民”，主要销往巴蜀地区和西南夷地区。程郑生产的铁器则是“贾椎髻之民”，唐代史

①［汉］司马迁撰《史记》卷一百二十九《货殖列传》，中华书局，1959，第3261—3278页。

学家司马贞注释说“通贾南越也”，主要销往南越国所在的岭南地区。

值得一提的是，从事冶铁业需要大笔的启动资金和周转资金。卓王孙从事冶铁业，两手空空，白手起家。他的“第一桶金”是如何赚到的呢?

答案出自史学家常璩的《华阳国志》:“汉文帝时，以铁、铜（山）赐侍郎邓通。通假民卓王孙，岁去千匹。故王孙赀累巨万亿，邓通钱亦尽天下。”①

汉文帝因迷信等原因十分宠幸来自蜀郡南安（今四川乐山）的侍郎邓通，“赏赐通巨万以十数，官至上大夫……赐邓通蜀严道铜山，得自铸钱，‘邓氏钱’布天下”。②汉文帝甚至将今四川雅安西南一带的一座铜山赏赐给邓通，并允许他拥有铸造货币的特权。邓通把这座铜山以借贷形式转手借给卓王孙，将铸币权转包给卓王孙，并每年从中获取千匹丝绸作为回报。凭借邓通的过硬关系，卓王孙不仅轻而易举赚得“第一桶金”，而且一跃而成为西汉首富。

卓文君和司马相如的爱情故事，今天已经家喻户晓，妇孺皆知。实际上，卓文君的父亲卓王孙的经商史同样引人入胜，扣人心弦。

三、南印度出土的西汉钱币应与蜀商有关

在南印度泰米尔纳杜邦的坦焦尔县（Tanjore）曾先后出土3枚西汉五铢钱和1枚武帝初年的三铢钱。在坦焦尔西北卡纳塔克邦南部的迈索尔（Mysore）也出土过1枚武帝时期的五铢钱。③这是十分重要的考古发现。

武帝登基伊始，实际权力掌握在信奉黄老之术的窦太后手中，也正值私人工商业最为发达的时期，西南地区的蜀商最为活跃。南印度出土的这几枚铜钱应与蜀地的走私商人有关，正好与《史记》所记载的蜀身毒道相印证。

蜀商的足迹和身影出现于南亚的印度，早已引起探险家张骞的注意。张骞出使西域后曾经对武帝汇报说:“臣在大夏时，见邛竹杖、蜀布。问曰:‘安得此?’大夏国人曰:‘吾贾人往市之身毒……’以骞度之，大夏去汉万二千里，居汉西南。今身毒国又居大夏东南数千里，有蜀物，此其去蜀不远矣。”④虽然国内外学术界对“邛竹杖”和“蜀布”究竟何指意见分歧，但对身毒有“蜀物”这一点是

①[晋]常璩撰《华阳国志校补图注》卷三，任乃强校注，上海古籍出版社，1987，第157页。

②[汉]司马迁撰《史记》卷一百二十五《佞幸列传》，中华书局，1959，第3192页。

③杨富学:《南印度出土中国古币汇说》,《中国钱币》1995年第1期。

④司马迁撰《史记》卷一百二十三《大宛列传》，中华书局，1959，第3166页。

没有疑问的。而这些“蜀物”之所以能远输身毒，无疑离不开蜀商的参与。

伯希和在《交广印度两道考》中对唐代岭南和西南地区通往印度的海陆交通曾经有过系统精辟的论述。岭南、西南地区与印度的交通由来已久，伯希和所考证的路线在汉代之前大都已经形成。岭南和西南两地以中南半岛、缅甸为桥梁，又与印度、罗马帝国发生联系，在两汉时期中外交往中发挥着重要的作用。

《三国志》卷三十注引鱼豢《魏略·西戎传》载：“大秦道既从海北陆通，又循海而南，与交趾七郡外夷比，又有水道通益州、永昌，故永昌出异物。前世但论有水道，不知有陆道。”[①]实际上，汉末三国时期史家所记载的大秦与中国南方交、益二州的交往路线早已为西汉前期的巴蜀商人所熟知。

云南滇池地区战国至西汉时期的古墓中曾发掘出大量的海贝。其中，江川李家山古墓群中出土的海贝总数约11万2千余枚，重300余斤。[②]晋宁石寨山古墓群出土海贝总数约14万9千余枚，重400余斤。[③]这些贝不产于内地江河湖泊，而产于印度洋或南海的深海之中。

“印度、印度支那、云南一带用贝币，正是成一系统的。云南所用贝也是产于印度洋及印度支那的南海中。”[④]反映出这一时期云南对外交往的频繁。以今天的通航条件来看，萨尔温江（怒江）、伊洛瓦底江、湄公河（澜沧江）、红河等河流在云南境内，奔流于深山峡谷之中，水流汹涌，险滩密布，不具备通航条件。但这些河流出境以后，进入平原地区，河床宽阔，水流和缓，均可行船。[⑤]

巴利文《那先比丘经》中记录了弥邻陀王（前125—前95年）与龙军和尚的问答。季羡林先生指出龙军和尚所举的一个例子里说运货的船只最远到达了支那等地，这是印度古代典籍里找到的有关中印海路交通的记载。[⑥]

正如江应樑先生所指出：“秦汉之时，永昌为通海要道，在交趾、广州尚未成为海上国际商埠时，西亚或南海船只东来的，都在缅甸、暹罗登岸而入云南。”[⑦]龙军和尚虽没有指明运货的船只是如何到达支那的，但依据当时南方地区

①［晋］陈寿撰《三国志》卷三十裴松之注引鱼豢《魏略·西戎传》，中华书局，1959，第861页。
②云南省博物馆：《云南江川李家山古墓群发掘报告》，《考古学报》1975年第2期。
③云南省博物馆：《云南晋宁石寨山古墓群发掘报告》，文物出版社，1959。
④李家瑞：《古代云南用贝币的大概情形》，《历史研究》1956年第9期。
⑤陆韧：《云南对外交通史》，云南民族出版社，1997，第7页。
⑥季羡林：《中国蚕丝输入印度问题的初步研究》，刊于氏著《中印文化关系史论集》，三联书店，1982。
⑦江应樑：《云南用贝考》，刊于氏著《云南边疆民族论丛》，珠海大学出版社，1948。

的贸易形势，很有可能就是从缅甸伊洛瓦底江溯流而上到达云南的。而参与货运的人员之中可能就有蜀商。

四、中印文化的交流历史悠久

日本学者藤田丰八认为印度文化直接或间接传入中国，其时间当远在佛教传入之前。他认为“舜象”之传说含有印度文化之色彩。“印度文化的色彩之最浓厚者，乃商人（殷人）也。”“殷人驯象”、楚人用象于战争皆始自印度人。屈原《楚辞·天问》中有“灵蛇吞象，其大如何”之句。《山海经·海内南经》亦云：“巴蛇食象，三年而出其骨，君子服之，无心腹之疾。”又《海内经》云：“西南有巴国……又有朱卷之国，有黑蛇，青首，食象。”这些比喻亦传自印度，与希腊人所传“印度有吞牛之大蛇”相类似。[①]

这是很有道理的。正如美国人类学家罗伯特·路威所言：“倘若我们假定某一民族全凭自己的努力驯服了他们的家畜，培成了他们的农谷，这个假定多半靠不住。从别人手上转借过来比较简单得多……中国本土有一种野葡萄……倘若没有张骞将军，他们会至今没有葡萄，也许永久不会有葡萄。”[②]

近年来的考古发现表明，中国与东南亚、南亚地区有着悠久的交往历史。殷墟青铜器所采用的矿料来自云南，殷墟中出土的一些龟甲是从东南亚地区流传来的，四川广汉的商代牙璋和越南北部同时期的牙璋十分相似，李学勤先生进一步指出在商代由殷墟到西南至东南亚地区存在着一条畅通的道路。[③]棉布为印度人发明。殷墟出土的商代龟甲上曾黏附有棉布，福建武夷山发现的上古时期的船棺葬亦出有棉布，饶宗颐先生据此认为“身毒货物在殷代已有交流迹象”。[④]饶先生在另一篇文章中进一步指出印度佛教在秦朝时期传入我国“亦非无可能之事。佛教入华年代，现在研究成果，可以推前”。[⑤]

佛教最早由海路传入中国的观点，近二十余年来再次得到一些学者的认同，[⑥]佛教沿滇缅印道的传播路线。更是备受注目。任继愈先生认为：“四川的佛

①［日］藤田丰八：《中国古代南海交通丛考》，何健民译，商务印书馆，1936，第429—449页。

②［美］罗伯特·路威：《文明与野蛮》，吕叔湘译，三联书店，1984，第62—64页。

③李学勤：《比较考古学随笔》，广西师范大学出版社，1997，第196—204页。

④李学勤：《比较考古学随笔·饶宗颐序》，广西师范大学出版社，1997。

⑤饶宗颐：《由出土银器论中国与波斯大秦早期之交通》，《华学》(第五辑)，中山大学出版社，2001。

⑥吴廷璆、郑彭年：《佛教海上传入中国之研究》，《历史研究》1995年第2期。

教……更大的可能是通过云南输入的。"[1]有学者指出，近年来，在南方出土的大量佛教遗物从时代上表明，佛像在中国的最早兴起并不在西北丝绸之路，从风格上看也不属犍陀罗系统，而是属于中印度的秣菟罗系统，其传入的路线是由印度经云南传入四川，再由西向东扩展到长江流域，从而构成所谓的由南方传入的"佛教南传系统"。[2]

西方有学者认为，印度东部的阿里卡梅度（Arikamedu）曾经是"印度—罗马的'贸易大站'，但是它的东方视野比西方视野要远得多"。[3]邢义田先生也曾敏锐地指出，由于中间势力的阻隔，罗马和印度的关系主要经由海路，罗马钱币极少出现在印度北方与西方往来的要道上，而几乎全部出现在南方海路的贸易点上。[4]

在笔者看来，研究佛教传入中国的历史，研究汉代中国与印度、西方的关系，应把更多的目光投向岭南和西南地区，投向海上丝绸之路。研究西汉前期蜀商的活动，也许可以为我们探讨佛教传入中国的历史提供新的思路和线索。

总之，中印两大文明古国交流的历史，要比我们所想象的悠久得多；其交流的内容，要比我们所想象的丰富得多。

五、蜀商踏足的滇越国究竟在何方

西汉前期，蜀商的走私活动甚至深入到今日印度东北的阿萨姆地区。早在公元前5世纪，中国的丝绸就已经传到阿萨姆地区。[5]到了西汉，活跃的巴蜀商人集团更把大量的"蜀布""邛竹杖"、丝绸和铁器等商品经过阿萨姆地区贩运到身毒和大夏。只不过"蜀布"和"邛竹杖"等蜀地土特产有它们的特色，容易辨认，也容易引起注意。铁器不是蜀地的特产，容易被忽略，未能引起张骞的注意。[6]

---

①任继愈主编《中国佛教史》(第一卷)，中国社会科学出版社，1985，第187页。

②阮荣春:《佛教南传之路·前言》，湖南美术出版社，2000。

③Francis, Peter J, 1989. Beads and the Bead Trade in Southeast Asia Lake Placid N. Y.: Center for Bead Research. 1991. *"Beadmaking at Arikamedu and Beyond." World Archaeology 23, 1(June): 28-43.* 转引自弗兰克著《白银资本》，刘北成译，中央编译出版社，2017，第138页。

④邢义田:《汉代中国与罗马关系的再检讨（1985—1995）》,《汉学研究》(台北）1997年第1期。

⑤Harnpiasad Ray:《从中国至印度的南方丝綢之路——一篇来自印度的探讨》，载江玉祥等主编《西南丝绸之路研究（第2辑)》，四川大学出版社，1995。

⑥戴裔煊:《中国铁器和冶铁技术的西传》,《中山大学学 报》1979年第3期。戴裔煊先生还认为中国的铁器至迟在1世纪已经远销至罗马帝国，而卓氏和程郑等巴蜀商人功不可没。

汉武帝听从了张骞的建议，决定打通巴蜀经西南夷地区通往身毒乃至大夏的道路："因蜀犍为发间使，四道并出……皆各行一二千里。其北方闭氐、筰，南方闭嶲、昆明。昆明之属无君长，善寇盗，辄杀略汉使，终莫得通。然闻其西可千余里有乘象国，名曰滇越，而蜀贾奸出物者或至焉。"①

很明显，这条经过云南到达印度的路线对武帝的间使而言是关闭的，但对走私的蜀商来说却是畅通的。"昆明之属"杀略汉使的原因并非因为其野蛮，而是因为汉使的所作所为使他们与邻国贸易的特权和利益受到了巨大的威胁。

据著名学者张毅先生考证，司马迁描述的乘象国"滇越"这个国家应为阿萨姆地区的迦摩缕波国。②位于布拉马普特拉河中游的高哈蒂，是古代强大的迦摩缕波国的首都。它东接缅甸贸易路线，西连北印度，是水陆两路货物的转运中心，商业繁荣，地理位置和战略地位均十分重要。在高哈蒂的考古发掘证明，布拉马普特拉河流域地区与中国和罗马的国际贸易联系有着悠久的历史。

第二节　海上丝绸之路蜀商时代的舶来品

公元前4世纪末至公元前2世纪末的蜀商时代，堪称是中外文化交流史上的一个黄金时代，也是海上丝绸之路的一个黄金时代。南越王墓中出土的非洲象牙，就是这一黄金时代的历史见证。此外，在我国境内，还出土发现了许多来自于海外，见证这一时期海上丝绸之路繁荣景象的舶来品。

一、蜀商时代的舶来品——银盒

1983年发现的广州南越王墓，是迄今为止岭南地区发现的规模最大、随葬品最丰富的一座古墓，被称为是20世纪80年代中国五大考古发现之一。墓中出土的文物中，除了非洲象牙之外，尤以列瓣纹银盒备受世人瞩目，被认为是岭南发现的最早的"舶来品"。③

南越王墓的银盒造型及纹饰都与中国汉代器物风格迥异，而与伊朗波斯帝国时期（前550—前330年）的器物类似这件银盒的蒜瓣形花纹，是用锤揲法压制

①[汉] 司马迁：《史记》卷一百二十三《大宛列传》，中华书局，1959，第3166页。

②汶江：《滇越考》，《中华文史论丛》1980年第2期。

③广州市文物管理委员会编《西汉南越王墓》（上），文物出版社，1991，第346页。

而成。一般认为，锤揲压制金银器起源于波斯文化与此银盒同作花瓣形花纹的金银器皿，在西方多有发现。

耐人寻味的是，山东临淄汉初齐王墓器物坑中出土的1件银盒，云南晋宁石寨山11号和12号墓中出土的2件铜盒，其造型与纹饰与南越王墓中的银盒几乎完全相同。[①]迄今为止，我国境内所发现的此类蒜瓣纹银盒或铜盒总共只有这4件。

南越王墓的年代是公元前128至前117年，石寨山11号、12号墓的年代是公元前175至前118年，齐王墓的年代是公元前179年左右，三处墓葬的年代大体相当。在同一时期，相距千里的三地竟会出现如此类似的海外珍品，实在令人惊叹。学者们一般认为，南越王墓银盒与齐临淄王墓银盒是从海路传入的。[②]

石寨山古墓群的墓主人是活跃于云南滇池地区的重要部族滇人之王——滇王及其滇人贵族。蒜瓣纹铜盒的出土，反映出滇国对外交往的频繁。而滇国和南越国之间的关系也是十分密切的。

考古发现表明，两广与云南地区在汉代以前就已经有了密切的交往。两地早在新石器时代就有不少共同的文化因素，如有肩石斧，本属于百越系统的文物，但在云贵高原上也有分布。近年来在两广地区发现一些属于春秋战国时期和西汉时期的青铜器，也与石寨山文化的青铜器相似。广西西林铜鼓葬与石寨山文化关系尤为密切。许多器物在石寨山文化中是大量存在的，在两广地区青铜器则是个别的，这说明后者是在前者的影响下制作的。[③]

而在考古学上，两广地区受云南地区文化影响最大最明显的莫过于船纹铜鼓了。

在南越王墓中出土有9件大小不一的铜提筒，一般认为是骆越人的盛酒器，其中一件提筒腹部共刻绘有4只船纹，每只船内有6个人，其中5人均头戴羽冠，身穿羽裙，动态大同小异。有研究者认为这幅图案反映的是一支大型船队斩杀了许多敌人，带回首级，并抓到生俘的凯旋场面，并认为船是大海船，船只前后的动物图案是海龟、海鸟、海鱼。[④]

①参见山东省淄博市博物馆：《西汉齐王墓随葬器物坑》，《考古学报》1985年2期；云南省博物馆：《云南晋宁石寨山古墓群发掘报告》，文物出版社，1959。孙机先生认为南越王墓出土的银盒属于安息银器，应是从安息输入的，见孙机：《中国圣火——中国古文物与东西文化交流中的若干问题》，辽宁教育出版社，1996。

②徐苹芳：《考古学上所见中国境内的丝绸之路》，《燕京学报》新1期，北京大学出版社，1995；林海村：《汉唐西域与中国文明》，文物出版社，1998，第316—319页。

③汪宁生：《试论石寨山文化》，《中国考古学第一次年会论文集》，文物出版社，1982。

④《广州市文物志》编委会编《广州市文物志》，岭南美术出版社，1990，第97页。

羽人船形纹饰在两广云贵等地出土的青铜器特别是铜鼓上出现的不少，学术界比较一致的看法，认为铜鼓的发源地在云南中部偏西地区。[①]铜鼓脱离炊具定型后，有由西向东的发展趋势，在滇池地区成熟，同时沿着巨川大河向南、东、北三个方向流传，影响到我国南方和东南亚一大片古老的民族地区。在此范围内，以云南中部、越南北部和两广地区南部发展得最充分，有的自成体系，成为当地土著文化的重要组成部分。

据20世纪80年代初的统计，我国当时存在的1400多面铜鼓中，只有27面饰有船纹，在越南还有13面船纹鼓。借助于伴出物和考古研究的成果，可知船纹铜鼓出现的年代上限在战国前期，下限在西汉末。

船纹的分布情况是：云南晋宁9面、江川3面，文山、广南、金平、麻栗坡、云县、腾冲各1面；广西西林、贵县各2面；四川会理及贵州赫章各1面。国外的船纹鼓，大都发现于越南北部，基本上分布在红河三角洲，越南的近邻老挝等也偶有发现。[②]

这些船纹时代都与南越王墓时代大体相当或略早，船的造型，船上的人数、形态举止打扮，船只首尾的动物都与南越王墓铜提筒上的船纹极为相似。

这些羽人究竟是何民族？船只是内河船还是海船？羽人船纹图究竟反映了什

①广西壮族自治区博物馆：《古代铜鼓学术讨论会纪要》，《古代铜鼓学术讨论会论文集》，文物出版社，1982。

②李伟卿：《铜鼓船纹的再探索》，《中国铜鼓研究会第二次学术讨论会论文集》，文物出版社，1986。这里不妨列举几个比较重要的船纹铜鼓：（1）云南江川李家山17号墓和24号墓各出土1面船纹铜鼓，24号墓铜鼓上纹饰有船4只，每只船上有裸体羽人4至5人，作划船状，船间有游鱼、立鸟，鸟长喙大眼；17号墓铜鼓船纹有船4只，每只船上羽人3或4人，皆作划船状，这2座墓，其年代上限可早到春秋末，下限应在战国中期。见《云南江川李家山古墓群发掘报告》，《考古学报》1975年第2期。（2）晋宁石寨山14号墓出土的1面铜鼓（M14：1）胴部下端作羽人划木船者4组，每船有4人，其年代上限在西汉初叶或更早一些，下限在文帝五年（前175年）左右。见《云南晋宁石寨山古墓群发掘报告》。（3）广西贵县罗泊湾1号墓出土船纹铜鼓2面。大铜鼓（M1：10）图案上有船6只，每只船上有划船羽人6人，其中3船的划船者全戴羽冠，另3船各有1人裸体，船的前后有龟、鸟、鱼。小铜鼓（M1：11）上有2组羽人划船纹，每船2人，皆裸体其年代在西汉前期见广西壮族自治区博物馆：《广西贵县罗泊湾汉墓》，第28—29页。（4）广西西林铜鼓墓出土铜鼓的胴部饰有船纹6只，船首尾饰鸟首，船身大而长，配备有桨、橹，首尾翘起，每船9至11人。船上人物活动大同小异，多数人头戴羽冠，裸体；划桨者后立2羽人，身穿带前后幅的服装，双手执一长柄而舞，后立一带靠背的小平台，上坐一盛装人，双手合于脸前。平台下置一带足容器船尾为一执桨执橹人，头上无羽冠，裸体。船前后有鱼、长鸟。11人船与9人船略同，仅在船首多一手执尖形器而坐的羽人及船尾一盛装而舞的羽人。其时代在西汉早期。见广西壮族自治区文物工作队：《广西西林普驮铜鼓墓葬》，《文物》1978年第9期。

么样的文化内涵？冯汉骥先生认为，晋宁早期铜鼓（M14：1）船纹，船身狭长轻便，仅可在内河或滇池这种小水中行驶，皆与海中航行装置不合，没有桅和帆，根据船纹推测，应用铜鼓的人为海滨民族是不合实际的。[①]笔者赞同此观点，认为船纹反映的是小船而非大船，一般只有4—6人，何大之有？船是内河船而非渡海船。船首尾前后的动物，也并非海鸟、海龟海鱼。

云南是铜鼓及船纹的发源地，南越王墓中出土的骆越人的船纹铜提筒，充分反映出滇文化对南越国的影响。南越王墓银盒由滇缅印道或交趾陆道“舶来”的可能性也是存在的。

滇池地区古墓中曾发掘出大量的海贝。其中，江川李家山古墓群中，出土的海贝总数11万2千余枚，重300余斤；晋宁石寨山古墓群出土海贝总数14万9千余枚，重400余斤。这些海贝不产于内地江河湖泊，而产于深海之中。《马可·波罗游记》中说，元代云南所用的贝币全部来自印度。“印度、印度支那、云南一带用贝币，是成一系统的。云南所用贝也是产于印度洋及印度支那的南海中。”[②]

这些海贝主要出土于春秋末期（公元前6世纪）至西汉中期的墓葬中。出土蚀花肉红石髓珠的李家川24号墓和石寨山13号墓，出土波斯风格铜盒的石寨山11、12号墓，都有大量海贝出土，其中石寨山11号墓出土海贝2800余枚、12号墓20000余枚、13号墓25000枚，[③]反映出这一时期云南对外交往的频繁。

中南半岛的掸族诸国连接傣族的缅越地区。他们的宗教、文字、风俗等和云南傣族相近，也用贝币进行贸易，与云南关系极为密切。这些海贝通过他们沿萨尔温江（怒江）、伊洛瓦底江、湄公河（澜沧江）红河溯流而上，传至云南。以今天的通航条件来看，这些河流在云南境内奔流于深山峡谷之中，水流汹涌，险滩密布，不具备通航条件。但这些河流出境以后，进入平原地区，河床宽阔，水流和缓，均可行船。

两汉时期，海贝特别是带有紫颜色的海贝在岭南地区也很受器重。赵佗献给文帝的礼物中就有“紫贝五百”。[④]三国时期吴国万震的《南州异物志》载：“交趾北南海中，有大文贝。质白而文紫，天姿自然，不假雕琢，磨莹而光色焕烂。”

①冯汉骥：《云南晋宁出土铜鼓研究》，《冯汉骥考古学论文集》，文物出版社，1985。

②李家瑞：《古代云南使用贝币的大概情形》，《历史研究》1956年第9期。

③陆韧：《云南对外交通史》，云南民族出版社，1997，第65页。

④［汉］班固《汉书》卷九十五《两粤传》，中华书局，1962，第3852页。

晋刘欣期《交州记》云："大贝，出日南，如酒杯。小贝，贝齿也，善治毒。俱有紫色。"隋唐时出现的佚名《广州志》亦云："贝凡有八，紫贝最其美者，出交州。大贝出巨延州，与行贾贸易。"[①]岭南的交趾和日南一带是紫贝的重要产地。那里出产的紫贝，有的被输入到云南。紫贝在南越国时期备受青睐，应该是受了云南和中南半岛地区用贝的影响。

同时，骆越接近滇，受滇文化影响深，有滇文化色彩的事实是众所共知的。[②]已故著名考古学家童恩正先生指出，分布于越南北部地区，其时代约在公元前3世纪至公元1世纪之间的东山文化，它的汉文化因素主要来自四川地区。[③]南越国所统治下的越南北部地区，与西南地区的云南、四川等地有着悠久而密切的交往历史。

有学者认为，晋宁石寨山出土的2件铜盒，可能是按照舶来品的式样仿造的。[④]笔者以为仿造的可能性很小，如果是仿造的，那么它的原型从何而来？是南越王墓中的那件银盒吗？从时间上看，这2件铜盒只会比银盒的出现时间早，至少是同时，而绝不会比它晚，我推测，铜盒和银盒，甚至包括临淄齐王墓中的银盒，都与蜀商的活动有关。西汉前期，蜀商在中国的经济舞台上扮演了举足轻重的角色，在岭南和西南地区更是异常活跃。因此，不仅石寨山铜盒的"舶来"路线是由滇缅印道而来的，南越王墓银盒由滇缅印道或交趾陆道"舶来"的可能性也相当大。在当时，中国南方地区与印度的对外交往都以中南半岛为桥梁，走的是陆路或内河水路，而不是绕过马六甲海峡的海路。

二、蜀商时代的舶来品——蚀花肉红石髓珠

云南晋宁石寨山13号墓葬中，曾出土了1枚蚀花肉红石髓珠。有学者认为这枚蚀花肉红石髓珠，以及同墓出土的1件雕有"狮身人面"像的鎏金铜牌饰，均原产于西亚地区，是由西亚经古代云南一印度商道传人的。蚀花石髓珠在西亚地区有悠久的历史。夏鼐先生说，据英国人培克（H. C. Beck）的研究，它盛行

①［宋］李昉等：《太平御览》卷八〇七，中华书局，1960。

②文物编辑委员会编《文物考古工作十年》，文物出版社，1990，第234页。

③童恩正：《试谈古代文明与东南亚文明的关系》，《文物》1983年9期。

④《中国圣火—中国古文物与东西文化交流中的若干问题》第114页这2件铜盒发掘报告上说表面皆呈水银色，作者孙机先生认为是镀锡的。

于三个时期：（1）早期（公元前2000年以前），花纹以眼形纹（即圆圈纹）为主要特征，仅见于伊拉克和印度河文化的遗存中；（2）中期（公元前3世纪—公元2世纪），花纹以直线纹和十字纹为主，分布地域更为广泛，西到罗马时代的埃及，南到印度南部，东到我国新疆、西藏、云南等地，但以巴基斯坦的坦叉始罗（Taxila near Peshwar）发现的为最多；（3）晚期（830—1000年）。石寨山13号墓出土的这颗蚀花肉红石髓珠显然属于培克所说的中期类型。夏鼐先生认为它虽然与坦叉始罗出土的相似，但花纹过于简单，很可能是不同地区分别各自创造的。是否为本地创造，抑或系输入品，殊难断言。①

笔者同意张增祺、童恩正二先生的观点，认为这颗蚀花肉红石髓珠是从西亚传入的。因为石寨山古墓群出土的玛瑙珠数量极多，无法以件计，但蚀花肉红石髓珠仅一颗，十分珍贵罕见，显然不会是本地产品。如果本地能造，为什么不用玛瑙珠蚀出更多的石髓珠呢？1972年在云南江川县李家山春秋晚期（公元前5世纪）24号墓中出土的一颗蚀花肉红石髓珠，表面有白色圆圈纹和曲线纹图案，属于培克所说的早期类型，即公元前2000年以前的产品。张增祺、童恩正二先生认为其输入路线就是古代印度——云南那条不被更多人注意的商道。印度当时制珠工艺非常发达，其蚀花肉红石髓珠等产品曾在苏米尔（Sumer）、埃及、西亚等地都有发现。②李家山墓群的形制、葬式和随葬品种类、形制等与石寨山墓群非常接近，同属滇池地区所特有的滇文化墓群，地理位置上二者相距仅40多千米，二者关系非常密切。

这种属于中期类型的以直线纹为主要特征的蚀花肉红石髓珠在广东也有出土。在广州西汉后期墓中曾出土过2颗蚀花肉红石髓。③果真如此，这枚蚀花肉红石髓珠和这件铜牌饰就是经过滇越国即迦摩缕波国传到我国的。

①在晋宁石寨山13号墓中，出土了蚀花的肉红石髓珠一颗，在发掘报告中并未提及，只当作一般的玛瑙珠。夏鼐先生最先发现它与一般玛瑙珠不同其十道平行线纹是用化学方法人工腐蚀出来的，见夏鼐：《我国出土的蚀花的肉红石髓珠》，《考古》1974年第6期。

②见张增祺：《战国至西汉时期滇池区域发现的西亚文物》，《思想战线》1982年第2期；童恩正：《古代中国与印度交通的考古学研究》，《考古》1999年第4期。

③见徐苹芳：《考古学上所见中国境内的丝绸之路》，《燕京学报》新1期，北京大学版社，1995。在广东南海西汉晚期汉墓中，也出土过2颗蚀花肉红石髓珠，见《广东南海汉墓发掘报告》，《文物资料丛刊》第4期，文物出版社，1981。

第三节 蜀商时代海上丝绸之路与西南丝绸之路的互动与交融

公元前4世纪末至公元前2世纪末蜀商时代，是海上丝绸之路的黄金时代，也是海上丝绸之路与西南丝绸之路互动交融的时代。

一、见证海上丝绸之路与西南丝绸之路互动交融的蜀枸酱

西汉前期的巴蜀商人活动能量十分惊人。他们不仅遍布国内的长安、番禺等通都大邑，而且把蜀地的商品远销至西亚、印度、东南亚、东北亚等地。《史记·西南夷列传》载：

> 建元六年（前135年）……番阳令唐蒙指晓南越。南越食蒙蜀枸酱，蒙问所从来，曰："道西北牂柯，牂柯江广数里，出番禺城下。"蒙归至长安，问蜀贾人，贾人曰："独蜀出枸酱，多持窃出市夜郎。夜郎者，临牂柯江，江广百余步，足以行船。南越以财物役属夜郎，西至同师，然亦不能臣使也。"①

汉代的牂柯江就是今天的珠江干流西江（粤江），明清以来，称珠江为牂柯江还很普遍。②蜀地枸酱通过夜郎，顺牂柯江进入番禺，足见南越国与夜郎、蜀地的密切联系。同时，在今云南西部保山地区龙陵一带，南越国以向这里的君长赠送财物的方法，而收买拉拢之，从而使滇、夜郎等西南夷国家、部族对南越国保持一种比较松散的附属关系。这种关系一直持续到南越国的灭亡。

唐蒙出使南越国回到长安后，找到在长安经商的巴蜀商人，从他们那里打听蜀枸酱从蜀地贩运至南越国的具体路线。因为唐蒙很清楚，巴蜀商人在南越国和西南夷地区异常活跃，只有从他们那里才能得到他所需要的准确信息。蜀商不仅把蜀枸酱千里迢迢经过西南夷地区贩至南越国，也把临邛的铁器贩运至西南夷和南越国。《史记·货殖列传》中提到的临邛商人程郑，因"冶铸，贾椎髻之民"

---

①司马迁撰《史记》卷一百一十六《西南夷列传》，中华书局，1959，第2993—2994页。

②张荣芳：《西汉蜀枸酱入番禺路线初探》，《秦汉史与岭南文化论稿》，中华书局，2005，第161页。

而“富埒卓氏”，“贾椎髻之民”就是“通贾南越”的意思。

可以毫不夸张地说，蜀枸酱是沟通西南丝绸之路与海上丝绸之路的历史见证。

二、西南丝绸之路与海上丝绸之路互动交融的自然条件

岭南和西南地区独特的风物特产和地理位置也为蜀商从事国内外贸易活动提供了便利的条件。

有学者在比较两汉时期的巴蜀文化与岭南文化时，曾经总结出巴蜀与岭南的社会历史环境有如下三个相同点：其一，地理环境特殊，有崇山峻岭与中原地区隔绝，交通十分困难；其二，偏僻落后，属于边远蛮荒之地，开发较晚；其三，少数民族众多。①

岭南和西南地区与中原的交通虽然不便，但二地之间的联系却是非常密切的。西江的上游南盘江和北盘江都发源于云南，珠江水系将云贵两广地区联系起来。两地之间的商人往来、民族迁徙都十分频繁。在西汉前期，南越国和西南地区的滇、夜郎等国的交往更为频繁，往来其间的巴蜀商人集团在两地的交往中扮演了举足轻重的角色。

岭南和西南地区都属于亚热带地区，两地的物产也有许多一致的地方。特别值得一提的是，两地都是金、银等贵金属，以及犀、象、犀角、象牙等珍稀动物和奢侈品的重要产地。

正如吕思勉先生所指出：“交广而外，益州亦为异物所自来。”②在汉代人的心目中，岭南和西南地区所处的交、益二州都是出产珍宝异物的地方。

东汉章帝时期，政府为了应对财政困难，曾特别颁布诏书，下令交趾、益州两地的上计吏每年到京师“上计”时，要收购当地的奇珍异宝上缴中央。《后汉书·朱晖传》载：

> 元和中……谷贵，县官经用不足，朝廷忧之。尚书张林上言：“谷所以贵，由钱贱故也。可尽封钱，一取布帛为租，以通天下之用。又盐，食之急者，虽贵，人不得不须，官可自鬻。又宜因交趾、益州上

①李绪柏：《两汉时期的巴蜀文化与岭南文化》,《学术研究》1997年第3期。

②吕思勉：《吕思勉读史札记》，上海古籍出版社，1982，第525—527页。

计吏往来，市珍宝，收采其利，武帝时所谓均输者也。”于是诏诸尚书通议。(朱)晖奏据林言不可施行，事遂寝。后陈事者复重述林前议，以为于国诚便，帝然之，有诏施行。

张光直先生在论述中国文明在世界文明史上的地位时，曾经提出了一个震惊国际学坛的论点。他认为世界文明形成的方式主要有两种形态，一是西方式的；一是世界式的（非西方式的），也就是中国式的。而后者的贸易活动主要限于宝货。[①]可见以犀角、象牙等“宝货”为内容的贸易活动在中国文明形成过程中占有极为重要的地位。汉代的岭南和西南地区是犀、象的产地，犀、象以及犀角、象牙的贸易活动在汉代对外关系史上具有十分重要的地位。犀角和象牙既是岭南和西南地区的贡赋之一，亦是蜀商走私贸易的重要商品。西汉时期，外国遣使朝贡活动中，进贡犀牛或犀角的记载共有4次。这4次进贡不仅被写进有关的列传中，而且载入本纪之中，足见史家已把这些进贡活动作为重大历史事件而给予了高度的重视。

丰富多彩的“宝货”异物、比邻异域的区位优势、形式多样的对外交通，为巴蜀商人集团的发展提供了广阔的活动空间。巴蜀商人集团以走私为主的贸易活动，为西南丝绸之路与海上丝绸之路的联通互动和这些地区的对外交往起到了推波助澜的作用。

三、海上丝绸之路蜀商时代的衰微

“汉初社会进步最快、文明最有生气的时代是以‘文景之治’为中心的‘汉兴七十余年之间’。这个时期正是古典商品经济在‘无为之治’的自由放任政策下几乎不受限制地大发展的时期。”[②]“汉兴七十余年”工商业发展水平，“为此后直至‘海通’以前我国工商业在质的方面大致没有超出过的。”[③]这个局面在汉武帝即位后开始出现了巨大的转变。

张骞的“凿空”壮举开辟出了举世闻名的“丝绸之路”。中外文化交流的主流通道开始由“西南丝绸之路”转变为“北方丝绸之路”。中外文化交流的主体

①张光直:《中国文明的形成及其在世界文明史上的地位》,《燕京学报》新6期，北京大学出版社，1999。
②秦晖:《汉唐商品经济比较研究》,《陕西师范大学学报（哲学社会科学版)》1991年第2期。
③张荫麟:《中国史纲》，上海古籍出版社，1999，第197页。

也开始由“奸出物”的蜀商，转变为官方色彩浓厚的“汉使”。“使者相望于道。诸使外国一辈大者数百，少者百余人，人所赍操大放博望侯时。其后益习而衰少焉。汉率一岁中使多者十余，少者五六辈，远者八九岁，近者数岁而反。”①但很少见到包括蜀商在内的私人商贾的身影。

建元六年（前135年），信奉无为而治黄老思想的窦太后驾崩，真正掌握大权的汉武帝终于可以大展拳脚了，在北讨匈奴的同时，开始了经略东越、南越、西南夷的一系列行动。“唐蒙、司马相如开路西南夷，凿山通道千余里，以广巴蜀，巴蜀之民罢焉……作者数万人，千里负担馈粮，率十余钟致一石，散币于邛僰以集之，数岁道不通。”②

元狩元年（前122年）“及张骞言可以通大夏，乃复事西南夷”。③武帝举全国之力，试图打通蜀身毒道，结果劳民伤财、民怨沸腾，最后得到昆明之属“辄杀略汉使，终莫得通”的悲惨结局。

巴蜀商人在武帝经略西南夷的战略举措中不仅没有得到任何好处，反而蒙受了巨大损失。

由于汉武帝大规模征讨匈奴，经略南方，军费财政开支陡然增加，为弥补财政赤字，武帝重用商人出身的东郭咸阳、孔仅、桑弘羊等一批“兴利之臣”，实行盐铁官营、均输平准、算缗告缗等新经济政策，包括蜀商在内的私营工商业再次遭遇到沉重打击，许多商人因此倾家荡产。

公元前112年至公元前109年，汉武帝先后平定了南越国和西南夷，使岭南和西南地区彻底纳入汉朝版图。这一举措对善于在南越国和西南夷地区“奸出物”的巴蜀商人无疑是釜底抽薪，带来了致命打击。蜀商失去了走私活动赖以生存的环境和土壤，“巴蜀殷富”的基础轰然坍塌，地位从此一落千丈。在与雄才大略的汉武帝的中央王朝的较量和博弈中，蜀商彻底失败了。在中国历史舞台上纵横捭阖200余年的巴蜀商人集团从此一蹶不振，走向衰落。中外文化交流史上的蜀商时代从此一去不返。

“蜀商时代”终于在公元前109年画上了句号。

---

①[汉] 司马迁撰《史记》卷一百二十三《大宛列传》，中华书局，1959，第3170页。

②[汉] 司马迁撰《史记》卷三十《平准书》，中华书局，1959，第1420—1421页。

③[汉] 司马迁撰《史记》卷一百二十三《大宛列传》，中华书局，1959，第3166页。

四、蜀商开创中外文化交流史上一个时代的原因

蜀商卓王孙何以成为西汉首富？战国至西汉前期的巴蜀地区何以成为古典商品经济最发达的地区？蜀商何以脱颖而出，独步天下，进而开创了空前绝后的中外文化交流史上的蜀商时代？笔者以为，其原因主要在于以下六个方面。

1. 蜀地没有受到战火的直接影响

自从公元前316年巴蜀地区纳入秦国版图之后，四川盆地一直处于和平安宁的政治环境之中，为商业贸易的发展提供了良好的条件。绵延多年的战国争霸以及秦国的统一战争，使广大的中原大地满目疮痍，遍体鳞伤。秦王朝的短暂统一之后，又迎来关东六国旧地此起彼伏的反秦大起义，接踵而至的楚汉战争使得战火从中原绵延至秦帝国的统治中心关中地区。幸运的是，在这一系列的战争中，巴蜀地区一直都属于战争后方，远离战场和战乱，避免了战火的直接冲击和影响，为蜀商的崛起与发展创造了得天独厚的条件。

2. 经商环境良好

“民工于市，易贾”，这六个字，一语中的，准确概括出了临邛发展工商业的优势所在。具备优越的经商环境，是卓王孙之先辈选择在临邛创业的重要原因之一。而以临邛为代表的巴蜀地区良好的经商环境的形成，与秦国采取重商主义和实用主义的政策有很大关系。

3. 与权贵结合，垄断铸币权

卓王孙家族在临邛经营冶铁业。他的真正发迹始于汉文帝时与文帝幸臣邓通的交往。文帝“赐邓通蜀严道铜山，得自铸钱，‘邓氏钱’布天下”。[①]据《华阳国志》载：“汉文帝时，以铁铜赐侍郎邓通。通假民卓王孙，岁取千匹。故王孙货累巨万亿，邓通钱亦尽天下。”[②]陈直先生据此认为：“卓氏之富，始于邓通。”[③]卓王孙通过与权贵蜀郡南安邓通的老乡关系，不仅得到了铁铜矿的开采权，垄断了铸币权，而且得到了大笔的周转资金，实现了权贵与资本的紧密结合，顺理成章成为“西汉首富”。

《盐铁论》卷一云：“文帝之时，纵民得铸钱、冶铁、煮盐。吴王擅鄣海泽，邓通专西山，山东奸猾咸聚吴国，秦、雍、汉、蜀因邓氏，吴、邓钱布天下。”[④]

---

①［汉］司马迁撰《史记》卷一百二十五《佞幸列传》，中华书局，1959，第3192页。

②任乃强校注《华阳国志校补图注》卷三，上海古籍出版社，1987，第157页。

③陈直：《汉书新证》，天津人民出版社，1979，第437页。

④王利器：《盐铁论校注》，中华书局，1992，第57页。

蜀地和诸侯国吴国在文帝时期成为大汉帝国的两大经济和金融中心，成为西汉前期古典商品经济最为发达和活跃的地区。景帝登基后，平定“七国之乱”，吴国被灭。与此同时，深受景帝厌恶的邓通以“盗出徼外铸钱”的罪名被抄家。但巴蜀地区的社会经济并未受到邓通倒台的影响，继续呈现出繁荣发展的景象。

4. 未纳入西汉版图的西南夷、南越地区的存在

未纳入西汉版图的广大的西南夷、南越国地区，成为蜀商纵横捭阖、长袖善舞的广阔天地，也成为他们“奸出物”、从事走私贸易的肥沃土壤。司马迁把“巴蜀殷富”的原因归结为“巴蜀民或窃出商贾，取其莋马、僰僮、牦牛”①，所言极是。卓王孙和程郑虽然都是在临邛从事冶铁业的货殖巨擘，但他们的产品销售地却各有侧重和分工。卓王孙“倾滇蜀之民”，其产品主要在巴蜀本地和西南夷地区销售；而程郑则是“贾椎髻之民”，其产品主要是远销至南越国地区②。这一细节颇值得玩味。在今天的岭南和西南地区，以及中南半岛等地，都有许多战国西汉时期的铁制品出土。这些代表当时最先进的生产技术的铁器制品，主要是巴蜀商人所生产和销售的。

5. 通过西南夷、南越地区与外国交往频繁

考古发现表明，中国与东南亚、南亚地区有着悠久的交往历史。四川广汉三星推遗址中出土了大量产自印度洋深海的海贝。段渝先生指出，早在商代前后，中国西南便发展了与西太平洋及印度洋区域的海上交通，发展了与南亚和东南亚大陆地区的陆上交通。③殷墟青铜器所采用的矿料有不少出自云南，殷墟出土的龟甲也有不少出自南海和东南亚地区，而龟甲上黏附的棉布，其原产地就是印度。李学勤先生指出，在商代由安阳到西南以至东南亚地区存在着一条畅通的道路，饶宗颐先生也认为“身毒货物在殷代已有交流迹象”。④

云南晋宁石寨山古墓群和江川李家山汉墓群大量的出土文物说明，战国秦汉时期的滇国与印度和印度洋沿岸地区有着极为密切的联系。怒江（萨尔温江）、瑞丽江（伊洛瓦底江）、澜沧江（湄公河）和红河等河流在我国云南境内，虽然险滩密布

①［汉］司马迁撰《史记》卷一百一十六《西南夷列传》，中华书局，1959，第2993页。

②［汉］司马迁撰《史记》卷一百二十九《货殖列传》，第3278页。按：关于“贾椎髻之民”，司马贞索隐释为“通贾南越也”；《汉书》将“椎髻之民”书写为“椎结之民”，颜师古正义谓“椎结之民”指西南夷，见《汉书》卷九十一《货殖传》，中华书局，1962，第3690页。笔者此处从司马贞之说。

③段渝：《古蜀文明与早期中印交流》，载段渝主编《南方丝绸之路研究论集》，巴蜀书社，2008，第464页。

④李学勤：《比较考古学随笔》，广西师范大学出版社，1997，第196—204页，及该书饶宗颐序。

不利通航，但这些河流出境后大都流经平原地区，水流和缓，航行条件十分便利。

由于近水楼台的便利，蜀商以西南夷和南越国为桥梁，与当时的外部世界发生了颇为密切的经贸文化交往。

6. 与内地之间发达的水陆交通

巴蜀与秦汉帝国的政治中心长安及关中地区，虽有秦岭山脉的阻隔，但早已连为一体，巴蜀地区成为秦汉帝国一统天下的后方基地。“栈道千里，无所不通”，一定程度上已经克服了“蜀道之难，难于上青天”的障碍，为巴蜀商人的崛起与发展提供了极大的便利。

秦国的治水能力举世公认，都江堰和灵渠世界闻名，而秦国统治下的巴蜀商人的水上运输经商能力也不可低估。西汉前期，蜀商把蜀枸酱经夜郎地区，沿牂牁江贩运至南越国首府番禺，显露出蜀商强大的水上贸易能力。

《战国策》卷十四云：

> 张仪为秦破纵连横，说楚王曰：“……秦西有巴蜀，方船积粟，起于汶山，循江而下，至郢三千余里，舫船载卒，一舫载五十人，与三月之粮，下水而浮，一日行三百余里，里数虽多，不费马汗之劳，不至十日而距扞关。扞关惊，则从竟陵已东，尽城守矣。黔中巫郡，非王之有已。”

《战国策》卷三十云：

> 秦召燕王，燕王欲往，苏代约燕王曰：“……秦之行暴于天下，正告楚曰：‘蜀地之甲，轻舟浮于汶（按指岷江），乘夏水而下江，五日而至郢。汉中之甲，乘舟出于巴，乘夏水而下汉，四日而至五渚……’楚王为是之故，十七年事秦。”

可以想象，长江航道，既是秦国出兵伐楚的水上要道，当然也是巴蜀商人与长江中下游地区经商贸易的重要通道。

五、海上丝绸之路与西南丝绸之路是不可分割的有机整体

大汉帝国的盛世雄风，远播域外。汉朝人对西方世界的地理知识，甚至连唐

朝人也未能超越。[1]张骞“凿空”之行的足迹距离西方只有一步之遥！张骞在大夏所见的“蜀布”“邛竹杖”不仅证实了蜀身毒道即滇缅印道的存在，而且透露出西汉前期的蜀商在西亚地区异常活跃的信息，揭示了巴蜀商人集团在中外文化交流史上所发挥的重要作用。我们有理由相信，在“一带一路”伟大倡议深入人心、变为现实的背景下，随着在相关区域的考古工作的深入展开，西汉前期巴蜀商人集团在海上丝绸之路乃至中外文化交流史上的贡献，将会引起学术界更多的关注和重视。

滇缅印道与南海道之间的关系密不可分，不能截然分开。把中国南方地区对外关系的有机整体人为割裂为“海上丝绸之路”和“西南丝绸之路”（或称为“南方丝绸之路”）是不恰当的，是不能准确把握中外文化交流的历史规律的。研究海上丝绸之路，不能对西南丝绸之路视而不见，反之亦然。

研究中外文化交流史不能忽视对文化交流的主体的研究，不能“见路”不见人，也不能“见物（如丝绸、蜀布、陶瓷等）”不见人。近年来西南丝绸之路研究与巴蜀文化研究方兴未艾，成绩斐然，但由于“文献不足征”，以蜀商为题的论文依然屈指可数。“蜀商时代”及其与海上丝绸之路相关研究，大有可为，任重道远。

①贺昌群：《汉代以后中国人对于世界地理知识之演进》，刊于氏著《贺昌群史学论著选》，中国社会科学出版社，1988。

第八章
汉代海上丝绸之路上的香料贸易

中国是一个尚香的国度，中华民族是一个崇尚馨香的民族。中华香文化浩如烟海，珍若珠玑，因此香料贸易自古以来就是一个备受学者关注的话题。随着张骞通西域、武帝平南越，我国的官方对外贸易也渐渐展开。香料是我国海上丝绸之路对外贸易中最原始最基本的贸易物品之一。在汉代，无论是宗教生活，还是世俗生活，人们对香料的应用都是非常热衷的。岭南作为我国香料的重要产地和异域香料进口到中原的中转站，其在香料贸易中的作用是不言而喻的。随着香料的广泛应用及香料贸易的不断发展，到汉末三国时期，香料已经成为了我国海上丝绸之路对外贸易的大宗商品。这种优势地位一直延续到近代。香料在我国海上丝绸之路对外贸易中占有如此重的分量，因此一直受到人们极大的关注。就汉代岭南的香料贸易而言，学界的研究成果也颇为丰富。我们有必要对有关研究情况做简要回顾：

首先，介绍一下国外学者的研究情况。美国学者劳费尔的《中国伊朗编：中国对古代伊朗文明史的贡献》运用比较语言学的方法叙述了中国与伊朗之间动物、植物、矿物及特产的交流史，其中着重探讨了栽培植物与产品交流的历史，追溯考证了贝甘香、苏合香、没药、青木香、安息香等多种中国外来香料的原产地及贸易源流。

米勒（J.Innes Miller）不但分区考察了中国、东南亚、印度、波斯、阿拉伯、东非以及罗马帝国出产的香料种类，还介绍了当时罗马帝国与中国及东南亚的香料贸易路线、贸易商人、中转站等各方面的情况，可谓研究罗马帝国时期亚欧香料贸易的集大成之作。

日本学者山田宪太郎的《东亚香料史研究》、《香料博物事典》、《南海香药谱》不仅对香料进行了精细的考究，同时还将与香料有关的历史与东西方社会风俗一一做了介绍，是研究香料贸易分量较重的著作。

刘欣如（Xinru Liu）的阐述了公元1至600年中印香料贸易的种类及香料贸易与佛教传播的关系。

法国学者布尔努瓦的《丝绸之路》第四章里提到桂皮、乳香等的中西香料贸易情况。

英国学者多尔比（Dalby A.）的《危险的味道：香料的历史》考察了几十种香料的原产地以及贸易细节，并以印度为中轴线，分地区讨论了东西香料贸易的发展史。

余英时的《汉代贸易与扩张》以汉代的贸易与扩张之间的相互作用为中心主题来考察汉代与胡人之间的经济关系，其中海上贸易一章以汉代三大海上贸易港口为研究对象，并介绍了香料的源头和舶来途径。

美国学者谢弗的《唐代的外来文明》第十章、第十一章集中对唐代传入的香料和药物进行了深入的研究，其中有不少香料在汉代已经传入，因此亦为研究汉代的外来香药提供参考。

法国学者阿里·玛扎海里的《丝绸之路：中国—波斯文化交流史》主要介绍了中国的樟脑、肉桂、姜黄、生姜、麝香等香料的栽培史、用途以及经波斯西传的过程。

澳大利亚学者杰克·特纳的《香料传奇：一部由诱惑衍生的历史》对香料的历史进行了详细的叙述，对生姜、肉桂、胡椒、肉豆蔻、丁香等不仅介绍其用途，还讲述其匪夷所思的传奇历史。

关于国内相关课题研究的现状，试从著作类和论文类分别论述：

著作方面，张星烺编注，朱杰勤校订《中西交通史料汇编》以地区和年代为划分依据将古代中外的中西交通史料汇编成六册，其中“中国古籍关于波斯之矿石及动植物之记载”“古籍所载之印度矿石及动植物”等章节对外来矿石及动植物的史料进行了汇编，里面亦包含不少关于外来香料的史料。沈福伟《中西文化交流史》提到了从西域传入的香料品种。沈光耀《中国古代对外贸易史》从对外贸易的角度介绍了香料的结构、经济价值、产地和作用，并指出自西汉武帝以来，由于南海——印度航线交换的货物主要是中国的丝绸和国外的香药，因此被称为“丝香之路”。

关其学、朱慧强《广东对外贸易研究》从经济学的角度探讨了广东对外贸易的历史，其实也涵盖了香料贸易的发展史。姜伯勤《敦煌吐鲁番文书与丝绸之路》第四章“敦煌吐鲁番通往印度的香药之路与法宝之路”，采用“二重证据法”，以出土文书与文献史料相参证来探讨“香料之路”，对研究香料贸易有很重要的参考价值。宋岘《古代波斯医药与中国》第二章“从波斯输入中国的药物”第一节“汉唐时期的情况”按外国药品名字编号，将唐代朝官苏敬主纂的《新修本草》的内容与阿拉伯人伊本·贝塔尔撰写的《药典》的内容编入其中。此外，还将《酉阳杂俎》中所记波斯植物的资料进行了汇集，并以《神农本草经》和《名医别录》为对照进行了考证，颇具史料价值。

黄启臣《广东海上丝绸之路史》将海上丝绸之路作为研究对象，以大量考古发掘为论证材料，系统阐述了广东海上丝绸之路的发展史，其中也涵盖了汉代海上香料贸易的概况。孙机《汉代物质文化资料图说》从熏炉制作变化的角度来印证外来香药在汉代最先输入我国岭南地区。方豪《中西交通史》第一篇用了十六章的篇幅来谈论史前至秦汉魏晋南北朝的中西交通和贸易，详细叙述了汉代南方之海外交通及中印贸易，其中就包括香料贸易。周永卫《两汉交趾与益州对外关系研究》从汉代香料使用的三个阶段、南方生产的本土香料、汉代输入的异域香料、香料在南方的使用更为广泛、香料与佛教的关系等方面重点阐述了本土香料的产地、香料在汉代的使用及香料的进出口等问题。

论文方面，陈竺同的4篇论文《南洋输入生产品史考》《汉魏南北朝外来的医术与药物的考证》《汉魏以来异域色料输入考》《汉魏以来海外输入奇香考》，以及王鞠侯的《南洋输入香料品类考》、陈连庆的《汉晋之际输入中国的香料》、冯立军的《古代中国与东南亚中医药交流》探讨了汉晋之际外来香料的种类、产地以及中外医药交流。

汪秋安《中国古近代香料史初探》介绍了中国古代香料贸易史和近代香料工业。吴焯《汉代人焚香为佛家礼仪说——兼论佛教在中国南方的早期传播》考察了中国南方早期佛教传播与焚香习俗的关系。温翠芳《中古时代丝绸之路上的香料贸易中介商研究》以时间为顺序，分别介绍了粟特人、波斯人和阿拉伯商人在陆上和海上丝绸之路从事香料转贩贸易的情况。

综观国内外的研究状况我们发现:

第一，目前学术界对我国古代对外物质文化交流和古代对外贸易的研究极为重视，著作成果也颇为丰富，但大多都是从宏观角度来做整体上的研究。而香料作为对外物质文化交流和对外贸易的一个组成部分，未能引起学术界足够的重视，其研究也是比较粗略的，甚至只是提到个别的香料名称而已，缺乏较为细致的研究。

第二，20世纪三四十年代出现了一些专门研究汉魏香料问题的论文，但只是停留在对外来香料种类、原产地、输入途径及应用的考证上，对汉代香料贸易的活动情况及香料贸易在汉代中国对外贸易关系中的地位、作用及影响等很少涉及，对汉代香料贸易的研究缺乏系统性。

第三，香料应用的问题在学术界引起了比较广泛的关注，但也有较大的偏向性。如对香料在薰衣、焚香、医学、美容、饮食、香品制作等世俗生活方面的研究较为集中。对用香器具，尤其是香炉、熏炉的发展源流、形制特征的成果也较多，既有从考古实物与历史文献相结合的角度，也有从赏玩收藏的角度。而在宗教活动方面，则较多关注了特定的烧香仪式以及香料与佛教的关系问题。对僧人、道士日常修炼的用香情况研究较少，而且很少直接利用佛教、道教典籍。因此，在香料应用方面仍有不少值得继续深入探究的地方。

此外，就时间界限而言，对香料贸易的研究较多集中在唐代和宋代。而对作为香料贸易发端时期的汉代研究相对缺乏。任何一种习俗都不是突兀地出现在某个时代的，而应该是一个历史积累的结果。唐宋时代香料的广泛应用及香料贸易的鼎盛，是与汉代香料贸易的兴起以及汉代人们对异国名香的追求之风分不开的。就区位选择而言，对汉代对外贸易的研究，学术界似乎对西北陆上丝绸之路一直情有独钟，对当时相对岭南地区的对外贸易关注较少，而对岭南地区的香料贸易就更少有人问津了。

汉代岭南地区既是土产香料的重要产地和异域香料进口至中原的重要中转站，又是消费和使用香料最多的地区之一，还是汉代香料贸易最活跃的地方。对汉代岭南香料贸易的研究还有很大的发掘空间。因此，本文试图在充分吸收学界已有成果的基础上，进一步对汉代岭南地区的香料贸易进行研究。

中国用香的历史久远。香料陪伴着中华民族走过了数千年的兴衰风雨。它邀天集灵，祀先供圣，是敬天畏人的体现，又是礼的表述；是颐养性情、启迪才思的妙物，又是祛疫辟秽、安神正魄的良药。历代的帝王将相、文人墨客、平民百姓、僧侣道士，无不以香为伴，对香推崇有加。“香料”自古就是受关注的话题。直至现今，学术界对“香料”的研究已经取得了十分显著的成果。但从上述汉代岭南香料贸易的研究状况中不难看出，前人在此问题的研究中依然存在一些缺陷，大致可以归纳为以下两个方面：首先，汉代岭南较之于其他地方还是相对落后的，因此古代文献对其的关注和记载相对较少，材料的贫乏导致现代学者对此区域研究极为慎重。相对于汉代的中原、西北、西南等地区，对岭南的研究还有很大的拓展空间。其次，就物质文化交流的对象而言，大部分的著作和论文在研究汉代对外文化交流时都是从宏观着手，涉及汉代香料贸易的往往仅有只言片语。即使是研究汉代香料也是从某个角度，比如异域香料的种类、香料与佛教的关系、香料在社会生活方面的运用等进行，而对岭南香料贸易的系统研究比较缺乏。

本章的主要目的不仅仅在于研究汉代岭南香料贸易本身，还希望借探索汉代岭南香料贸易的种类、交通路线、中转站、中转商、交换媒介等，来进一步探究汉代岭南香料贸易对我国香文化的发展及对后世香料贸易的发展所带来的历史影响。

第一节　汉代海上丝绸之路香料贸易的种类

通过前面一章的分析，我们发现汉代已经处于一个香薰活动的上升期。汉代社会对香料的使用是极为广泛的，特别是宗教活动和宫廷生活中对香料的使用异常热衷。武帝以后，随着岭南海上贸易航线的开通，我国海路官方贸易正式形成。汉廷在岭南地区任命专职翻译官员，并招募商人、水手出海贸易。外邦使者和商人也纷纷取道交趾来华进贡和贸易。香料贸易在当时是对外贸易的重要内容。如周嘉胄说：“香最多品类，出交、广、崖州及海南诸国，然秦汉以前未闻，惟称兰、蕙、椒、桂而已。至汉武奢广，尚书郎奏事者始有含鸡舌香，及诸夷献香种种征异。”[①]可见，汉代岭南既是生产和出口香料的重要地区之一，又是进口和消费香料的大户。下面就汉代岭南输入和输出的香料品种逐一加以介绍。

①转引自［明］周嘉胄：《香乘》卷一，上海古籍出版社，1993，第308页。

一、汉代岭南输出香料的主要种类

汉代岭南是我国香料的重要产区。《林邑记》云："朱吾以南，有文郎野人，居无室宅，依树止宿，食生肉，采香为业，与人交市，若上皇之民矣。"[①]其香料的输出主要有两种方式：一是以朝贡贸易的方式输入中原地区；另一种是以自由贸易的方式出口域外。汉代岭南输入中原的香料种类繁多，几乎囊括了岭南本土和域外输入的香料的全部种类。出口域外的香料则主要有：桂、姜、高良姜、柴桂等。本节所要论述的输出香料，主要是指出口国外的香料种类。

（一）桂

桂分两种，一种叫肉桂（Cinnamomum cassia），为樟科（Lauraceae）植物，亦称中国肉桂（Chinese cinnamon），别名"玉桂""牡桂""箘桂""大桂"。另一种叫桂花（Osmanthus fragrans），为木犀科（Oleaceae）木犀属植物，又名"月桂""木犀"。这两种桂在我国都具有非常悠久的历史，是深受人们喜爱的香料。本节仅论述在汉代时候输出国外的肉桂。

关于肉桂的输出时间，多比尔（A. Dalby）非常肯定地说："肉桂是在公元前传到地中海的，并且在公元前6世纪已经被普遍使用。"[②]西奥夫拉斯特斯（Theophrastus）和普林尼（Pliny）认为桂皮和肉桂在公元前4世纪的地中海地区已经是广为人知的商品。[③]但是对于这种香料的原产地，当时的西方学者中存在不同的观点。很多人认为肉桂的原产地在阿拉伯，如西奥夫拉斯特斯（Theophrastus）就认为肉桂产于阿拉伯——塞巴附近[④]，阿加撒齐第斯也持相同的观点[⑤]。古希腊历史学家希罗多德（Herodotus）亦说："阿拉伯，是一切有人居住的地方中最南面的。只有这一个地方出产乳香、没药、桂皮、肉桂和树胶。"[⑥]

---

①［宋］李昉等：《太平御览》卷九百八十一《香部》，中华书局，1960，第4343页。

②［英］多比尔：《危险的味道：香料的历史》，李蔚虹、赵凤军、姜竹青译，百花文艺出版社，2004，第49页。

③ J.Innes Miller. *The Spice Trade of the Roman Empire（29B.C.to A.D.641）*[M]. Oxford at the Clarendon Press，1969，P. 44.（Cassia and cinnamon had already，from the fourth century B.C.，become a well-known commodity in the Mediterranean world.）

④［英］多比尔：《危险的味道：香料的历史》，李蔚虹、赵凤军、姜竹青译，百花文艺出版社，2004，第50页。

⑤［英］多比尔：《危险的味道：香料的历史》，李蔚虹、赵凤军、姜竹青译，百花文艺出版社，2004，第50页。

⑥［希腊］希罗多德：《历史》(上)，王以铸译，商务印书馆，2005，第242页。

他还给我们讲述了关于阿拉伯人是怎样采集桂皮和肉桂的故事。[①]对此，法国学者布尔努瓦（Lucette Boulnois）解释说："阿拉伯的转口商人们，对于他们的桂皮商品的来源地讳莫如深，而罗马人——在他们之前是希腊人——就误认为桂皮生长在阿拉伯半岛。然而，人们从来没有在阿拉伯半岛的土地上发现过桂树的踪影，因为那里的土壤和气候不大适宜这种植物的生长。这种木本作物原产于印度、缅甸和中国（波斯古史学家们称之为'中国的树皮'）。"[②]

持不同观点者，如斯特雷波（Strabo）则推测肉桂的原产地比阿拉伯还要远[③]，但到底是印度南部还是印度洋远端的某个地方，他也无法肯定。普林尼（Pliny）则认为："古代地中海地区的肉桂和桂皮经过印度洋的两个大海湾，很可能是在季风的推动下穿过了广阔的海洋而不是通过沿岸经商的船只。"[④]一直到公元9世纪，阿拉伯地理学家伊本·胡尔达兹比赫（Ibn Khurdadhhh）才在其著作中明确指出肉桂是中国产品。[⑤]《史记·货殖列传》载："江南出楠、梓、薑、桂。"[⑥]米勒（J. Miller）更精确地指出："在古代历史上，秦朝第一个皇帝秦始皇的行为说明了中国南方肉桂的重要性。当他在公元前216年征服了南越国以后，他就在此地设置了桂林郡，因为这个地区'肉桂树成林'。现在的桂林仍保留着这个名称。这说明：在公元前3世纪，肉桂在今天的贵州、广东和广西是如此重要的产物，以至于来自北方的征服者在征服这个地区以后，用它的名称来命名这一整个区域。"[⑦]

---

①[希腊] 希罗多德：《历史》(上)，王以铸译，商务印书馆，2005，第243页。

②[法] 布尔努瓦：《丝绸之路》，耿昇译，山东画报出版社，2001，第47页。

③[英] 多比尔：《危险的味道：香料的历史》，李蔚虹、赵凤军、姜竹青译，百花文艺出版社，2004，第51页。

④[英] 多比尔：《危险的味道：香料的历史》，李蔚虹、赵凤军、姜竹青译，百花文艺出版社，2004，第52页。

⑤[英] 多比尔：《危险的味道：香料的历史》，李蔚虹、赵凤军、姜竹青译，百花文艺出版社，2004年，第53页。

⑥[汉] 司马迁撰《史记》卷一百二十九《货殖列传》，中华书局，1982，第3253—3254页。

⑦ J.Innes Miller. *The Spice Trade of the Roman Empire（29B.C.to A.D.641）*[M]. Oxford at the Clarendon Press，1969，P. 43.（ In the historic times，the importance of cassia in south China is illustrated by the action of Shih Huang Ti，the first Chin emperor，who，when he conquered Nan Yueh in 216 B.C.，renamed it Kwei Lin，the 'Cassia Grove'. The modern Kweilin preserves the name. This shows that cassia was already in the third century B.C.. Such a prominent product of the area comprising the modern provinces of Kweichow，Kwangtung，and Kwangsi that the conqueror from the north named the whole territory after it.）

在南亚的斯里兰卡也产肉桂，叫“锡兰肉桂”(C.zeylanicum)，但据多比尔(A. Dalby)书中所载，锡兰肉桂直到10世纪以后才被人认识或开采。[①]因此，在早期的香料贸易中的肉桂指的就是中国肉桂。

关于肉桂的应用,《神农本草经》载:“箘桂，味辛，温。主百病。养精神，和颜色，为诸药先聘通使。久服轻身不老，面生光华，媚好，常如童子。”[②]可知，最迟在汉代人们就充分认识到肉桂的药用价值。除此之外，肉桂还被用于酿制香酒。《汉书·礼乐志》中提到:“牲茧栗，粢盛香，尊桂酒，宾八乡。应劭曰:‘桂酒，切桂置酒中也。’”[③]肉桂在古代西方的用途也很广泛，米勒(J. Miller)在书中提到肉桂曾被用做调料，或跟蜂蜜混合在一起制成珍贵药膏，或将其泡在酒里。[④]多比尔(A. Dalby)在其著作中列举了一个大约公元前5世纪肉桂在一次敬神祭祀仪式上使用的例子。[⑤]布尔努瓦(Lucette Boulnois)则说，桂皮是美容品、医药品、香膏香脂、油脂、香汁香精等工艺中的关键原料，在罗马出售时昂贵得惊人，1罗马磅高质量的桂皮价值1500枚古罗马银币，而劣质桂皮也值50个银币。[⑥]

(二)姜

姜(Zingiber officinale)为姜科姜属植物，开有黄绿色花并有刺激性香味的根茎。又写作“薑”，也称“生姜”。

关于姜的原产地，米勒(J. Miller)说:“在东南亚、中国和印度，姜早就为人们所知，但作为一种栽培植物，它的原产地已经很难确定。”[⑦]多比尔(A. Dalby)说:“在中国南方和印度支那传统的植物群中就有野生的生姜和它们的同属。”[⑧]后来又说生姜“是产于中国南方然后移植到了马来群岛，并由马来群岛传

①[英]多比尔:《危险的味道:香料的历史》，李蔚虹、赵凤军、姜竹青译，百花文艺出版社，2004，第53页。

②[清]顾观光辑《神农本草经》卷二《上品》，杨鹏举校注，学苑出版社，2007，第92页。

③[汉]班固撰《汉书》卷二十二《礼乐志》,[唐]颜师古注，中华书局，1962，第1052—1053页。

④J.Innes Miller. *The Spice Trade of the Roman Empire (29B.C.to A.D.641)*. Oxford at the Clarendon Press, 1969, P. 43.

⑤[英]多比尔:《危险的味道:香料的历史》，李蔚虹、赵凤军、姜竹青译，百花文艺出版社，2004，第54页。

⑥[法]布尔努瓦:《丝绸之路》，耿昇译，山东画报出版社，2001，第46页。

⑦J.Innes Miller. *The Spice Trade of the Roman Empire (29B.C.to A.D.641)*. Oxford at the Clarendon Press, 1969, P. 53.(It has been so long known, in south-east Asia, China, and India, as a cultivated plant, that its original habitat is different to determine.)

⑧[英]多比尔:《危险的味道:香料的历史》，李蔚虹、赵凤军、姜竹青译，百花文艺出版社，2004，第23页。

播到东非的，在公元前1世纪的时候就已经出现在地中海地区了”。①

根据汉文文献的记载，姜在我国南方的种植可谓历史悠久。《史记·货殖列传》云：“江南出楠、梓、姜、桂。”“巴蜀亦沃野，地饶卮、薑、丹沙、石、铜、铁、竹、木之器”，“千畦薑韭，此其人皆与千户侯等。”②

由此可见，汉代生姜种植之广、需求量之大。姜从中国往外传播的时间很早，多比尔指出：“公元前四千年——也就是距今六千年前——太平洋中南岛诸居民便开始穿过马来群岛向南迁移，出发地是中国东南沿海和台湾山区。……这种南岛语的人在迁移过程中一直都将生姜带在身边。……这样生姜就从中国南方传到了菲律宾和香料群岛上——然后从那个连接东西方的十字路口到了新几内亚、爪哇和苏门答腊以及马六甲海峡对面的马来群岛上。后来生姜传播的区域更加广远。”③

可知，东南亚的姜最初还是由中国南方移民南迁时带过去种植的。1世纪希腊著名的医师、植物学家狄奥斯科里（Dioscorides）在其著作《药物志》中写道：“生姜是一种可私人栽培的植物，在阿拉伯的Trogodytical 地区（柏柏尔人生活的地区）广泛种植。当生姜还是嫩姜的时候，人们就用它来做各种事情，像我们使用云香那样，他们在吃饭之前先将姜浸泡，然后将其作为一种调料混在煮熟的食物里。生姜的根像莎草或姜黄一样很小，色白、味辛辣、气芳香。他们还挑选没有被蠕虫咬过的生姜腌制，陶罐保存后运到意大利出售。意大利人用它来做食物调料，也和着鱼干吃。它有生热之功效。”④

从狄奥斯科里（Dioscorides）的描述中我们可以得知一些勇于冒险的印度

①［英］多比尔：《危险的味道：香料的历史》，李蔚虹、赵凤军、姜竹青译，百花文艺出版社，2004，第59页。

②［汉］司马迁撰《史记》卷一百二十九《货殖列传》，［宋］裴骃集解，中华书局，1982，第3253、3254、3261、3272页。

③［英］多比尔：《危险的味道：香料的历史》，李蔚虹、赵凤军、姜竹青译，百花文艺出版社，2004，第24页。

④ J.Innes Miller. *The Spice Trade of the Roman Empire（29B.C.to A.D.641）*. Oxford at the Clarendon Press，1969，P. 54.（Ginger is a private plant，which is cultivated plentifully in Trogodytical Arabia（that is，on the Berber side）. They use it while still green for many purposes，as we do rue，boiling it in their drinks before meals，and mixing it as a seasoning in their boiled foods. The roots are small like those of cyperus or turmeric，whitish in colour and pepper in taste，and of a fragrant smell. They also select those parts of the root which are free from worm，which they preserve and send in earthenware jars to Italy，where it serves as a flavouring in food and is also taken with dried fish. It has a heating quality.）

洋海员早已在距离原产地5000英里（约8000千米）的厄立特里亚和东北非种植生姜，并将其出口到意大利。普林尼（Pliny）同意狄奥斯科里（Dioscorides）关于生姜产于非洲东北部的观点，并补充说1磅生姜在1世纪时售价为6个第纳尔（Denaries，一种古罗马银币）——相当于一个劳动力3天的收入。[①]尽管如此，在古代波斯药学家看来，运到他们那里的最佳生姜来自中国。正如多比尔所指出的那样："尽管生姜长途跋涉传播到了南方和西方，可在它的原产地仍然深受人们的器重。"[②]

对我国生姜外传的记载最早的是汉武帝时期的东方朔。他在著作《海内十洲记》中记载，武帝天汉三年四月，西国王使至，献四两续弦胶和吉光毛裘。武帝厚谢使者，"赐以牡桂干姜等诸物，是西方国所无者"。[③]干姜，是生姜加工后的产品。《海内十洲记》是否为东方朔所作，人们表示怀疑，但生姜在汉代通过西北丝绸之路传入西域当是可信的。根据阿里·玛扎海里的研究，"姜的贸易同样也取道于海路"。[④]

生姜无论是在国内还是国外使用，既是香料，又是药物，还可做食用调料。《说文解字》："薑，御湿之菜也，从草，彊声。"[⑤]《神农本草经》云："干姜，味辛，温。主胸满，欬逆上气；温中止血；出汗，逐风湿痹；肠澼下痢。生者尤良。久服去臭气，通神明。生山谷。"[⑥]在长沙马王堆汉墓和广西贵县罗泊湾一号汉墓中也发现有生姜。[⑦]阿里·玛扎海里云："在公元前1世纪时安息皇室的药剂配方中，有中国的肉桂和姜。"[⑧]说明那时中国生姜已被波斯药学家用为药剂配料。而与图拉真（Trajan，Marcus Ulpius Nerva Traianus，罗马帝国皇帝，公元98至117年在位）同时代，叫做阿皮修斯（Apicus）的罗马烹饪专家，在他有关烹饪的著作中提到了姜。他认为生姜很少用于罗马家庭厨房中，但在一些消化剂中经

①[英]多比尔《危险的味道：香料的历史》，李蔚虹、赵凤军、姜竹青译，百花文艺出版社，2004，第25页。
②[英]多比尔：《危险的味道：香料的历史》，李蔚虹、赵凤军、姜竹青译，百花文艺出版社，2004，第27页。
③[汉]东方朔撰《海内十洲记》,《汉魏六朝笔记小说大观》，王根林校点，上海古籍出版社，1999，第66页。
④[法]阿里·玛扎海里：《丝绸之路：中国—波斯文化交流史》，耿昇译，新疆人民出版社，2006，第421—422页。
⑤[汉]许慎：《说文解字》，北京：中华书局，1963，第16页。
⑥[清]顾观光辑《神农本草经》卷三《中品》，杨鹏举校注，学苑出版社，2007，第139页。
⑦广西壮族自治区博物馆：《广西贵县罗泊湾汉墓》，文物出版社，1988，第87页。
⑧[法]阿里·玛扎海里：《丝绸之路：中国—波斯文化交流史》，耿昇译，新疆人民出版社，2006，第390页。

常用到它，在这些消化剂中生姜的生热功效有助于抵消其他食品，比如生寒气的莴苣等。①

（三）高良姜

高良姜为姜科植物（Alpinia officinarum Hance）的干燥根茎。别名良姜、小良姜、佛手根。子名红豆蔻，李珣《海药本草》云："红豆蔻生南海诸谷，高良姜子也。"②关于高良姜的原产地，许多古籍都有记载。《本草经集注》曰："出高良郡。人腹痛不止，但嚼食亦效。形气与杜若相似，而叶如山姜。"③《新修本草》曰："生岭南者，形大虚软，江左者细紧，味亦不甚辛，其实一也。今相与呼细者为杜若，大者为高良姜，此非也。"④。《新唐书》卷四十三载："崖州珠崖郡，下。……土贡：金、银、珠、玳瑁、高良姜。"⑤《诸蕃志》卷下也有记载："海南，汉朱崖、儋耳也。……土产沉香、蓬莱香……高良薑、鱼鳔……之属，其货多出于黎峒。"⑥《本草纲目》曰："陶隐居言此姜始出高良郡，故得此名。按高良。即今高州也。汉为高凉县，吴时改为郡。其山高稍凉，因以为名，则高良，当座高凉也。"⑦

文献记载的具体地点虽有差异，但基本可以看出高良姜主要产于我国南方的广东、广西、海南等地区。但据米勒（J. Miller）和多比尔（A. Dalby）的介绍："高良姜分两种，一种产于中国，一种产于东南亚的爪哇、苏门答腊、马来半岛和泰国。中国产的高良姜个头小，可是非常香，属矮小灌木科，能长两个手掌高，叶子像挑金娘。中国人说它是野生的。产自爪哇的那一种叫Lancuaz（Lengkuas），个头较大，有五个手掌高，只是不如中国品种香。其叶子像刀刃，开百花。结籽，只是种籽没有用，像姜一祥，靠根来繁殖。"⑧

---

①［英］多比尔：《危险的味道：香料的历史》，李蔚虹、赵凤军、姜竹青译，百花文艺出版社，2004，第26页。

②［明］李时珍：《本草纲目》，人民卫生出版社，1982，第862页。

③［梁］陶弘景编《本草经集注》卷四《草木中品·高良姜》，尚志钧、尚元胜辑校，人民卫生出版社，1994，第313页。

④［唐］苏敬撰《新修本草》，尚志钧辑校，安徽科学技术出版社，2004，第133页。

⑤［宋］欧阳修、宋祁：《新唐书》卷四十三《地理志》，中华书局，1975，第1100页。

⑥［宋］赵汝适撰《诸蕃志校释》卷下《志物》，杨博文校释，中华书局，1996，第216—217页。

⑦［明］李时珍：《本草纲目》，人民卫生出版社，1982，第862页。

⑧ J.Innes Miller. *The Spice Trade of the Roman Empire（29B.C.to A.D.641）*. Oxford at the Clarendon Press，1969，PP. 51-53.［英］多比尔：《危险的味道：香料的历史》，百花文艺出版社，李蔚虹、赵凤军、姜竹青译，2004，第121页。

关于高良姜的运用,《本草经集注》载:“高良姜，大温，无毒。主治暴冷，胃中冷逆，霍乱腹痛。”[①]在西方高良姜也通常被用做药物。[②]

(四)柴桂

柴桂为樟科樟属三条筋树(Cinnamomum tamala Nees)的树皮或叶。原产于我国西南地区。虽然在中国古代文献中对柴桂的介绍并不是很多，但它曾经在距离它的原产地千里之外的地方大受欢迎[③]。成书于公元1世纪的《厄立特里亚海航行记》(Periplus of the Erythraean Sea)记载，柴桂叶在那时已经被运到了印度:“每年都有一种体形佝偻面庞宽大但十分聪明的民族前往秦尼国附近的地区。据说，他们自称为贝萨特人(Besatai)，形貌酷似野人。他们带着妻子儿女，并携带大包小包的商品和绿葡萄叶颜色的大篮子。他们在自己本国与秦尼城之间的边境停留一段时间，用几天来庆祝节日。这段时间，他们就用自己的筐篮作床。然后他们就返回本土，即那片远在边境的地方。一些土著人就窥视这一时机蜂拥而至这些人居住过的地点，拾捡这些人当作卧床用过的东西，首先拆开芦苇(土著人称之为Petroi)，精心地把叶子对折起来，然后扎成大捆再用芦苇纤维绑好。由此而产生了3种香叶:用大叶子作成大块香叶，用稍小一点的叶子作成中块香叶，用小叶子作成小块香叶。这3种大小不同的物品一贯是由制造者们从那里向印度出口。”[④]

米勒(J. Miller)在其书中进一步指出文中的贝萨特人(Besatai)是锡金(Sikkim)的一个部族。[⑤]劳费尔(Laufer)认为这种在古代西方被称作“天竺叶”的柴桂，就是中国的“藿香”，但惠特利(Wheatley)对此说法持怀疑态度。[⑥]

根据多比尔介绍，柴桂对罗马人来说是一种昂贵的香料，普林尼(Pliny)给

①[梁]陶弘景编《本草经集注》卷四《草木中品·高良姜》，尚志钧、尚元胜辑校，人民卫生出版社，1994，第313页。

②[英]多比尔:《危险的味道:香料的历史》，李蔚虹、赵凤军、姜竹青译，百花文艺出版社，2004，第121页。

③[英]多比尔:《危险的味道:香料的历史》，李蔚虹、赵凤军、姜竹青译，百花文艺出版社，2004，第57页。

④[法]戈岱司:《希腊拉丁作家远东古文献辑录》，耿昇译，中华书局，1987，第18—19页。

⑤ J.Innes Miller. *The Spice Trade of the Roman Empire(29B.C.to A.D.641)*. Oxford at the Clarendon Press, 1969, P. 76.

⑥ J.Innes Miller. *The Spice Trade of the Roman Empire(29B.C.to A.D.641)*. Oxford at the Clarendon Press, 1969, P. 76.

柴桂每磅定价为60第纳尔。其用途也很广泛，不仅可以浸泡在香水油中，用来描眉、染发，而且还经常用于敬神祭祀、医药和食品。阿皮修斯（Apicus）在其食谱中多次提到柴桂叶或油："它还是制作'牡蛎扇贝孜然芹酱'的一种原料。"①

二、汉代岭南输入香料的主要种类

汉代从岭南输入我国的香料，虽然不是岭南进口贸易的大宗，但也可谓初具规模。其种类之多，几乎囊括后世香料贸易的全部种类。其来源之广，不仅与东南亚的中南半岛、马来半岛和印尼群岛以及南亚的印度、克什米尔、斯里兰卡等地进行贸易，还与阿拉伯半岛、非洲红海沿岸建立了间接的香料贸易联系。下面主要介绍一些在汉代使用比较广泛的异域名香。

（一）从东南亚输入岭南之香料：丁香、沉香、樟脑

丁香　丁香为桃金娘科蒲桃属（Myrtaceae Syzygium）植物丁香的花蕾和果实。花蕾称公丁香或雄丁香，果实称母丁香或雌丁香。一般我们所说的丁香就是指的公丁香，米勒（J. Miller）书中即持此说法②。但根据汉文文献的记载，在汉代输入我国的丁香主要是母丁香。因其形状酷似鸡舌，故名"鸡舌香"。《齐民要术》云："鸡舌香，俗人以其似丁子，故呼为丁子香。"③《诸蕃志》卷下丁香条曰："丁香出大食、阇婆诸国，其状似丁字，因以名之。能辟口气，郎官咀以奏事。其大者谓之丁香母。丁香母即鸡舌香也，或曰鸡舌香，千年枣实也。"④《本草拾遗》载："鸡舌香与丁香同种，花实丛生，其中心最大者为鸡舌，击破有顺理而解为两向如鸡舌，故名。乃是母丁香也。"⑤

关于丁香的原产地，米勒（J. Miller）说在今天印度尼西亚东部赤道线上的摩鹿加群岛的主要岛屿济罗罗岛西海岸的五座小岛上⑥。我国古代文献中的记载

①［英］多比尔：《危险的味道：香料的历史》，李蔚虹、赵凤军、姜竹青译，百花文艺出版社，2004，第57页。

② J.Innes Miller. *The Spice Trade of the Roman Empire（29B.C.to A.D.641）*. Oxford at the Clarendon Press. 1969，P. 47.（The cloves of commerce are the dried，unopened flower-buds of this tree of the myrtle family，which stands about twenty feet high.）

③转引自［明］周嘉胄：《香乘》卷二，上海古籍出版社，1993，第320页。

④［宋］赵汝适撰《诸蕃志校释》卷下《志物》，杨博文校释，中华书局，1996，第180页。

⑤转引自［明］周嘉胄：《香乘》卷二，上海古籍出版社，1993，第319页。

⑥ J.Innes Miller. *The Spice Trade of the Roman Empire（29B.C.to A.D.641）*. Oxford at the Clarendon Press，1969，P. 48.（the tree is indigenous soley to the five small islands of Ternate，Tidore，Mutir，Machian，and Bachian，which lie along the west coast of Gilolo，the principal island of the Moluccas on the equators，in eastern Indonesia.）

也大致在这一范围，如《太平御览》载汉末三国时期吴人康泰的《扶南土俗》曰："诸薄之东的马五洲，出鸡舌香，树木多，叶少实。"[①]"诸薄"即今天的爪哇，"诸薄"以东的"马五洲"，当在今巴厘岛。[②]《吴时外国传》亦云："五马洲出鸡舌香。"[③]《南州异物志》载："鸡舌出在苏州（门），云是草花，可含香口。"[④]而《广志》云："鸡舌出南海中及骠国，蔓生，实熟贯之。"[⑤]骠国，即缅甸，则进一步说明丁香从马来半岛航经缅甸运抵岭南。

关于丁香的用途，多比尔说："对于丁香的历史，我们可以给出一个相当确切的日期（因为罗马、中国和印度有关丁香的文献是大体相似的）：正好是两千年前的基督时期。从那时起，远方国度的文献中就已经向我们提到过什么是丁香，以及为什么人们需要它。"[⑥]由此可知，丁香在公元初年就为多个国家的人民所熟知，并已在社会生活中运用了。《汉官仪》中记载："桓帝侍中迺存年老口臭，上出鸡舌香与含之。鸡舌颇小，辛螫不敢咀咽，嫌有过赐毒药，归舍辞决，家人哀泣，不知其故。僚友求眂其药，出口香，咸嗤笑之。"[⑦]当时人们已经懂得用丁香来改善口气。《抱朴子》曰："或以鸡舌、黄连，乳汁煎之，注之诸有百疾之在目愈，而更加精明倍常也。"[⑧]《唐本草》云："生昆仑及交、爱以南，树有雌雄。皮叶并似栗，其花如梅，结实似枣核者，雌树也。不入香用。无子者，雄树也。采花酿以成香，微温，主心痛、恶疮，疗风毒，去恶气。"[⑨]

沉香　沉香为瑞香科乔木植物沉香（Aquilaria agallocha Roxb. Thymelaceae）或白木香（Aquiiaria sinensis）的含有树脂的干燥木材。多比尔在其书中为我们介绍了三种沉香[⑩]：

①[宋]李昉等：《太平御览》卷七百八十七《四夷部》，中华书局，1960，第3485页。

②陈连庆：《汉晋之际输入中国的香料》，《史学集刊》1986年第2期。

③[宋]李昉等：《太平御览》卷九百八十一《香部》，中华书局，1960，第4345页。

④[宋]李昉等：《太平御览》卷九百八十一《香部》，中华书局，1960，第4346页。

⑤[宋]李昉等：《太平御览》卷九百八十一《香部》，中华书局，1960，第4346页。

⑥[英]多比尔：《危险的味道：香料的历史》，李蔚虹、赵凤军、姜竹青译，百花文艺出版社，2004，第73—74页。

⑦[宋]李昉等：《太平御览》卷九百八十一《香部》，中华书局，1960，第4345页；《香乘》中记载此位侍中名叫"刁存"，详见[明]周嘉胄：《香乘》卷二，上海古籍出版社，1993，第319页。

⑧[宋]李昉等：《太平御览》卷九百八十一《香部》，中华书局，1960，第4345—4346页。

⑨转引自[宋]洪刍：《香谱》卷上《香之品》，上海：上海古籍出版社，1993，第289页。

⑩[英]多比尔：《危险的味道：香料的历史》，李蔚虹、赵凤军、姜竹青译，百花文艺出版社，2004，第104—109页。

一为产于印度东部克什米尔地区的“新地（印度）沉香木”，梵语唤作阿基鲁（akilu）或阿加鲁（agaru）。《翻译名义集》云：“阿伽卢，或云恶揭噜，此云沉香。”[①]《南越志》言：“交州人称为蜜香，谓其气如蜜脾也。梵书名阿迦卢香。”[②]

一为产于越南中南部的“占婆沉香木”（这是多比尔（A. Dalby）的说法，汉代时占婆地区呼作林邑，其所产沉香是为“蜜香”）。《诸蕃志》云：“沉香所出非一，真腊为上，占城次之，三佛齐、阇婆为下。”[③]

另一种即为我国南方所产的“白木香”，又名“土沉香”“莞香”或“木蜜香”。《南方草木状》云：“交趾有蜜香树，干似柜柳。其花白而繁，其叶如橘。欲取香，伐之经年。其根、干、枝、节各有别色也。木心与节坚黑，沉水者为沉香；与水面平者，为鸡骨香；其根为黄熟香；其干为栈香；细枝紧实未烂者为青桂香；其根节轻而大者为马蹄香；其花不香，成实乃香，为鸡舌香。珍异之木也。”[④]《异物志》载：“木蜜名曰香树，生千岁。根木甚大，先伐僵之，四五岁乃往看。岁月久，树材恶者腐败，惟中节竖直芬香者独在耳。”[⑤]万震与杨孚说法类似：“沉木香出日南，欲取，当先斫坏树，着地积久，外皮朽烂。其心至坚者，置水则沉，名沉香。其次在心白之间，不甚坚精。置之水中，不浮不沉，与水面平者，名曰栈香。其最小粗白者，名曰槧香。”[⑥]李时珍《本草纲目》则将沉香分为：沉香、栈香、黄熟香三等和熟结、生结、脱落、虫漏四品。[⑦]其等级的分法与万震一样，只是名字有差别而已。

汉代输入我国之沉香，以“占婆沉香木”为主。据杨孚所言：“蜜香纸，以蜜香树皮叶作之，微褐色，有纹如鱼子，极香而坚韧，水渍不溃烂。泰康五年，大秦献三万幅。帝以万幅赐镇南大将军当阳侯杜预，令写所撰《春秋释例》及《经传集解》以进，未至而预卒，诏赐其家，令藏之。”[⑧]当时的罗马不产蜜香，

①转引自陈连庆：《汉晋之际输入中国的香料》，《史学集刊》1986年第2期。

②转引自［明］周嘉胄：《香乘》卷二，上海古籍出版社，1993，第309页。

③［宋］赵汝适：《诸蕃志校释》卷下《志物》，杨博文校释，中华书局，1996，第173页。

④［晋］嵇含撰《南方草木状》卷中，《南越五主传及其他七种》，杨伟群校点，广东人民出版社，1982，第64页。

⑤［汉］杨孚撰《异物志》卷二，《南越五主传及其他七种》，杨伟群校点，广东人民出版社，1982，第43页。

⑥［宋］李昉等：《太平御览》卷九百八十二《香部》，中华书局，1960，第4349页。

⑦［明］李时珍：《本草纲目》，人民卫生出版社，1982，第1938页。

⑧［汉］杨孚撰《南方草木状》卷中，《南越五主传及其他七种》，杨伟群校点，广东人民出版社，1982，第66页。

更不懂造纸术，可见，这些蜜香纸是为中南半岛所生产，罗马人只是转运商而已。虽然当时占婆沉香木已传入我国，但在国内大量使用的还是我国南方地区所产“土沉香”。

樟脑 樟脑是从龙脑香（Dryobalanops aromatica）的树脂和挥发油中取得的结晶体物质或为樟科植物（Cinnamomum camphora）的新鲜枝、叶提取加工制成。前者原产于婆罗洲、马来半岛和苏门答腊，后者产于日本、中国的中东部、中国台湾地区以及越南北部的东京一带。[①]前者属龙脑香科，后者属樟科。正如米勒（J. Miller）所说：“这两种樟脑虽然闻起来一样，但从化学角度来说是不相同的。[②]因此中国本土虽然产樟脑，但还是要从马来半岛进口。《史记·货殖列传》提到：“番禺亦其一都会也，珠玑、犀、瑇瑁、果、布之凑。”[③]《汉书·地理志》载：“（粤地）近处海，多犀、象、毒冒、珠玑、银、铜、果、布之凑。”[④]经南洋史专家韩槐准考证：“果布”应为马来语龙脑K•pur的对音。[⑤]《梁书·海南诸国传》亦载：“狼牙修国，在南海中。其界东西三十日行，南北二十日行，去广州二万四千里。土气物产，与扶南略同，偏多箋沉婆律香等。”[⑥]“婆律”为马来语龙脑香下半Barus的音译，“果布”Kapur为“果布婆律”的上半部，两种说法其实都指的是龙脑香。唐代段成式的《酉阳杂俎》云：

> 龙脑香树出婆利国，婆利呼为固不婆律。亦出波斯国。树高八丈，大可六七围，叶圆而背白，无花实，其树有肥有瘦，瘦者有婆律膏香。一曰瘦者出龙脑香，肥者出婆律膏也。在木心中，断其树劈取之，膏与树端流出，斫树作坎而承之。入药用，别有法。[⑦]

---

① J.Innes Miller. *The Spice Trade of the Roman Empire（29B.C.to A.D.641）*. Oxford at the Clarendon Press，1969，P. 40.（the former to Borneo，the Malay Peninsula，and Sumatra，and the latter to Japan，mid-eaast China，Formosa，and Tongking.）

② J.Innes Miller. *The Spice Trade of the Roman Empire（29B.C.to A.D.641）*. Oxford at the Clarendon Press，1969，P. 40.（The two kinds of camphor are similar in smell，though chemically distinct.）

③［汉］司马迁撰《史记》卷一百二十九《货殖列传》，［宋］裴骃集解，中华书局，1982，第3268页。

④［汉］班固撰《汉书》卷二十八《地理志》，［唐］颜师古注，中华书局，1962，第1670页。

⑤韩槐准：《龙脑香考》，《南洋学报》，1941年，第1辑。

⑥［唐］姚思廉撰《梁书》卷五十四《诸夷列传》，中华书局，1973，第795页。

⑦［唐］段成式撰《酉阳杂俎》，方南生点校，中华书局，1981，第177页。

多比尔亦说："即使在生产樟脑的中国，芭萝樟脑也是较早进口的昂贵香料，通常称作'龙脑香料'。"[①]谢弗（Edward Schafer）认为，之所以被称作龙脑香，是因为"那些从海外带来的，奇异珍贵的物质，很容易使人们在想象中将它们与主宰大海的龙联系起来"[②]。其实所谓的龙脑香就是婆罗洲（或苏门答腊）的"左旋樟脑"，它是从印度尼西亚和马来西亚的一种高大的树木中提取出来的。[③]

（二）从南亚输入岭南之香料：胡椒、郁金、豆蔻、木香

胡椒 胡椒（Piper nigrum L.）为胡椒科（Piperaceae）植物胡椒的果实。未成熟果实干后果皮皱缩而成黑褐色，称"黑胡椒"(Black Pepper)，成熟果实脱皮后色灰白，称"白胡椒"(White Pepper)。除此之外，还有另外一种胡椒科的香料称为"荜拔"(Piper longum L.)，又名"长椒"。在古代香料贸易史上，荜拔与胡椒经常混淆，故而在这里一起论述。

关于胡椒与荜拔的原产地，成书于公元1世纪的《厄立特里亚海航行记》（Periplus of the Erythraean Sea）里描述道："这些港口的商船满载优质的胡椒和柴桂叶而来。他们出口的胡椒，主要生长在一个叫考特尼瑞斯（Cottanarice）的地方。他们还出口从上游国家购进的恒河甘松和柴桂。"[④]

米勒说："尽管有证据表明，胡椒也生长在泰国南部，并且很早就在马来西亚种植，但由于印度所产胡椒数量巨大，因而这种马来西亚胡椒在香料贸易中几乎可以忽略不计。"[⑤]

米勒并进一步指出："长椒生长在印度北部尼泊尔至孟加拉国较炎热地区，以及印度南部山区；而黑胡椒则与属于攀援植物的长椒不同，黑胡椒是其表面未成熟的果实。它主要生长在印度西南部特拉凡科（Travancore）以及马拉巴尔海岸（Malabar）的野生森林中。同时很早时候就在红海沿岸的考特尼瑞斯

①［英］多比尔：《危险的味道：香料的历史》，李蔚虹、赵凤军、姜竹青译，百花文艺出版社，2004，第89页。
②［美］谢弗：《唐代的外来文明》，吴玉贵译，陕西师范大学出版社，2005，第167页。
③［美］谢弗：《唐代的外来文明》，吴玉贵译，陕西师范大学出版社，2005，第167页。
④［英］多比尔：《危险的味道：香料的历史》，李蔚虹、赵凤军、姜竹青译，百花文艺出版社，2004，第135页。
⑤ J.Innes Miller. *The Spice Trade of the Roman Empire（29B.C.to A.D.641）*. Oxford at the Clarendon Press，1969，P. 80.（Although there is evidence that black pepper grew in southern Thailand，and was cultivated from early times in Malaya，such crops would be superfluous for commerce because of the quantities available in India.）

（Cottanara）地区广泛种植。”[①]

但汉文文献中的记载比较混乱。占主流的说法有印度物产说和波斯物产说两种。司马彪《续汉书》：“天竺国出石蜜、胡椒、黑盐。”[②]范晔《后汉书·西域传》：“天竺国一名身毒，在月氏之东南数千里。……土出象、犀、玳瑁、金、银、铜、铁、铅、锡，西与大秦通，有大秦珍物。又有细布、好毾（登毛）、诸香、石蜜、胡椒、姜、黑盐。”[③]《册府元龟》卷九六一“外臣部·土风第三·天竺国”与《后汉书》所记相同。段成式《酉阳杂俎》卷一八：“胡椒，出摩伽陀国，呼为昧履支。”[④]

而北朝至隋唐的正史中，多赞同胡椒、荜拔乃波斯国物产。《魏书·西域传》：“波斯国，都宿利城，在忸密西，古条支国也。去代二万四千二百二十八里。……土地平正，出金、银、瑜石……及薰陆、郁金、苏合、青木等香，胡椒、毕拨、石密……雌黄等物。”[⑤]《周书·异域传》下：“波斯国，大月氏之别种，治苏利城，古条支国也。……土出名马及驼，富室至有数千头者。又出……胡椒、荜拔、石蜜……雌黄等物。”[⑥]《北史·西域传》：“波斯国，都宿利城……土地平正，出金、银、瑜石……胡椒、荜拔……雌黄等物。”[⑦]《隋书·西域传》：“波斯国……土多良马，大驴……胡椒、毕拔……”[⑧]《旧唐书·西戎传》：“波斯国……出胡椒、荜拔、石蜜、千年枣、甘露桃。”[⑨]

对于后者形成这样错误认识的原因，美国学者劳费尔（B. Laufer）解释为：“胡椒必是从印度移植到波斯的，印度是这植物的原产地。……其之所以被列入

---

① J.Innes Miller. *The Spice Trade of the Roman Empire（29B.C.to A.D.641）*. Oxford at the Clarendon Press，1969，P. 80.（Long pepper is native to the hotter parts of northern India from Nepal to Bengal，and to the hills of southern India. Black pepper，which differs from long pepper in being a climber and in the appearance of its fruit，grew wild in the forests of Travancore and Malabar and was also extensively cultivated along the coast—the Cottonara（Kadattanadu）of the Periplus—from early times.）

②［宋］李昉等：《太平御览》卷九百五十八《木部》，中华书局，1960，第4253页。

③［南朝宋］范晔撰《后汉书》卷八十八《西域传》，［唐］李贤等注，中华书局，1965，第2921页。

④［唐］段成式撰《酉阳杂俎》，方南生点校，中华书局，1981，第179页。

⑤［北齐］魏收：《魏书》卷一百二《西域列传》，中华书局，1974，第2270—2271页。

⑥［唐］令狐德棻等：《周书》卷五十《异域列传》，中华书局，1971，第919—920页。

⑦［唐］李延寿：《北史》卷九十七《西域列传》，中华书局，1974，第3222页。

⑧［唐］魏征等：《隋书》卷八十三《西域列传》，中华书局，1973，第1857页。

⑨［后晋］刘昫等：《旧唐书》卷一百九十八《西戎列传》，中华书局，1975，第5311页。

萨珊波斯的物产中，是因为胡椒、檀香和各种药材是从波斯的锡剌甫（Suraf）运到世界各地。”[①]谢弗（Edward Schafer）指出：“胡椒属植物最初生长在缅甸和阿萨姆，先是从这些地区传入了印度、印度支那以及印度尼西亚，然后，又由印度传入波斯，再由波斯舶从波斯与檀香木和药材等一起转运到中世纪的亚洲各地。”。[②]荜拔的情况与胡椒类似。谢弗认为，是由于荜拔是在与“波斯舶”的贸易中进口的。[③]因为从北魏到隋唐，波斯人控制了从波斯湾经印度洋到南中国海的航线。正如夏德（Friedrich Hirth）所言：“记载公元4世纪末至7世纪初这一时期的其他正史，提供了这方面的另一些证据。其中，我们发现印度支那、锡兰、印度、阿拉伯和非洲东海岸的所有物产均被归入‘波斯物产’一类，因为波斯这个国家的大多数商人将这些货物输入中国。”[④]

真人元开的《唐大和上东征传》记载了万安州（今海南万宁北）大首领冯若芳劫取波斯舶之事：“（冯）若芳每年常劫取波斯舶三二艘，取物为己货……若芳会客，常用乳头香为灯烛，一烧一百余斤。其宅后，苏芳木露积如山。”[⑤]从其所劫获的货物来看，芳香木材和香料是波斯人经营的主要商品。因而原产于印度的胡椒、荜拔因出现在波斯舶中而被误认为是波斯物产也再正常不过了。

关于胡椒与荜拔的用途，主要是作为香辛调料。如嵇含在《南方草木状》说道：“蒟酱，荜拔也。生于番国者，大而紫，谓之荜拔。……可以调食，故谓之酱焉。”[⑥]

郁金 郁金为姜科（Zingiberaceae）姜黄属多年生宿根草本植物。其来源为温郁金、黄丝郁金（姜黄）、桂郁金（广西莪术）或蓬莪术（绿丝郁金）的干燥块根。我国古代文献关于“郁金”的记载相当混乱。究其原因是对“郁金”及“郁金香”这两个概念混淆不清。据谢弗的统计，在我国大致有3种不同类型的郁

①[美]劳费尔：《中国伊朗编：中国对古代伊朗文明史的贡献》，林筠因译，商务印书馆，1964，第199—200页。

②[美]谢弗：《唐代的外来文明》，吴玉贵译，陕西师范大学出版社，2005，第203—204页。

③[美]谢弗：《唐代的外来文明》，吴玉贵译，陕西师范大学出版社，2005，第205页。

④王赓武：《南海贸易与南洋华人》，姚楠编译，中华书局香港分局，1988，第190页。

⑤[日]真人元开：《唐大和上东征传》，王向荣校注，中华书局，2000，第68页。

⑥[晋]嵇含撰《南方草木状》卷上,《南越五主传及其他七种》，杨伟群校点，广东人民出版社，1982，第58页。

金（或郁金香）：一种是我国西南本土所产的“郁金”，即姜黄。谢弗指出这种土产的普通郁金“是一种微带辛味，多用做颜料的物种”[①]。另一种也是姜黄属的郁金，产于印度、中南半岛、马来西亚、印度尼西亚等地，是“以蓬莪术知名的一种高级的芳香品种”[②]。早期输入到我国的郁金，主要就是指的这种姜黄属的蓬莪术。如《周礼》：“郁人掌裸器。凡祭祀、宾客之裸事，和郁鬯以实彝而陈之”。郑司农注曰：“郁，草名，十叶为贯，百二十贯为筑，以煮之鐎中，停于祭前。郁为草，若兰。”[③]《说文解字》亦云：“鬱，芳草也。十叶为贯，百二廿贯筑以煮之为鬱。……一曰鬱鬯，百草之华，远方鬱人所贡芳草，合酿之以降神。鬱，今鬱林郡也。”[④]应劭最先提出“郁金香”之名：“《周礼》‘郁人掌裸器，凡祭醊、宾客之裸事，和郁鬱，以实樽彝。’郁，芳草也。谓用百草之华，煮以合酿黑黍，以降神者也。或说，今郁金香是也。一曰：郁人所贡，因氏郡也。”[⑤]饶宗颐先生指出，在殷墟卜辞中就出现了地名——鬱方，又有往鬱之文。[⑥]可见，商周之时，已有远方郁人向我国进贡郁金。

东汉桓帝时任尚书的朱穆作《郁金赋》云：

> 岁朱明之首月兮，步南园以回眺。览草木之纷葩兮，美斯华之英妙。布绿叶而挺心，吐芳荣而发曜。众华烂以俱发，郁金邈其无双。比光荣于秋菊，齐英茂乎春松。远而望之，粲若罗星出云垂。近而观之，晔若丹桂曜湘涯。……美郁金之纯伟，独弥日而久停晨露未晞，徽风肃清。增妙容之美丽，发朱颜之荧荧。作椒房之珍玩，超众葩之独灵。[⑦]

从诗赋所记可知，最迟于东汉时代，郁金在我国，起码是皇帝宫禁之中已经有种植。到西晋时皇室中有关外邦供奉郁金之记载就更多了，如晋武帝的嫔妃左

①[美]谢弗：《唐代的外来文明》，吴玉贵译，陕西师范大学出版社，2005，第186页。

②[美]谢弗：《唐代的外来文明》，吴玉贵译，陕西师范大学出版社，2005，第186页。

③杨天宇：《周礼译注》，《春官宗伯·郁人》，上海古籍出版社，2004，第296页。

④[汉]许慎：《说文解字》，中华书局，1963，第106页。

⑤[宋]李昉等：《太平御览》卷九百八十一《香部》，中华书局，1960，第4345页。

⑥饶宗颐：《论古代香药之路——鬱与古薰香器》，《敦煌吐鲁番学研究论集》，书目文献出版社，1996，第373—377页。

⑦[唐]欧阳询撰《艺文类聚》卷八十一《药香草部·郁金》，汪绍楹校，上海古籍出版社，1965，第1394页。

芬著有《郁金颂》[①]，西晋驸马都尉傅玄曾作《郁金赋》[②]，都提到郁金乃是异域所供名贵芳香植物。然而，我国古代文献中关于郁金的产地，一致认为是在罽宾国，即今之克什米尔地区。如三国时期吴国人万震在《南州异物志》里记载得很清楚："郁金者，出罽宾国。国人种之，先取上佛，积日萎槁，乃载去之。然后取郁金，色正黄细，与芙蓉华里被莲者相似。可以香酒。"[③]《梁书·诸夷传》亦云："郁金独出罽宾国，华色正黄而细，与芙蓉华里被莲者相似。国人先取以上佛寺，积日香稿，乃粪去之，贾人从寺中征雇，以转卖与佗国也。"[④]米勒则认为，从印度进口到地中海的郁金不是印度本土所产，而是马来西亚的产物，跟中国肉桂以及其他香料一起经印度中转传到欧洲。[⑤]也就是说印度半岛的郁金也是从马来西亚传入的。

此外，还有一种非姜黄属的"郁金香"，在我国古代文献中又被称作"番红花"。劳费尔从语言学的角度考证，此种郁金香是波斯产物，后来传到了克什米尔地区。[⑥]多比尔进一步说："番红花产于古代伊朗，最晚是公元3世纪（可能最早在公元前5世纪）的时候传到了克什米尔。"[⑦]然而这种郁金香传入我国的时间要晚一些，最迟在唐代时期才在社会生活中得以应用。

豆蔻 以"豆蔻"为名的植物有5种，它们分别为：肉豆蔻、白豆蔻、草豆蔻、红豆蔻和小豆蔻。虽然都有"豆蔻"二字，但它们在性状、来源，以及运用上相差甚远。如肉豆蔻属于肉豆蔻科，而其他4种都为姜科。米勒在其著作《罗马帝国的香料贸易》一书中已经一一做出论述[⑧]。就它们的原产地来说，肉豆蔻主要产于马来西亚、印度尼西亚；白豆蔻主要产于南亚的印度和斯里兰卡等地；草豆蔻原产于印度尼西亚，在我国的岭南和西南地区有栽培；红豆蔻又名大高

①［唐］欧阳询撰《艺文类聚》卷八十一《药香草部·郁金》，汪绍楹校，上海古籍出版社，1965，第1394页。

②［唐］欧阳询撰《艺文类聚》卷八十一《药香草部·郁金》，汪绍楹校，上海古籍出版社，1965，第1394页。

③［宋］李昉等：《太平御览》卷九八一《香部》，中华书局，1960，第4345页。

④［唐］姚思廉撰《梁书》卷五十四《诸夷列传》，中华书局，1973，第798页。

⑤ J.Innes Miller. *The Spice Trade of the Roman Empire（29B.C.to A.D.641）*. Oxford at the Clarendon Press，1969，63-64.

⑥［美］劳费尔：《中国伊朗编：中国对古代伊朗文明史的贡献》，林筠因译，商务印书馆，1964，第146页。

⑦［英］多比尔：《危险的味道：香料的历史》，李蔚虹、赵凤军、姜竹青译，百花文艺出版社，2004，第222页。

⑧ J.Innes Miller. *The Spice Trade of the Roman Empire（29B.C.to A.D.641）*, Oxford at the Clarendon Press，1969.

良姜，为我国岭南方本土所产；而小豆蔻原产于孟加拉以及印度南部的马拉巴（Malabar）海岸。这5种豆蔻，除了红豆蔻（即高良姜）为我国南方土产，草豆蔻在我国南方有栽培外，其余皆为舶来品，但在我国古代文献中，对于名称中有“豆蔻”二字的植物分类并不明确，对简称为“豆蔻”植物的所指也很混乱。如晋太学博士环济撰《吴地记》曰：“黄初三年，魏来求豆蔻。”①从材料中，我们无法推测出此处的“豆蔻”到底为何种豆蔻。左思则把豆蔻归为草本类，其《吴都赋》曰：“草则藿蒳、豆寇。”②晋人嵇含的《南方草物状》曰：“漏寇树，子大如李实，二月华，七月熟。出兴古（今云南弥勒南）。”③其所指之豆蔻当为草豆蔻或红豆蔻。贾思勰曾把豆蔻列入“非中国物产者”④，有可能这里的豆蔻是指肉豆蔻或白豆蔻（小豆蔻乃唐以后才输入中国）。

汉代对豆蔻的运用，主要用于洁身以及除口臭。《赵飞燕外传》云：“后（赵飞燕）浴五蕴七香汤，踞通香沉水坐，燎降神百蕴香。婕妤（赵合德）浴豆蔻汤，傅露华百英粉。帝尝私语樊嫕曰：‘后虽有异香，不若婕妤体自香也。’”⑤可见，豆蔻汤有自然之香，其香体效果比五蕴七香汤更佳。《本草经集注》载：“豆蔻，味辛，温，无毒。主温中，心腹痛，呕吐，去口臭气。生南海。”⑥据刘欣期《交州记》的记载，豆蔻还能保护牙龈：“豆寇，似木杭树，味辛。堪综合槟榔嚼，治龈齿。”⑦《南方草木状》则云：“豆蔻花，其苗如芦，其叶似姜，其花作穗，嫩叶卷之而生。花微红，穗头深色。叶渐舒，花渐出。旧说此花食之，破气消痰，进酒增倍，泰康二年，交州贡一筐，上试之有验，以赐近臣。”⑧

木香　木香为菊科（Compositae）植物。《三国志·魏书》卷三十引三国时魏国人鱼豢《魏略·西戎传》记载“大秦”物产时，列举了一微木、二苏合、狄提、

①[宋] 李昉等：《太平御览》卷九百七十一《果部》，中华书局，1960，第4305页。

②[宋] 李昉等：《太平御览》卷九百七十一《果部》，中华书局，1960，第4306页。

③[宋] 李昉等：《太平御览》卷九百七十一《果部》，中华书局，1960，第4305—4306页。

④[北魏] 贾思勰：《齐民要术》卷十《五穀果蓏菜茹非中国物产者》，石声汉校释，中华书局，2009，第1071页。

⑤[汉] 伶玄撰《赵飞燕外传》，《古今逸史精编》，熊宪光选辑，徐志奇点校，重庆出版社，2000，第106页。

⑥[梁] 陶弘景编《本草经集注》卷七《果部药物上品·豆蔻》，尚志钧、尚元胜辑校，人民卫生出版社，1994，第459页。

⑦[宋] 李昉等：《太平御览》卷九百七十一《果部》，中华书局，1960，第4305页。

⑧[晋] 嵇含撰《南方草木状》卷上，《南越五主传及其他七种》，杨伟群校点，广东人民出版社，1982，第57页。

迷迷（当为“迷迭”）、兜纳、白附子、薰陆、郁金、芸胶、薰草木十二种香。[①]据陈连庆先生所言，由于“原有木字，历来断归上文，误读为薰草木，实际上薰草是一种，木又为一种，木即木香。香字实蒙下文而省，原书本无错误。标点本《三国志》薰草下未标隔点，错了”。[②]笔者同意陈先生的说法，认为此处应该是“薰草”和“木香”两种香料。正如米勒所言，在魏和隋的正史中，木香作为从西方进口的商品之一而被提及。[③]

关于木香的产地，除“大秦”说，文献记载中还另有他说。一说是产于我国本土，如《本草经集注》云：“木香，味辛，温，无毒。主治邪气，辟毒疫温鬼，强志，主淋露。治气劣，肌中偏寒，主气不足，消毒，杀鬼精物，温瘧，蠱毒，行药之精。久服不梦寤魘寐。轻身致神仙。一名蜜香。生永昌山谷。”[④]一说是产于印度半岛，如《南州异物志》云：“青木香，出天竺，是草根，状如甘草。”[⑤]徐衷《南方记》云：“青木香出天竺国，不知其形。”[⑥]而还有一说，如郭义恭《广志》则云：“青木香出交州、天竺。”[⑦]其实，以上说法皆可解释清楚，“大秦说”前面已经讨论过，是因为经大秦商人输入我国，故言。而后面三种说话也都不错，因为木香为青木香和川木香的通称。青木香，又名广木香或云木香，属菊科风毛菊属；川木香属菊科川木香属。青木香乃印度克什米尔所产，而川木香是我国四川、云南、西藏等地的土产香料。《本草经集注》所言木香是指川木香，而《南州异物志》与《南方记》所记为青木香。正如多比尔所说的那样：“远东的中国人知道在云南山区有一种香料叫木香，当他们了解到克什米尔有一种香料和木香很相似，所以他们就把这种香料叫广木香”，[⑧]即青木香。

---

①［晋］陈寿撰《三国志》卷三十《魏书·乌丸鲜卑东夷传》，［南朝宋］裴松之注，中华书局，1982，第860—861页。

②陈连庆：《汉晋之际输入中国的香料》，《史学集刊》1986年第2期。

③ J.Innes Miller. *The Spice Trade of the Roman Empire*（*29B.C.to A.D.641*）. Oxford at the Clarendon Press，1969，P. 84.

④［梁］陶弘景编《本草经集注》卷三《草木上品·木香》，尚志钧、尚元胜辑校，人民卫生出版社，1994，第212页。

⑤［宋］李昉等：《太平御览》卷九八二《香部》，中华书局，1960，第4347页。

⑥［宋］李昉等：《太平御览》卷九八二《香部》，中华书局，1960，第4347页。

⑦［宋］李昉等：《太平御览》卷九八二《香部》，中华书局，1960，第4347页。

⑧［英］多比尔：《危险的味道：香料的历史》，李蔚虹、赵凤军、姜竹青译，百花文艺出版社，2004，第132页。

关于木香的运用，《神农本草经》记载："木香，味辛，温。主邪气，辟毒疫温鬼；强志，主淋露。久服不梦寤魇寐。"[①]

（三）从波斯、阿拉伯半岛、东非输入岭南之香料：苏合香、安息香、迷迭香、乳香、没药

苏合香　苏合香为金缕梅科植物苏合香树（Liquidambar orientalis Mill.）的树干渗出的树脂。因产于阿拉伯南部的苏合国（今也门的席赫尔）而得名。

苏合香是输入中国最早也是运用较多的香料之一，但汉文文献对苏合香的记载却充满着疑问。班固的《与弟超书》中提到："窦侍中令载杂彩七百匹，市月氏苏合香。"[②]书信的内容至少给我们提供了以下信息：一，苏合香是月氏国物产；二，当时的苏合香是用丝绸以"以物易物"的方式从月氏人手中购得；三，苏合香是通过驻守在西域的官兵购得从西域陆道带回中原的。但也有一些文献资料认为苏合香产于大秦。如司马彪的《续汉书》说："大秦国，合诸香煎其汁，谓之苏合。"[③]《后汉书》载："大秦国一名犁鞬，以在海西，亦云海西国。……土多金银奇宝……合会诸香，煎其汁以为苏合。"[④]郭义恭的《广志》亦云："苏合出大秦。或云：苏合国人彩之，笮其汁，以为香膏，卖滓与贾客。或云：合诸香草，煎为苏合，非自然一种也。"[⑤]其实，苏合香并非月氏国产物，也不生长在大秦，月氏人和大秦商人只是陆路和海路两条不同路线上的中转商而已。我们从后来的文献中可以看出一些端倪。西晋傅玄的《傅子》云："西国胡人言：苏合，香兽便也。中国皆以为怪。"[⑥]梁人陶弘景《名医别录》云："苏合香俗传是狮子屎，外国说不尔。今皆从西域来，亦不复入药，惟供合好香尔。"[⑦]唐代著名的博物学家段成式在《酉阳杂俎》卷十六中仍然重复了这一论调，"旧说苏合香，师

---

①［清］顾观光辑《神农本草经》卷二《上品》，杨鹏举校注，学苑出版社，2007，第48页。

②［宋］李昉等：《太平御览》卷九百八十二《香部》，中华书局，1960，第4347页。关于此书信的内容，《艺文类聚》卷八十五《布帛部》的记载有所不同：班固《与弟超书》曰："今賫白素三（百）匹，欲以市月氏马、苏合香、闟登。"见［唐］欧阳询撰《艺文类聚》卷八十五《布帛部》，汪绍楹校，上海古籍出版社，1965，第1456页。

③［宋］李昉等：《太平御览》卷九百八十二《香部》，中华书局，1960，第4347页。

④［南朝宋］范晔撰《后汉书》卷八十八《西域传》，［唐］李贤等注，中华书局，1965，第2919页。

⑤［宋］李昉等：《太平御览》卷九百八十二《香部》，中华书局，1960，第4347页。

⑥［宋］李昉等：《太平御览》卷九百八十二《香部》，中华书局，1960，第4347页。

⑦［明］李时珍：《本草纲目》，人民卫生出版社，1982，第1962—1963页。

子粪也”[①]。虽然这种论述被苏敬和陈藏器驳斥为“胡人诳言”[②]“胡人将来，欲人贵之，饰其名尔”[③]。我们认为这种混淆并非是空穴来风的。劳费尔先生指出“在梵语里rasamala的意义是‘粪便’，这个字被爪哇人和马来人采用作为苏合的名称”[④]。则中国关于苏合香是狮子屎的传说可能由海上来自南海诸国。这也印证了苏合香由海路输入的论断。

苏合香在我国除了用做香料，也可用做药物。据《从征记》载，刘表的儿子刘琮就曾把苏合香用于尸体防腐，使其父颜貌如生，致使盗墓者不敢下手："刘表冢在高平郡。表之子琮，捣四方珍香数十斛，着棺中，苏合消疾之香，莫不毕备。永嘉中，郡人发其墓，表白如生，香闻数十里。"[⑤]这则史料说明：至少在3世纪初，中国已仿效埃及埋葬木乃伊的办法，用苏合随葬，以防止尸体腐烂。但还告诉我们一个隐含的信息：曾统治过岭南的荆州牧刘表及其后人居然懂得用苏合香来防尸腐，可见当时我国南方对苏合香的使用是较多的，由此也可看出外国商人自然有一部分是取海道而来进行香料贸易的。据司马彪《魏略》载，带蜀兵的孟达亦曾进献给诸葛亮苏合香，其文曰："孟达将蜀兵数百降魏。魏文帝以达为新城太守。太和元年，诸葛亮从成都到汉中，达又欲应亮。遗亮玉块、织成、障汗、苏合香。"[⑥]可知，通过海路与外国联系密切的蜀地亦有苏合香。

安息香　安息香为安息香科植物白花树（Styrax tonkinensis（Pierre）Craib ex Hart.）的干燥树脂。原产于叙利亚。

《圣经》之《出埃及记》里在一个敬神处方里提到乳香、没药等近十种香料，其中就有安息香。多比尔因此而将安息香划归为宗教中使用的香料一类，并说“没有这些香料——乳香、没药、安息香和肉桂等——以色列人就不能敬请他们的天神”。[⑦]可见安息香地位之重要。多比尔又说："（安息香）公元1世纪时传入印度之后进入中国。不过据说‘在进入中国前要经由好几个中间商，因此在这个

①[唐]段成式撰《酉阳杂俎》，方南生点校，中华书局，1981，第158页。

②[唐]苏敬撰《新修本草》卷十二《木部上品》，尚志钧辑校，安徽科学技术出版社，2004，第183—184页。

③[唐]陈藏器撰《本草拾遗》卷八《解纷》(一)，尚志钧辑释，安徽科学技术出版社，2002，第381页。

④[美]劳费尔：《中国伊朗编：中国对古代伊朗文明史的贡献》，林筠因译，商务印书馆，1964，第284页。

⑤[唐]欧阳询撰《艺文类聚》卷四十《礼部》，汪绍楹校，上海古籍出版社，1965，第732页。

⑥[宋]李昉等：《太平御览》卷三五九《兵部》，中华书局，1960，第1651页。

⑦[英]多比尔：《危险的味道：香料的历史》，李蔚虹、赵凤军、姜竹青译，百花文艺出版社，2004，第219—220页。

过程中不可避免地使香味散失了很多'。"[①]很显然这里多比尔把苏合香误认为是安息香了，因为据《梁书》卷五四《诸夷传》之"海南诸国"条载："中天竺国，在大月氏东南数千里，地方三万里，一名身毒。……其西与大秦、安息交市海中，多大秦珍物，珊瑚、琥珀、金碧珠玑、琅玕、郁金、苏合。苏合是合诸香汁煎之，非自然一物也。又云大秦人采苏合，先笮其汁以为香膏，乃卖其滓与诸国贾人，是以展转来达中国，不大香也。"[②]这里经中天竺国辗转运来的是苏合香，而非安息香。

据汉文文献记载，安息香在西汉武帝时就已经以惊精香或返魂香之名进入长安宫廷：

> 此香（安息香）出于聚窟洲人鸟山。山上多树。与枫树相似。而香闻数里。名为返魂树。亦能自作声。如群牛吼。闻之者心振神骇。伐其木根。于玉釜中煮取汁。更以微火熟煎之。如黑米台状。令可丸。名为惊精香。或名振灵丸。或名返生香。或名振檀香。或名却死香。一种六名。斯实灵物也。[③]

又因其由月氏人传入中国，故而也被叫做（月氏）神香：

> 汉延和三年春。武帝幸安定。西胡月支国王。遣使献香四两。大如雀卵，黑如桑椹。帝以香非中国所乏。以付外库。……神香辟夭残之死疾。[④]

李珣的《海药本草》引徐表《南州记》云："（没药）是波斯松脂也。状如神香，赤黑色。"[⑤]说没药与神香类似。《本草纲目·木部》卷三十四"没药"条引马志的《开宝本草》曰："没药生波斯国。其块大小不定，黑色，似安息香。"[⑥]又

---

①［英］多比尔：《危险的味道：香料的历史》，李蔚虹、赵凤军、姜竹青译，百花文艺出版社，2004，第220页。
②［唐］姚思廉撰《梁书》卷五十四《诸夷列传》，中华书局，1973，第797—798页。
③［宋］李昉等：《太平广记》卷四《月氏使者》，中华书局，1961，第28页。
④［宋］李昉等：《太平广记》卷四《月氏使者》，中华书局，1961，第27—28页。
⑤［明］李时珍：《本草纲目》，人民卫生出版社，1982，第1957页。
⑥［明］李时珍：《本草纲目》，人民卫生出版社，1982，第1957页。

说没药与安息香类似，所以神香与安息香乃同一物也。

再者，月氏神香在始元元年，京城大疫时，曾发挥重要作用：

> 至始元元年。京城大疫，死者太半。帝取月支神香烧之于城内。其死未三日者皆活。香气经三月不歇。帝信神香。乃秘录余香。一旦函检如故。而失神香也。①

据唐代的医药学家们记载，安息香也确有祛鬼除邪之功效。段成式曰："安息香树……波斯呼为辟邪。……烧之通神明，辟众恶。"②萧炳的《四声本草》云："烧之，去鬼来神。"③《新修本草》云："主心腹恶气，鬼挂。"④《海药本草》曰："妇人夜梦鬼交，同臭黄合为丸，烧熏丹穴，永断。"⑤

迷迭香　迷迭香为唇形目唇形科迷迭香属植物迷迭香（Rosmarinus offcinalis L.）的全草。

历史文献中关于迷迭香的记载很少，但在文人墨客的著作中，迷迭香却是"宠儿"。汉乐府中有"迷迭艾纳及都梁"⑥的句子。《太平御览》里亦收录了曹丕、曹植、王粲、应瑒、陈琳等人的《迷迭香赋》⑦。可见，迷迭香最迟在汉末三国之际已移植中国。

乳香　乳香为橄榄科植物卡氏乳香树（Baswellia carterii Birdw）的胶树脂。又名薰陆香、乳头香。《梦溪笔谈·药议》载："薰陆，即乳香也。本名薰陆，以其滴下如乳头者，谓之乳头香；镕塌在地上者，谓之塌香。"⑧原产于阿拉伯半岛南部著名的香料运输港佐法尔和非洲东海岸的索马里（这也可证明部分乳香当时从海路输入我国）。

---

①［宋］李昉等：《太平广记》卷四《月氏使者》，中华书局，1961，第28页。

②［唐］段成式撰《酉阳杂俎》，方南生点校，中华书局，1981，第177页。

③［明］李时珍：《本草纲目》，人民卫生出版社，1982，第1961页。

④［明］李时珍：《本草纲目》，人民卫生出版社，1982，第1961页。

⑤［明］李时珍：《本草纲目》，人民卫生出版社，1982，第1962页。

⑥［宋］郭茂倩：《乐府诗集》卷七十七，《杂曲歌辞·乐府》，中华书局，1979，第1187页。

⑦［唐］欧阳询撰《艺文类聚》卷八十一《药香草部》，汪绍楹校，上海古籍出版社，1965，第1394—1395页。又见［宋］李昉等：《太平御览》卷九百八十二《香部》，中华书局，1960，第4349—4350页。

⑧［宋］沈括撰《梦溪笔谈》卷二十六《药议》，胡道静校正，上海古籍出版社，1987，第827页。

乳香在西方有文字记载的历史中开始就一直是敬神时的必备香料。希罗多德（Herodotus）说："在同一巴比伦的神殿下手，还有另外一座圣堂；在这座圣堂里，安设着宙斯的一座巨大的黄金神象。……神殿之外有两座祭坛，其中一个是黄金的……另一个则是普通的较大的祭坛，……迦勒底人还在这个大祭坛上每年奉献一百塔兰特的乳香，用来为这位神举行祝祭。"①《丝绸之路》里亦载："在巴比伦时代的贝拉，在罗马富翁们所有的殡葬仪式中，在所有的基督教教堂里，在所有的清真寺里，在旧世界一切搞崇拜和宗教信仰的地方，都要点燃乳香，以示吉祥。"②除此之外，西奥夫拉斯特斯（Theophrastus）则把乳香的功效描述成"属热"(因此常用作解毒剂)，止血而且有苦味。③

根据目前掌握的史料，乳香最早是以沉光香之名载于《别国洞冥记》。但在正史中的记载则是《三国志》裴注所引《魏略·西戎传》："大秦国，一号犁靬，在安息、条支西大海之西，……一黴木、二苏合、狄提、迷迷、兜纳、白附子、薰陆、郁金、芸胶、薰草木十二种香。"④嵇含《南方草木状》也提到："薰陆香出大秦。在海边，有大树，枝叶正如古松，生于沙中。盛夏，树胶流出沙上，方采之。"⑤其实，从考古发掘来看，我国使用乳香的历史似乎要比文字的记载早得多。1984年在广州发掘属于南越国第二代君王文王赵抹墓的西耳室一个漆盒内的发现树脂状药物⑥，重26克，外形与1794年在泉州湾发掘出来的大型宋代沉船内发现的乳香类似，虽然所含成分已经分解，但南越国从海路输入乳香是极可能的。

没药　没药为橄榄科没药树（Commiphora myrrha Engl.）或其他同属植物皮部渗出的油胶树脂，原产于索马里和阿拉伯西南部地区。

---

①［希腊］希罗多德：《历史》(上)，王以铸译，商务印书馆，2005，第91页。

②［法］布尔努瓦：《丝绸之路》，耿昇译，山东画报出版社，2001，第48页。

③［英］多比尔：《危险的味道：香料的历史》，李蔚虹、赵凤军、姜竹青译，百花文艺出版社，2004，第184页。

④［晋］陈寿撰《三国志》卷三十《魏书·乌丸鲜卑东夷传》,［南朝宋］裴松之注，中华书局，1982，第860—861页。

⑤［晋］嵇含撰《南方草木状》卷中,《南越五主传及其他七种》，杨伟群校点，广东人民出版社，1982，第62页。

⑥广州市文物管理委员会、中国社会科学院考古研究所、广东省博物馆：《西汉南越王墓》，文物出版社，1991，第141页。

据多比尔所载，没药在公元前15世纪就已经在古代埃及赫赫有名了，并在公元前6世纪被希腊人所认识（称之为没哈或没那）。[①]同时由于亚历山大的阿拉伯探险，西奥夫拉斯特斯（Theophrastus）已经知道了没药的原产地并有著述。他在讨论酒料时第一个例子举的就是没药。[②]详细描述没药的还有普林尼（Pliny）的百科全书《自然史》(Natural History)，里面不但提到了没药的采集时间和采集方法，还告诉我们如何区分没药的质量及其价格[③]。没药在西方享有盛誉，还因它曾是东方三位圣贤送给犹太新生婴儿——耶稣的三件礼物之一。马可·波罗有幸在波斯找到了和这个传奇有关的新线索，据说这三件礼物分别是：黄金、乳香和没药。其目的是为了验证这个先知是一个天神转世、一般国王还是一个医师：如果他收下黄金那他将成为国王；如果他收下乳香那他将是天神；如果他收下没药那么他将是一名医师。[④]可见此处，乳香是神的象征，黄金是皇权的象征，而没药则是祛邪除病的象征。没药在医学上的重要性，还在于埃及人将它用于尸体的防腐。希罗多德（Herodotus）就曾记载，在制作木乃伊时，埃及人“用埃西欧匹亚石制成的锐利的刀，在侧腹上切一个口子，把内脏完全取出来，把腹部弄干净，用椰子酒和捣碎的香料加以冲刷，然后再用捣碎的纯粹没药、桂皮以及乳香以外的其他香料填到里面去，再照原来的样子缝好”。[⑤]由此可见，没药在西方很早就已经广泛应用于敬神祭祀、尸体防腐、制药、酿酒等多个领域。

没药在中国最早是以“精祗香”作为汉译名而见于汉文文献。东汉郭宪《汉武帝别国洞冥记》卷二中云：“元封中，起方山像，招诸灵异，召东方朔言其秘奥。乃烧天下异香，有沉光香、精祗香、明庭香、金禅香、涂魂香，外国所供青楂之灯。青楂木有膏，如淳漆，削置器中，以蜡和之涂布，燃照数里。”[⑥]可见早在汉武帝元封年间（前110—前105年），没药已列入长安宫廷所收藏的名香中。1世纪后当作药物成批进入中国市场，东汉及三国时也大量运入。

①［英］多比尔：《危险的味道：香料的历史》，李蔚虹、赵凤军、姜竹青译，百花文艺出版社，2004，第187—188页。

②［英］多比尔：《危险的味道：香料的历史》，李蔚虹、赵凤军、姜竹青译，百花文艺出版社，2004，第189页。

③［英］多比尔：《危险的味道：香料的历史》，李蔚虹、赵凤军、姜竹青译，百花文艺出版社，2004，第188页。

④［英］多比尔：《危险的味道：香料的历史》，李蔚虹、赵凤军、姜竹青译，百花文艺出版社，2004，第186页。

⑤［希腊］希罗多德：《历史》(上)，王以铸译，商务印书馆，2005，第145—146页。

⑥［汉］郭宪撰《汉武帝别国洞冥记》卷二，《汉魏六朝笔记小说大观》，王根林校点，上海古籍出版社，1999，第128页。

第二节　汉代海上丝绸之路香料贸易路线及中转商人

在我国汉代时期，岭南的土产香料在异国他乡引进栽培，大量的异域香料也经由岭南输入中原，以至于中国岭南香料出现在了西方的烹饪食谱上，而外国名香亦出现在了中国的药物著作中。汉代，随着佛教的传入，岭南地区的香料贸易有了较快的发展，甚至在东汉时建立了与罗马帝国的直接香料贸易联系。那么，在当时的历史背景和社会条件下，香料贸易的具体状况是怎样的？香料贸易的路线如何？又有哪些人在从事这样的贸易？它究竟是以怎样的方式进行的？这些将是本章关注的主要问题。

一、汉代海上丝绸之路香料贸易的路线

香料贸易路线的开通并不是一蹴而就的，而是在漫长的历史时期内，由不同地区的沿海居民以印度为中心分东西两段进行的。首先开通的是我国岭南至印度的东段航线，接着开通了从罗马至印度的西段航线，从而实现了东西香料贸易的对接。东汉时期，罗马人乘船东来，终于完成了东西香料的直接贸易。

（一）香料贸易路线的东段：岭南——中南半岛——印度

班固（32—92年）是第一个对汉代岭南对外贸易交通线进行记述和总结的中国学者。他在《汉书》第二十八卷《地理志》中详细记述了汉代岭南对外贸易的交通情况，这段记述也是正史中出现的唯一一次关于汉代岭南对外贸易交通线的记载：

> 自日南障塞、徐闻、合浦，船行可五月，有都元国；又船行可四月，有邑卢没国；又船行可二十余日，有谌离国；步行可十余日，有夫甘都卢国。自夫甘都卢国船行可二月余，有黄支国，民俗略与珠崖相类。其州广大，户口多，多异物，自武帝以来皆献见。有译长，属黄门，与应募者俱入海市明珠、璧琉璃、奇石异物，赍黄金杂缯而往。所至国皆禀食为耦，蛮夷贾船，转送致之。亦利交易，剽杀人。又苦逢风波溺死，不者数年来还。大珠至围二寸以下。平帝元始中，王莽辅政，欲耀威德，厚遗黄支王，令遣使献生犀牛，自黄支船行可八月，到皮宗；船行可二月，到日南、象林界云。黄支之南，有已程不国，汉之译使自此还矣。[①]

①［汉］班固撰《汉书》卷二十八《地理志》，［唐］颜师古注，中华书局，1962，第1671页。

史料中出现的地名是考察这段交通线的关键。日南即今越南岘港，徐闻即今广东徐闻，合浦即今广西合浦。对于域外的地名，中外诸多学者都仔细地做过反复考证，其观点可谓见仁见智。现将其主要观点一一列举如下：

都元国：藤田丰八[①]主张在马来半岛或苏门答腊岛之附近；岑仲勉[②]、周连宽[③]主张在马来半岛东北海岸克拉地峡北部的Htayan；劳干主张在菲律宾；许云樵[④]主张在婆罗洲；韩振华[⑤]、朱杰勤[⑥]主张在越南南圻的东缘海滨；章巽[⑦]主张在苏门答腊岛西北八昔河（Pasei）附近。

邑卢没国：藤田丰八、章巽主张在缅甸南部勃固（Pegu）附近；许云樵、韩振华、朱杰勤主张在泰国华富里（Lophburl）；岑仲勉主张在苏门答腊北端之蓝无里，周连宽主张在爪哇北之Krabang岬；张星烺[⑧]认为邑卢没为色卢之误，因考今印度马拉巴（Malabar）沿岸古商港之patana；劳干主张在婆罗洲境，今之加里曼丹。

谌离国：藤田丰八、章巽主张为唐代之骠国悉利城，今缅甸蒲甘附近之sillah地方；许云樵、朱杰勤主张为梁代称之顿逊，今缅甸南端之丹那沙林；岑仲勉主张为今缅甸仰光附近的沙廉；张星烺主张为印度西南海岸的夏离耶威（Shaliyat）；韩振华主张在泰国佛统（Prathom）。

夫甘都卢国：藤田丰八、费琅[⑨]、章巽等均认为是缅甸的旧蒲甘（Pugan，Pagan）城，其遗址在今伊洛瓦底江左岸；岑仲勉认为是缅甸的蒲甘城；周连宽认为在爪哇岛Kediri地区。

黄支国：藤田丰八、费琅、伯希和、冯承钧[⑩]、张星烺、岑仲勉、许云樵、

---

①［日］藤田丰八：《前汉时代西南海上交通之记录》，《中国南海古代交通丛考》，何建民译，商务印书馆，1936，第83—117页。

②岑仲勉：《西汉对南洋的海道交通》，《中山大学学报（社会科学版）》1959年第4期。

③周连宽：《汉使航程问题——评岑韩二氏的论文》，《中山大学学报（哲学社会科学版）》1964年第3期。

④许云樵：《古代南海航程中的地峡与地极》，新加坡《南洋学报》1984年第2辑。

⑤韩振华：《公元前二世纪至公元一世纪间中国与印度东南亚的海上交通——汉书地理志粤地条末段考释》，《厦门大学学报（社会科学版）》1957年第2期。

⑥朱杰勤：《汉代中国东南亚和南亚海上交通路线初探》，《海交史研究》1983年第3期。

⑦章巽：《我国古代的海上交通》，商务印书馆，1986，第18—19页。

⑧张星烺编注《中西交通史料汇编》（第六册），朱杰勤校订，中华书局，1979，第20—21页。

⑨［法］费琅：《昆仑及南海古代航行考》，冯承钧译，中华书局，1957，第56—58页。

⑩冯承钧：《中国南洋交通史》，上海古籍出版社，2005，第2页。

苏继庼[1]、韩振华等大部分学者都认为是唐时的建志补罗（Kancipuram），即今南印度东海岸的康契普腊姆（Conjervaram）。仅有极少数不同观点，如劳干认为在苏门答腊或爪哇，周连宽认为在苏门答腊岛西北部。

皮宗：藤田丰八、费琅、章巽、岑仲勉、韩振华认为是今马来西亚南岸的蒲牢皮散岛（Pulau Pisang）；许云樵认为是马来半岛东部的柔佛或甘蔗岛；朱杰勤、周连宽认为是越南南部的平山或小岛Panjang。

已程不国，藤田丰八考证为印度半岛之科脱伦基哈尔；周连宽认为在Sipora群岛；张星烺理解为今之非洲的埃塞俄比亚；苏继庼考证为师子国，即今之斯里兰卡，大部分学者也都倾向于是今斯里兰卡。

从以上列举我们可以清晰看出：一，关于这条路线的终点站——“黄支国”以及位于其南部的“已程不国”究竟在今天的什么地方，史学界有比较一致的看法，即“黄支国”就是位于今南印度东海岸的康契普腊姆，“已程不国”就是今斯里兰卡。二，当时的船只到底有没有绕道马六甲海峡在史学界还存在着比较大的争议。但不管有没有绕道马六甲海峡，在汉代，我国已从岭南出发海路经东南亚航行到达印度南部是确信无疑的，这即是香料贸易的东段航线。

（二）香料贸易路线的西段：红海——印度洋——印度

香料贸易路线西段的沿海航线经过罗马人、希腊人，埃及人、阿拉伯人、锡兰人、安息人、印度人等的分段开辟早就已经贯通。但由于各地的地方性贸易保护主义的阻挠，使得这条路线的贸易发展缓慢。直到公元1世纪，由于一个偶然的事件，使得由红海出发经印度洋远洋航海至斯里兰卡的直接联系得以建立。据普林尼（Pliny）的《自然史》记载，在克劳狄一世（Tiberius Claudius Drusus Nero Germanicus）在位（41—54年）期间，有一位负责红海税务的收税官叫普洛卡姆斯，曾派遣一位名叫布勃里乌斯（Publics）的获得自由的奴隶赴红海以负责照料他在该地区的利益。这位代理人在被称为“香料之角”的瓜达富伊角（Cape Guardafui）被劲风卷走，在汪洋大海中漂流了15个昼夜之后，又在斯里兰卡的港口伊布鲁斯（Hippuros）翻船。他在此地滞留了6个月的时间，受到当地国王的殷勤款待，并学会了当地居民的语言。他向这位国王介绍了罗马的情

①苏继庼：《汉书地理志已程不国即锡兰说》，《南洋学报》1948年第2期。

况，致使国王对于罗马政府廉洁奉公的作风钦佩不已[①]，并决定与罗马结盟。他派出四位使节出使罗马，首领是拉奇亚斯（Rachias)。大约与此同时或稍后，公元47年，希腊水手希帕鲁斯（Hippalus）利用海洋季风，渡过了印度洋，到达印度西海岸。这是欧洲人首次发现印度洋上极规则的定期西南风（Monsoon)，后来人们便称这种季风为“希帕鲁斯风”[②]。从此，罗马商人便开始利用季风大力拓展其与东方的商贸活动。每年八月份，印度洋上刮西风和西南风，船只顺风东行，十月可到达印度。到第二年四月，印度洋面是东北风、东风、东南风，满载东方货物的船只向西返回。“西方商人在红海和印度洋之间来来往往，熙熙攘攘，热闹非凡。”[③]海路贸易迅速增长，一度造成罗马市场上东方的丝绸和香料等价格的下跌。

（三）香料贸易路线的初步形成：地中海——印度洋——岭南

罗马商人发现印度洋航道后，继续东进，很快他们就了解到盛产黄金的印度尼西亚。据当时的文献《厄立特里亚海航行记》(Periplus of the Erythraean Sea）的记载：

> 经过印度东海岸之后，如果直向东驶，那么右边就是大洋。若再沿着以下地区前进，并让这些地区始终在自己左边，那就可以到达恒河及位于其附近的一片地区——金洲，这是沿途所经各地中最东部的地方。恒河是印度所有江河中最大的一条，其潮汐涨落的情况与尼罗河相同。恒河之滨也有一个同样称为“恒伽”的市场。香叶、恒河甘松茅、固着丝以及号称为恒河麻布的优良麻织品等，都在那里转口。据说这些地区还有金矿以及一种称为“卡尔蒂斯”(Kallis）的金币。河口附近有一个海岛，这是东部一带有人居住地区的边际，正当旭日升起的地方，名叫金洲。在厄立特里亚海的所有地区中，这里是出产最

①据说是因为锡兰国王对从沉船中打捞出来的钱币做了鉴定，发现每枚的重量都相等，尽管这些钱币上的图案说明它们由不同的君主所铸造。见［法］布尔努瓦：《丝绸之路》，耿昇译，山东画报出版社，2001，第42页。

②实际上印度人和阿拉伯海员早已掌握了季风的规律，希帕鲁斯可能是从阿拉伯人那里学习到关于季风的知识，但经他介绍对罗马人的海上贸易起到了极大的推动作用。见［印］R. 塔帕尔：《印度古代文明》，林太译，张荫桐校，浙江人民出版社，1990，第104页。

③［法］布尔努瓦：《丝绸之路》，耿昇译，山东画报出版社，2001，第42页。

优质玳瑁的地方。[①]

戈岱斯（George Coedes）在《希腊拉丁作家远东古文献辑录·导论》中指出，文中的“金洲”无疑就是印度文献中的Suvarnahumi之意译，它指的至少是孟加拉海湾东部沿岸地区的一部分；鉴于“金岛”的方位，它只能是印度尼西亚群岛中的一个岛屿或马来半岛本身。[②]

在公元2世纪前期，罗马人已经到达位于中南半岛的缅甸，并转乘缅甸的进贡船来到东汉的都城洛阳。据《后汉书·南蛮西南夷列传》记载：“永宁元年，掸国王雍由调复遣使者诣阙朝贺，献乐及幻人，能变化吐火，自支解，易牛马头，又善跳丸，数乃至千。自言我海西人。海西即大秦也，掸国西南通大秦。”[③]掸国在今缅甸北部，这是文献上所见最早浮海来到中国的欧洲人。在此基础上，公元166年，罗马人终于将过去漫长的历史时期内由各地区人民分段航行的海上交通线连结了起来。《后汉书·西域传》记载：“至桓帝延熹九年，大秦王安敦遣使自日南徼外献象牙、犀角、瑇瑁，始乃一通焉。”[④]虽由于“其所表贡，并无珍异”，立刻引起史学家猜疑的是“传者过焉”[⑤]。而后来发现，在西方文献中也没有看到有与此次出使相关的记载，所以不少学者亦认为这很可能是在印度或叙利亚的罗马商人冒称帝国使者，寻求与汉朝的直接贸易。但不管是不是官方的出使，史料证明罗马人的商船的确已经直航至中国。这展示出了中西之间海上交通贸易的广阔前景，也标志着香料贸易东西线路的初步形成。

二、汉代海上丝绸之路香料贸易的中转站及中转商

“胡行从何方，列国持何来，氍毹㲪毲五木香，迷迭艾纳及都梁。”[⑥]这首汉乐府形象地描绘了以康居人、月氏人、大夏人、安息人等为代表的穿行于列国之间从事中转贸易的西域胡商形象。他们的骆驼队驮载着产于异域的毛布（氍毹

①[法]戈岱司编《希腊拉丁作家远东古文献辑录》，耿昇译，中华书局，1987，第17—18页。

②[法]戈岱司编《希腊拉丁作家远东古文献辑录·导论》，耿昇译，中华书局，1987，第17页。

③[南朝宋]范晔撰《后汉书》卷八十六《南蛮西南夷列传》，[唐]李贤等注，中华书局，1965，第2851页。

④[南朝宋]范晔撰《后汉书》卷八十八《西域传》，[唐]李贤等注，中华书局，1965，第2920页。

⑤[南朝宋]范晔撰《后汉书》卷八十八《西域传》，[唐]李贤等注，中华书局，1965，第2920页。

⑥[宋]郭茂倩：《乐府诗集》卷七十七《杂曲歌辞·乐府》，中华书局，1979，第1187页。

氍登毛）和各种香料（五木香、迷迭、艾纳、都梁），千里迢迢地奔来中土，为我国古代中西贸易立下汗马功劳。那么汉代岭南的对外香料贸易中又是怎样一种情况？根据《汉书·地理志》“所至国皆禀食为耦”及“蛮夷贾船转送致之”的记载，可知其同样是以一种中转贸易为主的方式进行的。究其原因：一，由于汉代的航海技术和帆船的承载量都有着很大的局限性，再加上路途遥远，海上对外贸易船只只得沿海岸线不远处航行，这样既不至于迷失方向又可以沿途登岸增加补给。二，航海有“剽杀人”及“风波溺死”的巨大风险，这就决定了当时的贸易需要多个国家商人及水手的共同努力方能完成。这样，就在香料贸易沿线形成了一些供商船停靠的中转站，以及从事中转贸易的中转商。终两汉之世，在南中国海、中南半岛、孟加拉湾、波斯湾、阿拉伯海、红海、地中海等香料贸易沿线和各大商业贸易港口活动着各国各族人民，如越人、昆仑人、印度人、波斯人、阿拉伯人、埃及人、罗马人、希腊人等分段从事近海或远洋的海路中转贸易。

（一）岭南与越人

岭南是汉代香料贸易东段的起点，自然环境条件优越。面濒南海，是中原通向东南亚的必经之道，且与南亚各国毗邻，所以外贸活动频繁；背靠中原腹地，一方面，偏安一隅可以避免战乱，另一方面其物产丰富，是中原王朝统治阶级搜罗奇珍异宝的重要对象之一。秦始皇南征百越，其目的之一就是“利越之犀角、象齿、翡翠、珠玑”。[①]可见，正如吕思勉先生所评论的：“西域、南海，皆异物之所自来也，而贸迁往来，水便于陆，故南琛之至尤早。《史记·货殖列传》言番禺为珠玑、犀、瑇瑁、果、布之凑，此语必非指汉时，可见陆梁之地未开，蛮夷贾船，已有来至交、广者矣。”[②]早在汉代以前，交趾地区的对外贸易就已经发展起来了。汉初，在南越国的统治之下，岭南的民间对外贸易更加频繁。如赵佗曾上书汉文帝，提到一些贡品，“谨北面因使者献白璧一双，翠鸟千，犀角十，紫贝五百，桂蠹一器，生翠四十双，孔雀二双，昧死再拜，以闻皇帝陛下”。[③]其中的玉石、孔雀、犀角等珍物都不是岭南的土产，而是舶来之物。20世纪50年代以来，岭南地区相继发现了一批汉代的遗址、遗物，其中亦有不少舶来品。如

①何宁：《淮南子集释》卷十八《人间训》，中华书局，1998，第1289页。

②吕思勉：《吕思勉读史札记》（上）《官南方者之贪》，上海古籍出版社，1982，第525页。

③［汉］班固撰《汉书》卷九十五《西南夷两粤朝鲜传》，［唐］颜师古注，中华书局，1962，第3852页。

南越文帝陵出土的镂孔熏炉、象牙、乳香、圆形银盒和金花泡饰等。[①]随着对外贸易的发展，在岭南沿海地区出现了如番禺、徐闻等一些规模较大的城市及对外贸易港口。如《史记·货殖列传》写道："九疑、苍梧以南至儋耳者，与江南大同俗，而杨越多焉。番禺亦其一都会也，珠玑、犀、瑇瑁、果、布之凑。"[②]《汉书·地理志》亦载："(粤地)近处海，多犀、象、毒冒、珠玑、银、铜、果、布之凑，中国往商贾者多取富焉。番禺，其一都会也。"[③]番禺在当时已经成为都会城市。《汉书·地理志》还记载："自徐闻合浦南入海，得大州，东西南北方千里，武帝元封元年略以为檐耳、珠厓郡。民皆服布如单被，穿中央为贯头。男子耕农，种禾稻纻麻，女子桑蚕织绩。"[④]《元和郡县志》云："徐闻县，本汉旧县，属合浦郡。其县与南崖州澄迈县对岸，相去约一百里。汉置左右侯官，在县南七里，积货物于此，备其所求，与交易有利，故谚曰：'欲拔贫，诣徐闻'。"[⑤]这句谚语的意思是说，你想要摆脱贫困，就来徐闻。可见当时徐闻贸易繁荣的景象。

越人是岭南地区的本土居民，以擅长舟楫著称。《淮南子·原道训》载："九疑之南，陆事寡而水事众。于是民人被发文身，以像鳞虫，短绻不绔，以便涉游，短袂攘卷，以便刺舟，因之也。"[⑥]西汉淮南王刘安上书汉武帝时亦说越人的特长是"习于水斗，便于行舟"[⑦]。这些都反映出古越族善于驾舟航行。由于岭南地区负山临海，水陆交通便利，再加上越人擅长舟楫。岭南越人担当了最早开发我国南海海上对外贸易的先锋。武帝平定岭南后，就招募商人和水手带着黄金和丝绸从中国出发向南求购珍珠、绿玉、宝石以及南海周围的其他奇珍异宝。《汉书·地理志》中记载的官方对外贸易中的"应募者"肯定有很大一部分就是当地越人中从事过对外贸易的有丰富经验的商人和水手。汉末三国，东吴亦曾多次派出庞大船队出海访问。据史料记载，在黄武五年(226年)至黄龙三年(231年)

①广州市文化局：《广州秦汉考古三大发现》，广州出版社，1999，第118页。
②[汉]司马迁撰《史记》卷一百二十九《货殖列传》，中华书局，1982，第3268页。
③[汉]班固撰《汉书》卷二十八《地理志》，[唐]颜师古注，中华书局，1962，第1670页。
④[汉]班固撰《汉书》卷二十八《地理志》，[唐]颜师古注，中华书局，1962，第1670页。
⑤[唐]李吉甫撰《元和郡县图志》(下)《元和郡县图志阙卷逸文卷三·岭南道》，贺次君点校，中华书局，1983，第1087页。
⑥何宁：《淮南子集释》卷一《原道训》，中华书局，1998，第38—39页。
⑦[汉]班固撰《汉书》卷六十四《严朱吾丘主父徐严终王贾传》，[唐]颜师古注，中华书局，1962，第2778页。

之间，大将吕岱曾遣中郎康泰、宣化从事朱应统率船队出使，抵达东南亚的扶南、林邑等地，并在扶南及其周围国家游历考察多年。①归国后，他们将所见所闻整理成书。史载："及吴孙权时，遣宣化从事朱应、中郎康泰通焉。其所经及传闻，则有百数十国，因立记传。"②康泰写成《吴时外国传》，朱应写成《扶南异物志》，为历朝正史的"扶南传"提供了资料。康泰、朱应的出使，是我国第一次有文字记载的派遣专使到南海诸国访问，反映了孙吴政权致力于发展海外交通贸易的意图，亦是岭南地区与东南亚的海上经济和贸易联系的证明。

（二）中南半岛与昆仑人

中南半岛是汉代时候岭南沿海路西去贸易的必经之路。《汉书·地理志》里提到的地理名称，虽经多家考证亦无法确定其具体位置，但无疑很多地名都位于中南半岛。其中较大的中转贸易港口早就为西方人所知。托勒密（Ptolemy）的《地理志》（Geography）载："不只有一条路从那里途经石塔前往大夏，而且还有一条从该地取道华氏城而通往印度的路。这些人进一步补充说，从秦奈首都到卡蒂加拉（Kattigara）港口的路是向西南方走的。"③据李希托芬（Von Richtofen）的考证，引文中的"卡蒂加拉"港口在红河入口处附近，即今之河内城郊。④据史料记载，当时在中南半岛上兴起了强大的扶南国，并开始控制湄公河三角洲的贸易。在这些港口，不但有来自印度和中国的商人，而且还有来自萨珊波斯帝国的一些水手。扶南商人运载着来自印度、中东、非洲和地中海的商品，如乳香、没药、树脂以及用以制造香水和熏香的其他材料，前往中国，交换中国的丝绸。这在考古发掘中进一步得到了证明。20个世纪40年代，在湄公河三角洲南端的奥佑（Oc Eo）地区发现一座年代大约在1至4世纪，属于扶南"印度化"时代的海港城市遗址。即今之所谓"奥佑遗址"⑤或"沃奥遗址"⑥。经法国远东学院考

---

①详见［晋］陈寿撰《三国志》卷六十《吴书·贺全吕周钟离传》，［南朝宋］裴松之注，中华书局，1982，第1385页。［唐］姚思廉撰《梁书》卷五十四《诸夷列传》，中华书局，1973，第783页。

②［唐］姚思廉撰《梁书》卷五十四《诸夷列传》，中华书局，1973，第783页。

③［法］戈岱司编《希腊拉丁作家远东古文献辑录》，耿昇译，中华书局，1987，第30页。

④［法］戈岱司编《希腊拉丁作家远东古文献辑录·导论》，耿昇译，中华书局，1987，第23页。

⑤［美］戴尔·布朗主编《东南亚：重新找回的历史》，王同宽译，广西人民出版社，2002，第94—95页；谢崇安：《雨林中的国度：追踪东南亚古代文明》，重庆出版社，2001，第145—154页；李庆新：《海上丝绸之路》，五洲传播出版社，2006，第24页；李庆新：《从考古发现看秦汉六朝时期的岭南与南海交通》，《史学月刊》2006年第10期。

⑥林梅村：《丝绸之路考古十五讲》，北京大学出版社，2006，第149页。

古学家刘易斯·马尔勒雷（L.Malleret）的大规模考古发掘，发现出土了许多与罗马东方贸易有关的文物。包括安东尼王朝时的罗马金币、罗马印章和护符（货牌）、罗马多面金珠、罗马玻璃珠和玻璃残片。这些文物是当时商业活动的见证。其中，同样的多面体金珠和玻璃珠等在我国岭南的汉墓中也发现有不少。这些物品很可能就是经由奥佑运抵我国岭南的。说明奥佑在当时是中西海上贸易的一个中转站，在罗马、印度、东南亚到中国的海上贸易链条中占有重要地位。[①]

昆仑人是东南亚诸岛上的土著居民，善于航海。当中国商船尚未进入印度洋的时候，他们担当了中国与北印度洋诸国和地区以及更远的国家和民族间贸易联系的任务。有证据表明，他们还将中国的肉桂传播到了非洲和欧洲。普林尼（Pliny）在反驳希罗多德（Herodotus）关于肉桂产于阿拉伯时曾说：

> 这些古老的故事是阿拉伯人为了抬高他们货物的价格而故意编造的。……其实肉桂生长在埃塞俄比亚，他们通过联姻和洞穴人有了联系。这些人从邻居那里购买到肉桂然后用木筏运到海外去出售，这些木筏既没有舵也没有桨而且没有帆——其实根本没有任何动力只靠人和他们的勇气。……他们说来回要用五年时间。[②]

关于文中的“洞穴人”，据多比尔考证：

> 普林尼的回答和希腊地理学家托勒密一样：居住在印度洋远东海岸的人，也叫“洞穴人”。和托勒密不同的是普林尼为了追求对称性将另一边的内陆人称作“埃塞俄比亚人”，就像非洲内陆人也被称作“埃塞俄比亚人”一样。换句话说，普林尼知道肉桂产自亚洲东南部而后一路越过印度洋传到了西方，但是他对于这些地理名字搞混淆了。[③]

可知，此处普林尼（Pliny）的“洞穴人”也好，托勒密（Ptolemy）的“埃塞

①[美]戴尔·布朗主编《东南亚：重新找回的历史》，王同宽译，广西人民出版社，2002，第94—95页；谢崇安：《雨林中的国度：追踪东南亚古代文明》，重庆出版社，2001，第145—154页。

②[英]多比尔：《危险的味道：香料的历史》，李蔚虹、赵凤军、姜竹青译，百花文艺出版社，2004，第51页。

③[英]多比尔：《危险的味道：香料的历史》，李蔚虹、赵凤军、姜竹青译，百花文艺出版社，2004，第52页。

俄比亚人”也好，都不是指在今天非洲东北部的人民，而是指亚洲东南部印度尼西亚的土著居民“昆仑人”。公元1世纪的梅拉（P. Mela）在其《地方志》里说：

> 华氏城（Palibothri）占据着从印度河到恒河之间的地区。从恒河到琐里，除了某些因炎热而无法居住的地区之外，到处都是一些黑人，和埃塞俄比亚人颇为相似。从琐里到塔穆斯（Tamus），海岸线笔直，由一些胆怯的民族所居住，大海为这些民族慷慨地提供了丰富的财宝。①

从梅拉（P. Mela）的描述中，我们似乎可以断定普林尼和托勒密之所以会混淆地名是因为印度尼西亚的土著人也是黑人，且“和埃塞俄比亚人颇为相似”。其实，在汉文文献中也早就有了关于马来半岛的黑人的记载。杨孚的《异物志》就为我们描述了一种“瓮人”，说他们“齿及目甚鲜白，面体异黑若漆，皆光泽。为奴婢，强劳力”。②在近些年来发掘的广州汉墓中，也出土了一种托灯的陶塑俑和侍俑。③据考证，这种陶制人俑的“形象有异于汉族人民，亦不同于一般的侍俑，而是黑奴俑”④。我们知道，在汉代时候，我国并没有跟非洲有直接的往来，自然也不太可能有很多非洲黑人来中国为奴婢。那么这些黑人很可能就是来自印度尼西亚的土著黑人。由此看来，在当时的岭南地区昆仑人的数量不在少数，除了从事中转贸易的商人，还有一些昆仑人被卖为奴婢。

（三）印度与印度人

多比尔说：“（印度海洋交通线）连接着东方香料和西方市场，也连接着阿拉伯香料生产商和他们的东方客户。”⑤而印度就坐落在这东西海上香料贸易的中心线上。当时，西方各国经海路东来的终点是印度，中国寻海道西去的终点也是印度。他接待了来自东西方各国的过往商船，《厄立特里亚海航行记》里说：“塞里斯”国（即中国）的丝绸在印度港口装船，同时装船的还有同是来自中国的皮货、胡椒、

①［法］戈岱司编《希腊拉丁作家远东古文献辑录》，耿昇译，中华书局，1987，第9页。

②［汉］杨孚撰《异物志》卷二，《南越五主传及其它七种》，杨伟群校点，广东人民出版社，1982，第38页。

③广州市文物管理委员会、广州市博物馆：《广州汉墓》（上），文物出版社，1981，第478页。

④胡肇椿、张维持：《广州出土的汉代黑奴俑》，《中山大学学报（社会科学版）》1961年第2期。

⑤［英］多比尔：《危险的味道：香料的历史》，李蔚虹、赵凤军、姜竹青译，百花文艺出版社，2004，第128页。

桂皮、香料、金属、染料和医药产品。[①]《后汉书·西域传》云："(天竺国)土出象、犀、玳瑁、金、银、铜、铁、铅、锡，西与大秦通，有大秦珍物"[②]。可见，其枢纽地位早就为人们所知。

20世纪30年代，法国考古学家帕塔比拉明（P. Z. Pattabiramin）在康契普腊姆（Kanchipura）附近发现了一个属于古罗马时代的海港遗址，即阿里卡梅杜（Ariamedu）遗址。1945年，英国考古学家惠勒（M. Wheeler）和印度考古学家对该杜遗址进行大规模发掘，发现了直接由罗马人、叙利亚人、埃及人等经营的货栈商行和染制木棉的染坑，从中发掘出20件带纪年铭文的陶器，铭文用婆罗谜文拼写泰米尔语，年代约在公元前2世纪至公元1世纪。其他出土文物有：希腊的安弗拉式罐，罗马的阿雷蒂内式陶器、玻璃器、绿釉陶片、钱币，印度中部或南部各地的香料、宝石、珍珠和薄棉轻纱。[③]这些考古发掘进一步证明：在公元前2世纪至公元1世纪，位于印度东海岸的阿里卡梅杜（Ariamedu）是罗马东方贸易的重要中心之一。

印度除了是东西方香料贸易的交通枢纽外，还是生产和出口香料的大户。《后汉书·西域传》记载："(天竺国)有细布、好毾㲪、诸香、石蜜、胡椒、姜、黑盐。"[④]据多比尔的考证，印度次大陆上好几座城市即使是香料的原产地又是香料贸易的港口，如位于印度西海岸的三大著名港口：马累（Male）出产胡椒，卡里安（Kalliana）生产檀香木，而辛度（Sinda）则盛产桂皮、广木香和甘松。[⑤]

印度人的商业活动十分活跃。向东与我国的汉朝建立了直接的外交联系。《汉书·平帝纪》载："(元始)二年春，黄支国献犀牛。"[⑥]《后汉书·西域传》云："和帝时，(天竺国)数遣使贡献，后西域反畔，乃绝。至桓帝延熹二年、四年，频从日南徼外来献。"[⑦]《洛阳伽蓝记》卷三记曰："白象者，永平二年乾陀罗国胡王所献。背设五彩屏风，七宝坐床，容数人，真是异物。"[⑧]《华阳国志·南

①[法]布尔努瓦：《丝绸之路》，耿昇译，山东画报出版社，2001，第45页。
②[南朝宋]范晔撰《后汉书》卷八十八《西域传》，[唐]李贤等注，中华书局，1965，第2921页。
③林梅村：《丝绸之路考古十五讲》，北京大学出版社，2006，第147页。
④[南朝宋]范晔撰《后汉书》卷八十八《西域传》，[唐]李贤等注，中华书局，1965，第2921页。
⑤[英]多比尔：《危险的味道：香料的历史》，李蔚虹、赵凤军、姜竹青译，百花文艺出版社，2004，第128页。
⑥[汉]班固撰《汉书》卷十二《平帝纪》，[唐]颜师古注，中华书局，1962，第352页。
⑦[南朝宋]范晔撰《后汉书》卷八十八《西域传》，[唐]李贤等注，中华书局，1965，第2922页。
⑧[北魏]杨衒之撰《洛阳伽蓝记》卷三《城南》，周振甫释译，学苑出版社，2001，第102页。

中志》记："孝明帝永平二年，哀牢抑狼遣子奉献。明帝乃至郡，以蜀郑纯为太守。……有闽濮、鸠僚、僄越、裸濮、身毒之民。"[①]向西抵达了阿拉伯半岛南部沿海，甚至参与到了与红海沿岸的贸易中。《丝绸之路》里说道：

> 印度西部与阿拉伯海岸之间的贸易关系，也有非常悠久的历史。印度航海者把他们的商品一直运到红海海口后，就转到了红海沿岸民族的掮客手里，其中一部分通过陆路，另一部分通过海路而到终点——地中海地区，如埃及海岸边的亚历山大港，阿拉伯海岸的加沙和皮特拉。[②]

以至于谨慎的阿拉伯人不得不采取措施来保护自己与东方贸易的过境权。布尔努瓦（Lucette Boulnois）在书中说，阿拉伯人为了阻止印度船员越过曼德海峡，不给他们提供食物和水，不让他们上岸补充生活必需品和进行贸易，或者对其商品征收固定的商品过境税。[③]

（四）波斯湾与安息人

安息国（前248—226年）的存在时间大致与我国的汉代相当。其特殊的地理位置决定了它较早地参与到了中国通往西方的陆上丝绸之路的贸易中。《后汉书·西域传》里记载关于公元97年甘英出使罗马帝国的情况：

> 和帝永元九年，都护班超遣甘英使大秦，抵条支。临大海欲度，而安息西界船人谓英曰："海水广大，往来者逢善风三月乃得度，若遇迟风，亦有二岁者，故入海人皆赍三岁粮。海中善使人思土恋慕，数有死亡者。"英闻之乃止。[④]

对此段记载，有学者认为是安息人为了垄断沟通中西的中介贸易故意夸大危险，令甘英退缩。安息人对商路的垄断在汉文文献中有明确记载，如《后汉书》

①［晋］常璩：《华阳国志》卷四《南中志》，任乃强校注，上海古籍出版社，1987，第285页。
②［法］布尔努瓦：《丝绸之路》，耿昇译，山东画报出版社，2001，第40页。
③［法］布尔努瓦：《丝绸之路》，耿昇译，山东画报出版社，2001，第40页。
④［南朝宋］范晔撰《后汉书》卷八十八《西域传》，［唐］李贤等注，中华书局，1965，第2918页。

记载："其王常欲通使于汉。而安息欲以汉缯彩与之交市，故遮阂不得自达。"[①]《三国志》亦载："(大秦国)常欲通使于中国，而安息图其利，不能得过。"[②]

因此，罗马人在东方珍宝奇货的诱惑下不惜通过发动长期的战争来摆脱安息人的阻挠。由于没有取得效果，罗马人转而开拓海上与东方的贸易。但有证据表明安息国不但是东西陆上丝绸之路的必经之道，自古善贾的安息人在海上咽喉的波斯湾也长期居于优势地位。《后汉书·西域传》说，大秦"与安息、天竺交市于海中，利有十倍"。[③]白佐良(Giuliano Bertuccioli)和马西尼(Federico Masini)就在书中感慨："罗马和中国之间的贸易，虽然使罗马变得日渐贫困，但这并不是说中国就变得富有了，而真正富的却是中间地区的安息帝国，他们借助地理位置，控制了交通要道，对过境的两个帝国的商品征收巨额的关税。"[④]

(五)阿拉伯海与阿拉伯人

阿拉伯是个盛产香料的国家。希罗多德(Herodotus)曾经赞叹："整个阿拉伯，都散发着极其美妙的芳香"。[⑤]特别是阿拉伯半岛南部，因经由也门和阿曼港口的东方贸易的日渐繁荣，而将其"香岸"(Shihr Luban)的美称遥播海外。最早运到中国的阿拉伯香料、香脂，都有一个能体现它奇特的性能和国名的专名。《汉武帝别国洞冥记》列举汉武帝元封年间(前110—前105年)焚烧天下异香，其中有提到沉光香(乳香)与涂魂香(返魂香，苏合香)。[⑥]沉光香即乳香，据说出在涂魂国。涂魂国的对音是南阿拉伯著名的香料运输港佐法尔(Zafar, Dhufar)，是海达拉毛的乳香贸易中心[⑦]。《厄立特里亚海航行记》(Periplus of the Erythraean Sea)记载说：这个港口船只拥挤不堪，船主和阿拉伯船员以及所有的人都忙于做买卖。[⑧]涂魂香则因其被传为起死回生的灵药而得名，后来又知道它的产地在席赫尔(al-Shihr)，古译苏合，因此也叫苏合香。3世纪的《广志》

①[南朝宋]范晔撰《后汉书》卷八十八《西域传》，[唐]李贤等注，中华书局，1965，第2919—2920页。
②[晋]陈寿撰《三国志》卷三十《魏书·乌丸鲜卑东夷传》，[南朝宋]裴松之注，中华书局，1982，第861页。
③[南朝宋]范晔撰《后汉书》卷八十八《西域传》，[唐]李贤等注，中华书局，1965，第2919页。
④[意]白佐良、马西尼：《意大利与中国》，萧晓玲、白玉崑译，商务印书馆，2002，第13页。
⑤[古希腊]希罗多德：《历史》(上)，王以铸译，商务印书馆，2005，第91页。
⑥[汉]郭宪撰《汉武帝别国洞冥记》卷二，《汉魏六朝笔记小说大观》，王根林校点，上海古籍出版社，1999，第128页。
⑦沈福伟：《中国与非洲》，中华书局，1990，第108、122页。
⑧石云涛：《早期中西交通与交流史稿》，学苑出版社，2003，第227页。

已知苏合香："出大秦国，或云苏合国。"[①]

阿拉伯人有可能是最早掌握海洋性季风特点的民族。希腊拉丁语的"季风"（Monsoon）一词就来自阿拉伯语"季节"（Mauzim），这证明阿拉伯人早就了解季风。[②]当夏季印度洋刮起西南风时，他们的商船就从阿拉伯海和也门沿岸港口起航顺风东行，前往西印度港口和印度南部沿岸，与从东方而来的中国商人会合，从那里获得中国和印度的商品，并向他们出售阿拉伯半岛出产的黄金、香料、乳香、珍珠等。有证据表明，阿拉伯人在公元前3世纪至公元2世纪时，在香料贸易西段的红海航海贸易活动中充当着重要的角色。阿里·本·易卜拉欣·哈米德·阿班概括说：

> 我们发现在阿拉伯半岛南部和沿红海沿岸对岸陆路的北部建立的阿拉伯王国已控制了进入红海的东方贸易和航海权，这是因为红海多珊瑚礁，通过其深海水道和出入这些港口需要经验，帮了他们大忙，他们热衷于掌握这些资料。有一位也门商人的故事，他叫玛阿尼·宰德，在埃及的吉萨发现了一块上面刻有他的名字的雕刻，雕刻上记载了埃及给他的布匹，要他用船运走。这可能是发生在托勒密二世时期（公元前3世纪）的故事。巴拉米阿拉伯人原是汉志北部沿岸的居民，他们是最早定居在埃及南部沿岸的阿拉伯人，从事与托勒密人的贸易，到达埃及沿岸的红海港口。[③]

布尔努瓦（Lucette Boulnois）亦认为，红海沿岸的全部贸易都不同程度地被阿拉伯人所操纵。为了垄断对的东方贸易，阿拉伯商人还不惜使用欺诈手段，隐瞒商品的原产地：

> 阿拉伯的海员们在沿途各港口一程一程地转运那些神秘的货物，他们把这些商品小心翼翼地装入船舱，但从来也不想泄露商品的原产地。他们远涉重洋，越过紫蓝色的红海，夏天顶着火辣辣的骄阳，冬

①沈福伟：《中国与非洲》，中华书局，1990，第106、107、122页。

②[印] R. 塔帕尔：《印度古代文明》，林太译，张荫桐校，浙江人民出版社，1990，第104页。

③石云涛：《早期中西交通与交流史稿》，学苑出版社，2003，第225页。

天饱经海风的袭击，为了运送商货，真可谓历尽了千辛万苦。但他们的盗贼弟兄们却毫不留情地将他们所获利润的大半勒索而去。①

阿拉伯不但盛产香料，而且有着无与伦比的地理区位优势，再加上阿拉伯人参与贸易的积极性极高，布尔努瓦（Lucette Boulnois）曾感叹说："这条通商大道实际上养活了整个阿拉伯半岛的居民。"②

（六）红海与罗马人

古代埃及人早就开辟了从地中海到红海的交通。亚历山大港是罗马帝国的海外行省，是地中海、印度洋和远东货物的集散地。在汉文文献的记载中，中国人对亚历山大早就有所了解。公元3世纪的《魏略》在对古罗马的记载说："其国在海西，故俗谓之海西。有河出其国，西又有大海。海西有迟散城。"③文献中所提到的"海西"即罗马帝国，"河"即尼罗河，"大海"即地中海，而"迟散城"指的是亚历山大城。

通过大夏和安息人的转口贸易，东方的丝绸和香料很早就输入罗马。这些东方的货物让罗马人垂涎不已，因此罗马人很早就有了同东方国家直接接触和贸易的愿望。为了打通对东方的陆上交通贸易，罗马人与安息人进行了几个世纪的战争，但未能取得决定性的胜利。此时，罗马人意识到要避开安息人直接与东方国家贸易，唯有通过海路交通这一途径。据罗马地理学家斯特雷波（Strabo）的记载，早期的罗马帝国每年一次地派遣一支约120艘船组成的船队往返印度。船队利用可预测的季风定时穿越阿拉伯海。从印度返航时，船只驶向红海，货物经陆路或尼罗河运河到达尼罗河，船只停靠在亚历山大，从那里再驶往意大利和罗马。凭借着"希帕鲁斯风"（Hippalus）的力量，罗马人终于到达了位于中南半岛的掸国（今缅甸），并转乘缅甸的进贡船于公元120年抵达了中国。据《后汉书·西南夷列传》记载："永宁元年，掸国王雍由调复遣使者诣阙朝贺，献乐及幻人，能变化吐火，自支解，易牛马头，又善跳丸，数乃至千。自言我海西人。海西即大秦也，掸国西南通大秦。"④这是汉文文献中所见最早的一次罗马

①[法] 布尔努瓦：《丝绸之路》，耿昇译，山东画报出版社，2001，第40页。
②[法] 布尔努瓦：《丝绸之路》，耿昇译，山东画报出版社，2001，第41页。
③[晋] 陈寿撰《三国志》卷三十《魏书·乌丸鲜卑东夷传》，[南朝宋] 裴松之注，中华书局，1982，第860页。
④[南朝宋] 范晔撰《后汉书》卷八十六《南蛮西南夷列传》，[唐] 李贤等注，中华书局，1965，第2851页。

人浮海东来的记录。其后，正史中又有两次罗马人来华的记录。《后汉书·西域传》："桓帝延熹九年，大秦王安敦遣使自日南徼外献象牙、犀角、玳瑁，始乃一通焉。"[①]《梁书·诸夷传》载："其（中天竺国）……西与大秦、安息交市海中……孙权黄武五年有大秦贾人，字秦论，来到交趾，太守吴邈遣送旨权，权问方土谣俗，论具以事对。……权以男女各十人，差吏会稽刘咸送论，咸于道物故，论乃径还本国。"[②]又载，大秦"国人行贾，往往至扶南、日南、交趾，其南徼诸国人少有到大秦者"。[③]这是对南朝梁以前南海交通的总结，可见，罗马人对浮海来东方贸易表现出了极高的热情，也为东西香料贸易路线的开辟做出了积极的贡献。

（七）康居人

在香料贸易的中转贸易中，除了这些海路贸易沿线的商人和水手的参与外，还有一些非贸易沿线的内陆居民，在巨大利益的诱惑下也不远千里加入到这种中转贸易之中，康居人就是这其中很典型的例子。

康居人是汉朝对粟特人的称呼，《后汉书·西域传》中的"粟弋"即粟戈、粟特，"粟戈国属康居"。[④]康人之热衷逐利、善于经商，早就著称于世。林梅村先生由此认定："早在西汉成帝（前32年—前7年）年间，粟特商队已在中亚撒马尔罕至长安的丝绸之路上频繁从事商业活动。"[⑤]后来由于中亚地区连年战乱，西域道时通时绝，一部分康居商人就南下印度定居，从事海路中转贸易。《高僧传》中就记载了这样一个事例："康僧会，其先康居人，世居天竺。其父因商贾移于交趾。会年十余岁，二亲并终，至孝服毕出家。励行甚峻，为人弘雅，有识量，笃至好学。明解三藏，博览六经，天文图纬，多所综涉，辩于枢机，颇属文翰。"[⑥]可知，康僧会血统上属于中亚人，但其先祖却早就迁居印度，其父因经商又移居交趾。康僧会的事迹，恐怕是当时中亚康居人从事海上中转贸易的典型模式。姜伯勤先生指出："粟特人汉时属康居，作为商业民族已移往于波斯—印度—交织海上丝绸之路沿线。康僧会作为粟特僧侣在三国吴国孙权治下推行

①［南朝宋］范晔撰《后汉书》卷八十八《西域传》，［唐］李贤等注，中华书局，1965，第2920页。

②［唐］姚思廉撰《梁书》卷五十四《诸夷列传》，中华书局，1973，第798页。

③［唐］姚思廉撰《梁书》卷五十四《诸夷列传》，中华书局，1973，第798页。

④［南朝宋］范晔撰《后汉书》卷八十八《西域传》，［唐］李贤等注，中华书局，1965，第2922页。

⑤林梅村：《汉唐西域与中国文明》，文物出版社，1998，第109页。

⑥［梁］释慧皎撰《高僧传》卷一《译经·吴建业建初寺康僧会》，汤用彤校注，汤一玄整理，中华书局，1992，第14—15页。

佛法，且其时康僧会此一粟特人被有司称为‘胡人’。”[①]据《三国志·吴书·士燮传》载：“燮兄弟并为列郡，雄长一州，偏在万里，威尊无上。出入鸣钟磬，备具威仪，笳萧鼓吹，车骑满道，胡人夹毂焚烧香者常有数十。”[②]林梅村先生亦说，此处“所谓‘胡人’指的是中亚的月氏人或粟特人”。[③]由此可见，当时在交州的中亚人不在少数，康居商人在三国时期已活跃于交趾一带的海路商业中了。

三、汉代海上丝绸之路香料贸易的国际语言

上一章引《厄立特里亚海航行记》里的一段话详细描述了锡金人是如何从中国西南部山区获得桂皮树叶和柴桂叶的。米勒（J. Miller）称这种特殊的贸易形式为：“沉默交换”（silent trade）[④]。或许这种沉默交换的贸易形式在当时并不少见，以至于普林尼对当时的中国人有这样的评价：“中国人……表现得一如未开化的民族逃避与其他种族的人结识，坐等商贩的到来”。[⑤]索利诺（Solino）亦在其著作中写道：“那些国家的生意人越过河卖他们的货物，交易时双方不用语言交流，只对堆放在那里的货物作个估价。”[⑥]并说“（中国人）逃避与其他种族的人结识，甚至拒绝与其他国家从事商业往来”[⑦]。

其实早在公元前4世纪，香料贸易中这种无声的“物物交换”在南阿拉伯就曾被发现过，希腊植物学家西奥夫拉斯特斯（Theophrastus）在描述亚历山大人在南阿拉伯的太阳庙低价购买熏香和没药时，写道：

> 各地的乳香和没药都被带到太阳神殿。每人都将自己的乳香没药堆放好后交给卫兵看管，每一堆上面都标记着重量和价钱。商人们到后，看看标牌，取走自己想要的那一堆然后将钱放在堆放香料的地方。

①姜伯勤：《广州与海上丝绸之路上的伊兰人：论遂溪的考古新发现》，《广州与海上丝绸之路》，广东省社会科学院，1991，第24页。

②［晋］陈寿撰《三国志》卷四十九《吴书·刘繇太史慈士燮传》，［南朝宋］裴松之注，中华书局，1982，第1192页。

③林梅村：《丝绸之路考古十五讲》，北京大学出版社，2006，第155页。

④ J.Innes Miller. *The Spice Trade of the Roman Empire（29B.C.to A.D.641）*. Oxford at the Clarendon Press，1969，75.

⑤［意］白佐良、马西尼：《意大利与中国》，萧晓玲、白玉崑译，商务印书馆，2002，第11页。

⑥［意］白佐良、马西尼：《意大利与中国》，萧晓玲、白玉崑译，商务印书馆，2002，第11—12页。

⑦［意］白佐良、马西尼：《意大利与中国》，萧晓玲、白玉崑译，商务印书馆，2002，第11页。

神职人员会扣下1/3的钱给神灵，其余的就留给其主人，不管主人什么时候来领，那些钱都会平安地呆在原地没有人会动它。[①]

可见，这种香料贸易的方式似乎遍布整个香料贸易沿线。但事实并不完全如白佐良（Giuliano Bertuccioli）和马西尼（Federico Masini）所说的那样“交易在静默和示意中进行”[②]。从《汉书·地理志》的那段经典史料中我们读到，当时汉朝政府的黄门机构里有一种专门的“译长”在从事这种对外贸易。所谓译长，其实就是翻译员，虽然我们不能肯定这些翻译员在从事哪一种或哪几种语言的翻译工作，但是有一点我们几乎可以断定：在当时的对外贸易中一定存在着一种或几种较为统一的国际商业语言。考古发现似乎也给我们提供了一些证据：从阿里卡梅杜（Ariamedu）遗址中发掘出来的20件带纪年铭文的陶器，据考证其铭文是用“婆罗谜文拼写的泰米尔语，年代约在公元前2世纪至公元1世纪”[③]。在奥佑（Oc Eo）古海港遗址中发现的一些锡制印章和疑是商品标签的小锡片上所刻铭文，也同样采用的是婆罗谜文[④]。这些信息都在告诉我们这样一个结论：虽然我们无法判断这种国际性商业语言的流行程度或使用情况，但至少是在印度洋东部的香料贸易中这种较为统一的语言是存在的，而且它极有可能就是当时极为流行的印度古泰米尔语。

四、汉代海上丝绸之路香料贸易的交换媒介

在当时商品经济还较为低下的情况下，部分的贸易是实行“以货易货”的物物交换。当时东非、阿拉伯半岛、印度、东南亚的多种香料和奇珍异物都是中国人所青睐的商品，而中国的大宗贸易并不是香料，而是更为昂贵的丝绸。这样中国人在对外贸易中就显示出了异常的优势：香料与丝绸的交换无法促成贸易的平衡，以至于他们不得不使用货币来填补差额，特别是在对丝绸需求量极大的罗马帝国。照罗马人的说法：“中国人不急于卖他们的货物，只将货物沿着他们的河岸摊开，等待外国人到那里购买，所支付的是货币，不是其他产品，议价以打

①[英] 多比尔：《危险的味道：香料的历史》，李蔚虹、赵凤军、姜竹青译，百花文艺出版社，2004，第181页。
②[意] 白佐良、马西尼：《意大利与中国》，萧晓玲、白玉崑译，商务印书馆，2002，第12页。
③林梅村：《丝绸之路考古十五讲》，北京大学出版社，2006，第147页。
④石云涛：《早期中西交通与交流史稿》，学苑出版社，2003，第255页。

手势的方式进行，中国人不爱多讲话，也不讨价还价，买就买，不买就走人，这是他们的方式。”[①]普林尼说“每年至少有一亿银币支付给印度、中国和阿拉伯半岛。奢侈和女人让我们付出了昂贵的代价。”[②]《后汉书·西域传》也记载了罗马人用货币贸易的情况：“大秦（即罗马）以金银为钱，银钱十当金钱一。”[③]

除此之外，印度的胡椒等香料也使罗马帝国流失了大量的货币。喀劳狄大发牢骚：“罗马人用重金购来了一些用以满足女性虚荣心的物品，一些首饰和小奢侈品，这就使帝国的财富大量外流。为了换取这些古董，他们把帝国的金钱拱手奉送给了异族，甚至可以说是自我毁灭性地奉送给了罗马的敌人。”[④]喀劳狄于公元22年在元老院发表了这番议论。此后的形势反倒每况愈下，越来越糟，简直到了无法收拾的地步。因此，普林尼曾大声疾呼：“印度没有一年不从罗马帝国掠去5000万个古罗马小金币。作为回报，印度给我们运来的商品在罗马则要贵之百倍。”[⑤]汤普逊（Thompson，James Westfall）总结说：“现在印度发掘出并保藏于各大博物馆的各色各样的罗马硬币，数以千计，可证明普利尼（Pliny）所说的不谬。”[⑥]可见，当时以货币为交换媒介的商品贸易形式不在少数，特别是商品经济较为发达的东南亚、南亚、阿拉伯半岛及地中海地区。

①[意]白佐良、马西尼：《意大利与中国》，萧晓玲、白玉崑译，商务印书馆，2002，第11页。
②[意]白佐良、马西尼：《意大利与中国》，萧晓玲、白玉崑译，商务印书馆，2002，第12页。
③[南朝宋]范晔撰《后汉书》卷八十八《西域传》，[唐]李贤等注，中华书局，1965，第2919页。
④[法]布尔努瓦：《丝绸之路》，耿昇译，山东画报出版社，2001，第50—51页。
⑤[法]布尔努瓦：《丝绸之路》，耿昇译，山东画报出版社，2001，第51页。
⑥[美]汤普逊：《中世纪经济社会史（300—1300年）》（上），耿淡如译，商务印书馆，1997，第26页。

第九章
汉代海上丝绸之路上的犀、象贸易

著名考古学家张光直先生认为世界文明形成的方式主要有两种形态：其一为西方式，其二为世界式（即非西方式），也称为中国式。在此基础上，张光直先生又提出世界式的贸易活动主要是宝货。[①]由此，我们知道以犀角、象牙等为内容的宝货贸易具有重要作用。由于其重要性，犀、象贸易自古以来就是一个备受学者关注的话题。随着张骞通西域、武帝平南越，我国的官方对外贸易逐渐开展。犀、象及犀角、象牙作为我国对外贸易中最原始、最基本的贸易物品之一，在汉代的宗教生活和世俗生活中得到广泛应用，人们对犀、象的应用都非常热衷。而岭南作为我国犀、象的重要产地和重要中转站，其在犀、象贸易中的作用是不言而喻的。关于汉代岭南的犀、象，学界的研究成果颇为丰富。这里，我们首先对有关研究情况做简要回顾。

翻阅古代文献，有关犀、象的描述不多，往往都是简洁的几句话概括，篇幅很少，但是仔细查阅还是能够发现有值得关注的资料。

西汉司马迁所撰的《史记》中关于岭南犀、象虽有记载，但比较零散和简洁，主要散见于《李斯列传》《龟策列传》《货殖列传》等传记中。如《货殖列传》曰："江南出……犀、玳瑁、珠玑、齿革……番禺亦其一都会，珠玑、犀、玳瑁、果、布之凑。"[②]《史记》指出了岭南地区番禺是犀、象的重要产地，也记载了有关犀、象以及犀角、象牙的贸易往来，为研究汉代的犀、象问题提供了基本的史料来源。

①徐萍芳：《悼念张光直》，《读书》2002年第2期。

②[汉] 司马迁撰《史记》卷一百二十九《货殖列传第六十九》，中华书局，1982，第3253—3268页。

东汉班固所撰的《汉书》中有关犀、象的记载有一定的篇幅，散见于《平帝纪》《王莽传》《西域传》《扬雄传》等篇幅中。如《汉书·平帝纪》："二年春，黄支国献犀牛。"[①]《汉书》详细地记载了外国遣使向汉庭朝贡的犀、象，以及犀、象在汉代社会生活中的应用等方面的内容。

西晋陈寿的《三国志》之《孙权传》《李恢传》等也有关于犀、象的记载。

南朝范晔所撰的《后汉书》关于犀、象的记载，散见于《章帝纪》《和帝纪》《南蛮传》《贾琮传》等篇之中。《贾琮传》云："旧交趾土多珍珠，明珠、翠羽、犀、象、玳瑁、异香美木之属，莫不自出。"[②]阐明了旧交趾多犀、象等物产资源。《后汉书》中还记载了汉代岭南地区犀、象的概况以及汉代犀、象的朝贡贸易等。

唐朝刘恂著的《岭表录异》记述岭南异物异事，是了解唐代岭南道物产、民情的重要文献，对研究汉代岭南地区的犀、象有重要意义。

宋朝周去非的《岭外代答》内容详实，保留了很多实用的经济史料，如宋代时期岭南具体商业财政的统计情况、物产特产资源、河流山川等。书中的香门和宝货门等章节有对大食、大秦等国的阐述，反映了当时岭南地区与海外诸国的交通和贸易情况，可见《岭外代答》是一部有重要价值的有关岭南历史地理的文献，为研究汉代犀、象提供了丰富的资料来源。

另外，西汉桓宽的《盐铁论》、晋常璩的《华阳国志》、晋张华的《博物志》、北魏郦道元的《水经注》，以及《太平御览》《太平广记》等古籍中亦有关于两汉犀、象的记载。

20世纪以来，涉及汉代犀、象问题研究的著作主要有：

1. 从对外文化交流的角度来考察汉代犀、象的产地和贸易等问题

季羡林先生在《中印关系史论丛》中的《中国蚕丝输入印度问题的初步研究》一文中认为中国蚕丝输入印度的路线分为南海道、缅甸道、安南道、西域道、西藏道等五道。而在这五道中，除了西域道外，其余四道都与交趾和益州有关系，这也就很好地概括了汉代岭南对外关系的主要途径，这对研究汉代岭南犀、象贸易路线有借鉴意义。

①[汉]班固：《汉书》卷十二《平帝纪第十二》，[唐]颜师古注，中华书局，1962，第352页。
②[南朝宋]范晔撰《后汉书》卷三十一《贾琮传》，[唐]李贤等注，中华书局，1965，第1111页。

法国伯希和的《交广印度两道考》对安南道、缅甸道、南海道的具体走向和路线做了系统而详细的考证。虽然所考察的以唐代为主，但对研究汉代岭南对外交通还是有很大的指导意义。

陈炎在《略论海上丝绸之路》《南海丝绸之路与中外文化交流》等论文中阐述了南海航线以及南海丝绸之路上的中外文化交流，这为研究汉代时期的犀、象贸易路线问题提供了借鉴。

王赓武的《南海贸易与南洋华人》分为三大篇，其中的《南海贸易——对南中国海中国早期贸易史的研究》《南洋华人简史》两篇对于研究汉代南海贸易和犀、象问题有重要意义，尤其是在《南海贸易——对南中国海中国早期贸易史的研究》这一篇中重点论述了南海地区进行贸易的优势条件以及秦汉时期政府对南越的经略，这对于论述汉代犀、象贸易发展的原因提供了借鉴。

陈高华、陈高胜《中国海外交通史》一书中的第一章《海外交通的萌芽和发展》中介绍了隋唐以前的海外交通发展，其中阐述的海外交通路线对探究汉代的犀、象贸易路线有重要的借鉴意义。

周永卫《两汉交趾与益州对外关系研究》从汉代犀象的重要产地、犀象在外交活动中的重要角色，以及象与佛教的关系等方面重点阐述了汉代交州和益州的犀、象的应用和犀、象的重要性问题。

另外对本文有参考价值的著作有藤田丰八著、何健民译的《中国南海古代交通丛考》，冯承钧的《西域南洋史地考证译丛》，于华的《中国航运史话》等。

2. 从考古发掘与历史文献相结合的角度来研究汉代岭南地区犀、象

广州市文物管理委员会、广东省博物馆的《西汉南越王墓》在《器物登记总表》上详细地记录了南越王墓象牙的出土情况，并提出南越王墓西耳室内发现的大象牙是非洲象牙的观点，为南越国与海外通商贸易的确定提供了有力的物证。

广州市文物管理委员会、广州市博物馆所著的《广州汉墓》一书中收录了400多座汉墓的资料，采用了对墓型和随葬物分类排比的整理方法，条理清晰，其中有关汉代岭南地区汉墓出土的文物为汉代岭南犀、象的研究提供了可靠的考古依据。

另外对本文有参考价值的考古著作有广东省文物考古研究所著的《广东省考古五十年》、黄展岳的《两广汉墓的发掘与研究》、广州市文化局主编的《广州秦汉考古三大发现》、骆伟的《广东文献综录》等。

关于汉代犀、象的研究论文，数量较多，具有代表性的主要有：

1. 犀、象的应用和概况研究

黄家芳的《中国犀演变简史》详细地概述了中国犀牛的品种分类和分布地区，并详尽地阐述了犀牛在社会生活中的应用以及犀牛贸易的繁荣等内容。这对于研究汉代岭南地区犀牛有重要的借鉴意义。

朱军的《中国犀角史略》一文对犀角进行了全面概述，阐述了犀角的重要药用价值和艺术价值，同时指出犀角是中外文化交流的历史见证。这有利于本章研究异域的犀牛贸易活动。

张洁的《历史时期中国境内亚洲象相关问题研究》一文对历史时期中国亚洲象的分布变迁、人类对亚洲象的认识、亚洲象的驯化及利用做了详细的论述。这对本章有关象的分布以及应用有很重要的借鉴作用。

文焕然、何业恒等的《历史时期中国野象的初步研究》一文详细介绍了历史时期中国野象的分布情况以及变迁情况，特别是有关岭南地区的野象分布情况的论述对本文汉代岭南地区大象的研究有重大指导意义。

文焕然、文榕生的《再探历史时期中国野象的变迁》一文通过中国野生亚洲象分布地点表、中国野生亚洲象分布与变迁图来生动，详细地说明了历史时期中国野象的分布与变迁情况，这对研究本文有关大象的分布情况有很大的帮助。

张荣芳、周永卫的《汉代徐闻与海上交通》提到徐闻贡献的物产，其中包括犀、象，还阐述了当地物产朝贡的路线问题。

于兰的《秦汉时期岭南南越人与外界的交往》阐述了岭南越人积极借鉴先进的中原文化，扩大与周边地区经济往来，同时还积极开拓海上贸易。其中有关于岭南地区的定义值得借鉴。

李庆新的《从考古发现看秦汉六朝时期岭南与海上交通》一文以中国两广地区、南海诸岛以及越南等地所发现秦汉六朝时期的遗址与遗物为切入点，论述了秦汉六朝时期岭南的海上交通，其中象牙与象牙器以及造船模型的论述，颇有见地。

另外，陈竺同的《南洋输入生产品的史考》，周连宽、张荣芳的《汉代我国与东南亚国家的海上交通和贸易关系》、孙机的《古文物中所见之犀牛》、王子今的《秦汉时期的东洋与南洋航海》、李零的《论中国的有翼神兽》、严耕望的《汉晋时代滇越通道考》等对研究汉代岭南犀、象问题，也极具启发意义。

2. 大象与佛教的密切关系的研究

陈寅恪的《三国志曹冲华佗传与佛教故事》认为《三国志·魏志·曹冲传》的“曹冲称象”的故事属于佛教故事，认为“杂糅附益于期间，特迹象隐晦，不易发觉其为外国输入者耳”。[①]这对于研究象与佛教之间的密切关系有借鉴意义。

贾峨的《说汉唐间百戏中的“象舞”——兼谈“象舞”与佛教“行像”活动及海上丝绸之路的关系》阐述了汉唐间百戏中的“象舞”，以及“象舞”与佛教的关系，这有利于本文研究象在佛教活动的重要性。

此类论文还有俞伟超的《东汉佛教图像考》、夏超雄的《汉墓壁画、画象石题材内容试探》、阮荣春的《早期佛像的南传系统》、郑红莉的《汉代画像石所见“象图”再考》、李洪甫的《从中外交通、佛事遗迹看孔望山造象产生的背景》等。

3. 汉代岭南犀、象考古发掘研究

王子今的《西汉南越的犀象——以广州南越王墓出土资料为中心》以西汉南越王墓出土的动物遗骸为资料探讨西汉南越的犀、象问题，提出了西汉南越王墓的出土犀象遗骸出自于岭南当地的可能性。

广州市文管会的《西汉南越王墓发掘初步报告》一文对广州象岗山南越王墓的发掘进行了初步报告，其中包括对出土的象牙及象牙器等进行了详细的介绍，这为汉代大象的研究提供了考古依据。

类似的论文还有王学理的《汉南陵从葬坑的初步处理——兼谈大熊猫头骨纪犀牛骨骼出土的有关问题》、广东省博物馆的《广东徐闻汉墓》、广东省文物考古研究所等所写的《广东徐闻县五里镇汉代遗址》等。

总的来看，有关汉代犀、象的研究成果还是较为丰富的，但也有一些问题并未解决，如系统探索汉代岭南地区的犀、象贸易往来及其对外文化交流的影响等，还有进一步商讨的余地。本章也希望能够就这些问题做出些许有益的探索。

第一节　犀、象在汉代社会生活中的应用

由于犀、象的重要性和独特性，引起了人们广泛的注意，人们对犀、象进行了多方面的应用。随着时间的推移，应用的方式也越来越多。在汉代，犀牛的应

①陈寅恪：《三国志曹冲华佗传与佛教故事》，《寒柳堂集》，上海古籍出版社，1980，第157页。

用主要体现在进贡、犀皮和犀角的应用，而大象的应用则是多体现在朝贡和象牙的应用等。下文主要尝试通过世俗生活、宗教活动两个方面来具体讨论犀、象在汉代社会生活中的应用。

一、犀、象在汉代世俗生活中的应用

（一）犀牛在汉代世俗生活中的应用

犀牛的应用随着时间的推移而越来越多样。翻看史料，不难发现人们早期利用犀牛主要是贡犀、用犀角做酒器、用犀皮做铠甲等，到后来又用于医药以及制作角雕、犀簟、犀梳等方面。下面就汉代犀牛在世俗生活中的应用情况逐一说明。

1. 贡犀

古代有地方向中央进贡的惯例，所进贡的物品多为地方土产，而犀牛作为岭南的重要物产，自然是要作为贡品进贡的。战国时期外交活动中就有赠送犀牛或犀角的行为。《战国策》云："张仪为秦破纵连横……楚王遣车百乘，献骇鸡之犀，夜光之璧于秦王。"[①]而从汉代开始就有关于南方进贡犀牛的记载，如南越王赵佗献给文帝的礼物中就有"犀角十"。[②]下面就两汉时期，国内外向汉庭贡献犀牛或犀角做一统计列表，如表3所示：

表3　汉代国内外进贡的犀牛和犀角列表

朝代	年号	公元年	上贡方		数量	备注
汉	前元元年	前179	南越	广州一带	10	犀角
	元始二年	2	黄支国	越南境内	不详	活犀牛
	元和元年	84	究不事	越南境内或老挝境内	不详	活犀牛
	永元六年	94	永昌郡	云南和缅甸交界处	不详	活犀牛
	延熹九年	166	大秦	罗马	不详	犀角
	建安十五年	210	交趾、日南	越南北部	不详	活犀牛
	建安二十五年	220	交趾、日南	越南中、北部	不详	活犀牛

注：表中资料主要来源于《汉书》和《后汉书》。

①缪文远、缪伟、罗永莲译注《战国策》卷十四《楚策一》，中华书局，2012，第409—415页。

②［汉］班固撰《汉书》卷九十五《南粤传》，中华书局，1962，第3852页。

2. 犀牛驯养

人类对犀牛的驯养，历史悠久，早在商代就有驯养的犀牛养于皇家园林的记载。后来由于环境等原因，犀牛在汉代的北方和关中地区已经绝迹，所谓物以稀为贵，在北方已经绝迹的犀牛在汉代备受青睐和钟爱，成为皇家园林里的宠儿。在西安市东郊西汉薄太后南陵从葬坑第20号坑发掘了犀牛骨骼。后经考证，此犀牛是驯养的中国犀牛。[①]在西汉，犀牛不仅为皇家园林所豢养，富商的私人园林中也有。而到了新莽时期，王莽甚至还用犀牛来吓唬刘秀的义军，“驱诸猛兽，虎豹犀象之属，以助威武。自秦汉出师之盛，未尝有也”。[②]可见，犀牛的驯养在汉代很常见，驯养后的犀牛在汉代的生活中得到了很广泛的应用，如在观赏和战争等方面。

3. 犀皮的应用

犀牛是世界陆地上现今皮最厚的动物。因犀牛皮厚，又是由坚硬的角质组成，所以古人主要用犀皮来制作铠甲、犀轩等。

（1）犀甲

犀甲的应用早在周代就开始了。《周礼·考工记》云：“函人为甲。犀甲七属，兕甲六属，合甲五属。犀甲寿百年，兕甲寿二百年。”[③]周代，有“函人”来负责监管兕甲和犀甲的生产。“函人”分割兽皮为长方形，然后分别串接成甲片单元。这些甲片单元与胸、背、肩部、宽度对应，被称为“一属”。最后“函人”将这些甲片单元排放好，最终穿连成犀甲。由此我们可知，犀甲是用犀牛皮制造的，犀甲七属是指甲衣的长度。到春秋战国时期，犀牛的活动范围已经缩至江南和西南一带，犀牛数量锐减，变得稀缺。而处在江南的楚越等国的犀牛资源仍旧很丰富，楚越等国所生产的犀甲赫赫有名，在战争中发挥着重要作用。如《荀子·议兵》云：“楚人鲛革，犀兕以为甲，坚如金石。”[④]《吴越春秋·勾践伐吴外传》云：“今夫差衣水犀甲者十有三万人。”[⑤]可见当时在楚、越等国，犀牛并不是十分稀有

①王学理：《汉南陵从葬坑的初步清理——兼谈大熊猫头骨及犀牛骨骼出土的有关问题》，《文物》1981年第11期。

②[南朝宋] 范晔撰《后汉书》卷一，《光武帝纪上》，[唐] 李贤等注，中华书局，1965，第5页。

③[汉] 郑玄注《周礼注疏》卷四十七，[唐] 贾公彦疏，彭林整理，上海古籍出版社，2010，第1596页。

④[周] 荀子撰《荀子》卷十，[唐] 杨倞注，[清] 卢文弨校，[清] 谢墉校，中华书局，1985，第316页。

⑤[汉] 赵晔撰《吴越春秋》卷六《勾践伐吴传》，中华书局，1985，第205页。

的动物。随着不断的战争，对犀甲的需求量越来越大，大大加剧了犀牛的锐减。随着犀牛的锐减以及后来铁制铠甲的出现，犀甲也就慢慢地退出了历史舞台。

（2）犀轩

所谓犀轩是指古代公卿贵族所乘的用犀皮装饰的车，在春秋战国时期很流行。如《左传·定公九年》："齐侯谓夷人曰：'得敝无存者，以五家免。'乃得其尸。公三襚之，与之犀轩与直盖，而先归之。坐引者，以师哭之，亲推之三。"[①] 唐孔颖达疏曰："……下与之犀轩，犀轩是卿车，明三襚终以卿服。"又曰："指言卿车者，言以贵者赏之也，鱼轩以鱼皮为饰，犀轩当以犀皮为饰也。"

4. 犀角的应用

与犀甲相反，我国对犀角的利用随着时间的推移反而愈发受到重视。随着犀角雕刻技术的发展，人们对犀牛角的种类、特征及划分的认识也逐步加深。如曹明仲的《格古要论》卷六中曰："犀角出南蕃、西蕃，云南亦有。成株肥大花儿者好，及正透者价高；成株瘦小分量轻花儿者不好，但可以入药用。其纹如鱼子相似，谓之粟纹。粟纹中有眼，谓之粟眼，此谓之山犀。凡器皿要滋润，粟纹绽花者好，其色黑如漆，黄如粟，上下相透，云头两脚分明者为佳。有通天花犀备万物之形者，最贵，有重透纹者，黑中有黄花，黄中有黑花，或黄中有黄，黑中有黑。有正透纹者，黑中有黄花，古云通犀，此二等亦贵。有倒透者，黄中有黑花，此等次之。有散斑而花淡者，有次之。有黑犀无花而纯黑者，但可车象棋，不甚值钱。"[②] 可见，不同品种的犀角，其用途也不尽相同。在汉代犀角主要用于医疗祛病、制造工艺、贡赋贡品等方面。

（1）医疗祛病

早在春秋战国时期，用犀角做觥（觥为当时的饮酒器，当时人们认为犀角有壮阳的功能）认为这样饮酒有益身体。犀角在汉代还被当成药用药材，是《神农本草经》中的365种药物之一，是在上、中、下三类药物中属于"中药"，"中药一百二十种为臣，主养性以应人，无毒有毒斟酌其宜。欲遏病补羸者，本中经"。[③]

（2）制造工艺

在汉代"犀玉"并称、"犀象"并称的现象非常多，如《史记》中所记载的

①陈戍国撰《春秋左传校注》，岳麓书社，2005，第1188—1190页。

②［宋］周密撰《格古要论》卷中，《影印文津阁四库全书》，商务印书馆，2005，第406页。

③孙星衍等辑《神农本草经》卷二，中华书局，1985，第57—58页。

“犀玉之器”和“犀象之器”都是贵族们喜好的奢侈品。

犀角用于制作导发的工具，则称为犀簪导。古人一般是以犀簪导来引发入冠帻。这种用法后来渐渐地成为国家的舆服制度而长期存在。虽然在《南齐书》卷十七中云：“旧用驳犀簪导，东昏改用玉。”[①]可见在魏晋南北朝时期有过一段时期没有使用犀簪导，但是自隋朝开始，使用犀簪导的范围逐渐扩大，而且明文规定只有皇室才享有这项权利。

犀角也用于制作印玺，用犀角做的印玺地位在象牙之上，白玉之下。《后汉书·舆服志下》云：“佩双印，长寸而分，方六分。乘舆、诸侯王、公、列侯以白玉，中二千石以下至四百石皆以黑犀，而百石以至私学弟子皆以象牙。”[②]在汉代，犀角也用于装饰剑。在东汉，皇帝赏赐给宠臣用犀角装饰过的剑。《后汉书·冯鲂传》云：“(冯鲂孙冯石)为安帝所宠。帝尝幸其府，留饮十许日，赐驳犀具剑、佩刀。”[③]关于这一点，李贤注曰：“以班犀饰剑也。”桓帝延熹年间，应奉因平定武陵蛮乱有功，而“赐奉钱十万，驳犀方具剑、金错把刀剑、革带各一”。犀角还被用来装饰墙壁，在扬雄的赋中有“壁马犀之瞵王扁”之句，在《汉书·扬雄传》注曰：“马犀者，玛瑙及犀角也。以此二种饰殿之壁。”

(3)贡赋贡品

正因为犀角有上述如此之多的用途，犀角备受欢迎，在汉代已经成为岭南和西南地区的重要贡赋之一，在汉代犀角可以替代酎金、黄金充赋。汉文帝时颁布《酎金律》，“酎”本是三酿之醇酒，用于祭祀宗庙，律文规定各诸侯王列侯每年都要按封国人口献黄金助祭，每千口奉金四两，余数超过五百口也出四两，称为酎金。在元鼎五年(前112年)，武帝还借口列侯所献酎金数量和成色不足，一次性就夺了106人的爵位。《后汉书·章帝纪》注曰：“武帝时因八月尝酎，令诸侯出金助祭。所谓酎金也。丁孚《汉仪式》曰：‘九真、交趾、日南者用犀角二，长九存，若玳瑁甲一；郁林用象牙一，长三尺以上，若翠羽各二十，准以当金。”[④]可见当时汉代准许九真、交趾、日南、郁林等郡用犀角、象牙、玳瑁、翠

①[南朝梁]萧子星撰《南齐书》卷十七，中华书局，1972，第341页。

②[南朝宋]范晔撰《后汉书》志第三十，[唐]李贤等注，中华书局，1965，第3673页。

③[南朝宋]范晔撰《后汉书》志第三十三，[唐]李贤等注，中华书局，1965，第1149页。

④[南朝宋]范晔撰《后汉书》卷三，《肃宗孝章帝纪第三》，[唐]李贤等注，中华书局，1965，第142页。

羽等充当黄金以入赋。

到汉末，犀角被魏、蜀、吴三个政权当做重要资源，三个政权高度重视犀角的应用。在魏文帝黄初二年（221年），“魏文帝遣使（至吴）求……象牙、犀角、玳瑁、孔雀、翡翠、斗鸭、长鸣鸡。群臣奏曰：‘荆、杨二州，贡有常典，魏所求玩珍之物非礼也，宜勿与。’权曰：‘……彼所求者，于我瓦石耳，孤何惜焉？彼在谅暗之中，而所求若此，宁可与言礼哉！’皆具以与之”。[①]可见在吴国犀牛、犀角资源丰富，才会满足魏国的要求。同年，蜀国的李恢出任交州刺史，当时“南夷复叛，杀害守将。恢身往扑讨，鉏尽恶类，徙其豪率于成都，赋出叟、濮耕牛战马金银犀革，充继军资，于时费用不乏”。[②]吴国的薛综上书孙权，强调岭南地区犀角、象牙等特产的重要性，向孙权建议派遣交州刺史时要用人得当，要求交州刺史的人选能够做到“县官羁縻，示令威服，田户之租赋，裁取供办，贵致远珍名珠、香药、象牙、犀角、玳瑁、珊瑚、琉璃、鹦鹉、翡翠、孔雀、奇物，充备宝玩，不必仰其赋入，以益中国也”。[③]

由上述可知，犀角作为朝廷上下喜爱的贡品，与金银、珠玉、象牙、玳瑁一起，在汉代已经成为了财富的象征，成为了贵族身份和地位的一种标志。为此许多官员为了获取犀角，甚至不惜贪赃枉法。在宣帝五凤四年（前54年），湘成侯居翁之子益昌，“坐为九真太守盗使人出买犀、奴婢，赃百万以上，不道，诛杀”。[④]到了东汉，这种统治阶级追求犀象之珍的风气更为盛行。东汉后期著名的思想家王符（约85—162年）在《潜夫论·俘侈篇》描述：“今京师贵戚，衣服、饮食、车舆、文饰、庐舍，皆过王制……犀象珠玉，虎魄玳瑁，石山隐饰，金银错镂……骄奢僭主，转相誇诧。”[⑤]邓绥（号称“皇后之冠”，81—121年）在其临朝听政期间，力倡反对奢华，并身体力行，“金银、珠玉、犀象、玳瑁、雕镂

①［晋］陈寿撰《三国志》卷四十七，《吴书·孙权传》注引《江表传》，［南朝宋］裴松之注，中华书局，2010，第1124页。

②［晋］陈寿撰《三国志》卷四十一，《蜀书·李恢传》，［南朝宋］裴松之注，中华书局，2010，第1046页。

③［晋］陈寿撰《三国志》卷五十三，《吴书·薛综传》，［南朝宋］裴松之注，中华书局，2010，第1252页。

④［汉］班固撰《汉书》卷十七，《景武昭宣元成功臣表》，［唐］颜师古注，中华书局，1962，第656页。

⑤［汉］王符：《潜夫论笺校正》，［清］汪继培笺，彭铎校正，中华书局，1985，第130页。

玩弄之物，皆绝不作”，[1]但是收效不大，可见当时犀角受人喜爱的程度。《后汉书·贾琮传》记载：“旧交趾土多珍产，明珠、翠羽、犀、象、玳瑁、异香美木之属，莫不自出。前后刺史率多无清行，上承权贵，下积私赂，财计盈给，辄复求见迁代，故吏民怨叛。”[2]所以，汉代在南方形成了一种“官南方者之贪”的现象。吕思勉《官南方者之贪》记载：“宦于南方者，遂多贪墨之徒。”[3]三国吴的交州刺史陆胤因“内无粉黛附珠之妾，家无文甲犀、象之珍”而被誉为“方今之臣，实难多得”。[4]

犀角作为珍贵的礼品，在外交活动中也扮演着十分重要的角色。在外交活动中赠送犀角的行为至少可以追溯至战国时代。《战国策》曰：“张仪为秦破纵连横，说楚王，楚王遣车百嗛，献骇鸡之犀，夜光之璧于秦王。[5]南越王赵佗献给文帝的礼物中就有“犀角十”。[6]又如《后汉书·西域传》：“延熹九年大秦国王安敦遣使自日南徼外献象牙、犀角、玳瑁，始乃一通焉。”[7]

（二）大象在汉代世俗生活中的应用

在汉代世俗生活中的应用主要是象贡、大象驯养、象牙的应用以及其他象产品的应用。下面就汉代大象在世俗生活中的应用情况逐一说明。

1. 象贡

历史时期进贡的贡品多以“土贡”为主，而“土贡”所贡的即是地方特产，而且贡献多为“一岁一贡”，也有“三年一贡”“五年一小贡，九年一大贡”，周期不定。而在这个漫长的进贡历史中汉代“象”和象产品特别是“象牙”时常出现在贡品中，如表4所示。

①［宋］范晔撰《后汉书》卷十上《皇后纪第十上》，［唐］李贤等注，中华书局，1965，第422页。
②［宋］范晔撰《后汉书》卷三十一《郭杜孔张廉王苏羊贾陆列传第二十一》，［唐］李贤等注，中华书局，1965，第1111页。
③吕思勉：《官南方者之贪》，《吕思勉读史札记》，上海古籍出版社，2005，第578—580页。
④［晋］陈寿撰《三国志》卷六十一，《吴书·陆凯传》，［南朝宋］裴松之注，中华书局，2010，第1410页。
⑤缪文远、缪伟、罗永莲译注《战国策》卷十四，《楚策一》，中华书局，2012，第409—415页。
⑥［汉］班固撰《汉书》卷九十五，《南粤传》，［唐］颜师古注，中华书局，1965，第3852页。
⑦［宋］范晔撰《后汉书》卷八十八，《西域传第七十八》，［唐］李贤等注，中华书局，1965，第2920页。

表4　汉代象贡和象牙进贡列表

朝代	年号	公元纪年	所贡物品的来源地（古地）	今地范围	象牙的数量（枝、株、斤）	驯象数量（只）	进贡原因
西汉	元狩二年	公元前121年	南越国	五岭以南至今越南中部		+	例贡
东汉	永元六年	公元94年	永昌郡	今云南境内		+	土贡
	永初元年	公元107年	永昌郡	今云南境内	+		内附
东汉	永元六年	公元94年	永昌郡	今云南境内		+	土贡
	永初元年	公元107年	永昌郡	今云南境内	+		内附
	延熹九年	公元166年	大秦	今罗马	+		通好
	延熹十年	公元167年	大秦	今罗马	+		通好
	建安七年	公元201年	于阗国	今新疆和田一代		+	例贡
	建安十五年	公元210年	交趾	今越南北部		+	例贡
	建安二十五年	公元220年	日南国	今越南中部		+	例贡

注：图中“+”表示所贡象、象牙数量没有明确的说明。

2. 驱用大象

大象是人类自古以来长期为己所用的动物，要使它为人所用，就必须先对其猎捕，然后对其进行驯化。大象在人类生活中是不可缺少的。人们对大象驱用的形式多样，有役象代劳、“象戏”“象战”“象耕”“象骑”等多方面。下面主要以“象戏”和“象战”为例来阐述大象在汉代的驱用情况。

（1）象戏

象戏在中国历史悠久，早在战国时期可能就已经存在了。《汉书·礼乐志》云：“楚鼓员六人，常从倡三十人，常从象人四人……秦倡象人员三人……朝贺置酒为乐。”[①]关于这里所说的“象人”，有两种不同意见。孟康和颜师古均认为：“象人，若今戏虾鱼师子者也。”而韦昭认为“象人”乃“著假面者也”。[②]这种象

①［汉］班固撰《汉书》卷二十二《礼乐志第二》，［唐］颜师古注，中华书局，1965，第1073—1074页。

②周永卫：《两汉交趾和益州对外关系研究：以若干物质文化交流为主》，汕头大学出版社，2009，第78页。

人助兴的现象，应该是战国时期遗留下来的。元狩二年（前123年）夏，“南越献驯象，能言鸟”。[①]，可见西汉武帝时就已经有南越所贡的驯象。同一时期武帝“巡狩海上，乃悉从外国客……大角氐（抵）……及加其眩者之工，而角氐奇戏岁增变，其愈兴，自此始。”[②]由于环境变化等原因，此时在北方的黄河流域，象已经成为罕见之物了。但在最高统治者的倡导下，此时汉朝社会中兴起的所谓“百戏”中，以象为主角而表演的象戏还是一个重要内容。如在山东济宁汉代百戏图中有猴戏、熊戏、象戏等内容，其中象戏图中画有六人共坐于象背，又有一人坐于挺起的象鼻之上。这说明，在汉代大象已经作为“百戏”的主角开始表演节目了。张衡《西京赋》“大驾幸于平乐……临迴望之广场，程角觝之妙戏……怪兽陆梁，大雀踆踆，白象行孕，垂鼻辚囷”[③]描述了西汉长安平乐观前百戏演出的盛况。另外李尤《平乐观赋》“方曲既设，秘戏连叙……禽鹿六駮，白象朱首”[④]则是描述了东汉洛阳平乐观前百戏演出的盛况。

汉代以后，进贡驯象到中原王朝的记载就开始屡见于史籍。当时中原地区象戏的主角大多从外国进贡而来。三国时期的“舞象”活动仍旧盛行。为表彰新都郡郡守贺齐的战功，东吴孙权在贺齐凯旋之时，“权出祖道，作乐舞象”[⑤]，而权谓齐曰：“今定天下，都中国，使殊俗贡珍，狡兽卒舞，非君谁与?”[⑥]由此可见，孙权将“作乐舞象”视为“殊俗贡珍”，可知，舞象是极其高雅的乐舞和光荣。直到西晋，江左仍然流行“巨象行孕”等节目。隋代，象戏已经成为百戏舞台中的重要节目之一。而唐代的象戏艺术则达到了新的高峰，“巨象行孕”等节目仍旧常出现于街头或寺庙中。

反映汉代“象舞”活动的考古材料不胜枚举。据贾峨先生的研究整理，在洛阳东汉汉墓中出土的陶骑象俑，年代在光武明帝时期（25—88年）；在河南新安县古路沟东汉墓中出土的陶骑象俑，年代在东汉中期，象首涂有朱色（正好与李尤的《平乐观赋》中的“白象朱首”相互印证）；在河南正阳杨庄发现了东汉

①［汉］司马迁撰《史记》卷六《武帝纪》，中华书局，1959，第176页。
②［汉］班固撰《汉书》卷六十一《张骞传》，［唐］颜师古注，中华书局，1962，第2697页。
③［清］严可均辑《全后汉文》下册卷五十二，许振生审订，商务印书馆，1999，第541—542页。
④［清］严可均辑《全后汉文》下册卷五十，许振生审订，商务印书馆，1999，第507页。
⑤［晋］陈寿撰《三国志》卷六十，《贺齐传》，［南朝宋］裴松之注，中华书局，1982，第1397页。
⑥［晋］陈寿撰《三国志》卷六十，《吴书·贺全吕周钟离传》，［南明宋］裴松之注，中华书局，1982，第1397页。

铜骑象俑。此外，还有许多与象舞有关的画像石，如河北定县汉墓出土夫人错金银铜车饰上的四幅画像中，最上面的那一幅的主纹就是象舞的形象，年代是公元前1世纪后半叶；在河南唐河汉墓画像石上刻有象舞，年代是天凤五年（18年）；在河南登封少阕东阕和启母阙上所刻的象舞，年代在安帝时期，约公元118—123年；在徐州茅村东汉画像石墓的二室北壁的画面上也有"象舞"的场面；在东汉南阳汉画像石和江苏铜山洪楼汉画像石上也有"象舞"的画面。[①]就俞伟超等搜集到有关驯象图案的汉代画像石就达9例之多，[②]其中大都与"象舞"有关。

（2）象战

亚洲象是否最初驯化直接为军事所用，我们不得而知，但是在古代文献中大象时常被运用于战争，这是确切无疑的。《仪礼集传集注》卷二七《王朝礼四之上》："武成王立，殷民反，王命周公践伐之，商人服象（象，兽名也）。为虐于东夷，周公遂以师逐之，至于江南乃为三象。"[③]由此可知，早在周初已经开始利用大象作战，"象战"的历史久远。春秋时期，楚国也曾运用过"象战"。《春秋左传》记载："定公四年，刘文公合诸侯谋伐楚……王（楚昭王）使至燧象，以奔吴师[杜]烧火燧系象尾，使赴吴师，惊却之。"[④]可以看出，最初的象战方法很简单，只需"火燧"即可，并没有精细的布阵。

汉代大象较之前代数量有所下降，不像前代那样用于战争，而只是作为助威之用。正如《后汉书》卷一《光武帝纪》的记载："初，王莽征天下能为兵法者六十三家数百人，并以为军吏。选练武卫，招募猛士，旌旗辎重，千里不绝。时有长人巨无霸，长一丈，大十围，以为垒尉。又驱诸猛兽，虎豹犀象之属，以助威武。自秦、汉出师之盛，未尝有也。"[⑤]这说明在汉代大象很珍贵，已经成为军队威仪的象征，而不再是直接在军队中应用。西汉时，皇帝出行的仪仗队中已经有"象车"。《西京杂记》卷五记载："汉朝舆驾祠甘泉汾阴，备千乘万骑，太仆执辔，大将军陪乘，名为大驾。……象车鼓吹十三人，中道。"[⑥]《太平御览》卷

①周永卫：《西汉交趾和益州对外关系研究：以若干物质文化交流为主》，汕头大学出版社，2009，第79页。

②俞伟超、信立祥：《孔望山摩崖造像的年代考察》，《文物》1981年第7期。这九例驯象图是山东孝堂山画像、南武阳皇圣卿阙画像、南武阳功曹阙画像、河南登封少室石阙画像、山东滕县宏道院画像石、滕县画像石、嘉祥吕村画像、南阳所处画像石、徐州洪楼画像石。

③[宋]朱子撰《仪礼集传集注》卷二七《王朝礼四之上》，《影印文渊阁四库全书》，台湾商务印书馆，1983。

④杨伯峻：《春秋左传》，中华书局，1981，第1545页。

⑤[南朝宋]范晔撰《后汉书》卷一《光武帝纪》，[唐]李贤注，中华书局，1965，第5页。

⑥[汉]刘歆撰《西京杂记校注》卷五，[晋]葛洪集，向新阳、刘克任校注，上海古籍出版社，1991，第218页。

八九十曰："晋时南越致驯象，于皋泽中养之。为作车，黄门鼓吹数十人，令越人骑之。每正朝大会，皆入充庭。帝行则以象车导引。以试桥梁。后象以鼻击害人。有司祝之而杀象。垂鼻泣，血留地不敢动。自后朝议以象无益于事，悉送还越。"[①]

人类对亚洲象驱用的形式多样，除了上述详细阐述的"象戏""象战"外，还有"象礼仪"，如"今朝廷午门立仗及乘舆卤薄皆用象"[②]、"象耕"如"茫蛮部落……象大如水牛，土俗养象以耕田，仍烧其粪"[③]等方面，大象的驱用涉及人类世俗生活中的方方面面，无论官方还是民间处处可见人类驱用大象的痕迹，大象对汉代世俗生活的影响深远。

3. 象牙的应用

象产品的利用应首推象牙，象牙因其质地优越成为上好的手工业原材料，又因其独特、珍贵而历来被民间及官府所推崇，自古以来就与人类的世俗生活密不可分。而在汉代世俗生活中的应用，主要体现在舆服、服饰、贡赋贡品等方面。

（1）舆服

车舆之制在《周礼》中有明确记载，车舆制度中天子中有"五辂"，"象辂"则是其中重要的一种。《尚书全解·顾命》曰："周礼有五辂：一、曰玉辂，以玉饰也；二、曰金辂，以金饰也；三、曰象辂，以象饰也；四、曰革辂，鞔之以革而漆之无他饰；五、曰水辂，不鞔以革漆之而已。"[④]这里的"以象饰之"即以"象牙"饰之。到了汉代，象牙被用作印玺，《后汉书·舆服志》记载二百石以至私学弟子用象牙。

（2）制造工艺

象牙成为服饰中不可缺少的饰品古来有之。早在商朝时期，象牙笄就已经出现，春秋战国时期，象牙装饰也可见一斑，《礼记·玉藻》云："孔子佩象环。"[⑤]这说明象牙作为饰物已经受到了士大夫们的青睐。《后汉书·舆服志》记载："佩双印，长寸二分，方六分。乘舆、诸侯王、公、列侯以白玉，中二千石以下至

①[宋]李昉等：《太平御览》卷八百九十引《晋诸公赞》，中华书局，1960，第3956页。

②[清]于敏中等编辑《日下旧闻考》卷四十九《城市》，北京古籍出版社，1985，第785页。

③[清]王崧纂《云南备征志》卷二《蛮书·名类第四》，据清宣统二年铅印本影印，成文出版有限公司，1967，第125页。

④[宋]林之奇撰《尚书全解》卷三十七《顾命》，《影印文渊阁四库全书》，台湾商务印书馆。1983。

⑤[汉]郑玄注《礼记正义》卷四十，《玉藻第十三》，[唐]孔颖达正义，吕友仁整理，上海古籍出版社，2008，第1230页。

四百石皆以黑犀，二百石以至私学弟子皆以象牙。”[①]说明了需要佩戴象牙制品以代表身份的这一等级，人数相当众多，以此观之，当时社会对象牙的需求量相当大。此外象牙器如“象牙印”“象简”“象牙棋”“象牙镇纸”“象牙笔”等也都成为人们所喜爱的生活用品。这可以与汉代的考古发现相互佐证，在南越王墓中出土了象牙印、象牙棋子、象牙耳钉等。[②]在河北满城2号汉墓中曾出土了象牙勺1件、象牙碗2件、象牙器柄1件等。[③]

（3）贡赋贡品

象牙和犀角一样，在汉代仍然是南方和异域蛮夷朝贡的重要贡品。如公元166年，“大秦国王安敦遣使自日南徼外献象牙、犀角、玳瑁”。[④]此外，汉武帝时经常举行祭祀活动，所以常令诸侯出金助祭，这就是“酎金”，而郁林郡（今属广西）就多以象牙为“金”代“酎金”。《后汉书·肃宗孝章帝纪第三》记载：“秋八月，饮酎高庙，禘祭光武皇帝、孝明皇帝。……丁孚《汉仪式》曰：‘九真、交趾、日南者用犀角二，长九寸，若玳瑁甲一，郁林（治所在今广西桂平）用象牙一，长三尺已上，若翠羽各二十，准以当金。’”[⑤]

二、犀、象在汉代宗教活动中的应用

犀、象在汉代的应用很广泛，不仅仅是在汉代的世俗生活中充当贡品、制作工艺、祛病等作用，在宗教方面也具有十分重要的作用。汉代犀、象在宗教活动上往往是用来祭祀、陪葬，犀、象与佛教的密切联系也值得探讨。

（一）祭祀

祭祀在中国封建社会是一项重要的政府行为。历史上中国水患不断，用象牙祭祀水神以镇杀水中精怪，自古有之。《周礼·秋官·壶涿氏》云：“壶涿氏掌除水虫，以炮土之鼓驱之，以焚石投之。如欲杀其神，则以牡橭午贯象齿而沉之，则其神死，渊为陵。”[⑥]可见，在先秦时代象牙就被赋予了驱除水患的象征，那

①［南朝宋］范晔：《后汉书》卷一百一十九《舆服志》，［唐］李贤注，中华书局，1965，第3672页。

②广州市文物管理委员会、中国社会科学院考古研究所、广东省博物馆编《西汉南越王墓》（上册），文物出版社，1991，第252页。

③中国社会科学院考古研究所、河北文物管理处编《满城汉墓发掘报告》，文物出版社，1980，第333页。

④［南朝宋］范晔撰《后汉书》卷八十八《西域传第七十八》，［唐］李贤注，中华书局，1965，第2920页。

⑤［南朝宋］范晔撰《后汉书》卷三《肃宗孝章皇帝纪》，［唐］李贤注，中华书局，1965，第142页。

⑥［南朝汉］郑玄撰《周礼注疏》卷三十六《秋官司寇下》，［唐］贾公彦疏，南昌学府，清嘉庆二十年。

么，随着朝代的更迭，用象牙祭祀也被历代所传承和延续。

（二）陪葬

犀角、象牙等珍品在汉代已经成为财富的象征，统治阶级活着的时候要享用犀角、象牙等，死了在阴间也想继续享用，于是就用犀角、象牙等来陪葬。如在长沙马王堆1号汉墓中曾经出土过1件木犀角。在广州西汉前期的墓葬中有2座汉墓出土了陶犀角，其中1座出土了4件，另1座出土了15件。在广州西汉后期的墓葬中共有1座汉墓出土了2件陶犀角。[①]象牙在考古发现中也不少，前面已经论述，这里就不再阐述了。

（三）佛教

佛教是世界三大宗教之一，起源于印度，于两汉之际分别从陆、海两道传入中国。象与佛教有着密切的联系。陈寅恪先生很早就发现《三国志·魏志·曹冲传》中所记载的“曹冲称象”的故事属于佛教故事，认为“杂糅附益于期间，特迹象隐晦，不易发觉其为外国输入者耳”。[②]

山东滕县曾出土过一幅汉画像石，这个画像上的大象有六只牙齿，劳干先生认为这是早期佛教对中国艺术影响的产物，推测其年代大概是东汉章帝建初年间（76—83年）。在地理位置上，山东滕县与楚国都城徐州距离不远。而据记载楚王英正是在章帝时期开始信奉佛教的。劳干先生把佛教传统中的六齿象划分为三类：一类为释迦牟尼的前生；二类为天神Indra的坐骑；三类为普贤菩萨的坐骑。滕县画像石上的六齿象应属于第二类。中国艺术中的六齿象应该是由印度传来的，但是在造型上有所改造，因为印度艺术中的六齿象的六齿是每边各三齿，且这三齿都是平行的，而滕县的六齿象的每边三齿，只有两齿是平行的。[③]而孙机先生发现，徐州市博物馆收藏的铜山洪楼汉画像石上也有六牙象，除此之外还有河伯、雷神等中国传统的神仙，反映了当时佛教依附于道教，即佛道杂糅的现象。[④]

贾峨先生认为，“六牙白象”的形象是汉唐间传入我国的佛教中的“行像”

---

①中国社会科学院考古研究所等编《广州汉墓》(上册)，文物出版社，1981，第128、281页。

②陈寅恪：《三国志曹冲华佗传与佛教故事》,《寒柳堂集》，上海古籍出版社，1980，第157页。

③ Lao Kan，“Six-Tusked Elephants on a Han Bas-Relief，” Harvard Journal of Asiatic Studies，Vol.17，pp.366—369.1954.又见于《劳干学术论文集》(甲编)，艺文印书馆，1976，第1391—1395页。

④孙机：《汉代物质文化资料图说》(增订本)，上海古籍出版社，2008，第524页。

活动。贾峨先生解释，所谓的“行像”是佛教徒于每年四月举行盛会庆祝释迦牟尼的诞辰日（四月八日）。大象驮着佛像或佛牙沿街串庙，表演百戏，展示佛像。而前文所提到的“象舞”也是“行像”活动中的一个重要节目。杨炫之的《洛阳伽蓝记》中在记述北魏洛阳的“行像”活动时，就有“六牙白象负释迦在虚空中”的记载。[①]根据俞伟超先生的考证，内蒙古和林格尔东汉墓（年代为145—200年）中的壁画上有“仙人骑白象”的图像，也是属于佛教题材。由此可以看出，佛教最初在中国的传播时，佛教依附于道教，处于道教附庸的地位，所以佛教徒往往借用道教的用语，称为“仙人”。[②]

第二节　犀象在海上丝绸之路和对外关系中的重要作用

犀牛和犀角作为珍贵礼品，在外交活动中亦扮演着十分重要的角色。在外交活动中，赠送犀牛或犀角的行为，至少可以追溯到战国时代。

南越王赵佗献给文帝的礼物中就有“犀角十”。此外，两汉时期，外国遣使朝贡活动中，向汉廷贡献犀牛或犀角的记载共有如下四次：

（1）《汉书·平帝纪》：“（平帝元始）二年春，黄支国献犀牛。”

《汉书·王莽传》：“受瑞于黄支。”注引孟康曰：“献生犀。”

（2）《后汉书·章帝纪》：“元和元年春正月日南徼外蛮夷献生犀、白雉。”

《后汉书·南蛮传》：“肃宗元和元年……日南徼外蛮夷究不事人邑豪献生犀、白雉。”

（3）《后汉书·和帝纪》：“永元六年，郡徼外敦忍乙王莫延慕义，遣使译献犀牛、大象。”

《后汉书·西南夷传》：“永元六年春正月，永昌徼外夷遣使译献犀牛、大象。”

（4）《后汉书·桓帝纪》：“延熹九年……大秦国王遣使奉献。”

《后汉书·西域传》：“延熹九年大秦国王安敦遣使自日南徼外献象牙、犀角、玳瑁，始乃一通焉。其所表贡，并无珍异，疑传者过焉。”

这四次贡献，不仅被写进有关的列传中，而且载入本纪之中，足见史家已把这些贡献活动作为重大历史事件而给予了高度重视。特别是平帝元始二年“黄支

---

①［北魏］杨炫之：《洛阳伽蓝记校笺》卷一，杨勇校笺，中华书局，2006，第44页。

②俞伟超：《东汉佛教图象考》，《文物》1980年第5期。

国献犀牛”，被视为所谓的“祥瑞”，而成了王莽篡汉的依据。

这四次贡献，都沿海上丝绸之路来华，显示出海上丝绸之路的重要性。

班固《西都赋》亦云：“其中乃有九真之麟，大宛之马，黄支之犀，条支之鸟，逾昆仑，越巨海，殊方异类，至三万里。”①

“黄支”的名字与犀牛紧紧连在了一起，而犀牛又与“祥瑞”紧密相连，成为吉祥的象征。“黄支之犀”与“大宛之马”等一起，成为汉王朝炫耀国力、震慑异域的武器和法宝。

再来看古代史家对两汉时期外域犀牛的记载。

《汉书·西域传》曰：“乌弋山离……有桃拔、师子、犀牛。”

《后汉书·西域传》云：“条支国……出师子、犀牛”；“天竺国……土出象、犀、玳瑁、金、银”；“大秦……有……骇鸡犀。”

可见，在西汉时期，除了“黄支之犀”外，只有西域乌弋山离的犀牛引起了史家的注意。条支、天竺、大秦等地的犀牛到东汉以后才进入史家的视野。

黄支国的所在地，有东南亚地区和南印度两种说法。以往研究黄支国的所在地，主要依据《汉书·地理志》中的材料，而对“黄支之犀”未曾注意。尽管印度本土也是出产犀牛的，但汉代史家所提到的犀牛，多是指岭南、西南地区以及中南半岛出产的犀牛。

与犀牛一样，大象在远古时代在我国的分布十分广泛。在长江、淮河流域有大批的野象群出没。上古传说中的人物舜就与象有着密切的关系。在东汉，舜葬后而象为之耕田的传说，流行甚广，如王充《论衡·书虚篇》云：“传书言舜葬于苍梧，象为之耕。”殷人、周人、春秋战国时期的楚人与象的关系也十分密切。

到了两汉时期，大象的栖息地与犀牛一样，逐渐缩小至岭南和西南地区的部分地区。《淮南子·人间训》记秦始皇经略岭南的一个重要原因就是“利越之犀角、象齿、翡翠、珠玑”。

《盐铁论·力耕篇》亦云：“珠玑犀象出于桂林。”《说文解字》曰：“象长鼻牙，南越之大兽，三岁一乳，象身四足而大。”《吴录·地理经》曰：“九真郡庞县多象，象生山中，郡内及日南饶之。”②《华阳国志·蜀志》称其宝有“犀象”。

①[南朝宋]范晔撰《后汉书》卷四十上《班固传》，中华书局，1965，第1338页。

②[宋]李昉等：《太平御览》卷八百九十《兽部》二，中华书局，1960。

到了唐代，大象仍然被看作南方特有的动物，是中南半岛热带地区的象征。

象牙亦是古人所喜爱的珍贵物品，犀角和象牙齐名且常常并称为“犀象之器”。象牙的使用历史悠久。早在商、周时代象牙与玉并相重用。《史记·宋微子世家》曰：“纣始为象箸，箕子叹曰：‘彼为象箸，必为玉杯；为杯，则必思远方珍怪之物而御之矣。’”《诗经·卫风》有：“如切如磋，如琢如磨。”毛传云：“治骨曰切，象曰磋，玉曰琢，石曰磨。”周时治骨器称为“切”；治象器称为“磋”。

与象群在中原地区的消失相一致，象牙在春秋战国以后需要从南方输入。正如藤田丰八指出汉人所重用之象牙，春秋以后皆自东夷南蛮输入，在战国后则概来自南海。

岭南人获取象牙还有一套独特的方法。三国吴万震《南州异物志》曰：“俗传象牙岁脱，犹爱惜之，掘地而藏之。人欲取，当做假牙潜往易之。觉则不藏故处。”①

在汉代，象牙和犀角一样，用途十分广泛。象牙被用作印玺，“百石以至私学弟子皆以象牙”为印。诸侯王献酎金也可以用象牙代替黄金。《西京杂记》卷五载汉武帝曾“以象牙为簟，赐李夫人”。

象牙器在汉代的考古发现中有不少。在南越王墓中出土了5只平均长度达120厘米的象牙，经专家鉴定其形态特征与现代的非洲象牙较为接近，而与亚洲象牙区别较大；此外，该墓中还出土了象牙印、象牙棋子、象牙耳钉等。②在满城2号汉墓中曾出土象牙勺1件、象牙碗2件、象牙器柄1件。③在属于西汉中期的云南晋宁石寨山12号墓中也出土了碎象牙1只。④在广州西汉前期的1座墓葬中曾出土陶象牙5件。⑤

象牙和犀角一样，在汉代仍然是南方和异域蛮夷朝贡的重要贡品。

公元94年，“永昌徼外夷敦忍乙王莫延曾遣使译向汉和帝献犀牛、大象。”⑥

公元107年，“永昌徼外僬侥种夷陆类等三千余口举种内属，献象牙、水牛、封牛”。⑦

---

①[唐] 徐坚等：《初学记》卷二十九《兽部》，中华书局，1962。

②广州市文物管理委员会等：《西汉南越王墓》上册，文物出版社，1991，第138、139、252、466、467页。

③中国社会科学院考古研究所、河北省文物管理处编《满城汉墓发掘报告》，文物出版社，1980，第333页。

④云南省博物馆：《云南晋宁石寨山古墓群发掘报告》，文物出版社，1959，第139页。

⑤广州市文物管理委员会、广州市博物馆：《广州汉墓》(上册)，文物出版社，1982，第128页。

⑥[南朝宋] 范晔撰《后汉书》卷四《和帝纪》，中华书局，1965。

⑦[南朝宋] 范晔撰《后汉书》卷八十六《南蛮传》。

公元166年，大秦国王安敦遣使自日南傲外献象牙、犀角、玳瑁。[①]

与犀角相比，象牙的地位要略低一些，使用象牙印章者的地位也要低于使用犀角印章者。主要原因恐怕还是“物以稀为贵”。在汉代的岭南和西南地区，大象的数量要比犀牛多。此外，犀角被当作药物，而象牙则不是。

武帝元狩二年（前121年）“南越献驯象能言鸟”。应劭注曰：“驯者，教能拜起周章，从人意也。”[②]

西汉时，皇帝出行的仪仗队中已有“象车”。《西京杂记》卷五载：“汉朝舆驾祠甘泉汾阴，备千乘万骑，太仆执辔，大将军陪乘，名为大驾……象车鼓吹十三人，中道。”

汉代还曾经风靡过一种称作“象舞”的百戏。“象舞”在中国有很长的历史，早在武帝以前的战国时期，可能就已经存在了。《汉书·礼乐志》云：“楚鼓员六人，常从倡三十人，常从象人四人……秦倡象人员三人……朝贺置酒为乐。”关于这里的“象人”，孟康和颜师古均认为：“象人，若今戏虾鱼师子者也。”认为象人就是驯象者。这种在朝贺中以象人助兴的现象，应是战国时期的遗风。

武帝时期，南越曾经献驯象。也就在同一时期，武帝“巡海上，乃悉外国客……大角氐（抵）……及加其眩者之工，而角氐奇戏岁增变，自此始”。[③]

在最高统治者的倡导下，民间的“象舞”活动也十分活跃。“今富者祈名岳，望山川，椎牛击鼓，戏倡儛像。”[④]张衡《西京赋》“大驾幸于平乐……临迥望之广场，程角觝之妙戏……怪兽陆梁，大雀踆踆，白象行孕，垂鼻辚囷”[⑤]描述了西汉长安平乐观前百戏演出的盛况。李尤《平乐观赋》“方曲既设，秘戏连叙……白象朱首”[⑥]则是对东汉洛阳平乐观前百戏演出盛况的生动描绘。

三国时期的“舞象”活动继续盛行。“贺齐为新都郡守，孙权出祖道，作乐舞象，权谓齐曰：‘今定天下，都中国，使殊俗贡珍，百售率舞，非君而谁！’”[⑦]

①［南朝宋］范晔撰《后汉书》卷八十八《西域传》，中华书局，1965。

②［汉］班固撰《汉书》卷六《武帝纪》，中华书局，1962。

③［汉］班固撰《汉书》卷六十一《张骞传》，中华书局，1962。

④［汉］桓宽：《盐铁论》卷六《散不足》，中华书局，1992，第351页。

⑤［清］严可均辑《全后汉文》卷五十二，商务印书馆，1999，第541—542页。

⑥［清］严可均辑《全后汉文》卷五十，商务印书馆，1999，第507页。

⑦［宋］李昉等：《艺文类聚》卷九十五，中华书局，1960。

直到西晋，江左仍然流行“巨象行孕”等节目。唐王朝建立后，“巨象行孕”等节目仍常出现于街头或寺庙中。

考古材料中所见的汉代的“象舞”活动更是不胜枚举。根据贾峨先生的研究整理，在洛阳东汉汉墓中出土的陶骑象俑，年代在光武明帝时期（25—88年）；在河南新安县古路沟东汉墓中出土的陶骑象俑，年代在东汉中期，象首上还涂有朱色，正好与李尤的《平乐观赋》中的“白象朱首”相互印证。[①]俞伟超先生等搜集的有关驯象图案的汉代画像石就达9例之多，其中大都与“象舞”有关。[②]

①贾峨：《说汉唐间百戏中的“象舞”——兼谈“象舞”与佛教“行像”活动及海上丝绸之路的关系》，《文物》1982年第9期。

②俞伟超、信立祥：《孔望山摩崖造像的年代考察》，《文物》1981年第7期。

第十章
早期华南海上丝绸之路民间贸易的重新审视

“丝绸之路”至今已经存在2000多年。而“海上丝绸之路”上以珍珠、香料、犀角、象牙等“宝货”为主的民间贸易方式，更是历史悠久，影响深远。长期以来，因为材料相对缺乏，对于隋唐帝国以前，即公元7世纪以前华南地区海上丝绸之路早期的民间贸易在中外文化交流史上的重要地位，没有受到学术界应有的重视。广义的海上丝绸之路是可以包含西南丝绸之路或南方丝绸之路。中西方两大文明直接对话始于海上丝绸之路而不是陆上丝绸之路，其原因发人深省，与海路沿线民间贸易的繁荣不无关系。海上丝绸之路和陆上丝绸之路，相伴而生，珠联璧合，相得益彰，共同构成中国古代对外交往的两大重要通道。

岭南在先秦时期主要是越人的活动区域。越人“以舟为车，以楫为马，往若飘风，去则难从”，[①]以善于造舟、习于海上活动著称。公元前204年，秦南海尉赵佗利用中原战乱的机会，拥兵自立，建立了南越国，并定都番禺（今广州），使得番禺成为岭南地区的政治经济文化商贸中心。在南越国存在的93年时间里，番禺的港口优势得到了充分体现和发挥，对外贸易口岸的显赫地位初见端倪。考古发现证明，当时的番禺不仅已经与比邻的东南亚地区有民间贸易往来，而且与更为遥远的南亚、西亚、非洲发生了直接或间接的交往关系。20世纪80年代，在广州发现的公元前2世纪的西汉南越王墓，曾经出土了5只象牙。经科学鉴定，这5只象牙，并非岭南地区常见的亚洲象，而是原产于非洲大陆的非洲象；出土的列瓣纹银盒，与波斯文化有关，属于来自西亚的“舶来品”[②]。

---

①袁康：《越绝书·记地传》，上海古籍出版社，1985，第58页。

②广州市文物管理委员会等：《西汉南越王墓》，文物出版社，1991。

第一节　“外接南夷，宝货所出”——早期华南海上丝绸之路民间贸易主要商品

“扬雄箴曰：‘交州荒遰，水与天际。’外接南夷，宝货所出，山海珍怪，莫与为比。”[①]比邻南夷，地多“宝货”，是古代史家总结出的早期华南地区海外贸易的显著特点。种类繁多的“宝货”构成海上丝绸之路贸易商品的主要内容。试举较为重要的“宝货”如下：

一、珍珠

珍珠在中国人心目中自古以来就是财富的象征。先秦以来，岭南地区就是著名的珍珠产地。汉代的合浦郡（今以雷州半岛为中心，西起广西防城港，东到广东阳江市，包含整个海南岛）是闻名全国的珍珠生产基地，采珠业和商业贸易十分活跃。西汉合浦郡的首县，即郡治所在地徐闻县，曾经因为珍珠生产和贸易的兴旺而富甲一方，闻名海内。《汉书·王章传》中，记载有一个王章家属经商致富的故事。西汉末年，京兆尹王章遭权臣汉成帝之舅、大司马大将军王凤诬陷而被处死，他的家属被流放至合浦郡。9年以后，王章的冤案得以平反昭雪，而他的妻子儿女因为在流放合浦期间进行珍珠贸易，家产已经多达数百万。据唐李吉甫《元和郡县图志》记载，西汉在合浦郡徐闻县南七里的地方设置了左右两个侯官。这里的侯官不是指官员，而是郡都尉属下的一级军事组织。侯官的长官称为“侯”，秩比六百石，相当于县令级别。在侯官的治所堆积了大量的货物和商品，从而使侯官所在地成为商品交易的场所，许多人因此获利。在西汉民间流传着“欲拔贫，诣徐闻”的谚语。这句谚语分明就是两千年前古代版的“东西南北中，发财到广东”的说法，充分显示出徐闻在汉代的繁华景象。由于采珠业利润丰厚，经常被官府垄断，导致官民之间反复博弈。“合浦有民善游。采珠儿年十余便教入水求珠。官禁民采珠，巧盗者蹲水底剖蚌，得好珠吞之而出。”[②]

二、香料

香料在早期华南地区的民间贸易以及古代中外文化交流史上曾经扮演了十分

①［南朝梁］萧子显撰《南齐书》卷十四《州郡志》上，中华书局，1972，第266页。

②［宋］李昉等：《太平御览》卷八百零三《珍宝部·珠下》引万震《南州异物志》，中华书局，1960。

重要的角色。由于华南地区既是中国本土香料的重要产地，又是异域进口香料的海路必经之地，使得这里的香料贸易从两汉时期开始就异常繁荣。在珠江流域的广大地区，由于气候和自然条件的原因，香料种类繁多，先秦以来，华南地区香料的生产和使用比北方地区发达得多。今天中国饮食调料中的“五香”之一桂皮，是本土香料的典型代表，在江南和华南地区曾广泛种植，并在2000多年前的汉代就曾经沿着海上丝绸之路出口到波斯和罗马帝国。《史记・货殖列传》曰：“江南出桂。”《说文解字》云：“桂，江南木，百药之长。”桂又分丹桂、牡桂和菌桂三种。西汉成书的《神农本草经》中提到的365种药物，牡桂和菌桂都被分别列入其中。晋朝稽含的《南方草木状》云：“桂出合浦……交趾置桂园。”秦始皇平定岭南后设立的三郡，其中一郡以“桂林郡”命名，绝非偶然，正是因为桂树是当地的重要特产，在秦帝国的社会经济中扮演着非常重要的角色。1世纪末的西方名著《厄立特里亚海航行记》“以令人不容置疑的方式指出：‘赛里斯’国（指中国）的丝绸在印度港口装船，同时装船的还有同是来自中国的皮货、胡椒、桂皮、香料、金属、染料和医药产品”。[①]法国学者布尔努瓦指出，桂皮原产于印度、缅甸和中国，被波斯古史学家称之为“中国的树皮”，是美容品、医药品、香膏、香脂、油脂和香精中大量使用的原料，在罗马出售时价格十分昂贵。[②]乳香则是进口香料的典型。乳香又名薰陆，主要产于中东地区，在东南亚地区也有出产，属于树脂类香料。乳香是《魏略・西戎传》中提到的大秦国（即古罗马帝国）出产的12种香料之一。稽含《南方草木状》曰：“薰陆香，出大秦。”晋郭义恭《广志》曰：“薰陆出交州，又大秦海边人，采与贾人易谷。若无贾人，取食之。”[③]在西汉南越王墓西耳室的漆盒内，就曾经发现有乳香，透露出汉代华南地区香料贸易异常活跃的重要信息。沿着海上丝绸之路输入的香料，除了乳香，还有鸡舌香、苏合香、藿香、流黄香、青木香和栈蜜香等。东汉末年，士燮家族统治岭南。汉灵帝末年至吴黄武五年（226年），士燮担任交趾太守长达四十余年之久。“（士）燮兄弟并为列郡，雄长一州，偏在万里，威尊无上。出入鸣钟磬，备具威仪，笳萧鼓吹，车骑满道，胡人夹谷焚香者常有数十。”[④]这里所谓的“胡

①［法］戈岱司编《希腊拉丁作家远东古文献辑录》，耿昇译，中华书局，1987，第17—19页。

②［法］布尔努瓦：《丝绸之路》，耿昇译，新疆人民出版社，1982，第51页。

③［宋］李昉等：《太平御览》卷九百八十二《香部・薰陆》引《广志》，中华书局，1960。

④［晋］陈寿撰《三国志・吴志・士燮传》，中华书局，1959，第1192页。

人”自然不是交趾的土著居民，而是中亚或波斯人。在当时的交趾地区聚集了大量躲避战乱的中原人士，以及胡商和佛教徒。“佛教与外来的印度文化为中国的寺庙带来大量的新香料，而众多的有关焚香和香料的习俗也随之传入中国，从而加强和丰富了中国古老的焚香传统。”[①]总之，香料在早期华南地区的民间贸易中发挥了十分重要的作用。古代中国所使用的香料，既有沿着海上丝绸之路和陆上丝绸之路进口的香料，也有本土生产的香料。华南地区一直是中国重要的香料生产地，也是消费和使用香料最多的地方之一，当然也是民间香料贸易十分活跃的地方。华南地区生产的香料不仅输入内地和中原地区，也沿着海上丝绸之路出口到印度、中东、非洲和欧洲地区。广州西汉南越王墓出土的乳香，只是显露出早期华南地区异常活跃的民间香料贸易的冰山一角。

三、犀角、象牙

犀角、象牙是我国古人所喜爱的珍贵物品，并常常被并称为“犀象之器”。《淮南子·人间训》甚至将秦始皇经略岭南的原因归结为“利越之犀角、象齿、翡翠、珠玑”。历史上，华南地区是盛产犀牛和大象的地区，与内地以及海外的犀象贸易十分活跃。西汉南越王墓中曾出土了5只平均长度达120厘米的象牙，经过科学鉴定，确认其属于非洲象，与亚洲象有较大区别。[②]这一重大考古发现证明，早在公元前2世纪，华南地区就已经与非洲大陆有了间接的文化交往和贸易往来。这些非洲象牙应当是以印度为中转站，辗转传入岭南地区的。大象在印度比中国岭南地区更为普遍。印度在汉代史家笔下被称之为“乘象之国”。而象与佛教也有着极其密切的关系。陈寅恪先生早就指出，家喻户晓的“曹冲称象”的故事实际上属于佛教故事，只不过“迹象隐晦，不易发觉其为外国输入者耳”。[③]山东滕州曾经出土有“六齿象牙”的东汉画像石。六牙白象题材作为佛教壁画或雕刻艺术在印度十分普遍。劳干先生考证这些画像石属于东汉章帝时期，是早期佛教对中国艺术产生影响的产物。[④]滕州南距徐州不过120千米，而徐州正

①[美]谢弗：《唐代的外来文明》，吴玉贵译，中国社会科学出版社，1995，第343页。

②广州市文物管理委员会等编《西汉南越王墓》上，文物出版社，1991，第138、139、466、467页。

③陈寅恪：《〈三国志·曹冲华佗传〉与佛教故事》，载《寒柳堂集》，上海古籍出版社，1980，第157页。

④Lao Kan, *Six-Tusked Elephants on a Han Bas-Relief*,《劳干学术论文集》(甲编)，台湾艺文印书馆，1976，第1391—1395页。

是东汉章帝时期信奉佛教的楚王刘英的都城所在地。而徐州以东200千米的连云港东汉孔望山佛教摩崖石刻和大型石象圆雕，已经成为佛教在东汉流行于东海地区的历史见证。[①]海上丝绸之路即是贸易之路，是宗教文化传播之路，也是和平交往之路。犀象也是早期朝贡贸易的重要内容，在中外文化交流史上发挥了重要的作用。据史书记载，从西汉末年到东汉时期，外国使团沿着海上丝绸之路来华朝贡贸易的共有4次：分别是公元2年"黄支国献犀牛"；公元84年"日南徼外蛮夷献生犀、白雉"；公元94年"永昌徼外夷遣使译献犀牛、大象"；公元166年"大秦国王安敦遣使自日南徼外献象牙、犀角、玳瑁。"这4次朝贡，不仅被史家写进正史的列传之中，也载入本纪之中，足见史官的高度重视。班固《西都赋》云："其中乃有九真之麟，大宛之马，黄支之犀，条支之鸟，逾昆仑，越巨海，殊方异类，至三万里。"[②]显然，在班固笔下，"大宛之马""条支之鸟"，是翻越昆仑山沿着陆上丝绸之路来华，而"九真之麟""黄支之犀"，是跨越巨海，沿着海上丝绸之路来华的。

四、其他"宝货"

贝也是重要的"宝货"。《说文解字》卷六云："海介虫也……古者货贝而宝龟。"贝因为其稀有珍贵，在上古先秦时期被长期用作货币。而华南沿海是海贝的重要产地。贝有大小，颜色各异，而以大为贵、以紫色为珍。"贝凡有八，紫贝最为美者，出交州。大贝出巨延州，与行贾贸易。"[③]"乃有大贝，奇姿难俦。大贝，文贝也。交趾以南海中皆有之。素质紫饰，文若罗朱。不磨不莹，彩辉光浮。思雕莫加，欲琢靡逾。"[④]"交趾北南海中，有大文贝，质白而文紫色，天资自然不假，雕琢莹而光色焕烂。"[⑤]

玳瑁。"玳瑁形似龟，出南海巨延州"[⑥]日南郡卢容县（今越南顺化）附近的南海之中是重要的玳瑁产地。玳瑁传说有解毒和辟邪的功能，所以深受古人喜

①俞伟超、信立祥：《孔望山摩崖造像的年代考察》，《文物》1981年第7期。
②[南明宋]范晔撰《后汉书·班固传》，中华书局，1965，第1338页。
③[宋]李昉等：《太平御览》卷八百零七《珍宝部六·贝》引《广州志》，中华书局，1960。
④[宋]李昉等：《太平御览》卷八百零七《珍宝部六·贝》引万震《南州异物志》，中华书局，1960。
⑤[宋]李昉等：《太平御览》卷八百零七《珍宝部六·贝》引《南州异物志》，中华书局，1960。
⑥[宋]李昉等：《太平御览》卷八百零七《珍宝部六·瑇瑁》引《广志》，中华书局，1960。

爱。“玳瑁解毒兼云辟邪，余寄居广南，日见卢亭（海岛夷人）获活玳瑁龟一枚，以献连帅嗣薛王。王令生取背甲小者二片，带于左臂上以辟毒。”[①]公元166年大秦王安敦遣使朝贡东汉汉桓帝，所携带贡品除了犀角、象牙之外，就是玳瑁。

珊瑚。华南沿海是珊瑚的重要产地。“珊瑚洲，在县南五百里。昔有人于海中捕鱼得珊瑚。”[②]而大秦国也出产珊瑚。“珊瑚生大秦国，有洲在涨海中，距其国七八百里，名珊瑚树洲。底有磐石，水深二十余丈，珊瑚生于石上。初生白，软弱似菌。国人乘大船，截铁网，先没在水下，一年便生网目中，其色尚皇，枝柯交错，高三四丈，大者围尺余。三年色赤，便以铁钞发其根，击铁网于船，绞车举网还载鉴凿，恣意所作。若过时不凿，便枯索虫蛊。其大者输之王府，细者卖之。”[③]西晋贵族王恺和石崇斗富的典故我们耳熟能详。晋武帝赐给王恺高二尺许的珊瑚树，“世所罕比”。王恺以此在石崇面前炫耀，却被石崇顺手击碎，进而出示自己高三四尺的珊瑚树六七株，使王恺“怳然自失”[④]。而这些珊瑚是石崇担任荆州刺史时抢劫通过海上丝绸之路北上的“远使商客”得来的。

琉璃、玻璃、水精。琉璃又称为流离。《汉书·地理志》中记载，汉武帝曾派出汉使“黄门译长”从徐闻、合浦出发，沿海上丝绸之路出使海外，求明珠、“璧流离”和奇石异物。这里的“璧流离”当属流离的一种。“琉璃出黄支、斯调、大秦、日南诸国。”[⑤]“琉璃本质是石。欲作器，以自然灰治之。自然灰状如黄灰，生南海滨。亦可浣衣，用之不须淋，但投之水中，滑如苔石。不得此灰，则不可释。”[⑥]琉璃碗在魏晋时期仍然十分珍贵，曾经被列入皇帝赏赐朝臣的物品名单之中。晋朝皇帝曾经赏赐大臣诸葛恢琉璃碗一件。曹魏鱼豢《魏略》曾经记载：“天竺国人商贩至京，自云能铸石为五色琉璃。于是采砺山石，于京师铸之。既成，光泽美于西方来者。乃诏为行殿，容百馀人。光色映彻，观者见之莫不惊骇，以为神明所作。自此国中琉璃遂贱，人不复珍之。”[⑦]唐传奇小说《梁四公记》亦载：“扶南大舶从西天竺国来，卖颇黎镜面，广一尺五寸，重四十斤，内外皎洁，

①[宋]李昉等：《太平御览》卷九四三《鳞介部一五·玳瑁》引《本草经》，中华书局，1960。
②《太平寰宇记》卷一百五十七《岭南道·广州》。
③刘义庆撰《世说新语笺疏》下卷《汰侈》注引《南州异物志》，余嘉锡笺疏，中华书局，1983，第883页。
④房玄龄等撰《晋书》卷三十三《石崇传》，中华书局，1974，第1007页。
⑤[宋]李昉等：《太平御览》卷八百零七《珍宝部·琉璃》引《广志》，中华书局，1960。
⑥[宋]李昉等：《太平御览》卷八百零七《珍宝部·琉璃》引《南州异物志》，中华书局，1960。
⑦[宋]李昉等：《太平御览》卷八百零八《珍宝部·琉璃》引《魏略》，中华书局，1960。

置五色物于其上，向明视之，不见其质。”[①]其说法当有一定依据。史书记载水精出大秦、黄支国。“大秦国，一名黎难，宫室皆水精，为柱，食器亦然。”[②]晋葛洪的《抱朴子》记载：“外国作水精碗，实是合五种灰以作之。今交、广多有得其法以铸作之者。”[③]

著名考古学家张光直先生认为世界文明形成的方式主要有西方式和非西方式两种，非西方式即世界式，非西方式的贸易活动主要是宝货贸易[④]。可见，珍珠、香料、犀角、象牙等宝货贸易在当时多么重要。

第二节 “蛮州市用银”——“世界体系”的雏形

海上丝绸之路和南海贸易的重要性，在两汉时期已经逐渐凸显。中国与东南亚地区的贸易活动有着悠久的历史。“到基督教纪元初期，这些贸易路线继续延长，把原先东南亚各地孤立的交易体系联结起来，纳入一个巨大的网络，这个网络从西欧通过地中海盆地、波斯湾和红海延伸到印度、东南亚和中国……这个网络被人们称为世界体系。”[⑤]西方著名学者贡德·弗兰克征引的这段论述，对于我们理解早期海上丝绸之路民间贸易的重要性极具启发意义。番禺、交趾以及华南沿海地区在这个“网络”或“世界体系”中曾经扮演了举足轻重的角色。

一、“州郡以半价就市，又买而即卖，其利数倍”——早期华南海上丝绸之路商贸的管理

对于早期海上丝绸之路的贸易活动，历代地方政府都深度参与其中，成为最大获益者。“（南海）郡常有高凉生口及海舶每岁数至，外国贾人以通货易，旧时州郡以半价就市，又买而即卖，其利数倍，历政以为常。”[⑥]“半价就市”“买而即卖”“其利数倍”“政以为常”，寥寥数语，准确概括出地方政府在海外贸易中的

①［宋］李昉等：《太平御览》卷八零八《珍宝部（七）·颇黎》引《梁四公记》，中华书局，1960。

②［宋］李昉等：《太平御览》卷八百八《珍宝部·水精》引《魏略》，中华书局，1960。

③葛洪撰《抱朴子·内篇》（增订本）卷二《论仙》，王明校释，中华书局，1985，第22页。

④张光直：《中国文明的形成及其在世界文明史上的地位》，《燕京学报》新6期，北京大学出版社，1999年。

⑤［德］贡德·弗兰克：《白银资本——重视经济全球化中的东方》，刘北成译，中央编译出版社，2008，第139页。

⑥姚思廉撰《梁书》卷三十三《王僧孺传》，中华书局，1973，第470页。

角色和地位。在这种政治生态和经济环境下，担任地方最高长官的刺史或者太守很难独善其身。"旧交趾土多珍产，明玑、翠羽、犀、象、玳瑁、异香、美木之属，莫不自出。前后刺史率多无清行，上承权贵，下积私赂，财计盈给，辄复求见迁代，故吏民怨叛。"① "广州包带山海，珍异所出，一箧之宝，可资数世，然多瘴疫，人情惮焉。唯贫窭不能自立者，求补长史，故前后刺史皆多黩货。"② 这种现象早已引起史家的注意。吕思勉先生曾敏锐地指出："宦于南方者，遂多贪墨之徒"。③

公元前54年，西汉宣帝时期，"(湘成)侯益昌嗣，五凤四年，坐为九真太守盗使人出买犀、奴婢，赃百万以上，不道，诛"。④这成为史书明确记载的华南地区因为贪腐被惩处的地方长官。

继西汉湘成侯益昌之后，魏晋南北朝时期，华南地区不断有地方守牧身陷贪腐丑闻，轻者被贬官，重者被处死。试举数例：东晋"褚叔度为广州刺史，在任四年，广营资货，贿财丰积，坐免官，禁锢终身"。⑤南朝宋广州刺史"韦朗，莅全虐法，暴浊是彰，于州所造镂银铭二枚，朱牙楯二十幡，朱画青绫盾三十五幡，犀皮铠六领，杂白莞席三百二十二领，银涂漆（一作"泥"）屏风二十三床，又绿沈屏风一床，铜镜台一具"⑥被罢黜。南朝宋文帝时期刘道锡为广州刺史，"坐贪纵过度，自杖"。⑦刘道锡担任广州刺史期间，为报答权臣庾仲文的提携之恩，送给庾仲文一辆白檀牵车当座驾，其装饰之奢侈豪华，甚至惊动了宋文帝⑧。南齐尚书令王晏弟弟王诩任广州刺史期间，"多纳财货"，被"不惮权家"的御史中丞袁昂依法弹劾。⑨

这些贪腐行为，不仅对华南地区的对外贸易造成了极为不利的影响，严重者甚至导致社会动乱，危及地方政权。"初，徼外诸国尝赍宝物自海路来贸货，而交州

①[南朝宋]范晔撰《后汉书》卷三十一《贾琮传》，中华书局，1965，第1111页。
②[唐]房玄龄撰《晋书》卷九十《吴隐之传》，中华书局，1974，第2341页。
③《吕思勉读史札记》(增订本)，上海古籍出版社，2005，第580页。
④[汉]班固：《汉书》卷十七《景武昭宣元成功臣表》，中华书局，1962，第656页。
⑤[宋]王钦若等：《册府元龟》卷七百《牧守部·贪黩》，中华书局，1988。
⑥[清]严可均辑《全宋文》卷四十九《奏劾韦朗》，商务印书馆，1999，第484页。
⑦[宋]王钦若等：《册府元龟》卷七百《牧守部·贪黩》，中华书局，1988。
⑧[唐]李延寿撰《南史》卷三十五《庾仲文传》，中华书局，1975，第913页。
⑨[唐]李延寿撰《南史》卷二十六《袁昂传》，中华书局，1975，第710页。

刺史、日南太守多贪利侵侮，十折二三。至（晋）刺史姜壮时，使韩戢领日南太守，戢估较太半，又伐船调枹，声云征伐，由是诸国恚愤。且林邑少田，贪日南之地，戢死绝，继以谢擢，侵刻如初。及览至郡，又耽荒于酒，政教愈乱，故被破灭。”[①]

华南地区的社会稳定，政通人和，经贸繁荣，需要有作为、有担当、清正廉洁的地方长官。而名臣孟尝、贾琮、吴隐之、王劢堪称这方面的典范。《后汉书·贾琮传》载：

> 中平元年，交趾屯兵反，执刺史及合浦太守，自称“柱天将军”。灵帝特敕三府精选能吏，有司举（贾）琮为交趾刺史。琮到部，讯其反状，咸言赋敛过重，百姓莫不空单，京师遥远，告冤无所，民不聊生，故聚为盗贼。琮即移书告示，各使安其资业，招抚荒散，蠲复徭役，诛斩渠帅为大害者，简选良吏试守诸县，岁间荡定，百姓以安。巷路为之歌曰：“贾父来晚，使我先反；今见清平，吏不敢饭。”在事三年，为十三州最，征拜议郎。[②]

吴隐之的事迹载《晋书·良吏传》：“朝廷欲革岭南之弊，隆安（397—401年）中，以隐之为龙骧将军、广州刺史、假节，领平越中郎将。未至州二十里，地名石门，有水日贪泉，饮者怀无厌之欲。隐之既至，语其亲人曰：‘不见可欲，使心不乱。越岭丧清，吾知之矣。’乃至泉所，酌而饮之，因赋诗曰：‘古人云此水，一歃怀千金。试使夷齐饮，终当不易心。’及在州，清操喻厉，常食不过菜及干鱼而已，帷帐器服皆付外库，时人颇谓其矫，然亦终始不易。账下人进鱼，每剔去骨存肉，隐之觉其用意，罚而黜焉。”[③]

南朝梁武帝时期，王劢任广州刺史。“广州边海、旧饶，外国舶至，多为刺史所侵，岁不过三数，及（王）劢至，纤毫不犯，岁十余至。俚人不宾，多为海暴，劢征讨所获生口宝物，军赏之外，悉送还台。前后刺史皆营私蓄，方物之贡，少等天府。自劢在州，岁中数献，军国所须，相继不绝。（梁）武帝叹曰：‘朝廷便是更有广州。’”[④]《陈书·王劢传》载：“时河东王为广州刺史，乃以劢为

①［唐］房玄龄撰《晋书》卷九十七《林邑传》，中华书局，1974，第2546页。

②［南明宋］范晔撰《后汉书》卷三十一《贾琮传》，中华书局，1965，第1111—1112页。

③［唐］房玄龄撰《晋书》卷九十《吴隐之传》，中华书局，1974，第2341—2342页。

④［唐］李延寿撰《南史》卷五十一《王劢传》，中华书局，1975，第1262页。

冠军河东王长史、南海太守。王至岭南，多所侵掠，因惧罪称疾，委州还朝，劢行广州府事。越中饶沃，前后守宰例多贪纵，劢独以清白著闻。入为给事黄门侍郎。”①史书特别提到，由于广州刺史的盘剥侵吞，外国货船每年到广州者不超过三批次，而在“纤毫不犯”“清白著闻”的王劢担任南海太守期间，外国货船每年到达广州的数量十余批次。

朝廷也逐渐认识到，华南沿海地方长官深度参与外贸管理会产生诸多弊端，到了唐朝终于出现了专司外贸管理的官员——司舶使。

做为珍珠的重要产地，珍珠业一直是合浦郡的支柱产业。合浦地方长官对珍珠业和珍珠贸易的管理，是合浦郡社会经济健康发展的关键所在。东汉循吏孟尝担任合浦太守，曾采取有力措施促进合浦采珠业的健康发展。“郡不产谷实，而海出珠宝，与交趾比境，常通商贩，贸籴粮食。先时宰守并多贪秽，诡人采求，不知纪极，珠遂渐徙于交趾郡界。于是行旅不至，人物无资，贫者饿死于道。尝到官，革易前敝，求民病利。曾未逾岁，去珠复还，百姓皆反其业，商货流通，称为神明。”②

西晋陶璜担任交州刺史期间也曾经为合浦珍珠贸易的健康发展做出了重要贡献。陶璜曾上书朝廷：“合浦郡土地硗确，无有田农，百姓唯以采珠为业，商贾去来，以珠贸米。而吴时珠禁甚严，虑百姓私散好珠，禁绝来去，人以饥困。又所调猥多，限每不充。今请上珠三分输二，次者输一，粗者蠲除。自十月讫二月，非采上珠之时，听商旅往来如旧。”③珍珠的采集有许多讲究，品类繁多，良莠不齐。“凡采珠，常三月。用五牲祈祷。若祠祭有失，则风搅海水，或有大鱼在蚌左右。自蚌珠，长二寸半，在涨海中。其一寸五分，其光色，一旁小平，形似覆釜，为第一。珰珠凡三品，其一寸三分，虽有光色，形不员正，为第二。”④他主张依据珍珠品质，分为三等，上等珍珠三分之二上交官府，次等三分之一上交官府，三等以下听任民间经营，政府免除相关税收，明确划分官府与民间经营珍珠业的范围和比例，保证民间珍珠贸易的生存空间。

①[唐] 姚思廉撰《陈书》卷十七《王劢传》，中华书局，1972，第238页。
②[南朝宋] 范晔：《后汉书》卷七十六《循吏传》，中华书局，1965，第2473页。
③房玄龄等撰《晋书》卷五十七《陶璜传》，中华书局，1974，第1561页。
④[宋] 李昉等：《太平御览》卷八百零三《珍宝部·珠下》引徐衷《南方草物状》，中华书局，1960。

二、“蛮州市用银”——华南地区以金银为本位的贸易区域的形成

“海国战骑象，蛮州市用银。”唐代诗人张籍的诗句，描绘出一幅华南沿海地区所具有的独特人文风貌的历史画卷。早在西汉时期，汉使出南海就是“赍黄金杂缯而往”，这很值得注意。黄金在东西方贸易中的作用与丝绸一样重要。谢弗指出岭南和安南地区是唐朝重要的金银产地。“唐朝本土主要的黄金产地在四川……但是比四川更重要的黄金产地是岭南、安南的金矿。这些金矿往往分布在只有土著人居住的崎岖深险的地方。唐朝的银的生产集中在岭南和安南地区。”[①]岭南地区成为重要的金银产地，应该说在汉代就已经初见端倪了。九真郡境内的居风山是著名的黄金产地。日南郡卢容县有采金浦。东汉初年征侧、征贰起义，为躲避马援汉兵追捕，曾经躲藏在交趾郡麊泠县的采金矿洞之中。南朝沈怀远的《南越志》载南海县有金山“金沙自是而出”。[②]《汉书·地理志》曾将银列为粤地著名特产。

在与华南比邻的东南亚地区，金银的使用更为广泛。古代东南亚地区是著名的金银产地，有崇尚和使用金银器皿的传统。2世纪末在中南半岛上出现的林邑和扶南两个国家的最高统治者都曾向中国皇帝进贡过银钵、金盘、金碗、金钲等。1942年在湄公河的支流巴萨克河与泰国湾之间的平原上发现的著名的奥开奥（Oc-eo）遗址，被认为是扶南国的海港，其中出土了许多以金制品为主的文物，如金戒指、金耳饰、罗马金币等，其中1枚罗马金币的年代是公元152年[③]。

1984年在广东遂溪县发现了一批南朝时期窖藏的金银器，其中包括刻有阿拉美字体的银碗、萨珊波斯的银币，无疑是华南沿海与伊朗之间海上贸易的物证，证实了外国银币在岭南地区的流通，说明南朝时期岭南地区已经成为一个以金银为本位的特殊地区[④]。东晋时期“广州市司用银易米”。[⑤]“梁初，唯京师及三吴、荆、郢、江、湘、梁、益用钱，其余州郡，则杂以谷帛。交、广之城，全以

①[英]谢弗：《唐代的外来文明》，吴玉贵译，中国社会科学出版社，1995，第548—555页。

②[宋]乐史撰《太平寰宇记》卷一百五十七引《南越志》，中华书局，2007。

③[日]冈崎敬：《民族文化和东西文化的交流——石寨山遗址和奥开奥遗址》，周红译，云南省博物馆、中国古代铜鼓研究会编印，1985。

④参阅姜伯勤：《广州与海上丝绸之路上的伊兰人：论遂溪的考古新发现》，广东省人民政府外事办公室、广东省社会科学院编《广州与海上丝绸之路》，广东省社会科学院编印，1991。

⑤[宋]李昉等：《太平御览》卷八百一十二引《广州记》，中华书局，1960。

金银为货。”①

岭南地区自先秦以来就是百越人的聚居之地，少数民族众多。百越人崇尚铜鼓，也崇尚金银。《隋书·地理志》载："其人性并轻悍，易兴逆节，椎结踑踞，乃其旧风。其俚人则质直尚信，诸蛮则勇敢自立，皆重贿轻死，唯富为雄。巢居崖处，尽力农事。刻木以为符契，言誓则至死不改。父子别业，父贫，乃有质身于子。诸獠皆然。并铸铜为大鼓，初成，悬于庭中，置酒以招同类。来者有豪富子女，则以金银为大钗，执以叩鼓，竟乃留遗主人，名为铜鼓钗。”②

魏晋南北朝时期，华南地区的海外贸易呈现出繁荣发展的态势。“至于南夷杂种，分屿建国，四方珍怪，莫此为先，藏山隐海，环宝溢目。商舶远届，委输南州，故交、广富实，牣积王府。”③“火耕水耨，弥亘原野；盗贼皆偃，工商竞臻，粥米商盐，盈衢通肆；新垣既筑，外户无局，脂脯豪家，钟鼎为乐。扬袪洒汗，振雨流风；市有千金之租，田多万箱之咏。”④

华南地区早在南朝时期就已经成为以金银为本位的地区，是诸多因素共同作用的结果，而最重要的因素无疑是海外贸易。

三、“世界体系”的雏形

与官方的朝贡贸易相比，海上丝绸之路的民间贸易历史更为悠久，影响更为深远。著名历史学家吕思勉先生云："以海道论,《史记·货殖列传》谓南海为珠玑、犀、玳瑁、果、布之凑，即后世西、南洋物也，则秦汉未并南越时，中国与西、南洋久相往来矣。是知民间之交通，必先于政府。”⑤著名南洋史专家许云樵先生亦言："中国与南洋之交通也，官民异趣：官方虽出政治作用，民间则受经济支配。”⑥

在海上丝绸之路沿线，如印度尼西亚、马来西亚等地，出土了大量汉代陶器和陶片，器型和纹饰图案风格与广东沿海汉墓出土的陶器完全一致。20世纪90

①［唐］魏征、令狐德棻等撰《隋书》卷二十四《食货志》，中华书局，1973，第689页。

②［唐］魏征、令狐德棻等撰《隋书》卷三十一《地理志》，中华书局，1973，第888页。

③［梁］萧子显撰《南齐书》卷五十八《东南夷》，中华书局，1972，第1018页。

④《广州刺史欧阳頠德政碑》，载《广东通志·金石略》，广东人民出版社，2011，第46页。

⑤吕思勉：《吕思勉读史札记》，上海古籍出版社，1982，第630页。

⑥许云樵：《南洋史》(上卷)，新加坡星洲世界书局，1961，第13页。

年代，考古学家对越南中部广南省的茶丘布召遗址，进行了发掘，经碳14测定，最早年代属于公元1世纪。距离东汉日南郡的南部边境只有数十千米的布召遗址，所出土的器物反映出其深受中国文化的影响，同时又有罗马文化的影子。这些无疑是早期海上丝绸之路民间贸易的历史见证。

印度是中西方交往的桥梁，在古代中西方的交往中扮演了十分重要的角色。据《后汉书·西域传》记载，天竺国（今印度）在东汉和帝时期（89—105年），曾多次派遣使者，历经千难万险，经过西域地区，沿着丝绸之路来到洛阳朝贡。后来因为西域发生动荡，东汉失去了对西域的控制权，双方的关系被迫中断。直到东汉桓帝时期（147—167年），天竺使者另辟蹊径，取道南海，即由陆上丝绸之路改为海上丝绸之路，再次来华，才使得双方的交往重新得以恢复。公元159年、161年两次经南海，沿海上丝绸之路来华朝贡。

台湾学者邢义田先生在《汉代中国与罗马关系的再检讨》一文中，曾经敏锐地指出，由于中间势力的阻隔，罗马和印度的关系主要是经由海路，罗马钱币极少出现在印度北方与西方往来的要道上，而几乎全部出现在南方海路的贸易点上[①]。

历史上的陆上丝绸之路和海上丝绸之路，就像一对孪生兄弟，相伴而生，珠联璧合，相得益彰，共同构成我国对外交往的两大通道。雄才大略的汉武帝在经略西域、开辟陆上丝绸之路的同时，也派出“汉使”探索海上丝绸之路。《汉书·地理志》中曾对汉武帝经略海上丝绸之路有颇为详细的描述：属于黄门的“汉使”船队，携带丝绸和黄金，从汉朝南部海疆“日南障塞、徐闻、合浦”，即今天的北部湾和越南中部一带出发，在沿途土著人的护送下，用了一年多的时间，先后到达都元国、邑卢没国、谌离国、夫甘都卢国、黄支国和已程不国，为汉朝皇室采购明珠、璧流离等海外奇珍异品。一般认为，这里提到的都元国、邑卢没国、谌离国，大致在今天东南亚中南半岛、马来半岛一带，夫甘都卢国在今天的缅甸境内，已程不国在今天的斯里兰卡，黄支国在今天的印度南部。印度南部的坦焦尔和迈索尔都曾出土过西汉前期的中国古钱币，成为中国与印度海上交往的历史见证。

笔者曾经撰文指出，南印度出土的西汉前期的古钱币，应该与西汉前期在西南地区异常活跃的巴蜀商人集团有关。[②]西南丝绸之路与海上丝绸之路是一个不

①邢义田：《汉代中国与罗马关系的再检讨（1985—1995）》，《汉学研究》1997年第1期。

②周永卫：《西汉前期的蜀商在中外文化交流史上的贡献》，《史学月刊》2004年第9期。

可分割的有机整体。换句话说，广义的海上丝绸之路是可以包含西南丝绸之路的。从云南出境，经缅甸抵达孟加拉湾，或沿伊洛瓦底江、怒江（境外称萨尔温江）、澜沧江（境外称湄公河）顺流而下，抵达安达曼海、泰国湾，再向西穿越印度洋，不正是海上丝绸之路吗？西南地区的学者又把西南丝绸之路称为南方丝绸之路①，某种意义上，也透露出海上丝绸之路与南方丝绸之路关系密切的信息。谁又能否认海上丝绸之路在中国南方这个事实呢？

公元97年，东汉西域都护班超曾派遣副使甘英出使大秦（罗马帝国）。甘英在抵达波斯湾后，望海止步，无功而返，失去了最早的中西方直接接触的大好机会，令人痛惜。70年之后，公元166年大秦王安敦遣使自日南徼外贡献，终于完成了中西方两大文明的直接对话。这是公认的有史以来中西方文明的首次直接接触。大秦使者（或假冒使者名义的罗马商人）第一次来华是沿海上丝绸之路，而非陆上丝绸之路，无疑与海上丝绸之路民间贸易的繁荣不无关系。

大汉帝国的盛世雄风曾经远播域外。西汉使者张骞的足迹已经踏足大夏，即今天的阿富汗地区。东汉使者甘英更是到达今天伊朗东南部的波斯湾一带，距离罗马帝国只有一步之遥了！吊诡的是，载入史册并被海内外学者广泛认可的中西方的最早直接接触，却是由西方人而非中国人完成的，经由南方的海上丝绸之路，而非北方的陆上丝绸之路。“大秦国……常利得中国丝，解以为胡綾，故数与安息诸国（今伊朗境内）交市于海中。”②罗马帝国的商业贸易异常繁荣，是名副其实的商业帝国，又是横跨欧亚非三大洲的海洋大国。与此形成鲜明对比的是，汉使出海主要是为了“求宝”，而非寻觅商机。张骞西域之行是为了寻找对付匈奴的战略伙伴，甘英出使大秦同样是出于政治目的，而非经济目的。

溯源海上丝绸之路，再展盛世雄风。早期华南海上丝绸之路民间贸易的重要地位和作用，需要重新审视，深入研究。

①段渝：《南方丝绸之路研究论集》，巴蜀书社，2008。

②［晋］陈寿撰《三国志》卷三十注引《魏略·西戎传》，中华书局，1959，第861页。

第十一章
佛教东渐与汉魏六朝时期海上丝绸之路

汉魏时期佛教在中国的输入和传播一直是学术研究的重要课题。史学界普遍认为佛教是在两汉之际传入我国的。但是，对佛教如何传入我国，佛教最初是先通过西北丝绸之路传入我国北方，还是通过西南丝绸之路或海上丝绸先传入南方，以及佛教传入我国后的发展状况等问题，史学界却没有明确的结论。目前主流的观点是我国佛教是从西域通过丝绸之路传入中国的北方地区，然后再扩散到中国的其他区域。但近些年来，随着一批考古遗址的不断发现特别是南方的四川，长江中下游和岭南一带汉魏时期佛像文物的出土，论述佛教从南方输入的学者和著作也不断增多。由于历史久远和史料有限，加之出土的文物还有待研究，所以学者们关于这一领域的讨论仍然十分激烈。

古代学者对汉魏佛教在南方传播的直接叙述相对较少，但却有很多有关对外交通线路和对外交流情况的记载。

关于“佛教”二字，《史记》《汉书》中并没有出现，但《史记》中却记载了汉武帝试图开通蜀身毒国道路的情况。岭南方面就有汉武帝征讨并灭亡南越国后积极发展海上交往的记录。汉武帝时期就已经开通了一条从岭南通往印度的海上交通路线，从而也为佛教从海上的传入提供了可能。

南朝范晔所撰的《后汉书》中记载了大量东汉时期，特别是永昌道开通后中国与其他国家的交往，包括身毒、掸国，甚至是更远的大秦。

由于三国时期佛教已经在中国有所发展，因此在《三国志》中能够发现较多有关佛教传播的史料。其他史书，如《梁书》《水经注》《华阳国志》《洛阳伽蓝记》等都有关于汉魏佛教传播的记载。一些佛教的史籍如《牟子理惑论》《弘明集》

《高僧传》《法显传》中也能窥见汉魏时期佛教在中国的传播状况。

佛教在中国的传播一直都是学术界研究关注的重要问题。涉及汉魏佛教传播问题研究的代表性著作主要有:

梁启超先生的《佛学研究十八篇》中的《佛教之初输入》是较早指明佛教是最早由南方海上丝绸之路而不是通过西域输入中国的著作。梁启超先生认为两汉之际西域对外交通断绝，而海上交通早在汉武帝时就已开通，而西南丝绸之路也于东汉初便已畅通，西南丝绸之路和海上丝绸之路在永昌郡发生交汇，所以佛教由南方传入的可能性应该更大。此书是研究佛教传入路线的重要著作。

汤用彤先生的《汉魏两晋南北朝佛教史》一书在第一部分中详细论述了汉代佛教的发展状况。汤先生不仅对有关佛教传入史上的一些传说、史籍的记载一一做出科学的分析和论证，并提出佛教最早是由西域通过丝绸之路传入我国北方的。由于汤先生此书深厚的论证功底，影响也十分巨大，得到了很多学者的认同，于是史学界就普遍接受了佛教“北传说”的观点。

任继愈先生主编的《中国佛教史》第一卷，对佛教传入中国的历史曾进行了系统深入的研究，对本课题的开展具有重要的指导作用和参考价值。

吴焯先生在他的《佛教东来与中国佛教艺术》一书中，并没有就南方佛教是从海上丝绸之路或西南丝绸之路传入还是从北方佛教南下影响而来这个问题给出明确的结论，但先生明确地认为北方佛教的存在是早于南方的，而且提出南方海上丝绸之路的终点是交趾或后来的广州，然后登陆北上的观点。

阮荣春先生的《佛教南传之路》根据史料和近些年来四川地区、长江中下流地区的佛教艺术遗物的研究，敏锐地提出了四川地区佛教是通过西南丝绸之路传入并沿长江影响长江中下游地区的观点。

另外，对本课题有较重要参考价值的著作还有陈炎《海上丝绸之路与中外文化交流》、章巽《我国古代的海上交通》、严耕望《魏晋南北朝佛教地理稿》、丘进《中国与罗马——汉代中西关系研究》、季羡林《中印文化交流史》、陈文英的《中国古代汉传佛教传播史论》等。

关于汉魏时期佛教在中国南方地区传播的研究论文，数量较多，具有代表性的主要有:

荣新江的《海路还是陆路——佛教传入汉代中国的途径与流行区域研究述评》是研究佛教在中国传播的一篇重要学术综述。荣先生的文章倾向于支持佛教最早是由丝绸之路传入我国北方的观点，认为证明佛教由海上丝绸之路传入的证据不足，没有过硬的材料予以支持，不便下结论。

何志国的《“仙佛模式”和“西王母+佛教图像模式”说商榷——再论佛教初传入中国南方之路》，通过对汉魏时期西南地区大量佛教艺术实物的研究，并根据洛阳地区无佛教艺术实物的事实，得出西南地区的佛教并不是由北方传入的结论。同时何先生鲜明地指出早期佛教在中国的传播可能存在两个系统：中原的官方佛教传播系统和南方民间佛教传播系统。这个分类可以帮助我们更好地去理解和区分南北方佛教发展的异同，从而找出南方佛教发展的独特性。何志国的《论早期佛像在长江流域的传播——以汉晋考古资料为中心》一文认为长江上游的钱树佛像出土在湖北的长江中游一带，就从事实上证明了早期佛像是顺流而下传播的，同时指明南方下层人民接受佛教是由于苦难的社会生活使他们对佛教的出现抱有幻想，从而又证明了他的中国佛教传播存在中原的官方佛教传播系统和南方民间佛教传播系统的观点。

阮荣春的《“早期佛教造像南传系统”研究概说》就早期佛教在南方的传播进行研究，指明佛像传入中国的途径是多元的，既有滇缅道入长江流域和交趾或广州入长江的秣菟罗造像系统外，或间有犍陀罗系统的渗入，因此就南方佛像的艺术特点和其传播路线的考虑应该做到具体问题具体分析，不能一概而论。

吴廷璆、郑彭年的《佛教海上传入之研究》通过对佛教传播过程中一些现象和出土文物的研究论述了佛教从海上传入的可能性。

总的来看，对佛教南方传播研究的著作和论文的数量较为可观，成果也十分显著。但也有一些问题并未解决，如南方佛教的传播路线，佛教传入过程中在西南和岭南两个方向的关系和互动等，都还有进一步商讨的余地。本章试图在充分吸收国内外研究成果的基础上，对汉魏时期佛教在岭南地区传播的特点、形式、媒介、历史影响以及与海上丝绸之路的关系等问题作进一步的探究。

第一节　佛教在中国南方的传播

汉魏时期，由于社会动乱，军阀割据一方，直到魏、蜀、吴三国鼎立局面出现后，中国社会才有了一定程度的稳定。当时的魏国主要统治广大的北方中原地区，而南方地区主要是由吴、蜀两国统治。这一时期，佛教造像在中国的传播仅仅局限于长江流域，从云南、四川沿长江向下游传播，造像年代也呈现西早东晚的大致趋势。这些佛像多混同于道教图像，与丧葬结合，看不出与佛教义理、寺庙之间的密切联系，虽然表现出"一知半解"的时代特色，但在中国引入佛教的起始阶段有极为重要的开创性意义。由于北方地区的曹魏政权对宗教的限制与南方巫道之风兴盛有很大的区别，佛教造像在这一时期难以传入中原地区，也是可以想象和理解的。

因此我们要了解佛教在中国南方的传播情况，就必须根据当时的社会经济状况、人文因素和地理条件等因素把佛教在南方的发展分为西南地区、长江中下游地区和交州地区三个不同的区域进行探讨。本文中的西南地区是以成都平原为中心的西南经济文化区，包括今天的四川、重庆、贵州、云南和陕西省的汉中地区等；长江中下游地区主要是汉魏时期孙吴政权统治下的淮河以南、南岭以北的广大地区，包括今天的湖北、安徽、江苏、浙江、江西、湖南等地区；交州地区就是汉魏时期的交州刺史统辖下的南岭以南的广大岭南地区，包括今天的广东、广西和越南北方等地区。

一、佛教在西南地区的传播

如前文所述，早在东汉初期，贯通中国西南和南亚身毒国的西南丝绸之路就已经贯通，来自全国各地的官员使者、商团等不断在这条道路上与西南少数民族和外国发展政治和经贸往来，来自国外的少数民族和商人也纷纷通过这条线路进入中国。关于在这条线路上中国与印度、缅甸，以及更远的伊朗或东地中海国家的交往，近几十年来考古工作者都有了许多重要的发现，如云南晋宁石寨山滇王墓中发现有琉璃，在晋宁石寨山和江川李家山等汉代墓葬中也都有大量玛瑙、玉石、绿松石等装饰品。这些东西都不是当地生产的，而是来自这条商路上的外国商人之手。腾冲附近曾挖掘出大量的汉五铢钱，也是当年中外商业贸易这条道路上进行交易的凭证。在《三国志·魏书》卷三十裴注引鱼豢《魏略·西戎传》中对盘越国就有记载：

盘越国，一名汉越王，在天竺东南数千里，与益部相近，其人小与中国人等，蜀人贾似至焉。[1]

①［晋］陈寿撰《三国志》卷三十《魏书》，中华书局，1959，第860页。

对于这个盘越国，法国著名汉学家沙畹认为“盘越地在东印度阿萨姆与上缅甸之间”[①]，汶江先生认为，“盘越即滇越，即东印度阿萨姆的迦摩缕波”[②]。《史记·大宛列传》就有记载：

昆明之属无君长……然闻其西可数千里，有乘象国，名曰滇越，而蜀贾奸出物者或至焉。[③]

《大唐西域记》卷十《迦摩缕波国》中记载：

迦摩缕波国，周万余里，国大都城，周三十余里……人形卑小，容貌黧黑，语音少异种印度。[④]

这里所说的迦摩缕波国“人形卑小，容貌黧黑，语音少异种印度”，就是《魏略·西戎传》所说的“其人小与中国人等”，其实就是分布在东印度阿萨姆地区的滇越族人。这些地方都留下了蜀商的足迹，从这些大量的古代遗存中就可以感受这条线路上中外经济和文化交往的繁忙景象。在《华阳国志·南中志·永昌郡》中也有关于当时西南永昌郡（今云南大理及哀牢山以西地区）的记载：

孝明帝永平十二年，哀牢抑狼遣子奉献。明帝乃置（永昌）郡，以蜀郡郑纯为太守，属县八，户六万，去洛六千九百里，宁州（今云南曲靖一带）之极西南也，有闽濮、鸠獠、骠越、裸濮、身毒之民。[⑤]

其中所列的骠越、身毒就是当时的缅甸和印度人。这些外国居民实际上就是

①［法］沙畹：《魏略·西戎传笺注》，载冯承钧译《西域南海史地考证译丛》第7编，商务印书馆，1962，第41—57页。

②汶江：《滇越考》，《中华文史论丛》1980年第2期。

③［汉］司马迁撰《史记》卷一百二十三《大宛列传》，中华书局，1959，第3166页。

④［唐］玄奘、辩机撰《大唐西域记》下册，季羡林校注，中华书局，2000，第794页。

⑤［晋］常璩撰《华阳国志》卷四《南中志》，顾广圻校正，商务印书馆，1958，第60页。

经过西南丝绸之路而进入中国的。他们也多为经商或随着商人而入的，佛教也很有可能最早由这条道路传入中国的西南地区。伯希和就摄摩腾和竺法兰来到中国的线路问题有过一番论述：

> 顾四川之中国人所欲在云南开拓者，不仅东京一道。彼等已久知云南西南有道可达天竺。纪元3世纪魏略曾言大秦可由云南之永昌而至中国。考中国经缅甸与亚洲南部、西部有确定关系之时，在纪元2世纪之中。永元九年掸国王雍由调入贡中国，永宁元年雍由调复遣使者献乐及海西幻人。海西即大秦也。掸国西南通大秦然其时或者可再溯而上。明帝时，天竺传布佛法之摩腾、法兰二人，亦得取Iraouaddy（伊洛瓦底江）上流及云南一道而达中国也。①

伯希和就认为摄摩腾和竺法兰二人都是沿着西南丝绸之路进入中国的。笔者认为根据《高僧传·摄摩腾传》中“（蔡）愔等于彼遇见摩腾，乃要还汉地。腾誓志弘通，不惮疲苦，冒涉流沙，至乎洛邑”②和《高僧传·竺法兰传》中“时蔡愔既至彼国，兰与（摄摩）腾共契游化，遂相随而来。会彼学徒留礙，兰乃间行而至”③两个记载中有关摄摩腾“冒涉流沙”（即走西北方向通过荒漠进入洛阳）和竺法兰“间行而至”（即走最短的路线到达洛阳）的说法，可以大胆地判断竺法兰可能是走西南丝绸之路而不是走摄摩腾走过的西北丝绸之路进入中国。鉴于竺法兰来中国之时是东汉明帝年间，那时官方的西南丝绸之路也已经开通了，从印度出发沿着西南丝绸之路方向进入中国也是一条比较安全和方便的道路，笔者认为竺法兰走西南丝绸之路也是很有可能的。

到目前为止，在中国的史籍中没有发现任何有关汉魏时期西南地区的佛教造像的记载。因此，要想了解当时佛教在西南地区的发展情况，就只能从考古发现中的佛教造像遗物去寻找了。

---

①［法］伯希和：《郑和下西洋考交广印度两道考》，冯承钧译，中华书局，2003，第190页。
②［梁］释慧皎撰《高僧传》卷一《摄摩腾传》，汤用彤校正，中华书局，1986，第1页。
③［梁］释慧皎撰《高僧传》卷一《康僧会传》，汤用彤校正，中华书局，1986，第3页。

（一）现存汉魏时期西南地区的佛教造像

近些年来，在西南地区的十几处确切出土地点共发现早期佛像30多尊，其中大多数是以西南地区特有的文化器物——钱树为载体的。所谓钱树，也称为摇钱树，是我国西南地区以四川盆地为中心，流行于汉魏时期的一种特殊的墓葬随葬器物。这些早期佛像包括四川乐山麻浩1号崖墓的佛坐像1尊、[①]乐山柿子湾1号崖墓的佛坐像2尊、[②]彭山166号崖墓出土的钱树座佛像1尊、[③]绵阳何家山1号崖墓出土的钱树佛像5尊、[④]四川什邡出土的一块佛塔刹画像砖、[⑤]重庆忠县涂井5号崖墓出土的钱树佛像6尊、[⑥]重庆忠县涂井14号崖墓出土编号为M14：31的钱树佛像3尊、同墓编号M14：31的钱树佛像5尊、[⑦]重庆丰都槽房沟墓中出土的的摇钱树铜佛像1尊、[⑧]贵州清镇1号石室墓出土的钱树佛像上2尊、[⑨]陕西汉中城固砖室墓出土的钱树佛像1尊、[⑩]汉中铺镇5号砖室墓出土的钱树佛像2尊等。[⑪]此外，在日本还收藏有3件带佛像的钱树，其上共有4尊佛像。[⑫]虽然这4尊佛像的出土地点不明，但根据造型风格和制作工艺等方面判断，也应属于西南地区的早期佛像，其来源“可能出土于中国四川省”。[⑬]

下图为中国西南地区早期佛像的主要分布图：[⑭]

①乐山市文化局：《四川乐山麻浩1号崖墓》，《考古》1990年第2期。

②闻宥：《四川汉代画像选集》，群众出版社，1955，第59页。

③南京市博物馆编《四川彭山汉代崖墓》，文物出版社，1991，第37页。

④何志国：《四川绵阳何家山1号东汉崖墓清理简报》，《文物》1991年第3期。

⑤谢志成：《四川汉代画像砖上的佛塔图象》，《四川文物》1987年第4期。

⑥四川省文物管理委员会：《四川忠县涂井蜀汉崖墓》，《文物》1985年第7期。

⑦四川省文物管理委员会：《四川忠县涂井蜀汉崖墓》，《文物》1985年第7期。

⑧四川省文物考古研究所：《丰都县三峡工程淹没区调查报告》，载四川省文物考古研究所主编《四川考古报告集》，文物出版社，1998，第12页。

⑨贵州省博物馆：《贵州清镇平坝汉墓发掘报告》，《考古学报》1959年第1期。

⑩罗二虎：《陕西城固出土的钱树佛像及其与四川地区的关系》，《文物》1998年第12期。

⑪罗二虎：《中国陕西省出土钱树佛像考》，《龙谷大学佛教文化研究所会要》1997年第11期。

⑫贺云翱等编《佛教初传南方之路文物图录》，图13，14，15，文物出版社，1993，第48—49页。

⑬霍巍：《战国秦汉时期中国西南的对外文化交流》，巴蜀书社，2007，第231页。

⑭截取自罗二虎：《论中国西南地区早期佛像》，《考古》2007年第6期。

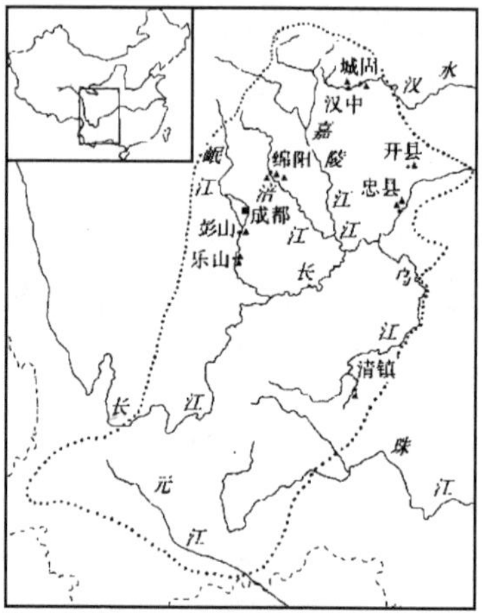

在众多早期佛教造像中，我们选取比较具有代表性的就是乐山麻浩1号崖墓的佛坐像、乐山柿子湾1号崖墓的佛坐像、四川彭山166号崖墓出土的钱树座佛像、云南昭通陶佛像以及四川什邡佛塔刹画像砖等加以介绍。

1. 四川乐山麻浩1号崖墓的佛坐像

此墓规模很大，有1个前室和3个后室，佛像以浮雕形式刻于中间1个后室中间的门额上。像高37厘米，结跏趺坐，着通肩大衣，高肉髻，有项光，右手作施无畏印，左手似作提衣角状。

下图即为四川乐山麻浩1号崖墓的佛坐像[①]：

①截取自霍巍：《战国秦汉时期中国西南的对外文化交流》，巴蜀书社，2007，第234页。

2. 乐山柿子湾1号崖墓的佛坐像

形象与麻浩1号崖墓的佛坐像相同，有两尊，也都刻于后室和门额之上。尽管因年代久远破损严重，但佛像形象依稀可见。

下图为乐山柿子湾1号崖墓的佛坐像：①

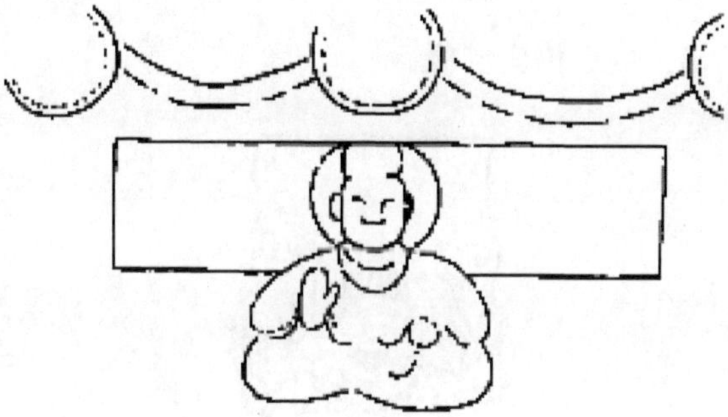

3. 四川彭山166号崖墓出土的钱树座佛像

抗日战争期间出土，现收藏于南京博物馆。此件树座为泥质灰陶，高21厘米，全器成圆形，树座的表面显出模制的人像，其中的一佛像结跏趺坐，高肉髻，右手作施无畏印，左手握拳执衣裳之下摆，身上的僧衣纹饰呈“U”字形下垂，具有明显的佛像特征，其两侧尚有两侍从站立而待。对这两侍从的身份学术界有着不同的解释，俞伟超先生就认为“三人整组都是佛教造像，一佛二弟子或二菩萨，即中为释迦像，两侧为迦叶、阿难或大势至菩萨和观世音菩萨像”②，而吴焯先生不同意“一佛二菩萨”之说，认为两侧之侍从应当为“胡僧”③。无论这二侍从的身份如何，对这是一尊早期佛教造像的结论，学术界并没有异议。

彭山崖墓出土的佛像开始出现在摇钱树上具有更加特殊的意义，这就表示佛教开始与四川本地的神仙方术思想结合在一起，“表明那时的佛教礼拜曾和古老的社祀活动结合在一起”④。吴焯先生同样认为：“四川彭山崖墓的钱树座上首先出现佛像，又是一个新的信息。钱树是给人们带来土地、粮食和财富的象征，

①截取自罗二虎：《论中国西南地区早期佛像》,《考古》2005年第6期。

②俞伟超：《东汉佛像图像考》,《文物》1980年第5期。

③吴焯：《四川早期佛教遗物及其年代与传播途径的考察》,《文物》1982年第11期。

④俞伟超：《东汉佛像考》，载《向达先生纪念论文集》，新疆人民出版社，1986，第347页。

把佛陀放在树座上与树神一起祭祀，无非是想借助佛陀把这些好处带给他们，或者求得佛陀的保佑，使这些已经获得的土地、粮食和财富永远为墓主以及他的子孙后代所有，这与乐山麻浩和柿子湾在东王公和西王母所占的位置上雕刻佛像以求得佛的保佑的作用是相同的，也是和自楚王英开始浮屠老子并祀的传统一致的。”①

下图就是彭山出土的钱树座佛像：②

4. 云南昭通陶佛像

2000年出土，现收藏于云南昭通文物管理研究所。这件灰陶佛像，残高约20厘米，下部略残，头顶有类似肉髻的槌状物，螺发，面庞丰润，双眼微合，高鼻且大，身穿通肩大衣，向下形成五重长长的“U”衣纹，右手施无畏印，左手握衣角，V形衣领，衣袖有较宽且深的纹路，大衣背面从上到下形成七层略显平行的圆弧形衣纹，结跏趺坐。昭通佛像是我国迄今为止发现的最早的陶佛像，表面特征与四川早期佛像特征相似，由此可以看出云南昭通佛像与四川的佛像之间深刻的联系。它的出现填补了印度早期佛教艺术从滇缅道传入的缺陷，有力地证明了佛教在很早的时候就已经传到云南并产生影响，这对我国佛教艺术的产生和传播的研究具有重要意义。

①吴焯：《佛教东传与中国佛教艺术》，浙江人民出版社，1991，第139—140页。
②截取自段玉明：《从出土文物看巴蜀早期佛教》，《四川文物》2008年第3期。

下图即为云南昭通陶佛像：①

5. 四川什邡佛塔刹画像砖

1986年出土，现收藏于四川博物馆。该长方形画像残砖长21厘米，宽15厘米，厚7.5厘米，上面刻有一楼阁式佛塔，塔身三层，塔刹项部呈多层线纹叠样。塔的左右两边各雕饰莲花以株，其高近乎佛塔。印度佛教造塔的层数规制为一、三、五、七、九级奇数，该画像砖上的佛塔制式属于古印度塔刹的制式。这一画像砖上的佛塔，也是我国目前所见最早的佛塔形制，也是印度佛教传入我国时所造之物。下图即为四川什邡佛塔刹画像砖②：

①截取自何志国、李莎：《从昭通东汉佛像看中国早期佛像的来源》，《艺术考古》2008年第4期。

②截取自胡彬彬：《长江中上游地区的造像与佛教初始输入的别径》，《湖南大学学报（社会科学版）》2007年第5期。

目前，乐山麻浩、柿子湾崖墓坐佛像为代表的半圆雕式的石雕佛像的年代已确定为东汉后期到三国时期。可以认为西南地区早期佛教造像大致上始于东汉晚期，流行于三国蜀汉前期，至蜀汉后期趋于消失，其年代相当于公元2世纪末至3世纪左右。

（二）汉魏时期西南地区的佛教造像的特点

1. 这些早期佛像教造像，从表现形式上尚处于“模糊阶段”，从表面上看与佛教教义、寺院和僧侣之间并没有什么直接的联系，相反却是与本土系统的神仙和升仙思想及天国仙境观念之间的关系十分密切。佛的出现并非是作为膜拜的对象，而是作为天国仙境中诸神灵的一员，与本土传统的神仙或神兽等神灵同列出现。汉魏时期译成的《四十二章经序》云：

> 昔汉孝明皇帝，夜梦见神人，身体有金色，项有日光，飞在殿前。意中欣然，甚悦之。明帝问群臣，此为好神也？有通人傅毅曰：“臣闻天竺有得道者，号曰佛，轻举能飞，殆将神也。”①

古蜀地人们对“西王母”的崇拜比较虔诚，并且选择了蜀地文化中常见的摇钱树作为供奉“西王母”的载体。摇钱树是西南地区独具特色的文物，具有原始树崇拜、社树、升天神树和追求富贵吉祥等多重内涵。在摇钱树上，“西王母”常常位于摇钱树的中央或显要位置，刻意突出其受崇拜的地位。到了东汉后期直到三国时期，部分摇钱树上的“西王母”变成了佛像。例如在绵阳何家山二号墓出土的摇钱树顶部的枝叶上，西王母坐在一璧形物上；同样，陕西城固摇钱树佛像也坐于相同的位置，从中也可以看出当时蜀地佛教的发展和当地人们对佛教模糊的认识。人们把把佛当成了像“西王母”之类的神仙的结论，期望通过这种崇拜佛陀的做法，实现其长生不老、早日成仙、早日超脱现实生活的愿望。

2. 西南地区发现的早期佛教造像与四川地区的原始道教发展有着十分密切的联系。四川地区的原始道教发展历史久远，东汉中期以后道教在蜀中普遍流行，顺帝年间张陵在鹤鸣山（今四川大邑县境）创五斗米道，信徒甚众。其子张

①［梁］释僧祐：《出三藏记集》，苏晋仁、萧炼子点校，中华书局，2003，第242页。

衡、孙张鲁相继执掌教职，东汉末年张鲁在汉中建政教合一的政权达三十年。摇钱树就是原始道教信仰载体中的典型代表。而当时传入四川的佛教为了更好地发展和传播便积极地与神仙道教混为一流，如汤用彤先生所言："佛教在汉代纯为一种祭祀。……祭祀既为方术，则佛徒与方术最初当常并行也。浮屠本行斋戒祭祀，故亦早为方士之附庸。"①

3. 与画像与钱树的总体数量相比，佛像数量仅占其中的很小部分，这在一定程度上反映了佛教在这一区域的流行程度并不高。这些佛像的共同特点是佛像的头部均有突出的高肉髻，佛像的姿势均为结跏趺坐，右手施无畏印，佛像的衣饰均为通肩僧衣，前胸部的衣纹下垂呈"U"字形。

4. 在整个西南地区所发现的早期佛教造像中，在已经得出的结论中，它们各自的产生年代也有略微不同，有早也有稍晚一些。比如云南昭通发现的陶佛像应属于东汉晚期，就比四川地区的某些三国时期的佛像要略早，而贵州清镇出土的早期佛像似乎要更晚一些，"大致可以判断贵州清镇11号墓的这两座墓葬的年代为东汉晚期至末期，其下限可能会晚到蜀汉前期，而这株钱树的制造年代与这两座墓葬的年代基本同时"。②从这些佛像的分布地域和各自所处的年代，我们可以大致得出这样的结论，就是佛教造像艺术沿着西南丝绸之路进入我国，首先影响云南地区，但云南并不是它的终点，而是继续深入，来到了当时西南地区的中心地区，即四川的成都平原一带，然后再向四周传播，传到了邻近的重庆、贵州和陕西汉中等地区。童恩正先生很早就在他的文章中讲到："东南亚古文化明显受到中国文化影响的某些因素（不是全部），其发源地或表现得很集中的地区，并不是云南，而是四川。换句话说，在古代中国南方与东南亚的某些文化交流中，云南并不是传播的起点，而是传播的通道，起点应在四川。"③同时，苏秉琦先生在他的《中国文明起源新探》一书中也说过："四川的古文化与汉中、关中、江汉以至南亚次大陆都有关系，就中国与南亚的关系看，四川可以说是'龙头'。"④我们知道，文化传播的一般情况往往是从一个文化区的中心地区向它的边远地区扩散。从东汉后期一直到三国时期，在西南地区，四川盆地一直处于西

①汤用彤：《汉魏两晋南北朝佛教史》，中华书局，1993，第37—40页。

②罗二虎：《略论贵州清镇汉墓出土的早期佛像》，《四川文物》2001年第2期。

③童恩正：《试论古代四川与东南亚文明的关系》，《文物》1983年第9期。

④苏秉琦：《中国文明起源新探》，生活·读书·新知三联书店，1999，第85页。

南文化圈的中心，四川的经济到了东汉的后期已经十分发达，川西平原一带被称为“天府之国”，成都也是当时我国一个十分重要的大都市，其经济文化的发展对这一文化圈内的其他地区有着强烈的影响。而重庆、贵州等地区由于自然地理条件较差，在古代其经济文化就一直比较落后，在与四川地区的交往中，总的趋势是处于一种比较被动、接受的状态中，因此我们可以说贵州清镇的佛像艺术是受到了来自四川地区的佛像艺术的影响的。

二、佛教在长江中下游地区的传播

东汉后期，随着中原地区战乱频繁，生产遭到严重破坏，大批北方的人民向长江以南的地域迁徙，迁到了长江中下游的广大地区。而这个时候，广大的南方地区在经过长期的军阀割据后，形成了蜀国和吴国两大政权。蜀国于公元221年由刘备在成都建立，史称“蜀汉”，主要统治以益州为核心的长江上游广大地区。吴国则是由吴主孙权于公元222年建立，统治中心在武昌，孙权自称吴王，后于229年正式改称皇帝，建都建业（今江苏省南京市）。吴国占据了长江中下游的广大地区，包括荆州、扬州和交州等。因此，我们要探讨汉魏时期佛教在长江中下游地区的发展和传播，主要就是看佛教在吴国这段时期（220—280年）的发展了。

就三国时期佛教在魏、蜀、吴三国的发展情况而言，吴国的佛教发展状况是最好的。虽然魏国统治的广大中原北方地区很早就有了佛教的传播活动，但由于当时的曹魏政权对佛教实行排斥和打压的政策，在意识形态方面，也以法律来约束社会的思想和行为，凡不符合儒家正统思想的，都被斥为“异端邪说”，都要受到限制打击，所以北方的佛教发展缓慢。霍巍先生在他的《战国秦汉时期中国西南的对外文化交流》一书中就曾说过：

> 三国时期北方曹魏统治区内，迄今为止没有发现早期佛像的考古资料。直到公元3世纪末至4世纪，当北方进入五胡十六国之后，才出现了一批具有犍陀罗艺术风格的金铜佛造像。这批金铜佛像形态稳定，有的有明确的纪年，均为单体造像，显然已是偶像崇拜的产物。需要指出的是，在这批金铜佛像当中，仍可观察到一些与四川早期钱树佛像风格相近的因素。如后赵建武四年（338年）铭金铜佛像……[①]

①霍巍：《战国秦汉时期中国西南的对外文化交流》，巴蜀书社，2007，第289页。

下图即为后赵建武四年的金铜坐像①：

当时的蜀汉政权认为佛教并不利于它的统治，同样对佛教持不欢迎的态度。相比于魏、蜀两国佛教发展的惨淡，吴国时期佛教的发展就大有作为了，这跟当时吴国的统治者，特别是孙权对佛教的接纳态度有十分重要的关系。公元220年，作为当时东吴统治者的孙权，看中了鄂县（今鄂州市）优越的地理位置和丰富的铜铁资源，便将统治中心迁到了鄂县，并改名武昌，有“以武而昌”的意义。武昌的丰富资源和便利的交通，不仅为孙权建国称帝奠定了基础，也为佛教的传播提供了良好的条件。直到公元229年孙权将都城迁到长江下游的建业之前，武昌一直是吴国的政治和文化中心，进入长江中下游地区的佛教徒最早就在这里集结。尽管后来吴国的都城转移到了下游的建业，但武昌也一直作为陪都留用，是吴国长江上游军事防御的重要屏障。所以，在整个东吴时期，武昌和建业是当时最重要的两个都市，加上武昌和建业又同时是长江中游和长江下游地区的中心城市，因此把佛教在长江中下游地区的传播分为以武昌为中心的中游地区和以建业为中心的下游地区就显得十分必要了。

（一）东吴时期以武昌为中心的长江中游地区佛教的发展

佛教在以武昌为中心的长江中游地区的发展离不开统治者的扶持。

①何志国：《鄂州三国佛像镜的学术意义》，《艺术考古》2010年第2期。

1. 佛教经典的翻译工作

孙权于公元222年在武昌自称吴王，建立政权以后，为了巩固自身统治，加强对人民的控制，对各种思潮采取了宽容的态度，只要不威胁到吴国的统治，都采取“兼收并蓄”的政策，对其中的佛教也没有排斥，显得十分开明。当时，关中、洛阳地区仍处于动乱之中，无论是那些从西域来的佛教徒、译经者，还是汉人中的儒经学者，很多人都不堪忍受战乱之苦，纷纷逃往江南，这样一来，吴国的都城武昌便成为各种思潮、学派的汇聚地，佛教这个“外来物”便有了很好的市场，从而在武昌地区迅速地传播开来。孙权通过对佛教的了解还吸收了当中的一些人来为他的政权服务。

最早来到武昌的就是祖籍月氏的僧人支谦。《高僧传》初集卷一《康僧会传》中就有记载：

> 支谦字恭明，一名越，本月支人，来游汉境。初，汉桓、灵之世，有支谶译出众经。有支亮字纪明，资学于谶，谦又受业于亮，博览经籍，莫不精究。世间技艺，多所综习。遍学异书，通六国语。其为人细长黑瘦，眼多白而睛黑，时人为之语曰：“支郎眼中黄，形躯虽细是智囊。”汉献末乱，避地于吴。孙权闻其才慧，召见悦之，拜为博士，使辅导东宫，与韦曜诸人共尽匡益。但生自外域，故《吴志》不载。[①]

公元220年，孙权来到武昌后不久，支谦连同乡人也来到了武昌。从史料可以看出，支谦是当时佛教中相当有影响的人物，精通胡汉等六国语言，又通佛经。孙权听说支谦博学多才，就迅速召见了他，并向他提出了一些佛经中的深奥义理，支谦都一一回答，让孙权十分满意，决定将他聘为博士，辅导东宫太子孙登。这正是支谦梦寐以求的事情。通过统治者对其的保护和支持，支谦便在武昌大力开展佛教活动，积极组织对佛经的翻译研究和对佛教的介绍传播工作，使得武昌地区的佛教有了初步的发展。根据《四库全书》并参考《出三藏记集》的记载，支谦一共翻译了88部共118卷的佛经，现存仅有51部共69卷。

到了公元224年，印度僧人维祇难与竺律炎结伴而行，也来到了武昌，并带来了部分佛经，进行佛经翻译和从事佛经宣传工作。《高僧传》初集卷一《维祇

① ［梁］释慧皎撰《高僧传》卷一《康僧会传》，汤用彤校正，中华书局，1986，第15页。

难传》中记载：

> （维祇难）以吴黄武三年，与同伴竺律炎来至武昌，赍《昙钵经》梵本。《昙钵》者，即《法句经》也。时吴士共请出经，难既未善国语，乃共其伴律炎译为汉文。炎亦未善汉言，颇有不尽，志在义本，辞近朴质。[①]

从史籍上看到维祇难和竺律炎在翻译经文上碰到了不善汉语的短处，正好这时支谦就在武昌，所以他们很快就一起合作，译出了《法句经》等一系列的佛经。根据《四库全书》并参考《出三藏记集》的记载，维祇翻译2部共6卷佛经，现存仅1部2卷经，而竺律炎翻译4部6卷佛经，现存3部5卷经。

与维祇难和竺律炎翻译的佛经坚持原文的忠实性结果导致佛经“晦涩难懂”不同，支谦在佛经的翻译工作中十分注意迎合汉人的语言习惯。人们读支谦翻译的佛经，很容易将虚无缥缈的佛教义理与日常生活中发生的事情、感受到的事情联系起来，从而增强了佛经的感染力。他使佛经在武昌的传播有了较大的发展。在支谦的佛经翻译工作和佛教传播工作取得一定进展的同时，我们也应看到支谦的影响力还是相当有限的，因为支谦当时的译经活动大部分是集中在佛门和武昌城内的上层社会中进行的，广大的下层百姓苦于生计，对佛教的积极性并不高，对佛经不感兴趣，也没有太多接触支谦所译佛经的机会。支谦的身份也决定了他并不会过多地在下层社会活动，上层社会的权贵们也只是将参与佛事活动当成了一件十分时髦的活动。因此，从整体上看，当时武昌地区佛教的发展还处于一种比较朦胧的状态之中，人们对佛教与神仙道教之间的区分并不是十分清楚。

到了公元229年，为了适应赤壁之战后新的形势发展的需要，孙权把统治的中心迁到了建业，直到嘉禾元年（232年）孙登为了给在建业死去的弟弟孙虑治丧而定居建业，支谦也跟孙登来到了建业。赤乌四年（241年），孙登死后支谦便到了苏州穹隆山，一直在山中过着隐居生活，直到老死在山中，也没有再回过武昌，武昌佛教的发展就比不上以前了。随着后来康僧会在建业宫廷的活动，以及佛教影响的不断扩大，武昌地区的佛教才有了进一步的发展，民间百姓对佛教的

① [梁] 释慧皎撰《高僧传》卷一《康僧会传》，汤用彤校正，中华书局，1986，第22页。

认识才渐渐地清晰起来。

2. 长江中游地区出土的佛教造像艺术

与长江上游的四川地区的早期佛教造像以摇钱树为代表不同，长江中游地区的早期佛教造像以佛兽镜、装饰佛像的陶瓷器为代表，包括各种佛教相俑、佛像和佛兽镜等。佛兽镜是神兽镜的一种，就是把原来神兽镜上的神仙和异兽换成了佛像和异兽的组合。这一转变也反映了长江中游一带的人们同样也是把佛像当成神仙的一种去祈求超脱现实苦难生活的强烈愿望。

在现有考古发现的佛教造像遗物中，由于大部分造像年代久远，加上有确切纪年的又比较少，因此考古学者要界定遗物的准确年代比较困难，因此就有部分遗物的年代归属于吴至西晋的这段时期内了。根据阮荣春先生的《“早期佛教造像南传系统”调查资料》，到目前为止，属于吴国到西晋时期的长江中游一带的佛教造像遗物主要有：湖北武昌莲溪寺出土的一件铜牌佛像和四件白毫相俑，湖北鄂城出土的6件佛兽镜，带胁侍的釉陶佛坐像、佛像青瓷香薰、佛像青瓷三足就樽、佛像青瓷唾壶，湖北黄陂县出土的尖顶帽俑、白毫相俑，湖北武汉江夏流芳出土的白毫相俑，湖南长沙出土的白毫相俑、佛兽镜，湖南湘阴出土的胡俑，安徽马鞍山出土的尖顶帽俑、白毫相俑，当涂、繁昌、宣州、广德、郎溪、绩溪出土的神瓶，安徽和县和江西南昌、靖安、余干出土的佛兽镜。[①]

另外，在阮荣春先生所著的《佛教南传之路》中的“西晋前南方佛教造像遗物一览表”中，可以明确时间为东吴时期的有湖北武汉莲溪寺出土的一件铜牌佛像和四件白毫相俑、湖北鄂城出土的青瓷唾壶和大量佛兽镜、湖北武汉江夏流芳出土的白毫相俑、安徽繁昌出土的五连罐、湖北黄陂县出土的白毫相俑、安徽马鞍山出土的白毫相俑，归到吴至西晋时期的遗物还有安徽郎溪出土的四佛镜和江西余干出土的佛兽镜等[②]。

下图为长江中游地区各地出土的白毫相，其中出土地点1、2为马鞍山佳山；3、4、11、13、15、19为湖北黄陂；5、9、10、12为江夏流芳；6、14、16、17、18为长沙；7、8为武昌莲溪寺[③]：

①阮荣春：《“早期佛教造像南传系统”调查资料》，《东南文化》2006年第1、2期合刊。

②阮荣春：《佛教南传之路》，湖南美术出版社，2000，第18—21页。

③吴桂兵：《长沙“永宁二年”墓与长江中游的早期佛教传播——兼谈早期佛教传播的路线与研究方法》，《艺术考古》2006年第1期。

吴国前期，孙权定都武昌，不仅迁来户口，而且带来了不少的能工巧匠，加之武昌地区盛产铜铁，在武昌和武昌郡的范围内，有大冶的铜录山和白雉山、鄂城的泽林、汀祖的西西山，都蕴藏着十分丰富的铜铁矿，因而形成了一定的手工业。孙权来到武昌后，为了自身统治的需要也积极加强军事准备，打造兵器，手工业就有了较大的发展。以佛兽镜为代表的铜镜在鄂州大量的出现，既与这里是东吴政治统治的中心地带，较早受佛教影响的地理位置有关，同时也跟本地丰富的铜铁资源密不可分。因此，当佛教传入并有了一定的影响后，这些手工业者便自然而然地开始把佛像的因素反映到铜镜上了。

（二）东吴时期以建业为中心的长江下游地区佛教的发展

孙权于公元229年称帝后，考虑到当时吴国已经与长江上游的蜀国修好，长江中游的武昌地区的军事防御压力减轻了很多，而与北方魏国争夺的淮河一带，已成为吴国军事防御的重点，因此决定把都城迁到长江下游的建业（今江苏省南京市）。随着吴国政治中心的迁移，与统治者有着密切联系的佛教也迅速到了长江下游一带。很快，吴都建业取代武昌成为吴国最重要的佛教传播中心，汤用彤先生就曾说三国时期佛教重镇是“北为洛阳，南为建业”[1]。这一时期佛教在佛经的翻译和佛教造像艺术上又有了更大的发展。

1. 佛教经典的翻译工作

最早把佛教带到建业的人应该就是支谦了。他在公元232年跟随太子孙登来到建业，便把佛教带到了建业，但由于支谦始终都走的是一条在统治阶级上层进行传播的路线，加上支谦在太子孙登过世之后便隐居深山专心译经，并不重视佛教在民间的宣传和传播，所以当时佛教在普通百姓生活中并没有产生太大的影响。真正让佛教在建业地区取得较大发展的应该就是康僧会。《高僧传·康僧会传》中就有详细的记载：

> 时吴地初染大法，风化未全，僧会欲使道振于江左，兴立图寺，乃杖锡东游，以吴赤乌十年（248年）初达建业，营立茅茨，设像行道。时吴国初见沙门，观形未及其道，疑为矫异。有司奏曰：“有胡人入境，自称沙门，容服非恒，事应检查。”权曰：“昔汉明帝梦神，号称为佛，彼之所事，岂非其遗风耶？即召会诘问，有何灵验。”会曰：“如来迁迹，忽逾千载，遗骨舍利，神耀无方，昔阿育王起塔，乃八万四千。夫塔寺之兴，以表遗化也。”权以为夸诞，乃谓会曰：“若能得舍利，当为造塔。如其虚妄，国有常刑。”会请期七日，乃谓其属曰：“法之兴废，在此一举，今不至诚，后将何及。”乃共洁齐室，以铜瓶加几，烧香礼请。七日期毕，寂然无应，求申二七，亦复如之。权曰：此乃欺诳。将欲加罪，会更请三七，权又特听。会谓法属曰：“宣尼有有言曰：‘文王既没，文不在兹乎。’法灵应降，而吾等无感，何假王宪，当以誓死为期耳。”三七日暮，犹无所见，莫不震惧。既入五更，忽闻瓶子铿然有声，会自往视，果获舍利。明旦呈权，举朝集观，五色光炎，照耀瓶上。权自执瓶，泄于铜盘，舍利所击，盘即破碎。权大肃然惊起，而曰：“稀有之瑞也。”会进而言曰：“舍利威神，岂值光相而已，乃劫烧之火不能焚，金刚之杵不能碎。”权命令试之。会更誓曰：“法云方破，苍生仰泽，愿更垂神迹，以广示威灵。”乃置舍利于铁砧碓上，使力者击之，于是砧碓俱陷，舍利无损。权大嗟服，

①汤用彤：《汉魏两晋南北朝佛教史》，中华书局，1983，第87页。

即为建塔，以始有佛寺，故建号建初寺，因名其地为佛陀里。由是江左大法遂兴。[①]

由上述史料可知，康僧会是要在建业创建塔寺，设立佛像，供信徒瞻仰，用更加具体生动的形象来感化信徒，以期达到扩大佛教影响的目的。到达建业后，康僧会依靠神异道术“礼请”舍利，使孙权信服，从而为他建寺立塔，进而可以合法传教，从此佛教就开始在“江左”一带兴盛起来。后来孙权的孙子孙皓（264—280年在位）欲毁佛寺，污秽佛像，也是在康僧会的极力劝说之下才停止了行动。《高僧传·康僧会传》中记载：

至皓即政，法令苛虐，废弃淫祠，乃及佛寺，并欲毁坏。皓曰：“此由何而兴，若其教真正，与圣典相应者，当奉其道。如其无实，皆悉焚之。”诸臣佥曰：“佛之威力，不同余神，康会感瑞，大皇创寺，今若轻毁，恐贻后悔。”皓遣张昱诣寺诘问会。昱雅有才辩，难问纵横，会应机骋词，文理锋出，自旦之夕，昱不能屈。既退，会送于门，时寺侧有淫祠者。昱曰：“玄化既浮，此辈何故近而不革？”会曰：“雷霆破山，聋者不闻，非音之细。苟在理通，则万里悬应，如其阻塞，则肝胆楚越。”昱还，嗟会才明，非臣所测，愿天鉴察之。皓大集朝贤，以马车迎会。会既坐，皓问曰：“佛教所明，善恶报应，何者是耶？”会对曰：“夫明主以孝慈训世，则赤乌翔而老人见；仁德育物，则醴泉涌而嘉苗出。善既有瑞，恶亦如之，故为恶于隐，鬼得而诛之；为恶于显，人得而诛之。《易》称积善余庆，《诗》咏求福不回。虽儒典之格言，即佛教之明训。”皓曰：“若然，则周、孔已明，何用佛教？”会曰：“周、孔所言略示近迹，至于释教则备极幽微。故行恶则有地狱长苦，修善则有天宫永乐。举兹以明劝阻，不亦大哉。”皓当时无以折其言。[②]

孙皓虽然接受了佛教的地位，但还时不时做出一些破坏佛像的行为。《高僧传·康僧会传》中记载：

---

① ［梁］释慧皎撰《高僧传》卷一《康僧会传》，汤用彤校正，中华书局，1986，第15—16页。

② ［梁］释慧皎撰《高僧传》卷一《康僧会传》，汤用彤校正，中华书局，1986，第16—17页。

皓虽闻正法，而昏暴之性不胜其虐，后使宿卫兵入后宫治园，于地得一金像，高数尺，呈皓，皓使著不净处，以秽汁灌之，共诸臣笑以为乐。俄而之间，举身大肿，阴处尤痛，叫呼彻天。太史占言，犯大神所为，即祈诸庙，永不差愈。采女先有奉法者，因问讯曰："陛下就佛寺中求福不？"皓举头问曰："佛神大耶？"采女曰："佛为大神。"皓心遂悟其语意，故采女即迎像置殿上，香汤洗数十过，烧香忏悔，皓叩头于枕，自陈罪状，有顷痛间，遣使至寺问讯道人，请会说法，会即随入。皓具问罪福之由，会为敷析，辞甚精要。皓先有才解，欣然大悦，因求看沙门戒。会以戒文禁秘，不可轻宣，乃取本业百三十五愿，分作二百五十事，行住坐卧，皆愿众生。皓见慈愿广普，普增善意，即就会受五戒。旬日疾瘳，乃于会住所更加修饰，宣示宗室，莫不必奉。会在吴朝，亟说正法，以皓性凶危，不及妙义，唯叙报应近事，以开其心。①

康僧会在吴国的几十年里，一直在努力弘法，宣传佛教，阻止吴主孙皓对佛教的破坏。康僧会在与孙皓的对话中，不断借用中国传统的儒家思想中的"孝慈""仁德"和"求福"等词来诠释佛教教义，就是为了证明"儒者之格言"与"佛教之明训"是一致的，通过佛教教义与儒家思想的结合使得统治者能够最大限度地接受佛教。他在宣传佛教教义的时候也注意看对象，对孙皓这样一些对佛教既无信仰也不了解的王公贵族，不是宣传断情绝欲的四谛、八正道等修行解脱的道理，而是宣传与中国道德说教比较相近的善恶报应，这样就最大限度地促进了佛教在统治阶级上层的发展，取得统治阶级的许可并积极在社会中下层传播，扩大了佛教在整个社会群体上的影响。可以说，孙吴时期长江下游的佛教能够在民间得到传播和发展，康僧会的功劳是很大的。

康僧会自公元248年初到建业传播佛法，到吴天纪四年（280年）因病逝世，在长达几十年的时间里一直致力于东吴以建业为中心的长江下游一带佛教的发展。自建初寺建成以后，他便一直住在那里直到过世。据统计，康僧会一共翻译了7部共20卷佛经，现存的只剩下了2部共10卷。可以说，康僧会是东吴佛教发展史上一个十分重要的人物。

① [梁]释慧皎撰《高僧传》卷一《康僧会传》，汤用彤校正，中华书局，1986，第17—18页。

当然，吴国的佛寺不仅仅只有一个建初寺。根据《三国志·吴书·孙綝传》的记载，孙綝在吴太平三年（258年）十月废吴主孙亮为会稽王，而立琅邪王孙休为吴主，控制吴国朝政大权，于是便恣意妄为，大肆破坏佛寺：綝意弥溢，侮慢民神，遂烧大桥头伍子胥庙，又坏浮屠祠，斩道人。①

从孙綝的“坏浮屠祠，斩道人”可以看出吴国在建初寺外还另有佛寺，当时的佛教寺院僧众已达到一定的规模，并引起了朝廷的猜疑，这样才招致了孙綝的“毁佛”运动，只是不清楚佛寺的具体数量和名称，但可以得出吴国佛教有了一定的发展的结论。

2. 长江下游地区出土的佛教造像艺术

东吴时期长江下游地区出土的佛教造像与长江中上游的湖北、四川等地相比，数量更大，内容更加丰富多彩，从地域分布上来看也更为广阔，在江苏、浙江、安徽等地都有大量的发现，同时装饰的器物也更加多样，如魂瓶、铜镜、熏炉、壶、罐等，有着明显向生活用器发展的趋向。佛像表现的细节更多的还是与丧葬发生联系。在众多佛教的装饰器上，数量最多的就是魂瓶（又称谷仓罐）了。

魂瓶是指三国、西晋间制造的一种陶瓷器，是由东汉后期发展起来的五联罐演变而来的，主要用于丧葬中的祭祀。魂瓶质地多青瓷或者釉陶，也有红陶或灰陶，造型复杂、装饰奇巧，器身肩部以上多堆塑人物、飞鸟、走兽、亭阙和佛像等，特别是东吴至西晋年间的魂瓶，表现佛像的多为常见，这和当时佛教在吴地的传播状况有着密切的联系，而长江中下游地区的佛像如此众多地出现在魂瓶上，与百姓日常生活如此的贴近，可以想象佛教最初的传入是以一种极其生活化的方式来进行的。它们很有可能就是由行走于吴地的胡商或胡僧带来的，所以就会有美国学者认为“佛教在很大程度上是商人的宗教②”。因此，魂瓶成为研究早期吴地佛教传播不可忽视的实物材料。佛教在吴地会如此地贴近生活应该也是一种被迫的本土化的过程。“佛教初传吴地时，其本土化的一个重要渠道可能就是这中国人无比重视的丧葬活动。佛陀作为‘外来的神仙’参与中国的丧葬活动，象征追求富贵、升仙、子孙后代以及来世的幸福等，这些显然与佛教本质教义不符。导致这种状态的原因是：一方面，佛教初传吴地，民间尚缺乏对其教义的真正了解；

①［晋］陈寿：《三国志》卷六十四《吴书·孙綝传》，中华书局，1959，第1449页。

②［美］罗森：《早期艺术和建筑》，巴沙姆编《印度文化史》，闵光沛译，商务印书馆，1997，第295页。

另一方面，佛教作为一个刚刚传入的外来宗教，想在异文化之乡生根发芽，模糊宗教本身的严格界定、走本土化的亲民路线正是一个最为重要和有效的途径。”[①]

迄今为止所出土的魂瓶上的佛像特点都没有什么太大的变化，一般为圆脸大眼、高肉髻、有项光、通肩衣、禅定印，在莲座两侧配以双狮首或龙虎首。根据阮荣春先生的《“早期佛教造像南传系统”调查资料》上的记载，已被确定为东吴时期的长江下游出土的魂瓶有十多件，有江苏南京江宁县上坊出土的吴天册元年（275年）的魂瓶、江苏南京甘家巷高场一号墓出土的魂瓶、浙江金华市武义县陶器厂竹园出土的魂瓶、浙江衢州市邵家山出土的魂瓶、浙江上虞江山乡出土的吴天纪元年（277年）的魂瓶、江苏镇江金坛唐王乡出土的吴天玺元年顷（276年）的魂瓶、江苏南京赵士岗出土的吴凤凰二年（273年）的魂瓶、江苏南京雨花区长岗村出土的现收藏于南京市博物馆的吴时盘口壶，安徽繁昌县峨桥乡窑场出土的吴时五联罐，等等[②]。

汉魏时期南方佛教造像遗物一览表[③]：

器物名称	年代	出土地或收藏单位
吹箫胡僧陶俑	东汉熹平年间（172—178年）	云南大理下关
佛塔画像砖	东汉	四川成都什邡皂角乡
佛像钱树础	东汉	四川彭山县夹江崖墓
佛饰钱树柱	东汉（？）	四川绵阳何家山
佛饰钱树盆	东汉（？）	日本久保物纪念美术馆
佛饰钱树柱	东汉（？）	陕西汉中市
坐佛像（二尊）	东汉（？）	四川乐山柿子湾崖墓
坐佛像	东汉（？）	四川乐山麻浩崖墓
“施无畏”人物俑	东汉（？）	四川乐山西湖塘
“白毫相”西王母铜插座	东汉（？）	四川西昌高草
莲花纹砖	东汉（？）	四川西昌市
铜坐像（两尊）	东汉（？）	安徽铜陵
钵内生莲镜	东汉（？）	江苏盱眙县王店乡

①李杨：《外来佛教本土化的滥觞——吴地魂瓶上的佛像、胡人形象》，《广西艺术学院学报》2007年第3期。
②阮荣春：《“早期佛教造像南传系统”调查资料》，《东南文化》2006年第1、2期合刊。
③阮荣春：《佛教南传之路》，湖南美术出版社，2000，18—19页。

（续表）

器物名称	年代	出土地或收藏单位
胡僧俑	东汉（？）	四川奉节
吹箫胡俑	东汉（？）	四川巫山
吹箫胡俑	东汉（？）	重庆市
吹箫胡俑	东汉（？）	四川资阳
釉陶五联罐	东汉（？）	浙江鄞县文管会
黑釉胡俑首	东汉（？）	浙江上虞
钵内生莲镜	东汉（？）	湖北荆州
陶胡（僧）俑	蜀延熙十六年（253年）	云南保山汉庄乡
魂瓶	吴太平二年（257年）	浙江嵊县浦口镇四村
魂瓶	吴永安三年（260年）	江苏吴县
佛带饰	吴永安五年（262年）	湖北武昌莲溪寺
佛像铺首奁	吴永安六年（263年）	浙江嵊县浦口镇四村
魂瓶	吴甘露元年（265年）	南京草场门
魂瓶	吴建衡元年（269年）	台湾私人收藏
童子项光砖画	吴建衡三年（271年）	浙江绍兴
佛像帖饰	吴凤凰二年（273年）	南京赵士岗
魂瓶	吴凤凰三年（274年）	南京赵士岗
魂瓶	吴天册元年（275年）	南京江宁上坊
魂瓶	吴天玺元年（276年）	江苏镇江金坛白塔乡
魂瓶	吴天纪元年（277年）	浙江上虞江山乡
佛饰钱树杆	蜀（？）	重庆忠县葎井
白毫相俑	蜀（？）	重庆忠县葎井
魂瓶	吴（？）	南京江宁东山镇
魂瓶	吴（？）	南京甘家巷高场一号墓
盘口壶	吴（？）	南京雨花区长江村
青瓷水器	吴（？）	南京中华门外板桥
佛饰红陶魂瓶	吴（？）	江苏仪徵胥浦乡
魂瓶	吴（？）	江苏金坛县唐山乡
佛饰红陶魂瓶残件	吴（？）	南京市邓府山

（续表）

器物名称	年代	出土地或收藏单位
红陶魂瓶	吴（？）	南京市红花砖瓦厂
白毫相俑	吴（？）	湖北武昌莲溪寺
白毫相俑	吴（？）	湖北黄陂三濩口
白毫相俑	吴（？）	安徽马鞍山市佳山
魂瓶	吴（？）	浙江瑞安塘下区
魂瓶	吴（？）	南京市高家山

综合以上所有汉魏时期出土的长江流域的佛教造像而言，我们可以看到，与长江上游的摇钱树佛像中佛陀的形象多从属于仙人不同，到了长江的中下游地区，佛陀的形象越来越取代仙人成为人们祭祀的主体，民众心目中的宗教崇拜对象也基本上被佛陀这个外来神所占领。这时的人们对佛教的信仰也更多地停留在功利的崇奉上，就是希望通过祭祀佛陀来寄托对现实社会中利益的追求，同时也祈求着来世生活的幸福。因此在越来越多的装饰器上，佛陀逐渐作为主角出现，占据饰器的中心位置，而仙人已居于陪衬的地位。这一系列变化都有力地说明了佛教在长江中下游，特别是以吴都建业为中心的长江下游一带已经有了很大的发展。

三、佛教在岭南地区的传播

佛教具体是在什么时候，通过什么路径进入岭南的交州地区，目前史学界并没有一致的结论。近些年随着交州地区大量汉魏时期文物遗址的发现和学者的深入研究，我们对汉魏时期佛教在交州地区的发展也有了相当的了解。

交州原称交趾，于西汉武帝时设立，东汉建安八年（203年）才改称交州。交州刺史统辖七郡，即：南海郡（今广东东部），治在番禺（今广州）；苍梧郡（今广西壮族自治区东部），治在广信（今梧州）；郁林郡（今广西壮族自治区中、西部），治在布山（今桂平西）；合浦郡（今广东广西南部，包括海南岛），治在合浦（今广西合浦东北）；交趾郡（今越南北部），治在龙编（今河内东北）；九真郡（今越南中南部），治在胥浦（今清化）；日南郡（今越南中南部），治在西卷（今越南广治）。交州刺史的治所在苍梧郡的广信，建安十五年（210年）改为南海郡的番禺。三国吴黄武五年（226年），分交州（包括交趾、九真、日南）、广州（包括其他四郡地）二州，不久恢复，永安七年（264年）又复置交、广二州。汉魏时期的交州是中国与西方交往的重要窗口，海上交通的频繁和众多中亚、天竺甚至大秦的商人使者通过这里进入中国，中西文化在这里交汇融合。

迄今为止，考古学家都没有在交趾地区汉魏时期的墓葬中发现有佛教造像，这并不能说明当时交州地区没有出现佛教，相反，我们可以从其他方面，比如史料记载和出土的一些间接体现佛教信仰的文物中来探讨佛教发展的状况。

（一）从汉魏时期史料记载中看交州地区的佛教发展情况

汉魏时期，中原地区军阀混战，民不聊生，而交州一带却比较安定，于是就有大量人民逃亡到交州一带，交州地区人口迅速增加。在《后汉书·郡国志》中交州有人口记载的五郡中，通过计算可得到南海、苍梧、九真、日南、合浦五郡东汉户籍总人口是109万，比西汉户籍总人口的52万增加了57万。[①]这其中就有不少的文人学士。例如，《三国志·吴书·薛综传》就说薛综是沛郡（郡治在今安徽北部濉溪附近）人，"少依族人避地交州，从刘熙学"[②]；同书《程秉传》说，程秉原是汝南（郡治在河南汝南东北）人，"逮事郑玄，后避乱交州，与刘熙考论大义，遂博通《五经》"。[③]

牟融也是从北方逃难到交州的文人，在交州避难期间开始由儒而转向佛，写下了我国古代最早介绍佛教理论的著作——《理惑论》。在《理惑论》中我们就能看到当时动乱的社会环境，这也是牟子能写下此著作的重要背景：

> 先是时，牟子将母避世交趾，年二十六归苍梧娶妻。太守闻其守学，谒请署吏。时年方盛，志精于学，又见乱世，无仕宦意，竟遂不就。是时，诸州郡相疑，隔塞不通。太守以其博学多识，使致敬荆州。牟子以为容爵易让，使命难辞，遂严当行；会被荆州牧优文，处士辟之，复称疾不起。……久之退念，以辩达之故，辄见使命；方世扰攘，非显己之秋也，乃叹曰："老子绝圣弃智，修身保真，万物不干其志，天下不易其乐，天子不得臣，诸侯不得友，故可贵也。"于是锐志于佛道，兼研《老子五千文》，含玄妙为酒浆，玩五经为琴簧。世俗之徒多

①[南朝宋] 范晔：《后汉书》卷二十三《郡国志》，中华书局，1979，第3530—353页。
②[晋] 陈寿：《三国志》卷五十三《吴书·薛综传》，中华书局，1959，第1250页。
③[晋] 陈寿：《三国志》卷五十三《吴书·程秉传》，中华书局，1959，第1248页。

非之者，以为背五经而向异道。欲争则非道，欲默则不能，遂以笔墨之间，略引圣贤之言证解之，名曰《牟子理惑》云。[①]

就是在东汉末期黑暗的统治和动乱社会环境中，牟子变得心灰意冷，思想发生了比较大的转变，人生态度变得消极，开始接受佛教的影响。在《理惑论》中，牟子通过比较佛教、道教、儒家的崇拜对象、思想观念、行为礼仪、组织制度去为佛教进行辩护。他把佛教解释为中国传说中的远古帝王和道家的神仙，用道家、儒家中的经典解释佛教术语，努力调和佛教与儒家、道家的矛盾，缩小它们之间的差距，试图让人们理解佛教与道教和儒家就是一样的，这对佛教在交州地区的传播是十分有意义的。

《理惑论》的产生代表了汉魏时期佛教脱离道家方术独立存在的先声，由牟子从儒者向锐志于佛教信仰和研究的转变中可以看到汉魏时期交州地区已经开始流行佛教并且已有了一定的发展。

除了牟子的《理惑论》以外，还有一个能够证明汉魏时期交州地区已流行佛教的重要证据就是佛教高僧康僧会的例子。《高僧传·康僧会传》中有记载：

康僧会，其先康居人，世居天竺，其父因商贾移于交趾。会年十余岁，二亲并终，至孝服毕出家。厉行甚峻，为人弘雅，有识量，笃志好学。明解三藏，博览六经，天文图纬，多所综涉，辩于枢机，颇属文翰。[②]

从上述史料中可以看到，康僧会的父辈很早因为经商便来到了交趾，康僧会也很有可能就是在交趾长大，深受中国儒家思想的影响和教育，所以十分孝顺并为过世的双亲守孝。康僧会正是在交趾生活的这段时期里接受和学习佛法的，这与当时交趾浓厚的佛教气息有着密切关系。康僧会在交趾时就能够广泛地学习到“三藏”，没有佛法兴盛的背景是不可能的，所以交州地区在汉魏时期流行佛教是十分确实的。

除了从牟子的《理惑论》和康僧会的例子中感受到交州地区的佛教发展状况

①［梁］僧祐撰《弘明集》卷一《理惑论》，中华书局，2011，第7—9页。

②［梁］释慧皎撰《高僧传》卷一《康僧会传》，汤用彤校正，中华书局，1986，第14—15页。

以外，同样，我们还可以从当时交州的社会环境来分析佛教的存在。

汉魏时期，北方战乱，交州地区相对安定，大量北方人民逃亡到这里。牟子《理惑论》中记载："灵帝崩后，天下扰乱，独交州差安，北方异人咸来在焉。"[①]幸运的是，这时的交州太守士燮是一位熟读《春秋》的人，对北方逃难来的士人很是优待。《三国志·吴书·士燮传》中记载：

> 燮体器宽厚，谦虚下士，中国士人往以避难者以百数。耽玩春秋，为之注解。陈国袁徽与尚书令荀彧书曰："交趾士府既学问于优博，又达于从政，处大乱之中，保全一郡，二十年疆域无事，民不失业，羁旅之徒，皆蒙其庆，虽窦融保河西，曷以加之。"[②]

正是由于士燮的体恤下士，疆域无事，吸引了大量的士人聚居于交州，交州的文学氛围顿时变得十分浓厚。牟子的《理惑论》就是在此地宽松活跃的学术氛围中写成的。一方面士燮治下的交州和平安定，文化氛围浓厚，另一方面交州是当时中西文化的交汇处，大量天竺、中亚的商人涌进这里，肯定会有不少的佛教徒，这一切都使得佛教的传入变得十分便利。

由于士燮治下的交州和平安定，中外贸易繁荣，交州聚集了大量外国来的"胡人"自不必说，这些"胡人"对士燮也是十分的感谢和尊崇。同时，佛教对交州地区的士人也有影响。在《三国志·吴书·士燮传》中就有记载：

> 燮兄弟并为列郡，雄长一州，偏在万里，威尊无上。出入鸣钟磬，具备威仪，笳箫鼓吹，车骑满道；胡人夹毂焚烧香者常有数十。[③]

同样，在《三国志·吴书·孙策传》中引《江表传》说：

> 昔南阳张津为交州刺史，舍前圣典训，废汉家法律，尝著绛帕头，鼓琴烧香，读邪俗道书，云以助化，卒为南夷所杀。[④]

---

①［梁］僧祐撰《弘明集》卷一《理惑论》，中华书局，2011，第6页。

②［晋］陈寿撰《三国志》卷四十九《吴书·士燮传》，中华书局，1959，第1191页。

③［晋］陈寿撰《三国志》卷四十九《吴书·士燮传》，中华书局，1959，第1192页。

④［晋］陈寿撰《三国志》卷四十六《吴书·孙策传》，中华书局，1959，第1110页。

士燮如此深得胡人的尊崇，其中不少胡人居然“夹毂焚烧香”，还有张津的“鼓琴烧香”。吴焯先生在《汉代人焚香为佛家礼仪说——兼论佛教在中国南方的早期传播》一文中特别考证过“烧香”为佛教信仰祭祀中的重要内容，认为“烧香本是佛教徒向佛通达信心的特定方式；来自佛教流行地区的胡人以烧香祝寿表示他们的内心愿望，并籍此获得灵感；交州作为来华胡人的聚居地以及中国早期佛教传播地点之一，它的地方官受佛教影响，以胡人或者佛教的习俗——烧香，在当地实施教化”[①]。姜伯勤先生认为：“佛教传入之路，也是一条香药传入之路。”[②]同样，贾峨先生也曾说过：“以长安为起点通向里海沿岸的丝绸古道，是尽人皆知的‘丝绸之路’，除了这条‘丝绸之路’以外，还有一条海上‘丝绸之路’沟通中西文化和经济的交流……佛教的‘行像’活动习见于印度、克什米尔、斯里兰卡和古代的西域，当然也可以从陆海两条线路输入中土。”[③]因此，从这些史料中，我们也可以得出结论，交州地区在汉魏时期就已经有了佛教的传播和大量佛教徒的存在。

赤壁之战后，士燮于公元210年投靠孙权，从此交州广大地区就划归东吴的势力范围，直到公元217年孙权把交州刺史的治所从苍梧郡的广信移到了南海郡的番禺。随着交州刺史治所的转移和吴国在交州地区的统治日趋稳固，南方的海上交通在吴国时期也有重要的发展。吴国与东南亚地区、印度以及大秦等国都有了政治、经济和文化等多方面的交往。邓瑞本先生就曾经对当时吴国与南洋诸国海上交往之频繁做过统计，认为“据入贡次数，大秦2次，天竺4次，狮子国（今斯里兰卡）5次，波斯2次，占婆（即林邑）7次，扶南22次，狼牙修3次，盘王7次，盘盘9次，丹丹6次，诃罗丹7次，干陀利5次，婆利3次，诃罗陀1次”。[④]上述这些国家大部分都为东南亚的岛屿国家，其中狼牙修在今泰国南部马来半岛的北大年及附近一带，盘盘、丹丹在今马来半岛，诃罗丹在今印尼西

①吴焯：《汉代人焚香为佛家礼仪说——兼论佛教在中国南方的早期传播》，《西北第二民族学院学报》1999年第3期。

②姜伯勤：《敦煌吐鲁番文书与丝绸之路》，文物出版社，1994，第131页。

③贾峨：《说汉唐间百戏中的“象舞”——兼谈“象舞”与佛教“行像”活动及海上丝绸之路的关系》，《文物》1982年第9期。

④邓瑞本：《市舶司设立前之海上贸易管理》，陈柏坚主编《广州外贸两千年》，广州文化出版社，1989，第56—70页。

爪哇岛，干陀利在今印尼苏门答腊的巨港，婆利则当为今之巴厘岛。又据《梁书·海南诸国传》记载，公元226年，曾有大秦的商人秦论来到交趾，并北上谒见孙权。此后数年间（公元226年—231年），吴国的交州刺史吕岱派遣朱应和康泰等航海到东南亚的林邑、扶南等国，进行宣扬国威的活动，而这些国家的国王也向吴遣使回访。林邑从公元2世纪末建国于今越南的东南部，北起交州日南郡的南部，南达今越南平顺省一带；扶南约从公元1世纪时建国于今柬埔寨及越南南端一带。汉魏时期扶南受到印度佛教的影响并信仰佛教，把佛教定为本国的国教。扶南国和印度等地的海上交通向来甚为发达。朱应和康泰等居留扶南的时间也很长，曾经游历南洋群岛中的若干岛屿，并从其他旅行者中探询到通航大秦等情形。两人归国后，朱应写了《扶南异物志》，康泰写了《吴时外国传》。

《三国志·吴书·吕岱传》中就有记载说：

> 岱既定交州，复遣讨九真，斩获以万数。又遣从事南宣国化，暨徼外扶南、林邑、堂明诸主，各遣使奉贡。①

交州与印度相距不远，除与中国有文化、宗教交流外，也可直接从印度输入佛教。前面所说的牟子著《理惑论》、张津“鼓琴烧香”等这些大概都是受到了传入当地的佛教的影响。随着佛教在交州地区的传播，甚至有一些印度僧侣由此北上到吴国都城建业去传教，其中的康僧会就是典型的例子。

随着番禺在吴国对外交往中的作用越来越大，佛教也开始在番禺逐渐产生影响。据《高僧传》卷一《汉洛阳安清》记载：

> 安清，字高，安息国王正后之太子也。……以汉桓之初，始到中夏。……初高自称先身已经出家，有一同学多瞋，分卫值施主不称，每辄忿恨。高屡加诃谏，终不悛改。如此二十余年，乃与同学辞决曰云：“我当往广州，毕宿世之对。卿明经精懃，不在吾后，而性多瞋怒，命过当受恶形。我若得道，必当相度。”既而遂适广州。值寇贼大乱，行路逢一少年，唾手拔刃曰：“真得汝矣。”高笑曰：“我宿命负卿，故

①［晋］陈寿撰《三国志》卷六十《吴书·吕岱传》，中华书局，1959，第1385页。

远来相偿，卿之忿怒，故是前世时意也。”遂申颈受刃，容无惧色，贼遂杀之。观者填陌，莫不骇其奇异。既而神识，还为安息太子，即今时世高身是也。高游化中国，宣经事毕，值灵帝之末，关洛扰乱，乃振锡江南。……高后复到广州，寻其前世害己少年，时少年尚在，高径至其家，说昔日偿对之事，并叙宿缘，欢喜相向，云：“吾犹有余报，今当往会稽毕对。”广州客悟高非凡，豁然意解，追悔前愆，厚相资供，随高东游，遂达会稽。至便入市，正值市中有乱相打者，误著高头，应时殒命。广州客频验二报，遂精懃佛法，具说事缘，远近闻知，莫不悲恸，明三世之有征也。①

这段记载虽然充满了怪诞离奇的色彩，历史上也未必真有其事，但它还是反映了这样一个历史现象，就是汉魏时期广州地区佛教的传入经历了一段艰难曲折的过程。人们最初是抵制和排斥佛教的，由于佛教僧侣的努力，佛教得以在广州地区进行传播。当时来交趾活动的有康僧会、安世高和支强梁等，隋代的高僧昙迁就曾向隋帝介绍说：“交州有通向天竺之道，当佛法尚未传至江东，则羸（交州首府）已建有寺院二十多所，度僧五百人，译经十五部。其时已有摩罗耆域（306年来中国）、康僧会、支强梁和牟博（559年来中国）到此弘传佛道。”②

总之，从众多的历史记载可以看到，汉魏时期交州地区的佛教已有发展和传播，但仍然处于一种“朦胧”和艰难发展的阶段。安世高最终在会稽被杀，士燮出行时，行佛家礼仪的只有“胡人”，也只是在路边“烧香”而已。还有交州刺史张津因鼓琴烧香，行佛教礼仪，最终被杀。这些例子都说明了汉魏时期交州地区的佛教正处于一种萌芽的阶段。交州佛教通过海上丝绸之路传入的可能性比较大。对此胡守为先生认为：“佛教创教于印度，一般认为在东汉明帝时经中亚传入中国，散播于北方。至于南方的佛教，似来自另一条路线即海路进入。从这条路线传入的佛教始于何时，已难确定，不过入传南方的佛教，创建于天竺的佛教，应较早传播于扶南，中国与扶南正式通使始自孙吴。”③

①［梁］释慧皎撰《高僧传》卷一《汉洛阳安清传》，汤用彤校正，中华书局，1986，第4—7页。

②阮荣春：《佛教南传之路》，转引自［越南］黄高启：《禅苑集英》，引自黄春瀚：《李常志——李朝外交和宗教史》，湖南美术出版社，2000，第58页。

③胡守为：《岭南古史》，广东人民出版社，1999，第346页。

（二）从汉魏时期出土文物中看交州地区的佛教发展情况

迄今为止在交州地区都还没有发现任何汉魏时期的佛教造像艺术，但我们从大量的文献资料中都可以得出汉魏时期交州已有佛教的结论，这两者之间的矛盾正好说明了此时佛教正处于一种“朦胧”的萌芽阶段的现实。我们知道，早期的佛教是不流行偶像崇拜的，而长江流域佛像艺术的出现跟当地浓厚的神仙崇拜和道家方术思想有很大的关系的，而在起步较晚，经济文化仍十分落后的交州地区，神仙方术思想显得并不浓厚。当然这也是一种大概的猜测，至于为什么交州地区没有佛像艺术的出土还有待以后更丰富的考古发现和更深入细致的研究了。

虽然在交州地区难以发现佛教造像，但所谓的“佛教七宝”却在出土的汉魏时期文物中十分的普遍。“佛教七宝”就是从两汉时期开始由西方世界各地输入东亚大陆的，佛经《大般若经》中就把“金、银、琉璃、砗磲、玛瑙、琥珀、珊瑚”[①]作为“佛教七宝”。其中有关金银在汉魏时期的作用，早已有学者指出“汉代的岭南和西南地区在当时东西方贸易交往中扮演了十分重要的角色，而金银成为东西方贸易活动中公认的价值尺度和流通手段的历史是十分悠久的”。[②]至于像玛瑙和琉璃之类的饰物交州地区更是有大量的出土，比如广西合浦堂排四座西汉晚期墓葬为例，此四座墓中“出土琉璃珠1656粒，玛瑙珠13枚，琥珀6件，水晶19件，金小坠珠4粒。这些物品除了金器外，皆极少见于中国其他省份的外来墓中。除了合浦外，广西贺州、贵港、梧州、桂林、昭平等地西汉墓都发现过较多的琉璃、玛瑙、水晶、金饰品等物，尤以广西环北部湾沿岸的合浦汉墓发现上述物品最多”。[③]这些物品都是佛经上记载的“佛教七宝”。

我们知道，在汉魏时期的交州地区，除了交趾、九真、日南等郡是金银的重要产地外，其他的像琉璃、玛瑙、琥珀、水晶等都是印度甚至是更远的大秦所产的。而这些“佛教七宝”在交州的出现，不仅是琥珀、玛瑙等珍宝从海外输入的例证，也应当是佛教文化因素传入华南的表现。两者结合起来就有力地得出了他们是随着佛教一起流传到中国南部沿海的交州地区的结论。

---

①林梅村：《丝绸之路考古十五讲》，北京大学出版社，2006，第134页。

②周永卫：《两汉交趾与益州对外关系研究——以若干物质文化交流为主》，汕头大学出版社，2009，第103页。

③廖国一：《佛教在广西的发展及其与少数民族文化的关系》，《佛学研究》2002年第2期。

除了在交州地区发现了大量“佛教七宝”之外，香料在交州地区的广泛普及特别是大量外来香料的发现更是说明了交州地区佛教发展的状况。香料在交州地区使用的历史十分悠久，早在汉代就有广泛应用。据考古发现，岭南地区的汉代墓葬中出土的用于焚烧香料的熏炉数量是非常庞大的，仅《广州汉墓》一书中介绍的一批两汉墓葬中，就共出土熏炉112件（其中铜的12件，陶的100件）[①]。西汉前、中期墓出土的还不多，自西汉晚期到东汉期间，大约半数的墓都有熏炉随葬。如在1984年广州南越王墓中出土的四联体铜熏炉，炉腹内有炭粒状香料残存，这种炉体由4个互不连通的小盒组成，可以同时燃烧4种不同的香料；[②]广西罗泊湾2号汉墓出土的铜熏炉内盛两块白色椭圆形粉末块状物，据推测可能属龙脑或沉香之类的树脂香料残留物。[③]香料本来就与佛教有着十分密切的联系，交州地区又有使用香料的传统，加之“烧香”活动也是佛教礼仪中一个十分重要的部分，在中国古代就有着焚香拜神的传统，所以从现存的大量史籍中，我们可以看到汉魏时期交州地区频繁的“烧香”活动，而中原地区却较少看到“烧香”的记录。这其中一个重要的原因就是交州地区本就是香料的重要产地，给广大百姓的“烧香”活动提供了许多便宜的香料。那交州地区怎么还会出现来自东南亚地区或更远的大秦的异域香料呢？陈宝良先生指出：

> 尽管上古时期已有通过事香奉神明乃至达镯洁之例，但三代所谓之禋享，首先所荐者还是馨，而不是后世沉水、熏陆之类。所谓馨就是前面提到的兰蕙之类，古人虽有烧香草以降神之例，称为蕙熏，其实也不过是香草。只有在汉代以后，诸如沉脑一类的香传入中国，再加上佛教的传入，才使中国传统的祭祀仪式逐渐转变为带有佛教色彩的烧香活动。[④]

佛教的输入并在交州地区取得一定的发展，交州地区涌现出了大量胡僧，正是他们的“烧香”活动大大增加了香料的使用量，使得交州地区原本充足的香料供应变得日趋紧张，这才导致大量引进外来香料的现象。当然这其中可能也有香料是胡商或胡僧自发带进交州地区的情况，但也不能否定佛教在交州的发展导致

①广州市文物管理文员会、广州市博物馆：《广州汉墓》(上)，文物出版社，1981，第478页。
②麦英豪、黄森章、谭庆之：《广州南越王墓》，生活·读书·新知三联书店，2005，第159页。
③广西壮族自治区博物馆：《广西贵县罗泊湾汉墓》，文物出版社，1988，第107页。
④陈宝良：《明代社会生活史》，中国社会科学出版社，2004，第325页。

本地香料供应不足的事实。因此，从外来香料的大量发现也可以感受到交州地区的佛教发展状况了。至于中原地区香料的使用量不大的原因，除了不是香料的产地，产量不大以及从交州引入，成本过高，普通百姓承担不起的因素外，谢弗也把原因归结为交州地区的文化简朴，更有利于吸收外来文化。“佛教与外来的印度文化为中国的寺庙带来了大量的新香料，而众多的有关焚香和香料的习俗和信仰也随之传入中国，从而加强和丰富了中国古老的焚香传统。但是毫无疑问，这些新的方式和态度并没有能够像它们在印度支那一样，对中国产生具有压倒性优势的影响。由于印度支那的文化更为简朴，所以它吸收的东西也就要多得多。”①

如果上面的例子还不能作为交州地区佛教发展的力证，那么在交州出土的一些东汉青铜器上就已明确显现了佛教文化的因素。在黄启善主编的《广西铜镜》一书中，我们就可以看到广西贵县深钉岭东汉1号墓出土的一枚铜镜后面的背面纹饰中，就有佛教的“卍”字装饰。至于“卍”字与佛教的关系，庄春辉先生在《解读“卍”字符及其不同变体的文化表征意义》中就有鲜明的描述，“公元前5世纪佛教兴起后，大量借用佛教释迦牟尼三十二瑞相之一的‘卍’和它的‘吉祥万德’，并使之很快成为佛教文化的标识之一，具有神圣的宗教含义。佛教寺庙的建筑物也往往是‘卍’字符的天下，窗墙、门格、梁头等都刻有‘卍’字符，一般是将无数个‘卍’字符相连在一起作为装饰，被称为‘万字符不断头’，体现了古代画工对‘吉祥万年’的一种期盼和寄托。在佛教遗物上便常常可以看到‘卍’字符的踪影。在佛教造像中，佛像的胸部常常可以见到‘卍’字符”。②

下图即为贵县深钉岭东汉1号墓出土的这枚铜镜：③

①［美］谢弗：《唐代的外来文明》，吴玉贵译，中国社会科学出版社，1995，343页。

②庄春辉：《解读“卍”字符及其不同变体的文化表征意义》，《康定民族师范高等专科学校学报》2008年第1期。

③黄启善主编《广西铜镜》，文物出版社，2004，第122页。

同样在广西梧州市郊扶典出土的东汉禽兽纹铜镜上就有"王兮三羊卿重见佛口"的铭文。

下图即为梧州市郊扶典出土的东汉禽兽纹铜镜：①

在广西北流荔枝场果树园出土的一件东汉时期的铜鼓上，"鼓面上铸有六蛙雕饰，其鼓面主晕中心也有一'卍'字图案组成的纹带"。②

以上几件文物的装饰中，我们都可以看到受到佛教影响的影子，这也就证明了佛教在交州地区的传播和发展。

综上所述，交州地区早在汉魏时期就已经从水、陆两道同印度、大秦等国家有了频繁的交往，除了巨大的商业贸易外，还从西方和印度输入了大量的物质和文化，这其中就包括了佛教文化。大量的历史文献记载和出土文物可以见证这段海上丝绸之路中外交通的盛况。汉魏时期佛教在交州地区有所发展但仍很缓慢。

第二节　海上丝绸之路与东汉三国时期岭南佛教

佛教东渐无疑是中西交通史和中外关系史上的重要内容，也是海上丝绸之路研究的热点问题。近一个世纪以来，中外学术界围绕汉明帝感梦遣使求法的真伪问题、中国第一部佛教翻译作品《四十二章经》的真伪问题、中国第一部佛教著作《牟子理惑论》的撰写年代问题、佛教传入中国路线问题等，进行了持久而深入的讨论。时至今日，这些问题虽然没有定论，但在一些问题的看法上，主流意见已经趋于一致，比如绝大多数学者认为《牟子理惑论》撰写于汉末三国时期。

①黄启善主编《广西铜镜》，文物出版社，2004，第141页。

②广西文物工作队：《广西近年来发现的四件铜鼓》，《考古》1980年第4期。

在佛教传入中国的路线问题上，长期以来，陆路传入之说占据上风，但佛教海路传入说也不乏其人。

由于材料有限，时至今日，佛教传入中国的路线问题依然没有真正解决。但毫无疑问，佛教通过海路传播的可能性不容置疑，佛教东渐中海上丝绸之路的重要性不容置疑。

佛教在中国早期的传播问题一直是学术界关注和研究的一个热点。近一个世纪以来，梁启超、冯承钧、汤用彤、陈垣、胡适、余嘉锡、周叔迦、周一良、季羡林、任继愈、马雍、吴焯、阮荣春、荣新江等学者，以及马伯乐、伯希和、松本文三郎、许理和等中外学者，[①]“印度佛教由海路传入中国，最早亦当在桓帝末世，此时中原地区已流行佛教，并有译经的胡僧，则海路迟于陆路，固不待言。”[②]“综合已有的历史文献及20世纪80年代以来的考古图像资料，特别是考虑到阿富汗最近新发现的公元1世纪早期的佛教文献，我认为佛教从西北印度大月氏（今阿富汗和巴基斯坦）经陆路传入中国的说法最为合理。”[③]“佛教从这里以及海路传入中国，也是历史事实。只不过在最早的时期只能通过中亚而已。”[④]

一、不容忽视的南海子碧——《道行经后记》的重新解读

汤用彤先生在论述汉代佛法地理时，曾“取群书可信之记载，表列汉代佛教

①梁启超：《佛学研究十八篇》，上海古籍出版社，2001，这18篇论文完成于1925年之前。冯承钧：《中国南洋交通史》，上海古籍出版社，2005，完稿于1936年。汤用彤：《汉魏两晋南北朝佛教史》，北京大学出版社，1997，此书初版于1938年。陈智超编《陈垣来往书信集》（增订本），生活·读书·新知三联书店，2010，内收陈垣与胡适1933年讨论《牟子理惑论》真伪问题的往来书信多封。周叔迦辑撰、周绍良新编《牟子丛残新编》，上海书店，2001，内收梁启超、周叔迦、余嘉锡、周一良、胡适、伯希和、松本文三郎等人讨论《牟子理惑论》问题的论文及书信。季羡林：《中印文化交流史》，中国社会科学出版社，2008。任继愈主编：《中国佛教史》（第一卷），中国社会科学出版社，1985。马雍：《东汉后期中亚人来华考》，《西域史地文物丛考》，文物出版社，1990。吴焯：《佛教东传与中国佛教艺术》，浙江人民出版社，1991。阮荣春：《佛教南传之路》，湖南美术出版社，2000。荣新江：《陆路还是海路？——佛教传入汉代中国的途径与流行区域研究述评》，《北大史学》第九辑，北京大学出版社，2003，第320—342页。马伯乐、伯希和文见冯承钧译：《西域南海史地考证译丛》，商务印书馆，1962。许理和：《佛教征服中国——佛教在中国早期的传播与适应》，李四龙、裴勇等译，江苏人民出版社，2005，原书英文版初版于1959年，系作者的博士学位论文。

②吴焯：《佛教东传与中国佛教艺术》，浙江人民出版社，1991，第119页。

③荣新江：《陆路还是海路？——佛教传入汉代中国的途径与流行区域研究述评》，《北大史学》第九辑，北京大学出版社，2003，第320—342页。

④季羡林：《中印文化交流史》，中国社会科学出版社，2008，第24—25页。

分布之地方于下”[1]：

楚王英	彭城等八城　临淮二县　丹阳泾县
桓帝	洛阳
襄楷	平原湿阴人（今临邑县地）
某君	襄乡浮图
《般舟经》校定	许昌寺
笮融	丹阳　下邳　彭城　广陵
陈慧（安世高禅学之继承人）	会稽
韩林（同上）	南阳
皮业（同上）	颍川
严浮调	临淮　洛阳
孟福（支谶笔受者，字元士）	洛阳
张莲（同上，字少安）	洛阳
牟子	苍梧　交趾

表中可信记载的群书，包括《后汉书》《三国志》《水经注》《出三藏记集》和《弘明集》。其中“《般舟经》校定”、孟福、张莲三事均出自僧祐《出三藏记集》中的《般舟三昧经记》，为论述方便，特征引如下：

> 般舟三昧经记第八　未详作者
>
> 般舟三昧经，光和二年十月八日，天竺菩萨竺朔佛于洛阳出。菩萨法护。时传言者月支菩萨支谶，授与河南洛阳孟福字元士，随侍菩萨张莲字少安笔受。令后普著。在建安十三年于佛寺中校定，悉具足。后有写者，皆得南无佛。又言，建安三年，岁在戊子，八月八日于武昌寺校定。[2]

此经记内容与《道行经后记》有惊人的相似：

①汤用彤：《汉魏两晋南北朝佛教史》，北京大学出版社，1997，第57页。

②［梁］释僧祐撰《出三藏记集》卷七，苏晋仁、萧錬子点校，中华书局，1995，第268页。文中“菩萨法护”，严可均认为“当有误，晋初有竺法护，非即此”。苏晋仁先生认为“此四字前后无著，或系后人传写阑入，当删”。按：戊子年应为建安十三年（208年），文中“建安三年”疑有误。《出三藏记集》一般又简称为《祐录》。

道行经后记第二　未详作者

光和二年十月八日，河南洛阳孟元士。口授天竺菩萨竺朔佛，时传言译者月支菩萨支谶，时侍者南阳张少安、南海子碧，劝助者孙和、周提立。正光二年九月十五日，洛阳城西菩萨寺中沙门佛大写之。[①]

可见，《般舟三昧经》与《道行经》的翻译活动有诸多相同之处。时间完全相同，参与人员也基本重合。对照这两条史料，我们发现，汉光和二年（179年）十月八日洛阳的译经活动，由月支高僧支谶、天竺高僧竺朔佛和汉族佛教信徒孟福、张莲、子碧、孙和、周提立等人合作完成。

特别值得一提的是，参与《道行经》翻译活动的侍者之中，除了洛阳孟元士、南阳张少安之外，还有一位南海子碧。这里的"南海"，和洛阳（河南尹）、南阳一样，均属于郡级行政单位，指南海郡。南海郡曾是秦始皇统一岭南以后的岭南三郡之一，两汉时期又是岭南七郡之一。南海郡郡治番禺，即今天的广州，长期以来，是岭南地区的政治经济文化中心。从西汉前期的南越国时期，南海郡及其番禺就和海外发生了颇为密切的经济文化交往，南越国第三代国君赵眜的墓葬中，就曾经出土了来自非洲的5只象牙，以及原产波斯的1只列瓣纹银盒。[②]因此子碧的南海郡籍身份，特别值得重视，蕴含着丰富的文化信息，显露出南海郡佛教发展的冰山一角。南海郡和南阳郡、洛阳一样，都是东汉佛教文化较为发达的地方。支谶、竺朔佛的译经活动有一位重要的岭南人士"南海子碧"的大力协助。子碧本人除了信奉佛教之外，可能同时还是一位虔诚的道教徒。这种现象在佛教东渐初期十分普遍。汤用彤先生对子碧的南海郡籍身份，未曾注意，但他在河北元氏县的《白石神君碑》的碑阴发现"祭酒郭稚子碧"字样，以为碑中的子碧可能就是协助竺佛朔、支谶翻译《道行经》的"南海子碧"。[③]笔者以为，这种可能性很小。汉代人名大多取单名，重名概率很高，更何况这位"祭酒郭稚"又没有注明籍贯，要推断他就是"南海子碧"，证据明显不足。

子碧参与翻译的《道行经》对后世所产生的影响无疑是十分巨大的。中国西

①［梁］释僧佑撰《出三藏记集》卷七，苏晋仁、萧炼子点校，中华书局，1995，第264页。

②广州市文物管理委员会、中国社会科学院考古研究所、广东省博物馆：《西汉南越王墓》(上)，文物出版社，1991，第346页。

③汤用彤：《汉魏两晋南北朝佛教史》，北京大学出版社，1997，第48—49页。

行求法第一人朱士行的西行原因，正是由于他讲解《道行经》时遭遇了瓶颈和障碍。“朱士行……少怀远悟，脱落尘俗，出家以后，便以大法为己任。常谓入道资慧，故专务经典。初天竺朔佛，以汉灵帝时出《道行经》，译人口传，或不领，辄抄撮而过，故意义首尾颇有格碍。士行常于洛阳讲《小品》，往往不通。每叹此经大乘之要，而译理不尽，誓志捐身，远求《大品》。遂以魏甘露五年（260年），发迹雍州，西渡流沙。既至于阗，果写得正品梵书，胡本九十章，六十万余言。遣弟子不如檀，晋言法饶，凡十人，送经胡本还洛阳。”①

支谶事迹，《祐录》记载：“本月支国人……汉桓帝末游于洛阳。以灵帝光和、中平之间，传译胡文，出《般若道行品》《首楞严》《般舟三昧》等三经。又有《阿阇世王》《宝积》等十部经，以岁久无录，安公（按：指道安）以为‘似谶所出’。凡此诸经，皆审得本旨，了不加饰，可谓善宣法要，弘道之士也。后不知所终。”②

支谶的来华路线，僧祐、慧皎的记载语焉不详。一般认为，他所翻译的佛教全属于大乘佛教，沿陆上丝绸之路来华。笔者以为，结合南海子碧的记载，支谶经由海道来华的可能性更大。

二、安世高译经中不乏大乘佛教内容

一般认为，安世高译经以小乘佛教为主，是“最早有系统地翻译小乘经籍、介绍小乘思想”的来华僧人。③实际上，在佛教最初传入中国之时，大、小乘之间的界限并不分明。安世高所译佛经虽然以小乘为主，但也不乏大乘。《大藏经》经、律、论三藏之中，现存安世高译经53种，经笔者梳理，发现其中就有大乘经籍多达10种。

其中大乘经藏8种：

1.《佛说大乘方等要慧经》(即第四十一《弥勒菩萨问八法会》异译。)

2.《宝积三昧文殊师利菩萨问法身经》

3.《太子慕魄经》

4.《佛说自誓三昧经》(《独证品》第四，出比丘净行中。)

---

①僧佑撰《出三藏记集》卷十三，苏晋仁、萧炼子点校，中华书局，1995，第515页。

②僧佑撰《出三藏记集》卷十三，苏晋仁、萧炼子点校，中华书局，1995，第510页。

③任继愈主编《中国佛教史》(第一卷)，中国社会科学出版社，1985，第231页。

5.《佛说长者子制经》

6.《佛说明度五十校计经》二卷（十方菩萨问何因缘，菩萨有痴有黠，乃至智慧有厚薄。佛言：知校计为黠，不修校计为痴。因广说五十校计法。）

7.《佛说佛印三昧经》（佛在耆阇崛山，入于三昧，光照十方。大众云集，弥勒、舍利弗向文殊问佛身所在，文殊令入三昧观之，皆不能见。须臾佛现，乃问其义，佛言：住深般若佛印故也。）

8.《佛说罪业报应教化地狱经》（佛在耆阇崛山，因信相菩萨请，放眉间光，照于地狱，寻光见佛。信相问二十种恶报罪因。佛一一答，诫令修行报恩，大众获益。即《慈悲道场忏法》中所引。）[①]

大乘律藏1种：

《舍利弗悔过经》。[②]

大乘论藏1种：

《道地经》一卷（前本略出，文不可句。）[③]

这个数量已经非常可观。以翻译大乘佛经著称的支谶，所译经籍留存至今的总共也只有11种。

三、安世高来华路线海路可能性更大

《历代三宝记》与《开元释教录》所载的汉魏22位译经人士，其来华路线是陆路还是海路，或西南丝绸之路，大都语焉不详。对安世高的记载也是如此。但从《出三藏记集》和《高僧传》关于安世高传记的字里行间里，还是可以提炼出他诸多海路来华的信息。

其一，知识结构。古代海上航行者一般要掌握一定的天文、星象、水文、气象等知识。而安世高除了精通佛法，还通晓医术，同时“七曜五行之象，风角云物之占，推步盈缩，悉穷其变”。[④]这些知识无疑与海上活动有千丝万缕的联系。

其二，行踪轨迹。《出三藏记集》和《高僧传》中关于安世高的记载，充满许多荒诞离奇的叙述。

①［明］智旭撰《阅藏知津》，杨之峰点校，中华书局，2015，第196—323页。

②［明］智旭撰《阅藏知津》卷三十二，杨之峰点校，中华书局，2015，第699页。

③［明］智旭撰《阅藏知津》卷，杨之峰点校，中华书局，2015，第780页。

④［梁］释僧佑撰：《出三藏记集》卷十三，苏晋仁、萧炼子点校，中华书局，1995，第508页。

初，世高自称："先身已经为安息王子，与其国中长者子俱共出家。分卫之时，施主不称，同学辄怒，世高屡加呵责，同学悔谢，而犹不悛改。如此二十余年，乃与同学辞诀云：'我当往广州毕宿世之对。卿明经精进，不在吾后，而性多恚怒，命过当受恶形。我若得道，必当相度。'既而遂适广州，值寇贼大乱，行路逢一少年，唾手拔刀曰：'真得汝矣！'世高笑曰：'我宿命负卿，故远来相偿，卿之忿怒故是前世时意也。'遂申颈受刃，容无惧色。贼遂杀之。观者填路，莫不骇其奇异。既而神识还为安息王太子，即今世高时身也。"

世高游化中国，宣经事毕，值灵帝之末，关洛扰乱，乃杖锡江南。云："我当过庐山度昔同学。"行达䢼亭湖庙。①

传记中多次提到安世高曾到过广州。广州作为地名出现较晚，吴黄武五年（226年），将原交州刺史部一分为二，析分出广州刺史部。安世高登岸是公元147年前后，当时仍叫番禺，称为广州是沿用习惯用法，用以后的地名称呼以前的地方。关于他何时到广州，一般认为是公元184年黄巾起义，"关洛扰乱"以后。实际上，更为合理的推断应该是，安世高从海路来华，最先在广州登岸，后来北上经九江庐山到达洛阳，在遭遇黄巾起义后，为躲避北方战乱，"乃振锡江南"，再次流落广州。

安世高在中国的译经活动，"以汉桓帝建和二年（148年）至灵帝建宁中二十余年，译出三十余部经"②；汉桓帝元嘉元年（151年）译出"《五十校计经》二卷，《七处三观经》二卷"；元嘉二年（152年）"世高此年译《普法义经》一卷，《内藏经》一卷"；永寿二年（156年），"译《人本欲生经》一卷"；永康元年（167年），"译《修行道地经》七卷或六卷"；汉灵帝永康元年，（167年）"译《修行道地经》七卷或六卷"。③

四、费长房关于安世高西北丝绸之路来华路线的言论不可信

关于安世高事迹记载，与僧祐、慧皎大相径庭是费长房。

①［梁］释僧佑撰《出三藏记集》卷十三，苏晋仁、萧炼子点校，中华书局，1995，第508—509页。

②［梁］释慧皎撰《高僧传》卷一，汤用彤校注，中华书局，1992，第7页。

③［隋］费长房撰《历代三宝记》卷二，张春雷、王春阳等校注，河南人民出版社，2013，第23页。

安息国王太子，名清，字世高，次当嗣王，让位与叔，既而舍国，剃落出家，怀道游方，弘化为务。孝桓帝世建和二年，振锡来仪，至乎洛邑。少时习语，大通华言，慨法化微，广事宣译。到灵帝世二十余年，其释道安录，僧佑《出三藏集记》、慧皎《高僧传》等止云世高翻三十九部，义理明析，文字允正，辩而不华，质而不野。凡在读者，皆亹亹然而不倦焉。房广询求究检，众录纪述，世高互有出没，将知权迹隐显多途，或由传者颇致乖舛。量传所载三十九部，或但路出自敦煌，来届止京邑。灵帝之末，关中扰攘，便渡江南，达人见机，在所便译。得知他，处阙而未传，又其传末果云，而古旧录所载之者，此并世高删正前译，不必全翻。今总群篇，备搜杂记，有题注者，多是河西江南道路随逐因缘，从大部出。录目分散，未足致疑，彼见故存，此宁不缵，敢依集编，缉而维之。冀广法流，知本源注，欲识其迹，具诸传详。①

这个记载，剔除了荒诞不经的传说，把安世高的来华路线也明确描述为“或但路出自敦煌，来届止京邑”，“多是河西江南道路随逐因缘”，也就是西北丝绸之路。

笔者发现，这些描述并不可靠。费长房记载与僧祐、慧皎记载最大的不同，除了成书的年代比后两者晚80余年以外，我们特别要注意和强调的是，费长房是长期生活于北方地区的北朝学者，对西北丝绸之路较为熟悉，而僧祐和慧皎均是生活于南方地区的南朝学者，对海上丝绸之路更为熟悉。作为长期生活于北方的成都籍翻经学士，费长房对北朝时期的佛教状况十分熟悉，但对南朝统治下的东南沿海地区，特别是岭南地区的佛教发展状况显然缺乏深入了解。僧祐、慧皎均提到安世高曾两次到广州，在费长房那里全部被忽略了。无独有偶，费长房对东吴僧人康僧会的记载，竟然完全删除了康僧会“其父因商贾，移于交趾”②的关键性文字，着实让人费解。因此，我们不难得出结论，费长房关于安世高西北丝绸之路来华路线的言论不可信。

①［隋］费长房撰《历代三宝记》卷四，张春雷、王春阳等校注，河南人民出版社，2013，第59页。

②［梁］释僧佑撰《出三藏记集》卷十三，苏晋仁、萧炼子点校，中华书局，1995，第514页；释慧皎撰《高僧传》卷一，汤用彤校注，中华书局，1992，第14页。

出生于交趾的东吴高僧康僧会，是安世高佛学思想的传人，又与安世高同文同种。他的《安般守意经序》云："有菩萨名安清字世高，安息王嫡后之子，让国与叔，驰避本土，翔而后进，遂处京师。"[①]这里没有一处提及安世高是从西北陆路来华。这个记载比300余年之后费长房的记载更为可信。相比于北方丝绸之路，安世高来华路线以海路更为合理。以上分析，也是对马雍先生主张安世高海路来华观点的一个补充。[②]

五、东汉三国时期岭南佛经翻译与佛教发展盛况

依据僧祐、慧皎、费长房、智昇等人的记载，为东汉三国时期译经者立传者有22位，其中东汉有摄摩腾、竺法兰、安世高、支谶、竺佛朔（《祐录》作竺朔佛）、安玄、支曜、康巨、严佛调、康孟祥、竺大力和昙果等12人，曹魏有昙柯迦罗、康僧铠、昙谛、帛延和安法贤5人，东吴有维祇难、竺律炎（《祐录》作竺将炎）、支谦、康僧会和支强梁接5人。[③]如前所述，东汉12人之中，与岭南地区有关的除了安世高之外，支谶、竺佛朔的译经活动也有南海子碧的有力襄助。安玄来华路线，马雍先生认为："他来华路线未详，但据他精通梵文来看，似乎亦曾游历过印度，因此由海路来华的可能性较大。"[④]

东汉后期，士燮（137—226年）家族统治岭南50余年。士燮，苍梧广信人。他统治期间，岭南地区文化事业得到长足发展。士燮饱读诗书，爱好学术，是一个十足的学者型官员。"少游学京师，事颍川刘子奇，治《左氏春秋》。察孝廉，补尚书郎，迁交趾太守……燮体器宽厚，谦虚下士，中国士人往依避难者以百数。耽玩《春秋》，為之注解。陈国袁徽与尚书令荀彧书曰：'交趾士府君既学问优博，又达于从政，处大乱之中，保全一郡，二十余年疆场无事，民不失业，羁旅之徒，皆蒙其庆，虽窦融保河西，曷以加之？官事小阕，辄玩习书传，《春秋左氏传》尤简练精微，吾数以咨问传中诸疑，皆有师説，意思甚密。又《尚书》兼通古今，大义详备。闻京师古今之学，是非忿争，今欲条《左氏》《尚书》

①［梁］释僧佑撰《出三藏记集》卷六，苏晋仁、萧炼子点校，中华书局，1995，第244页。
②马雍：《东汉后期中亚人来华考》，《西域史地文物丛考》，文物出版社，1990，第46—59页。
③这22人的译经详情，请参阅周永卫、邓珍、万智欣、温淑平：《秦汉岭南的对外文化交流》，暨南大学出版社，2014，第200—206页。
④马雍：《东汉后期中亚人来华考》，《西域史地文物丛考》，文物出版社，1990，第50页。

长义上之。’其見称如此。”[①]《隋书·经籍志》中有其著作《士氏春秋传注》十一卷，今佚。

在士燮家族的统治下，岭南地区社会安定，商贾云集，文化繁荣，儒学盛行，与海外交往频繁密切，从而为佛教传播提供了良好的条件。“燮兄弟并为列郡，雄长一州，偏在万里，威尊无上。出入鸣钟磬，备具威仪，笳箫鼓吹，车骑满道，胡人夹毂焚烧香者常有数十。妻妾乘辎軿，子弟从兵骑，当時贵重，震服百蛮，尉他不足踰也。”[②]这里的胡人就包括来自中亚、西亚地区的安息人、康居人和月支人，以及南亚的天竺人。中国最早的佛教著作《牟子理惑论》诞生于岭南，绝非偶然。《牟子理惑论》中的对话“问曰：仆尝游于阗之国，数与沙门道人相见”[③]，显示岭南地区与于阗等西域地区的陆路交通也是十分发达的。早在西汉前期的南越国时期，岭南地区就通过中原地区，或夜郎、巴蜀地区与北方匈奴等地发生了颇为密切的交往。[④]

在东吴皇帝孙权、交趾太守士燮、交州刺史张津等人的大力倡导和强力推动下，岭南的交趾与东吴首都建业一起，取代洛阳成为重要的佛经翻译中心和佛教文化传播的重要基地。以《开元释教录》所载译经数量为例，曹魏译经只有12部18卷，远远少于东吴的189部417卷。[⑤]正是在这样的背景下，苍梧郡佛教信徒牟融创作出了著作《牟子理惑论》。《牟子理惑论》被胡适誉为佛教入中国前期史迹仅存的五根大石柱子之一，[⑥]在中国佛教发展史上具有重要的里程碑意义。公元256年，月支僧人支强梁接在交州翻译出了《法华三昧经》。据费长房记载：“《法华三昧经》六部（一本有正字。祐云失译），右一部，六卷。高贵乡公世，甘露元年（256年）七月外国沙门支疆梁接，魏言正无畏，于交州译。沙门道笔受，祐云失译。房检乃见竺道祖《魏世录》及《始兴录》，若依交州及《始兴录》，地应入吴录。今据年及魏录入附此。”[⑦]

①[晋]陈寿撰《三国志·吴志·士燮传》，中华书局，1982，第1191—1192页。

②[晋]陈寿撰《三国志·吴志·士燮传》，中华书局，1982，第1192页。

③周叔迦辑撰、周绍良新编《牟子丛残新编》，上海书店，2001，第22页。

④周永卫：《匈奴与南越关系考》，《史学月刊》2009年第3期。

⑤[唐]智升：《开元释教录》，文渊阁四库全书本。

⑥胡适：《胡适先生讨论函》，《燕京学报》第36期，1948年6月。

⑦[隋]费长房撰《历代三宝记》卷五，张春雷、王春阳等校注，河南人民出版社，2013，第73页。

岭南地区的译经活动在西晋统一以后，依旧方兴未艾，如火如荼。《祐录》中载有道安《新集安公疑经录》云："外国僧法，学皆跪而口受。同师所受，若十、二十转，以授后学。若有一字异者，共相推挍，得便摈之，僧法无纵也。经至晋土，其年未远，而喜事者以沙糅金，斌斌如也，而无括正，何以别真伪乎！农者禾草俱存，后稷为之叹息；金匮玉石同缄，卞和为之怀耻。安敢预学次，见泾渭杂流，龙蛇并进，岂不耻之！今列意谓非佛经者如左，以示将来学士，共知鄙信焉。"此外还列举了26部在道安看来"泾渭杂流，龙蛇并进"的"非佛经者"，其中位列首部的名叫《宝如来经》。"《宝如来经》二卷，南海胡作。或云《宝如来三昧经》。"①

笔者惊喜地发现，这部被道安法师判为伪经的《宝如来经》，竟然与西晋永嘉元年（307年）三月五日出的《无极宝经》(或云《无极宝三昧经》）②是同一部经。其作者正是著名西域外国僧人祇多蜜。

费长房记载：

> 《无极宝三昧经》一卷（第二出)……右二十五部，合四十六卷。西域沙门祇多蜜，晋言诃友译。诸录尽云：祇多蜜晋世出。译名多同，计不应虚。若非咸洛，应是江南，未详何帝。一部见僧祐《出三藏集记》，已外并出杂别诸录所载。③

智昇记载：

> 《无极宝三昧经》一卷，初出，或云《无极宝经》，与《宝如来三昧经》同本，永嘉元年（307年）三月三日出，见《别录》及聂道真、僧祐二录。④
>
> 《宝如来三昧经》二卷或一卷，一名《无极宝三昧经》，第二出，

①[梁] 释僧佑撰《出三藏记集》卷五，苏晋仁、萧炼子点校，中华书局，1995，第222页。
②[梁] 释僧佑撰《出三藏记集》卷二，苏晋仁、萧炼子点校，中华书局，1995，第38页。
③[隋] 费长房撰《历代三宝记》卷七，张春雷、王春阳等校注，河南人民出版社，2013，第118页。
④[唐] 智升：《开元释教录》卷二上，文渊阁四库全书本。

与《无极宝经》同本，见长房录。[①]

《宝如来三昧经》二卷，一名《无极宝三昧经》或一卷三十八纸，东晋西域三藏祇多蜜译。[②]

关于西域沙门祇多蜜的生平，智昇云："祇多蜜，或云祇蜜多，晋云诃友，西域人，识性通敏，聪达弘远，志存弘化，无惮远游，爰于晋代，译《菩萨十住》等经二十三部，诸录尽云祇多蜜，晋世译，未详何帝，若非咸洛，应是江南，一部见僧祐录，房云已外共彰杂别诸录，又有《宝施女经》(出大集经),《摩调王经》(出六度集)，既是别生，删之不录。"[③]

综上引述,《宝如来经》，又名《宝如来三昧经》，也就是《无极宝三昧经》，作者是祇多蜜，而祇多蜜之所以被道安称为"南海胡"，正是因为他是从海上之路来华的。明代僧人智旭也认为《佛说无极宝三昧经》就是《宝如来三昧经》。[④]

每逢中原战乱，岭南地区往往成为躲避战火的藏身之所，文化也随之繁荣一时。20世纪50年代在广州客村出土的砖铭铭文"永嘉世，天下荒，余广州，皆平康"正是这种现象的真实写照。而南海胡祇多蜜于岭南翻译《宝如来经》的壮举，为东汉魏晋时期岭南地区佛教文化的繁盛，平添了一个新的注解。

曾长期致力于西域史地文物研究的马雍先生综合《高僧传》《后汉书》《三国志》等汉文文献以及佉卢文字资料，认为在东汉中期以后，特别是在灵帝时期，中亚地区的居民，包括月支人、康居人、安息人以及一部分北天竺人，陆续不断地移居中国境内，形成一股移民的热潮。他们来华的路线分为海、陆两道。取海道者经印度航海来到交趾，一些人留居交趾，一些人继续北上，到达洛阳取陆道者越过葱岭来到敦煌，一些人留居敦煌，一些人继续东进，到达洛阳。[⑤]伴随着这股中亚人的移民浪潮，佛教也同时沿海上丝绸之路和陆上丝绸之路传至中国境内。古今中外，宗教文化的传播与发展，并非按部就班、循序渐进，而往往呈现

①[唐]智升:《开元释教录》卷三，文渊阁四库全书本。

②[唐]智升:《开元释教录》卷十九上，文渊阁四库全书本。

③[唐]智升:《开元释教录》卷三，文渊阁四库全书本。

④智旭撰《阅藏知津》卷一，杨之峰点校，中华书局，2015，第22页。

⑤马雍:《东汉后期中亚人来华考》,《西域史地文物丛考》，文物出版社，1990，第57—58页。

出跳跃式传播、跨越式发展的态势。佛教东渐之初，洛阳、彭城一带的佛教可能比于阗、交趾要早。

行文至此，我们不禁联想起20世纪80年前冯承钧先生的精辟论述："中国之识天竺，天竺之识支那，源来已久，贡献虽始于汉和帝时，两地交通为时必更古也。当时通道有二：一为西域道，一为南海道，南海道之开辟或更在西域道之先……由是可以推想及于佛教输入问题，交通既不限于一道，输入之地则不应仅由西域一途……可见南海一道亦为佛教输入之要途；南海之交趾犹西域之于阗也……是欲寻究佛教输入之故实，应在南海一道中求之。"①今天读之，仍然具有重要的启发意义。

第三节　从西域僧人在岭南的弘法足迹看东晋南朝海、陆两条丝绸之路的互动与联通

唐长孺先生指出："汉代以来，由河西走廊出玉门关、阳关以入西域，是内地和西北边区间乃至中外间的交通要道，但并非唯一的道路。根据史籍记载，我们看到从益州到西域有一条几乎与河西走廊并行的道路。这条道路的通行历史悠久，张骞在大夏见来自身毒的邛竹杖与蜀布是人所共知的事，以后虽然不那么显赫，但南北朝时对南朝来说却是通向西域的主要道路，它联结了西域与南朝间的政治、经济和文化，曾经起到颇大的作用。"②

受唐先生观点的启发，我们试图通过分析东晋南朝时期敦煌与岭南之间以僧人为主体的密切联系，进一步揭示海上丝绸之路在佛教东渐中所扮演的重要角色，以及海陆两条丝绸之路之间的互动与联通。

海、陆两条丝绸之路共同构成中外交往的重要通道。汉魏两晋南北朝时期，西域与岭南虽然相隔万水千山，但由于弘法护法僧人的不懈努力，两地之间的交通更加畅通，交流更加频繁。西北丝绸之路与岭南之间以僧人群体为主的这种频繁的往来和交流，十分引入注目，远远超出了后人的想象。在西行泛海求法的僧人当中，有许多僧人出生于敦煌和西北丝绸之路沿线，很值得关注，也彰显出海

①冯承钧：《中国南洋交通史》，上海古籍出版社，2005，第5—6页。

②唐长孺：《南北朝期间西域与南朝的陆道交通》，载氏著《魏晋南北朝史论拾遗》，中华书局，1983，第184—185页。

路和岭南地区在佛教东渐中的重要作用。

一、东晋敦煌僧人单道开圆寂罗浮山

关于单道开的事迹，记载最早最全面的，当属慧皎《高僧传》：

单道开，姓孟，敦煌人。少怀栖隐，诵经四十余万言。绝谷饵柏实，柏实难得，复服松脂，后服细石子。一吞数枚，数日一服，或时多少噉姜椒，如此七年。后不畏寒暑，冬温夏凉，昼夜不卧。与同学十人共契服食，十年之外，或死或退，唯开全志。阜陵太守遣马迎开，开辞能步行，三百里路，一日早至。山树神或现异形试之，初无惧色。以石虎建武十二年（346年）从西平（今西宁）来，一日行七百里，至南安（今甘肃陇西）。度一童子为沙弥，年十四。禀受教法，行能及开。

时太史奏虎云："有仙人星见，当有高士入境。"虎普敕州郡，有异人令启闻。其年冬十一月，秦州刺史上表送开。初止邺城西法綝祠中，后徙临漳昭德寺。于房内造重阁，高八九尺许。于上编菅为禅室，如十斛箩大，常坐其中。虎资给甚厚，开皆以惠施。时乐仙者多来谘问，开都不答，乃为说偈云："我矜一切苦，出家为利世。利世须学明，学明能断恶。山远粮粒难，作斯断食计。非是求仙侣，幸勿相传说。"开能救眼疾，时秦公石韬就开治目，著药小痛，韬甚惮之，而终得其効。佛图澄曰："此道士观国兴衰，若去者，当有大灾。"至石虎太宁元年，开与弟子南度许昌。虎子侄相杀，邺都大乱。至晋升平三年来之建业，俄而至南海，后入罗浮山。独处茅茨，萧然物外。春秋百余岁，卒于山舍。敕弟子以尸置石穴中，弟子乃移之石室。

有康泓者，昔在北间，闻开弟子叙开昔在山中，每有神仙去来，乃遥心敬挹。及后从役南海，亲与相见。侧席钻仰，禀闻备至，乃为之传赞曰："萧哉若人，飘然绝尘。外轨小乘，内畅空身。玄象晖曜，高步是臻。飡茹芝英，流浪岩津。"晋兴宁元年陈郡袁宏为南海太守，与弟颖叔及沙门支法防共登罗浮山。至石室口，见开形骸及香火瓦器犹存。宏曰："法师业行殊群，正当如蝉蜕耳。"乃为赞曰："物俊招奇，德不孤立。辽辽幽人，望岩凯入。飘飘灵仙，兹焉游集。遗屣在林，千载一袭。”[①]

单道开是一位传奇僧人，被慧皎《高僧传》列入“神异”类。正史《晋书》也为单道开立传，并将他列入《艺术传》，而内容几乎完全节录于《高僧传》[②]。单道开早年学习“辟谷”之术十余年，可以日行三百里。他精通医术，曾为后赵国君石虎之子官拜太尉的石韬医治过眼病。他曾经深受后赵国君石虎的器重。他的游历路线，根据《高僧传》的记载，是沿西北丝绸之路，从西平（今西宁），到南安（今陇西），再到后赵邺城，临漳。公元349年，他与弟子南下许昌，公元359年到达东晋都城建业，但又很快离开建业，来到岭南名山罗浮山落脚，并最终圆寂于罗浮山，享年一百余岁。他的卒年，虽然没有明确记载，但可以断定是在公元362年之前。因为公元363年东晋南海太守袁宏和僧人支法防共登罗浮山见到了他的遗骸。可见，他在罗浮山的时间最多不过三年。

如果单道开真活了一百余岁，他公元346年到南安时已经80多岁了。他80岁以前的事迹，《高僧传》语焉不详，给后人留下许多疑问和猜想。

这样一位敦煌出生的传奇僧人，选择岭南罗浮山作为自己的圆寂之地，显示出他与罗浮山，与岭南的不解之缘。罗浮山是道教名山，同时又是佛教圣地。东晋著名道教先师葛洪（283—343或363年）曾于罗浮山炼丹。传说他曾经游历过扶南。公元373年，前秦苻坚攻占襄阳，扣押高僧道安，道安弟子数十人分散各地，弟子慧远流亡目的地原本是岭南罗浮山，途经浔阳庐山，见其清净，可以息心，遂定居庐山。虽然失去了与罗浮山的因缘，但足以显示出罗浮山在当时僧人中的崇高地位。

二、东晋敦煌僧人于道邃泛海求法途中于交趾去世

与岭南结缘的第二位敦煌僧人是东晋的于道邃。慧皎《高僧传》载：

于道邃，敦煌人，少而失荫，叔亲养之，邃孝敬竭诚，若奉其母。至年十六出家，事兰公为弟子。学业高明，内外该览，善方药，美书

①［梁］释慧皎撰《高僧传》卷九《单道开传》，中华书局，1992，第361—362页。
②［唐］房玄龄撰《晋书》卷七十二《单道开传》，中华书局，1974，第2491—2492页。

札，洞谙殊俗，尤巧谈论。护公常称邃高简雅素，有古人之风，若不无方，为大法梁栋矣。后与兰公俱过江，谢庆绪大相推重。性好山泽，在东多游履名山。为人不屑毁誉，未尝以尘近经抱。后随兰适西域，于交趾遇疾而终，春秋三十有一矣。郗超图写其形，支遁著铭赞曰："英英上人，识通理清。朗质玉莹，德音兰馨。"孙绰以邃比阮咸，或曰："咸有累骑之讥，邃有清冷之誉，何得为匹？"孙绰曰："虽迹有洼隆，高风一也。"《喻道论》云："近洛中有竺法行，谈者以方乐令；江南有于道邃，识者以对胜流。皆当时共所见闻，非同志之私誉也。"[①]

于道邃是东晋著名高僧于法兰的弟子。关于师徒二人弘法护法的具体情况，《高僧传》记载较少。于法兰是高阳（今河北高阳）人，弘法的地域主要在今天的浙东一带。"闻江东山水，剡县称奇。乃徐步东瓯，远瞩嶀嵊。居于石城山足，今之元华寺是也。"[②]剡县在今天浙江嵊州市，驻锡于剡县境内的石城山元华寺。不久之后，于法兰"欻然叹曰：'大法虽兴，经道多阙，若一闻圆教，夕死可也。'乃远适西域，欲求异闻，至交州遇疾，终于象林"。[③]于法兰、于道邃师徒二人双双病逝于岭南交趾，死于求法路上。于道邃死时年仅31岁。他们师徒赴西域求法的具体年代，慧皎并未详细记载。但根据他们死后同时代人纪念他们的线索，根据"郗超图写其形，支遁著铭赞"的记载，可以判定，他们病逝的年份在东晋366年之前。

三、刘宋西凉州僧人智严经岭南泛海天竺求法

魏晋南北朝时期，是中国僧众群体西行求法活动最为活跃、最为频繁的时期。而西凉州（今甘肃酒泉一带）人智严，是这一群体中的杰出代表，其贡献完全可以与法显比肩。《高僧传》载：

释智严，西凉州人，弱冠出家，便以精懃著名。纳衣宴坐，蔬食永岁，每以本域丘墟，志欲博事名师，广求经诰。遂周流西国，进到

①［梁］释慧皎撰《高僧传》卷四《于道邃传》，中华书局，1992，第169—170页。

②［梁］释慧皎撰《高僧传》卷四《于法兰传》，中华书局，1992，第166页。

③［梁］释慧皎撰《高僧传》卷四《于法兰传》，中华书局，1992，第166页。

罽宾，入摩天陀罗精舍，从佛驮先比丘谘受禅法。渐深三年，功踰十载。佛驮先见其禅思有绪，特深器异，彼诸道俗闻而叹曰："秦地乃有求道沙门矣。"始不轻秦类，敬接远人。

时有佛驮跋陀罗比丘，亦是彼国禅匠，严乃要请东归，欲传法中土，跋陀嘉其恳至，遂共东行。于是踰沙越险，达自关中。常依随跋陀，止长安大寺。顷之，跋陀横为秦僧所摈，严亦分散，憩于山东精舍，坐禅诵经，力精修学。晋义熙十三年，宋武帝西伐长安，克捷旋斾，涂出山东。时始兴公王恢从驾游观山川，至严精舍，见其同止三僧，各坐绳床，禅思湛然，恢至，良久不觉，于是弹指，三人开眼，俄而还闭，问不与言。恢心敬其奇，访诸耆老，皆云："此三僧隐居求志，高洁法师也。"恢即启宋武帝，延请还都，莫肯行者。既屡请恳至，二人推严随行。恢怀道素笃，礼事甚殷，还都，即住始兴寺。严性爱虚靖，志避諠尘，恢乃为于东郊之际，更起精舍，即枳园寺也。

严前于西域所得梵本众经，未及译写，到元嘉四年乃共沙门宝云译出《普曜》《广博严净》《四天王》等。严在寺，不受别请，常分卫自资，道化所被，幽显咸服。有见鬼者云，见西州太社间鬼相语，严公至，当避易，此人未之解。俄而，严至，聊问姓字，果称智严，默而识之，密加礼异。仪同兰陵萧思话妇刘氏疾病，恒见鬼来，吁可骇畏，时迎严说法，严始到外堂，刘氏便见群鬼迸散，严既进，为夫人说经，疾以之瘳。因禀五戒，一门宗奉。严清素寡欲，随受随施，少而游方，无所滞著。禀性冲退，不自陈叙，故虽多美行，世无得而尽传。

严昔未出家时，尝受五戒，有所亏犯，后入道受具足，常疑不得戒，每以为惧。积年禅观而不能自了，遂更汎海重到天竺，谘诸明达。值罗汉比丘，具以事问，罗汉不敢判决，乃为严入定，往兜率宫谘弥勒，弥勒答云："得戒。"严大喜，于是步归。至罽宾，无疾而化，时年七十八。彼国法凡圣，烧身各处。严虽戒操高明，而实行未办，始移尸向凡僧墓地，而尸重不起。改向圣墓，则飘然自轻。严弟子智羽、智远，故从西来，报此征瑞，俱还外国。以此推严，信是得道人也，但未知果向中间若深浅耳。①

①［梁］释慧皎撰《高僧传》卷三《智严传》，中华书局，1992，第98—100页。

智严出生于西凉州，少年出家，为求法，翻越葱岭，到达佛法繁盛的罽宾国，即今天的阿富汗一带，并遇到著名高僧佛陀跋陀罗，.在智严执着诚恳的邀请下，佛陀跋陀罗和他一起，经过3年时间，克服重重困难，最终泛海回国。

在中国佛教史上，智严的名字是和佛陀跋陀罗的名字连在一起的，没有智严，就没有佛陀跋陀罗来华。这里要特别指出，单凭智严本传记载，智严归国路线是“踰沙越险，达自关中”，似乎走的是陆路。其实不然。如果对照佛陀跋陀罗传，就可以明确断定，智严与佛陀跋陀罗走的是海路。“严既要请苦至，贤遂愍而许焉，于是舍众辞师，裹粮东逝。步骤三载，绵历寒暑，既度葱岭，路经六国，国主矜其远化，并倾心资奉。至交趾，乃附舶循海而行，经一岛下，贤以手指山曰：‘可止于此。’舶主曰：‘客行惜日，调风难遇，不可停也。’行二百余里，忽风转吹，舶还向岛下，众人方悟其神，咸师事之，听其进止。后遇便风，同侣皆发，贤曰：‘不可动。’舶主乃止，既而有先发者，一时覆败。后于闇夜之中，忽令众舶俱发，无肯从者，贤自起收缆，一舶独发，俄尔贼至，留者悉被抄害。顷之，至青州东莱郡，闻鸠摩罗什在长安，即往从之，什大欣悦，共论法相，振发玄微，多所悟益。”[1]可见，智严与佛陀跋陀罗来华路线是沿陆路经过今天的印度北部、缅甸到达交趾（今越南），再乘船到达青州。由于其中有“附舶循海而行，经一岛下”的记载，有学者据此认定这个岛只能是海南岛。[2]笔者不敢苟同，因为从交趾到胶东半岛，沿途有无数岛屿，断定为海南岛的证据并不充分。

智严和佛陀跋陀罗历经千难万险到达后秦首都长安。他们虽然受到法门领袖鸠摩罗什的热情接待，但很快就受到长安僧俗各界的打压排挤而被迫离开长安。后来，智严被奉佛的宋始兴公王恢迎请到宋京师建康。王恢为他另起精舍，名为“枳园寺”。

在求法的路上，智严并未止步于此。他以“昔未出家时，尝受五戒，有所亏犯，后入道受具足，常疑不得戒，每以为惧。积年禅观而不能自了”为理由，离开枳园寺，离开建康，离开祖国，“更汎海重到天竺”，开始了他人生中第二次西行求法的伟大壮举，并最终身死异国，圆寂罽宾。

---

①［梁］释慧皎撰《高僧传》卷二《佛陀跋陀罗传》，中华书局，1992，第69—73页。

②徐文明：《广东佛教与海上丝绸之路》，羊城晚报出版社，2015，第110页。

四、刘宋酒泉僧人慧览曾驻锡罗浮山

继东晋单道开之后，南期刘宋时期，酒泉籍的慧览成为与罗浮山结缘的第二位西北籍的高僧。《高僧传》载：

> 释慧览，姓成，酒泉人。少与玄高俱以寂观见称。览曾游西域，顶戴佛钵，仍于罽宾从达摩比丘谘受禅要。达摩曾入定往兜率天，从弥勒受菩萨戒。后以戒法授览，览还至于填，复以戒法授彼方诸僧，后乃归。路由河南。河南吐谷浑慕延世子琼等，敬览德问，遣使并资财，令于蜀立左军寺，览即居之。后移罗浮天宫寺。宋文请下都止钟山定林寺。孝武起中兴寺。复勅令移住。京邑禅僧皆随踵受业。吴兴沈演、平昌孟顗并钦慕道德，为造禅室于寺。宋大明中卒，春秋六十余矣。①

可见，慧览也是一位游历十分丰富的高僧。他曾去罽宾习禅求法，后返回于阗弘法，又经吐谷浑到内地巴蜀，受到吐谷浑王慕延和世子琼的礼遇，为他在蜀地立左军寺。他后来还是离开巴蜀，来到岭南，驻锡罗浮山天宫寺。在崇佛的宋文帝盛情邀请下，他来到京师建业，驻锡钟山定林寺。宋武帝继位，修建中兴寺，下令慧览移住其中。宋武帝大明年间（456—464年），慧览圆寂。

慧览从西域到南朝的路线经过吐谷浑，正是所谓“丝绸之路”的“河南道”。这条路线是西域通往南朝的重要道路。“我们从史籍记载和佛教著述与写经题记中摘录了有关南北朝西域与江南交通的资料，说明当时益州与鄯善间有一条与河西走廊并行的所谓‘河南道’。这条道路大概早就是新疆、青海、甘肃、四川的古代各族人民友好往来的道路，但到了南北朝才显得更加重要。本来，益州和西域之间的往来可以在河西走廊东头与进入关中的大道分路，不必穿越今青海省境，但由于南北分立，来自南朝和往南朝境内去的行旅不得不绕过北朝所属的河西走廊，取道吐谷浑。”②

关于慧览到达罽宾求法以及离开于阗的具体时间，《高僧传》没有明确记载。唐长孺先生根据《名僧传抄》考证，慧览到达罽宾是在元嘉四年（427年）

①［梁］释慧皎撰《高僧传》卷十一《慧览传》，中华书局，1992，第418页。

②唐长孺：《南北朝期间西域与南朝的陆道交通》，载氏著《魏晋南北朝史论拾遗》，中华书局，1983，第184—185页。

之后，他由于阗东返吐谷浑的时间在元嘉十七年至二十一年，即公元440年至444年。[①]以此类推，慧览在巴蜀和岭南罗浮山的时间，应该在元嘉十七年至元嘉三十年，即公元440年至453年。他在罗浮山究竟待了多久，待了几年，依据现有资料还不能得出结论。

五、刘宋高昌僧人道普泛海求法舶破伤足而卒

前文揭示，东晋敦煌僧人于道邃追随师父于法兰泛海西行求法，师徒二人求法未成身先死，双双病死于岭南。在他们去世大约60年之后，高昌僧人道普再次踏上了泛海西行求法的道路。《高僧传》载：

> （昙无）谶所出诸经，至元嘉中方传建业。道场慧观法师，志欲重寻《涅槃后分》，乃启宋太祖资给，遣沙门道普，将书吏十人西行寻经。至长广郡，舶破伤足，因疾而卒。普临终叹曰："《涅槃后分》与宋地无缘矣。"普本高昌人，经游西域，遍历诸国，供养尊影，顶戴佛钵，四塔道树，足迹形像，无不瞻觌。善梵书，备诸国语，游履异域，别有大传。时高昌复有沙门法盛，亦经往外国，立传凡有四卷。又有竺法维、释僧表，并经往佛国云云。[②]

南朝刘宋元嘉年间（424—453年），在崇佛的宋文帝资助下，高昌籍僧人道普率书吏10人，准备泛海西行求法。天有不测风云，他们出发不久，就在胶东半岛的长广郡（今青岛附近）遭遇船只破损的灾难。道普也因足部受伤，最终病亡。

道普虽然没有涉足岭南，但因他是泛海求法，所以有必要在此一并提及。出身于高昌的道普，求法经历十分丰富，"经游西域，遍历诸国，供养尊影，顶戴佛钵，四塔道树，足迹形像，无不瞻觌。善梵书，备诸国语，游履异域"。出身西域、游遍西域诸国、通晓西域多国语言，使他最终脱颖而出，通过宋文帝和道场寺慧观大法师精心遴选，成为刘宋泛海求法佛门领袖的最佳人选。只可惜，苍天无眼，造化弄人。求法未成身先死，长使英雄泪满襟。

---

①唐长孺：《南北朝期间西域与南朝的陆道交通》，载氏著《魏晋南北朝史论拾遗》，中华书局，1983，第184—185页。

②［梁］释慧皎撰《高僧传》卷二《昙无谶传》，中华书局，1992，第80—81页。

六、南齐高昌僧人智林随道亮驻锡岭南六载

南朝时期，高昌籍僧人道普泛海求法未获成功。高昌籍另一位僧人智林，跟随其师道亮法师终于来到了岭南，在广州弘法整整六载。《高僧传》载：

释智林，高昌人。初出家为亮公弟子。幼而崇理好学，负衮长安，振锡江豫，博采群典，特善杂心。及亮公被摈，弟子十二人皆随之岭外。林乃憩踵番禺，化清海曲。

至宋明之初，勅在所资给，发遣下京，止灵基寺。讲说相续，禀服成群，申明二谛义，有三宗不同。时汝南周颙又作三宗论，既与林意相符，深所欣迟，乃致书于颙曰："近闻檀越叙二谛之新意，陈三宗之取舍，声殊恒律，虽进物不速。如贫道鄙怀，谓天下之理，唯此为得焉，不如此非理也。是以相劝，速著纸笔。比见往来者，闻作论已成，随憙充遍，特非常重。又承檀越，恐立异常时，干犯学众。制论虽成，定不必出，闻之惧然，不觉兴卧。此义旨趣，似非初开，妙音中绝，六十七载，理高常韵，莫有能传。贫道年二十时，便忝得此义，常谓藉此微悟，可以得道，窃每欢喜，无与共之。年少见长安耆老，多云关中高胜，乃旧有此义。当法集盛时，能深得斯趣者，本无多人。既犯越常情，后进听受，便自甚寡。传过江东，略无其人。贫道捉麈尾以来，四十余年。东西讲说，谬重一时，其余义统，颇见宗录，唯有此途，白黑无一人得者。贫道积年，乃为之发病。既痾衰末命，加复旦夕西旋，顾惟此道从今永绝不言。檀越机发无绪，独创方外，非意此音，猥来入耳。且欣且慰，实无以况。建明斯义，使法灯有终，始是真实行道，第一功德。虽复国城妻子，施佛及僧，其为福利，无以相过。既幸以诠述想，便宜广宣，使赏音者见也。论明法理，当仁不让，岂得顾惜众心，以夭奇趣耶。若此论已成，遂复中寝，恐檀越方来，或以此为巨障。往言恳然，非戏论矣。想便写一本，为惠贫道，赍以还西，使处处弘通也。比小可牵，故入山取叙，深企付之。"颙因出论焉。故三宗之旨，传述至今。

林形长八尺，天姿瓌雅，登座震吼，谈吐若流。后辞还高昌。齐永明五年卒。春秋七十有九。著《二谛论》及《毘昙杂心记》。并注

《十二门论》、《中论》等。[①]

智林的名字是与其师道亮紧紧联系在一起的，是道亮大师12位得意弟子中的佼佼者。“释道亮，不知何许人，住京师北多宝寺。神悟超绝，容止可观，而性刚忤物，遂显于众。元嘉之末，被徙南越。时人或讥其不能保身，亮曰：‘业理所之，特非人事。’于是命侣宵征，南适广州。弟子智林等十二人随之。停南六载，讲说导众，化陶岭外。至大明中，还止京兆，盛开法席。著《成实论义疏》八卷。宋太始中卒，春秋六十有九。”[②]智林出身高昌，为了弘法事业，千里迢迢负笈长安，又振锡江南，拜道亮法师为师。从此紧紧跟随师父道亮，亦步亦趋，寸步不离，在追随道亮在岭南弘法6年之后，回到京师。数年后，道亮圆寂，智林也离开京师，落叶归根，回到故乡高昌，最后在故乡离世。

海、陆两条丝绸之路之中，海路的史料由于种种原因而相对缺乏，但重要性绝不可忽视。以上主要依据《高僧传》所列举的西北籍僧人于道邃、智严、道普等泛海求法的事例，揭示出海路在佛教东渐过程中的重要地位。同时，在西北敦煌、高昌、于阗等西北丝绸之路的门户，与岭南广州、交趾等海上丝绸之路门户之间的交通也是畅通的，两地之间的僧人往来十分频繁。公元3世纪在岭南出现的中国最早的佛教著作《牟子理惑论》中，就有“仆尝游于阗之国，数与沙门道人相见”的记载。[③]牟子是汉末岭南苍梧人，苍梧即今天的广西梧州一带，在珠江最大支流西江上游，与广州之间仅有200千米左右的水路。伴随着佛教东渐的大潮，大批出生于西北丝绸之路沿线的僧人涉足岭南，他们或泛海求法途经岭南，或习禅罗浮山，或弘法广州，使得敦煌与岭南之间，陆上丝绸之路与海上丝绸之路之间的文化交往更加密切，构成一幅两条丝绸之路交相辉映的壮美历史画卷。

①［梁］释慧皎撰《高僧传》卷八《智林传》，中华书局，1992，第309—311页。

②［梁］释慧皎撰《高僧传》卷八《道亮传》，中华书局，1992，第286页。

③周叔迦：《牟子残存新编》，中国书店，2001，第22页。